I0458698

IM PRESS

БРОДСКИЙ И МОГУЩЕСТВО СЛАВЫ

...И вот «Голос Америки» говорит: «Бродский... Бродский... Иосиф Бродский». То есть начинается вот эта сторона славы. Подавляющее большинство людей тогда начали восклицать: «Пришла слава. Она пришла сама»!

Интервью с А.Найманом, 1989

...Скажу, какие вещи я не принимаю, и очень резко. Поскольку я очень люблю Бродского, я нахожу там вещи, которые в другом бы случае меня оставили равнодушной, но у него я их резко не люблю. Это «Из „Школьной антологии“» и «Горбунов и Горчаков».

Интервью с Н.Горбаневской, 1989

...Я не думаю, что это можно объяснить конкретно, потому что речь идет об общих основах нашего существования. <...> Объяснять ее главного поэта — это самое интересное и, с моей точки зрения, важнейшее занятие.

Интервью с Л.Лосевым, 1989–90

БОБЫШЕВ и могущество слова

...Стихами этими хорошо полоскать воспаленный зев — зев буквального горла и раззявленной души. <...> Говоря это, я не имею в виду, что стихи Бобышева «напевны» или «богато инструментованы». Музыка их разом и строже, и сложнее — как и подобает выученику акмеистической традиции.

Горбаневская. «И зрение, и слух, и дух, и тело...»

В сущности лирика Бобышева наиболее полно раскрывает себя в одной магистральной, скрыто пульсирующей <...> теме: поиски смысла бытия ведут к пониманию и переживанию бытия как чуда. «Жизнь — мистический Грааль», — утверждает поэт. Но что есть чудо в поэзии? Чудо — это открытие «Небесного в земном».

Андрей Арьев. «Искресатель»

Самые сильные мои впечатления связаны с «квартирными» чтениями 70-х, когда голос поэта звучал с провиденциальной мощью, как бы раздвигая стены убогих коммуналок, где мы собирались тогда. Я никогда не забуду ощущаемого всей кожей наката звуковой волны, сладостного замиранья от басовых обертонов и парящих ввысь каденций — этот неземной красоты голос воскресает для меня, когда я перечитываю, как музыкант перечитывает партитуру, октавы и сонеты Дмитрия Бобышева.

Виктор Кривулин. «Словесность — родина и ваша, и моя»

Ася Пекуровская

Музыка славы и музыка слова

Бостон · 2025 · Boston

Ася Пекуровская
Музыка славы и музыка слова

Asya Pekurovskaya
The Music of Glory and the Music of Word

ISBN 978-1-960533692

Published by M•Graphics | Boston, MA

mgraphics.books@gmail.com

mgraphics-books.com

В оформлении обложки использованы:

- Скульптура И. Бродского работы Эдварда Драбкина. Оригинал скульптуры находится в Гуверовском институте Стэнфордского университета США — подарок А. Пекуровской (2023).
- Карандашный портрет Дмитрия Бобышева (2023) работы художника Валерия Мишина; взят с согласия Д.В. Бобышева из его публикации на Фейсбуке.

Иллюстрации М. Шемякина к главе 22 «Звери Святого Антония» помещены с разрешения художника, данного автору книги.

Printed in the United States of America

Оглавление

Введение

Кто есть Бо и кто есть Бро?

Бросая вызов Гераклиту из Эфеса, убедившему мир в том, что «нельзя дважды войти в ту же реку», я возвращаюсь к персонажу моей книги «Непредсказуемый Бродский», опубликованной в 2017 году, но возвращаюсь с иными интеллектуальными предпосылками. Если раньше я выбрала симптоматологический подход, сосредоточившись на культовой фигуре поэта Бродского, растворившего свой талант на пути к славе, то сейчас я поместила рядом с ним фигуру поэта Дмитрия Бобышева, прошедшего все стадии отторжения, но сумевшего сохранить свой уникальный талант.

Назвав рукопись «Музыка славы и музыка слова», я тешу себя надеждой, что легенды подлежат пересмотру. Когда новые легенды накладываются на старые, то старые имеют тенденцию просвечивать под действием элюатов, выталкивая на поверхность более глубокие смыслы, которые преследуют нас примерно так же, как звук таинственного инструмента, называемого «шофар» или «рог антилопы и первобытного быка», преследовал уши древнего человека.[1]

Тот же звук шофара продиктовал для моих персонажей новые имена, дав Бродскому имя Бро, а Бобышеву — Бо. Поддержка этой вольности пришла от автора удивительной книги, я бы сказала, единственной в своем роде. Этот автор с трудно произносимым

[1] В древней Палестине шофар использовался для вызова или тревоги. Люди собирались вместе под его хриплые звуки, когда нужно было провозглашать законы, приказы и учреждения. Он провозгласил год Иовеля, который получил свое название от рога. Звук шофара был слышен на каждой торжественной процессии. Когда Арон Элохим, Ковчег Завета, был перенесен в новый город Сион, Давид и весь Дом Израиля перенесли ковчег Яхве под ликование и звук шофара [Reik, 1946, p. 226, 229–230].

для меня, но легко ложащимся на бумагу именем, убедила меня, «что имя оказывает магическое влияние на судьбу владельца, более того, носитель имени должен соответствовать своему имени и призванию, скрытому в нем. Наделяя персонажа тем или иным именем, автор рассчитывает на такое отношение своих читателей к имени героя» [Хетени, 2022, с. 353].

Тут, конечно, может возникнуть опасение, хотя касается оно лишь эрудированного читателя мемуарного тома Шкловского, что дополнительное «Р» дано Бро в виде подарка по аналогии с тем, как «лишнее „а“» было подарено имени Авраама Богом. Эту мысль предлагаю затушевать черной краской, памятуя о том, что имя «Бро» возникло у меня в тот же момент, когда возникло имя «Бо». А их разделяющая буква «Р» в русском варианте была отнесена к черной группе Набоковым, ассоциируясь с метафорой небосвода, «чреватого чернильными ливнями».

С таким предуведомлением я приглашаю читателя начать разговор о творчестве Бро и Бо с фиксированной точки их карьеры, которой для Бро был статус Моцарта, в то время как Бо, к которому была намертво приклеена стигма похитителя невесты Моцарта, был оттеснен на роль Сальери. Эта биографическая доминанта будет раскручена с привлечением литературных аналогов и психоаналитических штудий в главах 3 и 4. В них будет указана среда, из которой вышли оба поэта, а именно анклав под названием «Ахматовские сироты».

Далее все, что было сказано о недостатках симптоматологического прочтения текстов одного автора, равным образом применимо и к симптоматологическому прочтению предисловий к ним. Решив сравнить произведения Бро и Бо, мне надлежит также сравнить предисловия к их произведениям, сопоставив каноническую биографию Бро Льва Лосева с моей собственной апокрифической биографией обоих авторов.

Держу в руках том под названием: «Литературная биография Иосифа Бродского». Его автор, Лосев, близкий друг Бро, предпосылает своему тексту «Вступление», состоящее из *четырех* двухстраничных глав, весьма симптоматичных:

Глава первая «О гениальности». Лосев пишет: «Высокую авторитетность поэтическому голосу Бродского придавала гениальность. Если кому-то это заявление покажется пустым или тавтологическим, то это оттого, что понятие „гениальности“ затрепано бездумным, развратным употреблением. Между тем оно имеет конкретное значение, связанное с однокоренным словом „генетика“. Усиленная по сравнению с нормой витальность благодаря редкой комбинации генетического материала проявляется во всем, в глубине переживаний, силе воображения, харизматичности и даже физиологически, в ускорении процессов взросления и старения» [Лосев, 2006, с. 6–7].

Глава вторая «Мир Бродского: предварительные замечания» должна была бы правильнее называться «Инструкции по применению» («Directions for Use»). Цитирую начальные строки: «Если бы мы не знали его стихов, а только его высказывания о поэзии, у нас возникло бы абсолютно превратное мнение о том, какие стихи пишет Бродский. Ни с кем из поэтов старшего поколения не был он так близок, как с Ахматовой, старшим другом и ментором. Но между его и ахматовской поэзией и поэтикой нет ничего общего. Напротив, черты родства и сходства с теми, от кого он был отделен или временем — Державин, Баратынский, — или географией и культурой — У. Х. Оден, или политикой — Маяковский» [Там же, с. 7].

Глава третья «О пользе поэзии» скорее должна была бы быть названа «Инструкции по применению: показания и противопоказания». В рассуждении о пользе поэзии нет и следа мысли о Бро.

Глава четвертая «Возможно ли жизнеописание поэта?» предлагает объяснение, почему книга Лосева названа не «Биографией», а «Литературной биографией». Эту тему я комментирую в главе 1.

Как видим, все недостатки симптоматологического прочтения текстов одного автора были повторены в предисловии Лосева к литературной биографии Бро. Это досадное обстоятельство вполне логично вытекает из завещания Бро, назначавшего Лосева единственным исполнителем задачи написания биографии гения. Напротив, Уистан Оден мудро оставил свою литературную биографию двум авторам: Говарду Гриффину и Алану Ансену [Ansen, 1990]. Здесь же уместно указать на дополнительное следствие симптоматологического прочтения: рецензентами творчества нобелевского лауреата часто оказывались авторы средней одаренности.

Напротив, возрождение творчества Бо поддержали некоторые выдающиеся деятели современной критической русской мысли, что подчеркивает его уникальный вклад в литературу. Чтобы проиллюстрировать высокую оценку работ Бо, я привожу две пронзительные цитаты известных критиков: «Когда я читаю стихи Дмитрия, у меня то и дело возникает ощущение, что автор замахнулся на что-то очень значительное, что он стремится „переформатировать“ всю нашу культуру, а заодно и западную, вложив все это богатство в свои произведения, выказав таким образом сопричастность шедеврам мировой культуры. И делая „инъекцию культуры“ нам самим. <…> Талант Дмитрия Бобышева часто проявляется в описании мелких подробностей, нюансов, притом что и глубинная философия ему не чужда. Поэту присуща „интровертная созерцательность“, а порой и, как говаривал Гумилев, „высокое косноязычье“. <…> Дмитрий, подобно мифологической амфисбене, демонстрирует способность двигаться во времени одновременно и назад, и вперед» [Карпенко, 2020].

Так пишет поэт, прозаик, композитор, исполнитель песен, переводчик Александр Карпенко (р. 1961), которому вторит в своем уникальном стиле философ и эрудит Станислав Яржембовский: «Дмитрий Бобышев — поэт, не слишком хорошо известный широкому читателю, хотя знатоки современной русской поэзии ценят его весьма высоко. Пожалуй, он никогда не станет поэтом популярным, — кажется, он обречен остаться поэтом элитарным. И не потому, что его лире недостает задушевности: он отдал дань лирике души в своих ранних циклах „Дни“, „Люди“, „Цветы“ и других. И не потому, что он пренебрегает злобой дня ради метафизических глубин: гражданственная позиция породила знаменитые „Русские терцины“, цикл „Имена“, великолепные американские стихи из цикла „Звезды и полосы“. И уж конечно не потому, что повышенная смысловая нагрузка его стихов затемняет чистую поэзию звуков».

Признавая, что не каждый читатель может доверять оценкам критиков, я представляю точку зрения Бо на «творческую уникальность» и «гениальность» как убедительный контрапункт аргументам Лосева о гениальности Бро. Цитирую строки из интервью Бо с Раисой Резник: «Где „повторимость“, там уже не творчество. Неповторимость можно сознательно сконструировать, но естественная самобытность все же сильнее и убедительней. Есть еще расхожее словечко „гений“, которым толпа балует своих любимцев. Но талантом можно родиться, а гением вряд ли, потому что это духовное понятие и оно приходит не изнутри, а извне. Часто это слово используется как высший комплимент или высший литературный ранг. Но человек не может быть носителем и собственником гениальности. Гений — это дух высокого творческого подъема, который садится на плечо человеку с пером и неразборчивым шепотом подсказывает ему великие произведения».

Но если скептический читатель по-прежнему не готов предоставить кредита автору, чье имя еще не попало в армаду *великих,* предлагаю послушать Льва Шестова, убедившего не одно поколение читателей, что словом «гений» не может быть назван человек, ибо «гений» — это свойство духа. Цитирую Шестова: «Что такое гений — как не *великий дар дерзновения,* иногда выпадающий на долю смертных людей, запуганных „анамнезисом", когда-то в прошлом существовании усвоенных ими законов и императивов („синтетических суждений a priori" — выражаясь языком современности)» [Шестов, 1929].

Вольное использование Лосевым слова «гений» помещает его в поле конкурентной борьбы, поименованное Пьером Бурдье «рейтинговым менталитетом»: «Повсюду люди мыслят в терминах коммерческого успеха. Еще лет тридцать назад и начиная с середины XIX века, с Флобера, Бодлера и т.д., *среди передовых писателей, писателей, писавших для писателей и признаваемых ими*, или среди артистов, признаваемых другими артистами, немедленный коммерческий успех считался подозрительным: в нем видели проявление компромисса по отношению к веку, к деньгам... А сегодня рынок все больше и больше признается легитимной инстанцией легитимации. Это хорошо заметно на примере другой недавно появившейся институции: списка бестселлеров» [Bourdieu, 1996 a, p. 42].

Размышляя о легитимизации успеха в момент наивысшего испытания для человека (например, в период немецкой оккупации), Бурдье задается вопросом: «Почему в тот или иной момент те или иные писатели выбрали тот или иной лагерь, исходя из определенного набора переменных?» И приходит к выводу: «В двух словах можно сказать, что чем больше писатели были признаны среди равных себе и, следовательно, богаты специфическим капиталом, тем более они были склонны к сопротивлению. И наоборот: <...> чем больше их привлекал коммерческий аспект, <...> тем более они были склонны сотрудничать с нацистскими властями» [Там же, p. 81].

Принимая этот вывод Бурдье, я все же хотела бы сделать одно уточнение. В тоталитарном социуме *талантливые* авторы зачастую ищут протекции у властей, уподобляясь их малоодаренным *коллегам.* Другое дело, что их аргументация может быть подчинена парадоксу Лапьера, то есть социологическому правилу о несоответствии *установок* и реального поведения индивидуумов. *Талант* позволяет *хорошим писателям* находить такую риторику, которая усыпляет подозрение в их подлинных *установках.* Эта ситуация будет рассмотрена мной в контексте риторики Бро (гл. 13).

Парадокс Лапьера является метафорой для оптической линзы, через которую я хочу рассмотреть творческий путь указанных двух поэтов. При этом напомню, что оптические линзы: как собирающие, так и рассеивающие, обладают любопытным свойством. Будучи помещенными в среду с преломлением, превышающим вещество, из которого сделана линза, рассеивающая линза превращается в собирающую, а собирающая линза (в аналогичных условиях) действует как рассеивающая. Принцип зависимости от среды лежит и в основании понятия авторской *репутации*.

Заключительным соображением во введении является пояснение позиции автора и источников методологии, использованной в его работе. Литературная биография превращает нобелевского лауреата в героя произведения, претендующего на роль ДОКУМЕНТА, или свидетельства и доказательства истины. Тынянов заметил, что «документ — это хитрый инструмент; который нужно умело проверить. Каждый документ имеет свой собственный голос». Это понимание подчеркивает важность основного контекста и сил, отраженных в любом документе. Возвращаясь к этому вопросу спустя годы и, видимо, никогда не упуская его из виду, Тынянов написал статью «Как мы пишем», в которой отмечал: «Так же как актер не способен сыграть роль, если не уловит подтекст произведения, документ ничего не откроет писателю или историку без понимания того, какие силы он отражает» [Домбровский, 1992а, с. 279].

В той же статье Тынянов поясняет: «Человек не говорит самого важного, а за тем, что сам человек считает самым важным, стоит еще более важное. <...> Важные вещи иногда проявляются в мимолетной и не очень впечатляющей форме. <...> Если ты проник в жизнь своего персонажа, своей персоны, то о многом можно иногда самому догадаться» [Там же, с. 280].

Окончательный вывод, вытекающий из этих рассуждений, гласит так: «Я начинаю там, где кончается документ. Представление о том, что каждый жизненный эпизод документирован, ни на чем не основано».

Вдохновившись тыняновским методом исследования с позиции адвоката дьявола, я готова принять на себя эту функцию, жизненно важную на протяжении как минимум четырехсот лет. И хотя папа Сикст V внес эту функцию в протокол канонизации, а папа Павел II ее отменил, эта функция продолжала быть востребованной. Ведь ликвидировать функцию адвоката дьявола означало похоронить четыре столетия истории культуры и перекрыть воздух здравому смыслу. Напомню, что исторически ни один акт канонизации не считался законным без адвоката дьявола, меня.

Приведу один аргумент. Он касается Терезы из Лизьё, которая скончалась на 24-м году жизни, девять лет проведя в монастыре.

Ее посмертная автобиография [St. Theresa of Jesus, 1997] настолько впечатлила папу Пия IX, что он решил канонизировать девушку. Однако возражение, поступившее от адвоката дьявола, для меня лично послужило мандатом к сочинению данной работы. Свидетельства о святости Терезы из Лизьё, заявил адвокат дьявола, поступили из текста самого кандидата в святые. Но как мог ее вымысел заменить исследование ее жизни?

Сам термин «адвокат» может вводить в заблуждение. В судебной практике адвокат завоевывает доверие, интерпретируя мотивы клиента и стремясь к его оправданию, даже если клиент виновен. Точно так же и в литературной биографии автор стремится завоевать доверие, интерпретируя мотивы субъекта, несмотря на вызов, создаваемый подавленными желаниями как субъекта, так и биографа. Но если в судебной практике это препятствие не принимается в расчет, то в анализе текста оно доминирует, ибо там *подавляемое (подсознательное) желание* является содержанием, налагаемым на сопротивление *сознания*, которое обращает текст в делириум. «В ядре его конструкции мы должны сохранить эту пустоту, этот „минус я“, как настойчивость инстинктивного влечения, как не поддающееся символизации состояние желания говорить и знать» [Kristeva, 1986, p. 307–308].

В практических терминах это означает, что доверие к «фактам» есть скользкий путь к истине. Значение имеют намеки, гримасы, высокие мотивы, допущения, предпосылки — короче, *скрытые знания*.

Словари сообщают нам о том, что в литературной биографии «условности повествования *сочетаются*... с историческими фактами», определив одно неизвестное через два других. Догадки Тынянова вывели нас за пределы словарных определений, а Талкот Парсонс перевел их на язык философии: «Факты не рассказывают свою собственную историю; их необходимо подвергать перекрестному допросу, анализировать, систематизировать, сравнивать и интерпретировать» [Parsons, 1937, p. 698].

Прокладывая свой путь в этой сложной игре фактов и скрытых истин, я надеюсь предложить читателю альтернативное видение литературного наследия Бро и Бо.

Глава 1

A PROPOS УБИЙСТВЕННЫХ АРГУМЕНТОВ

Как душеприказчик Бро, Лосев становится монополистом его биографии. Но что именно делает его монополистом? Что ж? Заморозив издание биографии на 75 лет, Бро назначил курировать завещание фонду «Наследие Бродского». А теперь, заметьте, Бро умер в 1996 году, а его биография была опубликована в 2006-м, то есть в десятую годовщину смерти. Выходит, что волей автора поступились. Но поступились ли? Ведь, запретив создание биографии, Бро не накладывал запрета на «литературную биографию», тем самым освободив Лосева от обязанности создавать жизнеописание с его неизбежными падениями и тем самым не мешая ему заниматься прославлением гения нобелевского лауреата.

Здесь, конечно же, не могло обойтись без ложных очевидностей. А важнейшей *ложной очевидностью* в советском идиолекте является патриотизм. С него Лосев и начал. «Бродский был патриотом», — объявил он, повторив мысль основателя социологической науки Эмиля Дюркгейма. Только Дюркгейм использовал понятие «патриотизм» в поиске обоснования *тирании* ложных очевидностей: «Возьмем, например, какое-нибудь утверждение, не согласное с идеей патриотизма или индивидуального достоинства. Его будут отрицать, на какие бы доказательства оно ни опиралось. За ним не признают истинности и заранее не примут, а страсть для своего оправдания наверняка внушит доводы, легко признаваемые решающими. У этих понятий может быть такой престиж, что они вообще будут нетерпимы к научному исследованию» [Durkheim, 2006, p. 77].

Моя досужая память искушает меня поставить рядом с Бро другого патриота, Сергея Уварова (1786–1855), автора формулы *«Православие, Самодержавие и Народность»*, которую он изобрел, занимая пост министра просвещения при Николае I. Однако поставить имя Бро рядом с именем Уварова Лосев, скорее всего, не решился. Он также оставил без упоминания автора источника, напитавшего его воображение, избежав тем самым напрашивающегося обвинения в плагиате. Ведь, мотивируя патриотизм Бро, Лосев довольно точно цитировал эссе Мандельштама: «Скажу и теперь, не обинуясь, что семи или восьми лет весь массив Петербурга, гранитные и торцовые кварталы, все это нежное сердце города, с разливом площадей, с кудрявыми садами, островами памятников, кариатидами Эрмитажа, таинственной Миллионной, где не было никогда прохожих и среди мраморов затесалась лишь одна мелочная лавка, особенно же арку Главного штаба, Сенатскую площадь и Голландский Петербург я считал чем-то священным и праздничным. <...> Петербургская улица возбуждала во мне жажду зрелищ, и самая архитектура города внушала мне какой-то ребяческий империализм» [Мандельштам, 1971а, с. 50].

Мандельштам мог и не быть единственным автором, подсказавшим Лосеву его убийственный аргумент. Полистал он, вероятно, «Историю русского искусства» Игоря Грабаря (том 5) и «Старый Петербург: прогулка по старому кварталу столицы» Г.К. Лукомского. Мог бы снять с библиотечной полки и другой фолиант, живописующий архитектурные детали Пантелеймоновской церкви. Стоило памяти подсказать ему, что в нежном возрасте Бро проживал в доме Мурузи напротив Пантелеймоновской церкви, аргумент родился сам собой: «Из окна своей комнаты мальчик *видел* (курсив мой — А. *П.*) ограду Спасско-Преображенского собора, сделанную из трофейных пушек, а на другом конце улицы Пестеля (Пантелеймоновской) стояла Пантелеймоновская церковь, построенная в честь победы русского флота при Гангуте. Мечи, копья, дротики, секиры, щиты, шлемы, ликторские фасции с топориками украшали Пантелеймоновский мост через Фонтанку, как и многие другие ограды и фасады бывшей столицы империи. Неоклассический архитектурный декор способствовал *не только* воспитанию патриотического чувства» [Лосев, 2006, с. 23].

Но тут Лосев вдруг запнулся, оставив слова «не только» подвешенными в воздухе, то есть без необходимого «но и».

Этот казус требует пояснения, которое будет дано с должной очередностью. А воспользовавшись паузой, предлагаю описание архитектурного опыта Бо, полученное сидя в кресле «Сумасшедшего автобуса», в котором легендарный режиссер и мастер класса в Театральном институте Алексей Александрович Рессер ведет «гениальную экскурсию» по Санкт-Петербургу. Загипнотизированный Рессером, Бо посвящает этой экскурсии несколько страниц увлекательнейшего мемуарного текста, рядом с которым архитектурный реестр Лосева звучит как набор тривиальностей: «Город тот и не тот: свой же ослепительный негатив, город бело-крахмальных, неправдоподобно сахарных решеток, не только садовых, но и карнизных, подвальных, но и палисадных оград, ворот и калиток, всех этих выгибов, наконечников, ритмов, которых прежде почти не замечал» [Бобышев, 2008, с. 12].

Напомню, что, все еще продолжая висеть в воздухе, слова «не только» и последующее за ними заикание требуют толкования. И Лосев берет эту задачу на себя. Патриотизм, поясняет он, это не «любовь к Отечеству», а некая приватная утопия, рожденная в «не вполне сознательных мечтаниях ребенка». И тут дело не только в том, что под Утопией (от греческого *u*, то есть *не*, и *topos,* то есть *место*) понимается место, о котором «приватно» и «не вполне сознательно» помечтал Бро, глядя из окна своей комнаты в доме Мурузи. Тут дело в веровании самого Лосева, которое пришло прямиком из «Тотема и табу» (1913) Зигмунда Фрейда или «Золотой ветви» (1911–1916) сэра Джеймса Фрэзера. Верование это известно под именем «симпатической магии» с ее разновидностями типа «магии подобия» и «магии контакта».

Как это могло сработать у Лосева? Глядя из окна дома Мурузи на имперскую архитектуру, мальчик Бро получил исчерпывающее знание о ней: «Так, в еще не вполне сознательных мечтаниях ребенка выстраивался мифический образ идеальной родины — империи, чья слава и могущество невероятным образом отделены от насилия и смерти, где жизнь основана на началах соразмерности, гармонии» [Лосев, 2006, с. 288].

И это «знание» представлялось Лосеву гарантией патриотизма Бро. Припоминаю, что в другом контексте Лосев настаивал на том, что Бро являлся экспертом по Пушкину на том основании, что он был в юности окружен такими знатоками Пушкина, как Ахматова, Томашевский, переводчик Сергеев (список был длиннее).

А едва патриотизм Бро был доказан за пределом всякого сомнения, оставалось лишь поставить на место тех адвокатов дьявола, которых скопилось к тому времени изрядное число. «Ни в коем случае нельзя ставить знак равенства, как это делали некоторые критики, между этой приватной утопией и исторической Российской империей» [Там же, с. 288].

Возможно, биограф Бро вспомнил о том, как имперский патриотизм его героя воспринимали Кундера и Милош, восточноевропейские коллеги, а также Сьюзан Зонтаг и Салман Рушди, западные интеллектуалы. Но упомянул Лосев НЕ о том, о чем он наверняка вспомнил, а об ироническом высказывании Бар-Селлы Зеева: «...до этого еврея настоящего империалиста в России не было» [Там же, сноска 49, с. 288], которое могло сойти за курьез, что, кажется, и случилось. А пожелай Лосев упомянуть о том, о чем он наверняка вспомнил, ему пришлось бы затронуть тему символических ставок и символической прибыли, которые Бро умело использовал и в России, и на Западе, построив на них свою головокружительную карьеру. Ведь символический капитал, как было помыслено Пьером Бурдье, есть «капитал с когнитивной базой, опирающийся на познание и признание» [Bourdieu, 1998, p. 85].

Взяв эссе Мандельштама в качестве подстрочника для своего нарратива о патриотизме Бро, Лосев мог опираться на авторитет Чеслава Милоша, обвинившего в имперском патриотизме раннего Мандельштама на основании раннего и неназванного стихотворения.[2] Однако Милош не учел, что в упомянутом им первом томе поэзии Мандельштам опубликовал стихотворение: «Только детские книги читать» (1908), далее перепечатанное в альманахе «Ковчег» (1920) и в сборнике «Тристия», в котором делает признание:

Я от жизни смертельно устал,
Ничего от нее не приемлю,
Но люблю мою бедную землю.
Оттого, что иной не видал.

[Мандельштам, 1993, с. 3 и 405].[3, [1]]

---

[2] «В 1914 году, через год после публикации первого тома поэзии, он (Мандельштам — *А.П.*) ответил на формирование Джозефом Пилсудским польских (антироссийских) патриотических батальонов скорбным стихотворением, в котором он винил „Польскую, Славянскую комету в том, что она светит Габсбургам", т.е. иностранцам. По мысли Мандельштама, поляки принадлежали великой семье славян, родиной которой была Российская империя» [Grudzinska-Gross, 2011, p. 146–147].

[3] Переводы поэтических строк на английский, сделанные автором книги, даны в конце каждой главы — *прим. изд.*

Я уже не говорю о том, что слово «имперский» Мандельштам относил исключительно к архитектуре, не вкладывая в него политического смысла. Эту традицию продолжил и Дмитрий Бо. «Каким образом география различных мест Вашего проживания повлияла на Вашу поэзию?» Вопрос был задан молодежным журналом *Excelent*.

«Я вырос на Таврической улице, ходил в школу у Смольного, каждый день видел его строгие пропилеи и барочную громаду собора Бартоломео Растрелли, растворяющуюся в воздухе. Каналы, дворцы, торжественный разворот Невы, золоченые шпили... Все это откладывалось в сознании красками, формами, пропорциями, гармоническими рядами и контрастами, а потом каким-то тайным образом переходило в стихи».

А Мандельштам, родись он чуть позже, вероятно, написал бы то же, что он уже написал в свое время: «Литература — это архитектура. А архитектура — это спящая сила, которую поэт должен пробудить в себе. Акмеизм нужен для того, кто может проникаться духом строительства, но не отвергать собственный вес и принимать его не вяло, а радостно, чтобы пробудить и использовать силы, архитектурно спящие в нем. Архитектор говорит: я строю — значит, я прав» [Мандельштам, 1971, с. 321].

Не потому ли Мандельштам радостно занимался строительством, представьте, даже не подозревая о том, что в доме Мурузи когда-то проживал нобелевский лауреат Иосиф Бро? Мандельштам строил «арку Главного штаба, Сенатской площади, Голландского Петербурга», живя в другом месте. Могу даже сообщить точный адрес. С 1922 по август 1923 года он жил в Москве, на Тверском бульваре, 25. А устав от строительства, он написал «Оду Сталину», дав Милошу еще один шанс обвинить его в имперском патриотизме. Однако именно формула «Я строю — значит, я прав» привела Мандельштама к разгадке тайны, над которой безуспешно и почти столетие бились филологи и историки. И эта разгадка была озвучена в стихотворении «Дворцовая площадь» (1915), мало кем замеченном за одним восхитившим меня исключением.

Вот что сказал этот автор: «Уходя из жизни, Пушкин оставил одну поэтическую загадку <...>. Почему он назвал Александровскую колонну, возведенную в 1834 году в Петербурге в честь победы в войне 1812 года и императора Александра I, — *Александрийским столпом?!* „Столпом“ — еще ладно, поэзия все-таки. Но чем объясняется такая небывалая, уникальная форма прилагательного: „Александрийский“? Такое явление называется у лингвистов „солецизмом“ (от лат. „solus“ — единственный) и считается нарушением чистоты языка. И тут — у великого национального поэта!» [Панфилов, 2009].

«В ранней рукописи Пушкина, датированной 1819 годом, — писал А. Ю. Панфилов, — был найден эскиз „Ангела Александровской колонны — балансирующее на грани карикатуры изображение императора Александра с ангельским крылышком за спиной“. К тому времени Монферран впервые приехал в Петербург, имея при себе лишь замысел проекта триумфальной колонны. Тогда кто же был подлинным архитектором? НЕ Монферран, НЕ Орловский и даже НЕ Николай I, а Александр Сергеевич Пушкин! И это открытие сделал Мандельштам, отважившийся, говоря метафорически, взобраться к венчающим колонну Распятию, к Кресту и Ангелу и запечатлеть свой маршрут в „Дворцовой площади“». Вот этот текст[4]:

Императорский виссон[5]
И моторов колесницы, —
В черном омуте столицы
Столпник-ангел вознесен.
В темной арке, как пловцы,
Исчезают пешеходы,
И на площади, как воды,
Глухо плещутся торцы.
Только там, где твердь светла,
Черно-желтый лоскут злится,
Словно в воздухе струится
Желчь двуглавого орла.

«Мандельштам очень хорошо передает замысел скульптуры Александровской колонны как отражающийся во многочисленных городских архитектурных „зеркалах“. Точно так же он отражается и в черно-желтом штандарте императорского дома, развевающемся над Зимним дворцом: Ангел — и птица, двуглавый орел визан-

---

[4] Подозреваю, что А. Ю. Панфилов цитировал Мандельштама по памяти, ибо допустил две неточности. Во-первых, переставил местами вторую и третью строфы, а во-вторых, строку «Глухо плещутся торцы» переиначил, записав «Тихо плещутся торцы». Я цитирую текст по трехтомнику Мандельштама — *здесь и далее прим. авт., если не указано иначе.*

[5] «Виссон» — тонкая, изящная ткань, которую носила знать. Мандельштам сравнивает виссон с петербургским небом.

тийского государственного герба (еще Бутовский говорил о „Зимнем дворце Российских государей с императорским флагом, гордо развевающимся над главными воротами“). Но эта „птица“ предстает у Мандельштама <...> со вспоротым животом, с желчью, растекающейся по небу, в котором этот флаг бьется!»

Это уже пишет А.Ю.Панфилов, который продолжает: «Вот в этом-то и заключается смысл уподобления неба виссону, полотну, одежде. Это вспоротый живот — человека, это кровь и желчь, разливающиеся по белому полотну нижней рубашки <...> Да, конечно, в этом стихотворении пророчится расстрел императорской фамилии в екатеринбургском подвале. Но сам характер раны — в живот — напоминает у Мандельштама о другой смерти: смертельной ране, полученной Пушкиным на дуэли в 1837 году. И нам теперь вполне понятно, почему это воспоминание возникает именно в связи с Александровской колонной — плодом творческого замысла Пушкина.

Если мы еще раз взглянем на Ангела Александровской колонны, то увидим, что у Пушкина перед глазами с предельной четкостью стояла картина собственной смерти. Змей, извивающийся у ног пригвожденного ко кресту Ангела <...>. Ведь это же — как кишки, вываливающиеся у раненого в живот человека! Более того, этот мотив был задуман уже на странице пушкинской рукописи 1819 года, приведенной в качестве иллюстрации к первой главе» [Панфилов, 2009].

Там можно было видеть, что полуфигуру Александра — будущего Ангела Александровской колонны — пересекает внизу какое-то полусмазанное чернилами слово. «Это французское слово commerage — злословие, сплетня: по догадке исследователя (С.А.Фомичева), означало слухи, погубившие репутацию императора Александра и имевшие свое предельное выражение — в замыслах политических заговорщиков о цареубийстве. И действительно: слово это у Пушкина выглядит как узкий и острый клинок, перерубающий фигуру царя посередине, прямо в области живота!» [Панфилов, 2009].

Чтобы закончить архитектурную тему, начатую Лосевым без особого успеха, напомню, что Мандельштам сочинял эту поэму в Петербурге, хотя неясно, где точно он проживал: в доходном ли доме на Ивановской улице, 16, либо на Малой Монетной, 15. Но известно, что в общежитие Дома ученых на Дворцовой набережной, 26 он перебрался лишь три года спустя, уже сочинив «Дворцовую площадь». Дополнительно отмечу, что, как и многие авторы, принужденные сочинять в условиях советской цензуры, Мандельштам выражал свои сокровенные мысли в детских стихах.

Ярким примером служит его стихотворение, написанное в Савёлове-Кимрах в июле 1937 года под названием «Пароходик с петухами». В замечательной работе, посвященной этому стихотворению, Марина Бобрик подводит нас к мысли, что в «Пароходике», как и во всей детской поэзии, добавлю я от себя, Мандельштам демонстрирует «гротескно-иронический, диссонансный pendant», к гражданским стихам того же времени («Стансам», «Стихам о неизвестном солдате», «Оде»). Внутренняя противоречивость отношения Мандельштама с советской действительностью выражена здесь «с исключительной отчетливостью» [Бобрик, 2021, с. 72].

Но я коснусь цикла детских стихов, сочиненных им в год смерти Ленина (1924). Название («Примус») было взято из первой строки стихотворения, начинающегося так:

Чтобы вылечить и вымыть
Старый примус золотой,
У него головку снимут
И нальют его водой. [2]

Центральным здесь является деликатное «головку снимут» — намек на ленинские способы «лечения», смерти которого посвятил несколько эссе Михаил Булгаков, обессмертивший ПРИМУС, то есть горелку вроде примитивного réchaud (необходимый домашний инвентарь коммунального быта России) его греческой омоформой (PRIMUS, то есть первый среди равных). Так под именем примуса выступил «первый человек советского государства — председатель Совета народных комиссаров Ульянов-Ленин».

Это наблюдение принадлежит А. Ю. Панфилову, который комментирует титульную обложку «Примуса» Мандельштама следующим образом: «Посмотрим на обложку этой книги. С первого взгляда, в написании ее заглавия, выделяющегося самым крупным размером букв на листе, — „ПРИМУС“ — привлекает внимание одна особенность, объяснение которой находится не сразу. А все дело в том, что эта надпись изображена так, как будто она находится в трехмерном пространстве: окружает полукружием сверху — круглый примус, располагающийся в центре страницы! Отсюда — и естественный перспективный эффект, выражающийся в том, что крайние буквы заглавного слова — „П“ и „Р“ — ближе всего находящиеся к зрителю и оказывающиеся на боковых от него, зрителя, сторонах полукружия, — выглядят более узкими, чем все остальные».

«Этим и вызван тот мгновенный эффект, о котором я говорил: благодаря этой перспективной иллюзии, из заглавного слова выделяется и в первую очередь бросается в глаза... его центральная часть: „...РИМУ...“ А если прочитать эти буквы в обратном порядке — то получится с небольшим искажением написанное значимое слово: „УМИР...“ Именно так, именно этим глаголом: „Умер...“ — был озаглавлен еще один очерк Булгакова на смерть Ленина, напечатанный в январе 1924 года в газете „Гудок“, где в то время работал писатель, за подписью „М“» [Там же].

Но куда девались наши герои: нобелевский лауреат Иосиф Бро и его соперник Дмитрий Бо? Роль в этой главе им не предусмотрена. Как адвокат дьявола, автор решила поступиться правилами, и вместо того, чтобы обозначить все роли в первой главе, спрятала там повествовательный КЛЮЧ, который теперь нуждается в замке. А вот и он: «Эквиваленту патриотизма в тоталитарном социуме соответствует noblesse oblige в аристократическом, где дворянину предписываются нормы этикета: частью титула дворянина, его превосходной сути, является требование быть бескорыстным, щедрым, и [считается, что] он не может поступать иначе, „это сильнее его“» [Bourdieu, 1998, p. 86].

Получается, что роль суфлера взял на себя Пьер Бурдье. Ведь именно он является архитектором мастерской адвокатов дьявола, лишенной теологической подкладки. «Фурор или ужас, который моя работа иногда вызывает, пожалуй, отчасти объясняется тем, что ее несколько разочарованный взгляд <...> часто обращен к таким сферам, как интеллектуальный мир, достопримечательностью которого является по преимуществу незаинтересованность (по меньшей мере согласно представлению тех, кто к нему принадлежит). Напоминание о том, что интеллектуальные игры также имеют ставки и что эти ставки пробуждают интерес — как и многие другие вещи, о которых все в некотором смысле знают, — было попыткой <...> лишить мир интеллекта статуса исключительности и экстратерриториальности, который интеллектуалы склонны себе приписывать» [Там же, p. 75].

Потому-то я и ставлю свою подпись под его программой — лишить мир интеллекта статуса исключительности *и экстратерриториальности*. Программу эту поддержал и наш коллега Джеральд Смит, наметив траекторию будущих исследований наследия Бро:

«В будущем биографы, вероятно, попытаются определить, кем был этот человек „на самом деле“, осмысляя основную парадигму противоположностей: преследуемый изгнанник, чей жизненный выбор осуществлялся в основном внешними силами, или амбициозный карьерист, который выковывал новую судьбу для себя и потенциально для других советских интеллектуалов; скромный, даже способный к самоуничижению человек, ошеломленный непостижимой славой, или чванливый эгоист, который настойчиво добивался признания; человек, наделенный глубоким религиозным чувством и не желающий высказываться на этот счет, или умствующий циник, которому недостает душевной теплоты, чтобы исповедовать или поддерживать какую-либо веру без иронии; преданный или благородный друг или злопамятный и мстительный соперник; галантный любовник или женоненавистник, чье отношение к прекрасному полу было потребительским; все это постоянно или понемногу иногда, и т.д. и т.п.»

Примечания:

[1] I am tired of this mortal coil,
Don't accept it as near at hand.
But I love my impoverished land.
For I saw no other to spoil...

[2] Your réchaud... to clean it white
Trim its head and bring to light.
And to cure it fully well
Pour fresh water from a well.

Глава 2

Почему Бро вспомнил о Висконти?

Сидя в кинозале, где проходил закрытый просмотр киноленты «Смерть в Венеции» (1971), Бро дал себе зарок: «Если я когда-либо выберусь из своей империи, если этот уж когда-либо выскользнет из Балтики, я первым делом отправлюсь в Венецию, сниму комнату в подвальном этаже какого-нибудь palazzo, так что волны от проходящих мимо лодок будут омывать мои окна, напишу несколько элегий, туша сигарету о сырой каменный пол, буду кашлять и пить, а когда деньги почти иссякнут, вместо того, чтобы сесть в поезд, куплю себе маленький браунинг и взорву себе мозги, не в силах умереть в Венеции от естественных причин. Совершенно декадентская мечта, но в возрасте двадцати восьми лет каждый, у кого есть мозги, является немного декадентом» [Бродский, 1992, с. 40].

Кинозал всегда притягивал Бро как место *уединения*, позволяющее вступить в волшебный и сновидческий мир. Именно там рождается то *воображаемое,* которое передается от режиссера к зрителю. Кинолента возвращает нам все, что в жизни оказалось вытесненным: эротику, страх смерти, импульс садизма и т.д. Экран есть «Эдипова замочная скважина, заглянув в которую зритель погружается в фильмическое состояние, то есть в зеркальную смесь из снов, мечты и яви» [Metz, 1975, p. 3].

Но Бро не пожелал заглянуть в Эдипову замочную скважину, оставленную для него Висконти. Он остался глух к четвертой части Пятой симфонии Малера (1901–1902), посвященной Альме Шиндлер, будущей жене композитора, и не узнал самого Малера в композиторе Густаве Ашенбахе. В равной мере его не затронули ни топика любви, ни личность Лукино Висконти, потомственного аристократа, который снял этот фильм на деньги, вырученные от продажи фамильных драгоценностей. А если бы сам Висконти сказал Бро, как он сказал какому-то интервьюеру, что его интересует *судьба одинокого аристократа* в реальном (уже не аристократическом) мире, изменилось бы что-нибудь в восприятии Бро? Пошел бы он смотреть следующий фильм Висконти о гибели баварского короля Людвига II Виттельсбаха, «короля Луны», как окрестил его Гийом Аполлинер? Скорее всего, нет.

Тогда почему Бро вспомнил о киноленте Висконти спустя девятнадцать лет? Может быть, его подтолкнули к этому размышления о приближающейся смерти? А если смерть страшна лишь тогда, когда она наступает «от естественных причин», тогда зачем ему понадобился браунинг? Не мог ли браунинг предложить ему оригинальный, эпатирующий и, наконец, *бесстрашный* финал, которого не было ни в фильме Висконти, ни в *Der Tod in Venedig* (1912) Томаса Манна?

Но как раз здесь Бро ожидал сюрприз. Доктор Ашенбах вовсе не умер естественной смертью, как заключил Бро, посмотрев киноленту Висконти, а был убит. И подробности этого убийства стали известны в 1975 году, когда были открыты архивы Томаса Манна. Ведь описанная в новелле драма не была им придумана, но реально произошла с ним в Венецианском Лидо, а точнее, в гостинице Grand Hotel des Bains. В одном из его дневников есть признание о том, что он тайно влюбился в десятилетнего поляка по имени Wladyslaw Moes (Wladzio) и, сражаясь со своими гомосексуальными фантазиями, принял решение убить своего альтер эго Ашенбаха в качестве наказания за запретную страсть.

Конечно, знай Бро об *убийстве* Ашенбаха, он мог бы отказаться от идеи браунинга. Ведь это было бы имитацией или, как он сказал бы, «тавтологией, то есть тем, что убивает творческую мысль». Независимый, оригинально мыслящий автор, каким Бро себя считал и каким его считало его окружение, должен дистанцировать себя от чужих идей. И все же память Бро о фильме Висконти могла быть навеяна другими авторами. Как уже было заявлено в предисловии, Бро сочинял свои оригинальные сюжеты, повторяя сюжеты других авторов. Начну с Кристофера Ишервуда, соученика Одена по Школе святого Эдмунда в Суррее.[6]

---

[6] После длительного перерыва Стивен Спендер свел Одена с Ишервудом, и Ишервуд стал литературным наставником и эпизодическим любовником Одена. В 1930-е годы они совершили поездку в Германию и пароходное путешествие в Китай, а с 1939 года оба обосновались в Америке.

В возрасте 48 лет (возраст Ашенбаха и автора *Набережной неисцелимых*) Кристофер Ишервуд влюбился в 18-летнего художника, Дона Бокарди, с которым поселился в Санта-Монике. В 1963 году пара разошлась, а еще через год Ишервуд написал новеллу «Одинокий мужчина». В ней Дон Бокарди был выведен под именем Джима, погибшего в автомобильной катастрофе, а пережившему его любовнику под именем Георга Фальконера дан один день на размышления о собственной жизни. Центральной темой является однополая любовь, как, впрочем, и тема «Смерти в Венеции». Однако Ишервуд решил ее иначе, чем Томас Манн и Висконти. Герой Ишервуда не был убит и не умер от естественных причин. А это значит, что финал Бро по-прежнему оставался самым оригинальным.

Но тема браунинга может быть продолжена.

«Сочиняя „Смерть в Венеции", Томас Манн, очевидно, вдохновлялся „Крыльями голубки" Генри Джеймса, в котором Милли Тил, смертельно больная американка, едет в Венецию умирать. Точнее, так: богатая наследница сбегает из Америки для того, чтобы провести остаток дней в изысканном обрамлении самого декадентского из городов, ведь очевидно, что лечиться она там не сможет. Если бы Милли хотела вылечиться, она эвакуировалась бы куда-нибудь в другое место. Однако Джеймсу важна архетипическая цепочка, включающая в себя Побег-Искусство-Болезнь-Гибель, отныне неотделимая от Венеции» [Bavilsky, 2015].

«Для меня также очевидно, — продолжает Бавильский, — что Том Форд, снявший „Одинокого мужчину" о смерти депрессивного гея в пригороде Лос-Анджелеса, вдохновлялся фильмом Висконти примерно с той же интенсивностью, с какой Манн изучал книгу Джеймса» [Там же].

Тут есть одна неточность, которая, впрочем, не зачеркивает мысли Дмитрия Бавильского. Томас Манн не мог «изучать» книгу Генри Джеймса, опубликованную в 1902 году, ибо еще не читал по-английски (а произведения Генри Джеймса не были переведены на немецкий язык до Первой мировой войны). Сам же Джеймс, который знал немецкий язык и мог читать Манна в оригинале, этой возможностью, кажется, пренебрег, скорее всего вкладывая в свой роман другие идеи. А пожелай он выстроить цепочку, о которой пишет Бавильский, в список его предшественников мог бы попасть венецианский автор, в контексте новеллы Джеймса никем не упомянутый.

Что же могло быть на уме у Джеймса? Думаю, не совсем то, о чем осторожно повествует сам Джеймс. А точнее будет сказать: совсем не то. Сюжет новеллы может быть суммирован как сговор двух любовников. Кейт Крой помолвлена с Мертоном Деншером, нищим (журналистом и аристократом). Однако их брак возможен лишь при условии, что в числе достоинств жениха будет еще и богатство. Кейт Крой находит выход из положения, замыслив авантюрный план, связанный с наследством богатой и тяжело больной американки Милли Тил. Он будет рядом с Милли в Венеции, тем самым скрасив ей последние дни жизни, чтобы его имя было указано в завещании. Все, что от Деншера требовалось, — это сопровождать Милли, скрыв от нее давнюю и никем не расторгнутую помолвку с Кейт. А когда Милли узнаёт об этом от другого лица, Денвер, не желая ее обманывать, подтверждает факт помолвки с Кейт. Правда, в ходе сюжета выясняется одна маленькая деталь, позволившая Деншеру сохранить свою честь аристократа и джентльмена. А если исключить эту деталь, уместно задать вопрос: не на этой ли авантюрной схеме строится классический сюжет сказки Карло Гоцци «Любовь к трем апельсинам»? Смертельно больного принца можно вылечить лишь смехом. Король поручает своему первому министру Валету Треф-Леандро организовать празднество с участием шута Труффальдино. Однако министр Леандро состоит в сговоре с принцессой Клариче, племянницей короля. Совместно они желают править страной после смерти принца. Принц должен быть устранен. И здесь дошла очередь до разглашения этой маленькой детали:

«Утешением Деншера было то, что он не лгал. Однако существует странное моральное измерение, в котором его честь является его глубочайшей слабостью, его недостатком, делающим его еще менее достойным, чем безжалостная Кейт. Он не солгал о помолвке с Кейт, когда в последний раз разговаривал с Милли, потому что в этом не было необходимости. Ведь Милли его ни о чем не спрашивала. Она хотела услышать из моих собственных уст — так, как я это видел, — правду. Но я был с ней двадцать минут, и она не попросила меня об этом.

— Она никогда не хотела правды, — сокрушительно сказала Кейт. — Она хотела тебя... Ты мог бы ей солгать из жалости, а она видела и чувствовала, как ты лжешь, а между тем — поскольку все это было ради нежности, она бы тебя поблагодарила, и благословила, и прильнула бы к тебе с еще большим желанием. <...>

Деншер предлагает Кейт выбор: она выходит за него замуж, но без денег или, если они не поженятся, деньги будут даны ей. Кейт обвиняет его в том, что он влюбился в Милли на их последней встрече, то есть влюбился в будущую мертвую девушку» [Wood, 2005, p. 26–27].

А если попробовать вернуться к мысли Бавильского окольным путем, то получается, что Генри Джеймс решил проблему смерти иначе, чем Томас Манн и Бро. Милли Тил умирает от *естественных причин,* хотя она вполне могла бы быть устранена теми, кто видел выгоду в ее смерти. А это значит, что выбор *смерти от естественных причин* был сделан Генри Джеймсом осознанно. Более того, пожелай он закончить свою повесть рассказом о насильственной смерти, в качестве инструмента он мог бы воспользоваться именно браунингом. Ведь пока он обдумывал сюжетную линию в 1901 году, Джон Мозес Браунинг разрабатывал модель FN Browning M1900, которую продал бельгийской компании Fabrique Nationale d'Armes de Guerre в том же 1901 году.

Продолжая этот сценарий, можно предположить, что Генри Джеймс отклонил идею браунинга в пользу смерти от естественных причин по той же причине, по какой Бро отказался от смерти от естественных причин в пользу мечты о браунинге. Но это предположение терпит фиаско, если принять в расчет, что моделью для Милли Тил была Нью-Йоркская кузина и возлюбленная Генри Джеймса по имени Минни Темпл. О ее смерти Джеймс узнал, находясь в Англии, после чего оставил как дневниковые, так и эпистолярные записи. Но не только... Тему смерти возлюбленной, которая становится привилегированным объектом памяти и импульсом для творчества поэта, исследует Елизавета Бронфен, которая, среди прочего, комментирует ситуацию Генри Джеймса и Минни Темпл.

Привожу ее текст:

«Забальзамированная в его разуме, как Белоснежка, „неподкупно запертая в кристальных стенах прошлого“ и ожидающая реанимации, она становится прежде всего мерилом его навыков воспоминания и творчества. Хотя ее жизнь была „под вопросом“, тревожащим, потому что он не мог предложить „элементов ответа“, ее отсутствие можно было встретить с таким удовлетворением, потому что оно одновременно фиксировало ее в стабильной „нетленной» фигуре и открывало пространство для поэтической интерпретации, внутри которого он мог проецировать, формировать и воссоздавать ее (и их отношения) в бесконечных вариациях.

Джеймс неоднократно использовал воспоминания о Минни как образец для героинь, особенно Изабели Арчер, Милли Тил (а также в своих автобиографических записях „Записки сына и брата“)» [Bronfen, 1992, p. 369].

Потеря возлюбленной вследствие смерти или самоубийства, являясь рекуррентной темой в творчестве многих поэтов, не миновала и моих героев. Оба трактовали эту тему как источник творческой потенции. Правда, моделью для обоих послужила не преждевременно умершая возлюбленная, а возлюбленная, затеявшая полимерную игру, имеющую последствия.

Глава 3

Ахматова и ее «сироты»

Дмитрий Бо и Иосиф Бро вошли в непосредственный круг Анны Ахматовой в последние годы ее жизни вместе с двумя другими талантливыми поэтами: Анатолием Найманом и Евгением Рейном. Дмитрий Бо представил этот квартет в нескольких ипостасях: «Если по алфавиту, то: Бобышев, Бродский, Найман, Рейн; если по старшинству, то: Рейн, Бобышев, Найман, Бродский, а если по литературному значению в будущих веках, то пусть эти будущие века нас и рассадят» [Бобышев, 2008]. Однако в качестве подсказки для будущих поколений, начну рассказ об «Ахматовских сиротах» с пояснения о том, что именно вкладывал поэт Бо в понятие «ЧеловекоТекста». Ведь он придумал это слово, еще не помышляя о сочинении мемуарных томов. А интуитивные догадки поэта чаще всего выливаются в стихотворный текст:

Строка — совсем дитя. А кто отец-то?
Ведь я расчеловечусь, я впоюсь
в смертельное братанье с ней, в союз,
и стану вовсе человеко-текстом.
С полусобою сросток, легкий груз —
пока меня имеючи — примите!
Так из каких же уст я отзовусь,
когда Создатель позовет: «Димитрий!»?
Что это было — нравственный недуг,
всего лишь любопытство или шалость,
но с розовым дыханием подруг
душа за целый век перемешалась,
и — нет меня. И — здесь я! Лишний слог
в крестообмене человеко-строк.[1]

Но как объяснить будущему читателю, что «ЧеловекоТекст» имеет непосредственное отношение к «Ахматовским сиротам»? Причем оба эти понятия вымышленные. Но из какого вымысла они пришли? Об этом и рассказ.

В день рождения Ахматовой, 24 июня 1962 года,[7] Бро послал ей одно из лучших стихотворений раннего периода, где были такие строки:

Но на Марсовое поле дотемна
Вы придете одинешенька-одна,
В синем платье, как бывало уж не раз,
Но навечно, без поклонников, без нас...
Вы поднимете прекрасное лицо —
Громкий смех, как поминальное словцо,
Звук неясный на нагревшемся мосту —
На мгновенье взбудоражит пустоту...
В теплой комнате, как помнится, без книг,
Без поклонников, но там Вам не до них,
Опирая на ладонь свою висок,
Вы напишете о нас наискосок.[2]

Эти строки, произнесенные от имени всего поэтического квартета, покорили всех, и год спустя Бо «повез Анне Андреевне вместе с пятью розами „своего рода мадригал прекрасной даме“, строки, написанные под впечатлением от фильма „Великолепная семерка“». Послушаем самого поэта:

«Ахматова подарила мне „Пятую розу“. То есть, вернее, это я ей подарил розы, а она посвятила мне стихотворение с таким названием. Получилось это в день ее рождения, 23 июня 1963 года. Цветы достать в Ленинграде было трудно. Но все-таки стоял июнь, поэтому шансы были. На Кузнечном рынке я нашел у эстонки ведро свежайших роз и выбрал пять, самых красивых, разных форм и с разными оттенками красного и алого.<...>

Анатолий Найман (он тогда был ее секретарем) потом рассказывал, что Ахматовой очень понравились мои розы. Она говорила, что четыре из них в должное время увяли, а пятая необыкновенно хорошо расцвела, светилась ночью и едва не летала по комнате —

[7] К тому времени Ахматова практически оправилась после третьего инфаркта и, находясь в больнице, написала новую строфу к «Поэме без героя», о которой позже.

словом, творила чудеса. И вот это чудо она и передала в стихотворении „Пятая роза“.

Но я не упомянул еще одну деталь. Я ведь с этими розами подарил ей стихотворение ко дню рождения, которое так и называется „Анне Андреевне Ахматовой“. Оно написано в стиле мадригала, в куртуазной форме восхищения Прекрасной Дамой. И я написал его немножечко так весело. И это тоже, видимо, ей очень понравилось» (Бобышев, 2024). Первый катрен звучал так:

Еще подыщем трех и всемером,
Диспетчера выцеливая в прорезь,
Угоним в вашу честь электропоезд,
Нагруженный печатным серебром...

Бо продолжает: «Мое стихотворение заканчивалось намеком:

И, слушая моторов юный гром
И видя этих роз усемеренье,
Не просится ль тогда стихотворенье
С упоминаньем каждого добром?[3]

Я намекал, что неплохо было бы получить от нее стихотворенье, и не только для себя, для друзей тоже. И она стала отвечать. „Последнюю розу“ посвятила Бродскому, „Небывшую розу“ — Найману и мне — „Пятую розу“. Рейну его розу она, видимо, просто не успела» [Ахматова, 1996, с. 160].

Восхищение Ахматовой осталось для Бо неприкосновенным.

«Что для вас персонально как для поэта означала Ахматова?» Этот вопрос был задан Иваном Толстым в обширном интервью, взятом у Дмитрия Бо после выхода его мемуарной книги «ЧеловекоТекст».

Бо: «<...> она принадлежала в первую очередь Серебряному веку, но она принадлежала и к XX веку, и к концу XX века. Причем она не была анахронизмом, как ее представляют многие, что вот, дескать, „на правую руку надела перчатку с левой руки“ — это вся Ахматова. Ничего подобного, она из интимной, может быть, поэтессы начала века превратилась в мощный гражданский голос...»

И Бо не голословен. Читая лекции в Иллинойском университете, он предложил студентам «курс русского модернизма» «на основе ахматовского творчества», построив его «по существу, до конца XX века: Ахматова и символизм, и акмеизм, и футуризм, и революция, и цензура, и война, и блокада, и Ахматова уже позднего периода».

«В каком смысле вы себя причисляли к ее „сиротам“?» — продолжает свой вопросник Иван Толстой, памятуя о дате смерти Ахматовой (5 марта 1966 года).

Бо: «Я написал памяти Ахматовой траурные октавы, восемь восьмистиший, и в одном из них я описывал похороны Ахматовой в восьми строчках. Чтобы выразить глубину потери, я написал:

Закрыв глаза, я выпил первым яд,
И, на кладбищенском кресте гвоздима,
душа прозрела; в череду утрат
заходят Ося, Толя, Женя, Дима
ахматовскими сиротами в ряд.
Лишь прямо, друг на друга не глядят
четыре стихотворца-побратима.
Их дружба, как и жизнь, необратима».[4]

«Траурные октавы» были памятны Бо и в другом отношении. В них он нащупал принципиально новый стиль, который описал в мемуарном томе: «Тема потребовала эпического тона и одновременно краткой афористической формы. Я облюбовал терцины. Но сколько нужно строк минимально, чтобы сохранилась при этом их строфика? Семь? Мало. Тринадцать? Число плохое. Итак, десять: две рифмы на вход, две на выход плюс три мужских и три женских созвучия. А графически это будет выглядеть великолепно — три терцета и одна заключительная строфа, требующая афоризма. Почти как сонет, только более компактно: теза, антитеза, выход и заключительный поворот темы. И как получилось, что такая чеканная форма, буквально валяющаяся под ногами, никем не была замечена и подобрана? Ай да я!»

Но довольно скоро Бо нашел такие же терцины в сборнике 1904 года «XIII сонетов» молодого Михаила Кузмина. Взыскательный поэт в Бо выступил с саморазоблачением: «В этом месте издатель должен охладить мой пыл изобретателя „бобышевской“ строфы, сообщив, что первым все-таки набрел на эту форму кудесник стиха Михаил Кузмин.[8] Два-три подобных десятистрочия были обнаружены на листках его заметок и опубликованы в „Новом ли-

---

[8] «Кудеснику стиха» Михаилу Кузмину (1872–1936) предстояло в скором будущем занять особое место в уникальном сюжете, о котором в главе 4.

тературном обозрении“. Правда, случилось это по крайней мере десятью годами позже полной публикации моих „Русских терцин“ в парижском журнале „Континент“» [Бобышев, 2008, с. 333–334].

В литературе часто повторяют, что со смертью Ахматовой содружество поэтов распалось. Так буду писать и я, хотя на самом деле это содружество практически рухнуло до кончины Ахматовой и еще драматичнее. А так как этой драме предшествовали события, отразившиеся в поэтическом творчестве, я решила отложить рассказ об этой драме до следующей главы.

К новому 1965 году Бро посвящает Ахматовой сонет, взяв в качестве эпиграфа ее же строки: «Седой венец достался мне недаром...» Привожу текст:

Выбрасывая на берег словарь,
злоречьем торжествуя над удушьем,
пусть море осаждает календарь
со всех сторон: минувшим и грядущим.
Швыряя в стекла пригоршней янтарь,
осенним днем, за стеклами ревущим,
и гребнем, ослепительно цветущим,
когда гремит за окнами январь,
захлестывая дни, — пускай гудит,
сжимает сердце и в глаза глядит.
Но, подступая к самому лицу,
оно уступит в блеске своенравном
седому, серебристому венцу,
взнесенному над тернием и лавром![5]

Сонет не получил отклика при жизни Бро, скорее всего, потому, что не был понят. И все же отклик пришел, хотя и с большим опозданием. Валентина Мордерер, тонкий и эрудированный знаток поэзии, опубликовала эссе под названием «Непонятное у Бродского, помогающее понять непонятное у Хлебникова».

Как это ни парадоксально, вопрос, о чем стихотворение, не был даже сформулирован автором. Задачей Валентины Мордерер было «выстроить родство „поэтических экзерсисов“ Бро и Хлебникова не по семантической линии, то есть не по линии „грамматически родственных слов, а по линии буквенных изображений и звуковой смежности“». Было высказано и дополнительное условие: «Я предупреждала, что при демонстрации текстов буду обходить стороной оценочную риторику».

Как же могла выглядеть заявка на понимание непонятного текста без оценочной риторики? Цитирую Валентину Мордерер: «Этот сонет вовсе не без героя. Конечно, главный персонаж здесь сама царственная Ахматова, но верховное действующее лицо — море. А основной предмет притязаний в поэтическом турнире — „алмазный венец“ Пушкина (доставшийся от Марины Мнишек). Море поначалу предлагает череду растительных подстановок. Взамен терния и лавра — осенние листья, затем янтарь, потом ослепительный гребень волн. Но все это ничто в сравнении с седым венцом волос, доставшимся Ахматовой в муках „каторжных песен“».

«Календарь» и «удушье» пришли в сонет из «Души» Пастернака, где февраль и волны наводнения заливают равелин, а далее следует сложная метафора с «лиственной решеткой-месяцесловом»:

> Стучатся опавшие годы, как листья,
> В садовую изгородь календарей»
> (Мордерер, «Непонятное у Бродского...»).[6]

Как видим, к именам Бро и Хлебникова Валентина подключает имена Пушкина и Пастернака, предоставив обоснование ее выбора читателю. Попробую соответствовать, начав с «алмазного венца», первого «предмета притязаний». Метафоре Бро («седой, серебристый венец») Валентина находит интертекстуальную пару в реплике Марины Мнишек, взятой из черновой версии «Бориса Годунова». Цитирую текст, впоследствии, кстати, вычеркнутый Пушкиным:

> Прекрасно! Помните? Его вы надевали,
> Когда изволили вы ездить во дворец.
> На бале, говорят, как солнце вы блистали.
> Мужчины ахали, красавицы шептали...
> В то время, кажется, вас видел в первый раз
> Хоткевич молодой, что после застрелился
> [Pushkin, 1957].[7]

Слова принадлежат горничной, готовящей Марину Мнишек к балу, где ей предстоит встретить самозванца и будущего царя. Соответственно, «седой венец» Ахматовой приравнивается к «алмазному венцу» авантюристки Мнишек. Параллель, которую диктует Валентине Мордерер ее фантазия, в тексте сонета Бро отсутствует. Но она могла быть в подтексте. В строке «злоречье торжествует над удушьем» Бро мог выразить реакцию на слухи о том, что его невеста Басманова вовлекла Бо в любовный треугольник.

Дополнительно интуиция могла подсказать Валентине Мордерер некий аналог синдрома Вертера, чей «самоубийственный выстрел» послужил призывом к «добровольной смерти»: «В великой постановке „Турандот“ (1922) в Третьей студии МХТ артисты пантомимы гротескно инсценировали перед закрытым занавесом самоубийство из любви» [Васильева, 2015, с. 18]. Аналогичным образом самоубийство Хоткевича, анонсированное Пушкиным, отозвалось самоубийственным выстрелом Всеволода Князева, вовлеченного в любовный треугольник с танцовщицей Ольгой Судейкиной, подругой Ахматовой, о чем в главе 4. Похоже, что абсурдную параллель между авантюристкой Мариной Мнишек и Анной Ахматовой подсказала Валентине Мордерер ее богатая литературная память.

В качестве второго «предмета притязаний» Мордерер выделяет вторую строку двустишия у Бро:

Злоречьем торжествуя над удушьем,
Пусть море осаждает календарь —

визави со второй строкой двустишия из стихотворения Пастернака «Душа»:

Стучатся опавшие годы, как листья,
В садовую изгородь календарей.

И туда же она подключает строку Хлебникова: «Напоминаю, о том же у Велимира сказано: Чугунные решетки — листья в месяц осени…».

Но справедливо ли сравнивать «садовую изгородь» Пастернака с «чугунными решетками» Хлебникова, если у Пастернака эта метафора привязана к «оковам мечущейся души» *княжны* Таракановой, еще одной авантюристки и узницы Петропавловской крепости, выдававшей себя за дочь императрицы Елизаветы Петровны и ее любовника Алексея Разумовского:

Ты бьешься, как билась княжна Тараканова,
Когда февралем залило равелин.

Итак, осмелюсь предположить, что «непонятное у Бро» не стало более понятным в результате перекрестных отсылок к Пушкину и Пастернаку. А читатель, который заметил, что имя Хлебникова не было даже упомянуто в комментариях к Новогоднему сонету Бро, поджидает сюрприз. «Непонятый» Хлебников, которому предстоит прояснить «непонятое» у Бро, всплывет в контексте стихотворения Бро 1981 года, к которому я планирую вернуться в главе 10. Однако с появлением в нарративе Хлебникова, след Пушкина и Пастернака будет утрачен.

Но если отказаться от всех табу, заявленных Валентиной Мордерер, и попытаться сформулировать несколько «почему», которые уже созрели в моей голове, то новогоднее поздравление 1965 года, которое Бро адресует Ахматовой, вовсе не покажется непонятным. Начнем с вопроса: почему новогодний сонет намекает не на будущее, как того требует традиция, а на прошлое, причем травматическое прошлое, заряженное «злоречьем» и «удушьем»? Почему далее автор сонета пишет Ахматовой, не назвав себя? И последнее, почему сонет приурочен к новому, 1965 году?

Ответ на последний вопрос очевиден. Новый, 1965 год ознаменовал *годовщину* драмы, которую Бро считал главной трагедией своей жизни. Адресатом послания выбрана Ахматова как лицо, посвященное в подробности драмы, а знание этих подробностей Ахматовой объясняет отсутствие необходимости в установлении личности сочинителя сонета. Но в отсылке к «злоречью» и «удушью» содержится загадочная двойственность. Непонятно, идет ли речь у Бро о последствиях его травмы, о которой осведомлена Ахматова, или о травме, терзающей душу Ахматовой, о которой осведомлен Бро.

Травматической для Ахматовой была ее последняя любовь.

Ноябрь 1945 года. «Иностранец» вынырнул 16 ноября 1945-го года. В тот день в квартире Ахматовой раздался телефонный звонок и Орлов, знакомый литературовед, спросил: не примет ли она гостя из Англии, сотрудника «Форин Офис» и знатока поэзии Исайю Берлина? «Приходите в три», — ответила она. Исайя Берлин, уехавший из России с родителями в 1919-м, после войны был командирован в СССР наводить, как говорили, «мосты». И вдруг в книжной лавке, разговорившись с Орловым, узнал: Ахматова жива, и более того — ее можно увидеть» (В. Недошивин. «Неутолённый стон». В: Книга адреса любви).

«И всю ночь до утра, под миску вареной картошки (больше ничего не было), под дым его сигар, они говорили о стихах, о друзьях ее, которые эмигрировали, и о черной ночи, которая „надвинулась на нее“ с тех пор. В гостинице он глянул на часы: было 11 утра. Когда бросился на постель, сотрудница посольства Бренда Трип, совершенно явно услышала: „Я влюблен, я — влюблен!“» [В. Недошивин. Там же].

Расставанию после встречи 6 января 1946 года Ахматова посвятила стихи, позднее включенные в цикл «Шиповник цветет (Сожженная тетрадь)». Цитирую отрывок из четвертого стиха:

Что тебе на память оставить,
Тень мою? На что тебе тень?
Посвященье сожженной драмы,
От которой и пепла нет,
Или вышедший вдруг из рамы
Новогодний страшный портрет? [8]

Однако, хотя стихотворение и было датировано днем расставания с Берлиным, оно было, вероятно, написано несколькими месяцами позже, то есть после доклада секретаря ЦК А. А. Жданова (1896–1948) о журналах «Звезда» и «Ленинград» (1946),[9] последствием которого был абсолютный запрет на публикацию стихов Ахматовой.

Трудно сказать, связывала ли Ахматова этот роковой поворот судьбы с визитом Берлина, британского подданного. Но находясь в больнице с инфарктом (1961–1962), она вписала новую строфу в «Поэму без героя», назвав Берлина «Гостем из будущего», а в ожидании встречи с ним в июне 1965 (по случаю вручения ей премии доктора литературы Оксфордским университетом), посвятила ему несколько стихотворений, включив их в цикл «Шиповник цветет» (1964). Цитирую одиннадцатую главку «В разбитом зеркале»:

Непоправимые слова
Я слушала в тот вечер звездный,
И закружилась голова,
Как над пылающею бездной.

---

[9] Цитирую текст: «Главная ее тема — эротическая любовь, переплетенная с мотивами печали, тоски, смерти, мистики, обреченности. Чувство обреченности, — чувство, разделяемое общественным сознанием умирающей группы, — мрачные тона предсмертной безысходности, мистические переживания, смешанные с эротизмом, — таков духовный мир Ахматовой. <…> Либо монахиня, либо блудница, а скорее блудница и монахиня, у которой блуд смешан с молитвой» [Жданов, 1946].

И гибель выла у дверей,
И ухал черный сад, как филин,
И город, смертно обессилен,
Был Трои в этот час древней.
Тот час был нестерпимо ярок
И, кажется, звенел до слез.
Ты отдал мне не тот подарок,
Который издалека вез.
Казался он пустой забавой
В тот вечер огненный тебе.
А он был мировою славой
И грозным вызовом Судьбе. [9]

«Грозным вызовом судьбе» был и грядущий визит в Оксфорд. «Я, — напишет Исайя Берлин, ставший Президентом Британской Академии, — промолчал...» Возможно, предвосхищая это молчание, центральными в записной книжке Ахматовой под номером 9, датированной концом 1964 года, окажется воспоминание двадцатилетней давности, навеянное «Петербургскими зимами» Георгия Иванова. Цитирую текст:

«Чувство, с кот<орым> я прочитала цитату из „Пет<ербургских> зим“, относящуюся к моим выступлениям („Дом лит<ераторов>“) 1921 г., можно сравнить только с последней главой „Процесса“ Кафки, когда героя просто ведут на убой у всех на глазах и все находят это в порядке вещей. В этой цитате нет ни слова правды. Стихотворение „Все расхищено, предано, продано, / Черной смерти мелькало крыло, / Все последней голодной тоскою изглодано...“ автор изображает образцом продажной лирики и примером того, как я исписалась. Слушатели якобы „по привычке хлопали“. По привычке никто не хлопает или хлопают дверьми, уходя. Люди до сих пор с волнением вспоминают эти вечера и пишут мне о них. А вот Георгий Иванов и Оцуп уже в то время были чрезвычайно заняты всяческой дискредитацией моих стихов. Они знали некоторые подробности моей биографии и думали, что мое место пусто, и решили передать его И. Одоевцевой» [Ахматова, 1996, с. 145–146].

И далее: «В фельетоне „Поэты“ Георгий Иванов стилизует меня под „Незнакомку“ Блока в большой шляпе с перьями (1922). Это уже верх безвкусицы. Какие перья в 22 г. Я носила тогда шелковую шапочку (см. фотографии)» [Там же, с. 147].

Когда гневный ответ Ахматовой Георгию Иванову был рассмотрен под увеличительным стеклом профессиональными исследователями, его аутентичность была поставлена под сомнение. «Для тех, кто знает фрагмент „Петербургских зим“, из которого взята цитата, — пишет профессор Ерохина, — ахматовское обвинение Г. Иванова в намерении „дискредитировать“ ее стихи может показаться абсурдным. Весь упомянутый эпизод строится на противопоставлении подлинного величия поэта, „с каждым годом головой перерастающего самое себя“, и слушателей, ждавших от него „новых перчаток“: „Все курсистки России, выдавшие ей ‘мандат’ быть властительницей их душ, — обмануты“ [Иванов, 1994, с. 647–648]» [Ерохина, 2019, с. 41].

По мнению коллег, продолжает Ерохина, причины гневных филиппик в адрес «Петербургских зим» «заключаются в предвзятом отношении Ахматовой к их автору (о ее нелюбви к Георгию Иванову известно, например, по дневникам П. Лукницкого и запискам Л. Чуковской), а также в стремлении контролировать свое прошлое» [Там же, с. 42]. Сама же Ерохина думает иначе. «До этого времени она, вероятно, была убеждена в том, что „Петербургские зимы“ не могут быть серьезно признаны „документом эпохи“. Реакция Ахматовой — это реакция не на текст, а на его переход из дискурса беллетристики в дискурс мемуаристики» [Там же, с. 41].

Свою позицию профессор Ерохина аргументирует тем, что Георгий Иванов, выдающийся поэт XX века, не воспринимал серьезно свои воспоминания о петербургской богеме 1910–1920-х годов. В частном письме Владимиру Маркову он признался: «Совру ради красоты стиля, а то что-то перепутаю», а в публичном заявлении даже выдвинул теорию: «Есть воспоминания как сны. Есть сны как воспоминания. И когда думаешь о бывшем „так недавно и так давно“, никогда не знаешь — где воспоминания, где сны» [Иванов, 1994, с. 118]. Но, несмотря на все эти предупреждения, талантливая и востребованная книга Иванова скоро потеряла статус романа и стала восприниматься как мемуар. И именно на эту переоценку реагировала Ахматова. В частности, гневный отпор Иванову попадает и в десятую записную книжку:

«Никогда и нигде он не сказал ни слова правды. Лично обо мне он ничего не помнит. Был кузминский мальчик. Знал, что я не признавала его как поэта, ни разу с ним не говорила, в издании 1928 <г.> пишет (сл<едует?> окаменелая цитата), в изд<ании> 1952 <г.> (Чехова) снимает эту цитату. Он циник — ему все равно. В честь Одоевцевой (жены Георгия Иванова — А. *П.*) „ссаживает меня с трона“» [Ахматова, 1996, с. 263].

Если талант Иванова признавал несовершенство памяти и авторских притязаний, позволяя ему «лгать ради красоты слога», то талант Ахматовой не допускал подобной поблажки, подвергая цензуре все, что могло «поставить под сомнение это совершенство». В частности, в ее 800-страничных дневниковых записях нет ни слова о том, как оценивало ее ближайшее окружение. Этот пробел восполнила Лада Панова, извлекшая из забвения, среди прочего, два экфрасиса [Панова, 2010б, с. 218–234].

Глядя на портрет Ахматовой работы Ольги Делла-Вос-Кардовской (1914), Михаил Кузмин завораживает читателя таинственным предисловием:

«Как и следовало ожидать, „женщина с зонтиком" обратила на себя внимание почти всех. Кто интересовался, почему картина, изображавшая даму, сидевшую за небольшим столом и поднявшую рюмку красного вина на свет, называется „женщина с зонтиком", тщетно искал этого предмета на полотне. Восхищение нежными тонами ткани, лица, освещенного снизу, и красным звездистым отблескам света через вино на прозрачной руке, красота изображаемой дамы и ее происхождение, национальность и характер, ее отношение к художнику тоже немало занимали праздное воображение зрителей. Кто она: жена, любовница, случайная модель, пожелавшая остаться неузнанной, или профессиональная натурщица? Это было трудно прочесть в чувственных и несколько надменных чертах высокой брюнетки, с низким лбом, прикрытым к тому же длинной челкой» [Кузмин, 1986].

В некоторых чертах дама была опознана в дневниковой записи Кузмина от 10 июня 1910 г.: «Приехали Гумилевы, она манерна».

На манерность Ахматовой указывает и Николай Пунин (ее третий муж), датируя свои заметки 24 октября 1914 года: «Она умна <...> она великолепна. Но она невыносима в своем позерстве, и если сегодня она не кривлялась, то это, вероятно, оттого, что я не даю ей для этого достаточного повода».

И наконец, сама художница Делла-Вос-Кардовская записывает в дневник свое впечатление об Ахматовой, случайно встреченной ею на выставке Натана Альтмана (3 марта и 17 апреля 1915 года): «Ахматова удивительно милое создание, но сколько в ней чисто женских черт и как она тщеславна! <...> <О>на страдает не манией величия, но какой-то постоянной мыслью о себе и своем успехе. Мне она непременно сообщает что-нибудь, касающееся ее... что „Четки" уже распродались... Но все это, конечно, пустое, и если сначала поражало, то теперь, напротив, я всегда жду, ну что она опять скажет что-то про себя».

Автор второго экфрасиса Георгий Иванов описывает Ахматову, стоя перед полотном Натана Альтмана 1914 года: «Несколько оттенков зелени. Зелени ядовито-холодной. Даже не малахит — медный купорос. Острые линии рисунка тонут в этих беспокойно-зеленых углах и ромбах <...> Цвет едкого купороса, злой звон меди. Это фон картины Альтмана. На этом фоне женщина — очень тонкая, высокая и бледная. Ключицы резко выдаются. Черная, точно лакированная, челка закрывает лоб до бровей. Смугло-бледные щеки, бледно-красный рот. Тонкие ноздри просвечивают. Глаза, обведенные кругами, смотрят холодно и неподвижно — точно не видят окружающего. <...> <И> все черты лица, все линии фигуры — в углах. Угловатый рот, угловатый изгиб спины, углы пальцев, углы локтей. Даже подъем тонких, длинных ног — углом. Разве бывают такие женщины в жизни? Это вымысел художника! Нет — это живая Ахматова».

И далее: «В Царском Селе у Гумилевых дом. Снаружи такой же, как и большинство царскосельских особняков. <...> Но внутри — тепло, просторно, удобно...

«Как вы не похожи сейчас на свой альтмановский портрет!» Она насмешливо пожимает плечами. «Благодарю вас. Надеюсь, что непохожа». — «Вы так его не любите?» — «Еще бы. Кому же нравится видеть себя зеленой мумией?» <...> Еще два года. Две-три случайные встречи с Ахматовой. Все меньше она похожа на ту, прежнюю. Все больше на монашенку. Только шаль на ее плечах прежняя — темная, в красные розы» [Иванов, 1994, сс. 57–61].

Как видим, образ молодой Ахматовой в оценках современников не соответствует ее имиджу, вошедшему в историю, и вину за это несоответствие Ахматова возложила на Георгия Иванова. Но какую роль мог в этом сыграть Иосиф Бро? Не мог ли его Новогодний сонет 1965 года, по времени совпавший с ахматовской филиппикой Иванову, быть выражением сочувствия ахматовской риторике? И будь это так, хотелось бы понять причины позднейшего радикального пересмотра, предпринятого **им** в оценках поэзии Ахматовой.

«Иосиф откровенно говорил нам, что не очень любит ее поэзию. Ахматова, чрезвычайно проницательная в том, что касалось отношения людей к ее стихам (это ставило их порой в затруднительное положение), видела, что его поэзия решительно отличается от ее собственной, обманчиво простой. Иосиф пересказал мне ее слова: она не верит, что мне может нравиться ее поэзия. Я, разумеется, галантно возражал» [Проффер-Тисли, 2015, с. 23].

Рассказ Эллендеи Проффер-Тисли, относящийся к ее визиту в Санкт-Петербург перед «изгнанием» Бро в 1972 году, по-видимому, соответствует признанию Бро, что, прочитав «Поэму горы» Цветаевой в возрасте 20 лет, он больше не мог вернуть чувств к Ахматовой. Но значит ли это, что проникновенные строки «Опирая на ладонь свою висок, Вы напишете о нас наискосок», написанные в 22 года, не выражали подлинных чувств? Скорее всего, отвергнув авторитет Ахматовой в пользу Цветаевой, Бро уже сделал шаг к принятию новых этических норм. Цветаева узаконила его гордую веру в себя и, говоря его языком, подарила ему «эго чудовищных размеров»:

Кто создан из камня, кто создан из глины,
А я серебрюсь и сверкаю!
Мне дело — измена, мне имя — Марина,
Я — бренная пена морская.
Кто создан из глины, кто создан из плоти —
Тем гроб и надгробные плиты...
В купели морской крещена — и в полете
Своем — непрестанно разбита!
Сквозь каждое сердце, сквозь каждые сети
Пробьется мое своеволье.
Меня — видишь кудри беспутные эти? —
Земною не сделаешь солью.
Дробясь о гранитные ваши колена,
Я с каждой волной — воскресаю!
Да здравствует пена — веселая пена —
Высокая пена морская! [10]

Когда наконец журналисты заинтересовались фигурой Бро, их могло побудить к тому желание узнать побольше об Ахматовой. Однако их упоминание имени Ахматовой поначалу заставало Бро врасплох. Так, во всяком случае, представляется мне его реакция на вопрос об Ахматовой, поступивший от Джона Глэда в 1980 году:

БРО: «Это долго и это сложно. Об этом надо либо километрами, либо совсем ничего. Для меня это чрезвычайно трудно, потому что я совершенно не в состоянии ее объективировать, то есть *выделять из своего сознания*; скажем так, вот вам Ахматова, и я о ней рассказываю. Может быть, я преувеличиваю, но люди, с которыми вы сталкиваетесь, становятся частью вашего сознания, людей, с которыми вы встречаетесь, как это ни жестоко звучит, вы как бы в себя

„вбираете“, они становятся вами.[10] Глядя на нее, становилось понятно (как сказал, кажется, какой-то немецкий писатель), почему Россия время от времени управлялась императрицами. В ней было величие, если угодно, имперское величие» [Glad, 1980].

Два года спустя вопрос Джона Глэда повторяет Д. М. Томас:

Томас: «Я хотел бы спросить вас о поэте, которого *вы знали лично* (курсив мой — А. *П.*) и который оказал на вас большое влияние, — об Ахматовой. Какой образ ее личности сохранился у вас?»

Однако Бро все еще продолжает недоумевать:

Бро: «Дайте мне подумать. Я не знаю, с чего начать».

Возможно, памятуя об интервью 1979 года, журналист приходит на помощь:

Томас: «Была ли она той величественной, даже неприступной дамой, как о ней говорят?»

Бро: «Ну да, конечно, была. Но неприступной — наверное, слишком преувеличено. Хотя нет, может быть, и неприступной... Взглянув на нее, сразу понимаешь, как Россией могла управлять императрица. Она была как раз такой» [Thomas, 1981].

Возможно, досадуя на свою неспособность сформулировать отношение к Ахматовой так, чтобы положить конец настойчивым вопросам журналистов, Бро сочинил эссе под названием «Скорбящая муза», фокусируясь на ее любовной тематике: «Постоянное рождение новой и новой любви в стихах Ахматовой — не отражение пережитых увлечений, это тоска конечного по бесконечности. Любовь стала ее языком, кодом для общения с временем, как минимум для настройки на его волну. Язык любви был ей наиболее близок. Она жила не собственной жизнью, а временем, воздействием времени на души людей и на ее голос — голос Анны Ахматовой» [Бродский, 1989].

Чтобы оградить себя от вопросов журналистов об Ахматовой, которые продолжали поступать, Бро включил свое эссе в сборник мемуаров «Less than One» (1986), добавив новые нюансы: «Любовные стихи Ахматовой были, естественно, в первую очередь просто стихи. Помимо всего прочего, они имели потрясающее свойство романов, позволяя читателю замечательно убивать время, следя за развитием различных перипетий и испытаний их героев. Некото-

---

[10] Глагол «вбирать» определен в четырехтомном словаре Дмитрия Ушакова как «принимать внутрь себя (воздух или воду), втягивать, всасывать, впитывать». И хотя Бро использует этот глагол в переносном смысле, его прямое значение никуда не исчезает, что особенно бросается в глаза при повторном использовании этого глагола в описании восприятия им Одена.

рые так и поступали, и на основании этих стихов питали свое воображение „романтическими отношениями“ их автора с Александром Блоком — поэтом этого периода, — а также с самой особой Его Императорского Величества» [Brodsky, 1986, pp. 44–45].

Но и выход мемуарного тома не избавил Бро от вопросов об Ахматовой. «Ахматова, — сказал он в интервью Дэвиду Монтенегро, — помогла мне развить мою способность к любви до предела» [Montenegro, 1987, pp. 538–539]. За этим настойчивым стремлением свести наследие Ахматовой к теме ее ранних стихов о любви мог скрываться намек на уничижительные оценки В. Перцова (1898–1980), рупора тоталитарной власти. В статье «О литературных разногласиях», опубликованной 27 октября 1925 года в газете «Жизнь искусства», Перцов писал следующее:

«Все изощренные свойства ахматовской лирики явились результатом долговременного, тщательного, кропотливого приспособления любовно-романтической темы к привередливому спросу социально обеспложенной части дореволюционной интеллигенции. Такие социальные кастраты <...> упоенно перебирают ахматовские „Четки“, окружая писательницу сектантским поклонением» [Ахматова, 2001, сс. 695–696].

Получается, что чем прочнее в сознании Бро укреплялась мысль о собственной неповторимости, тем охотнее он отрекался от влияний поэтов, которым был обязан своим формированием. Постепенно Ахматова, Цветаева и даже Оден утратили свой статус идеальных моделей, а Бро почувствовал равенство с ними, а порой даже превосходство. Это смещение могло строиться по модели миметического желания Рене Жирара, в которой особую роль играет дистанция. Пока духовная дистанция (Жирар называл ее *внешним посредничеством*) между идеальной моделью и субъектом достаточно велика, субъект готов восхищаться выбранной моделью. Однако по мере уменьшения духовной дистанции (*внутреннего посредничества*, по Жерару) модель становится соперником и даже врагом субъекта.[11]

Выход мемуарного тома Эммы Герштейн поверг Бро едва ли не в ярость. Не вдаваясь в подробности, отмечу, что мемуаристка

---

[11] «Мы говорим о внешнем посредничестве, когда дистанция достаточна для того, чтобы устранить две сферы возможностей, в которых и посредник и субъект занимают центральное положение. Мы говорим о внутреннем посредничестве, когда это расстояние достаточно сокращено, чтобы позволить обеим сферам проникать друг в друга более или менее глубоко» [Girard, 1976, p. 9].

подвергла критике его попытки свести наследие Ахматовой к эротической теме, опираясь на авторитет Мандельштама:

«Осип Эмильевич утверждал, что Ахматова неофициально уже признана классиком. Я пришла поговорить с ним о ее поэзии, среди его одобрительных слов еще мелькает замечание о „маньеризме“ ее ранних стихов, однако, добавляет он, „тогда все так писали“. После обычного бормотания Мандельштам говорит с осуждением: „аутоэротизм“».

Слово «аутоэротизм» было молчаливым осуждением, отсылающим к уничижительным оценкам поэзии Ахматовой со стороны ее могущественных преследователей: «...он, глядя вверх и в сторону, говорил не о любовных мотивах ее лирики, а о ее описаниях природы. Он сравнивал стихи Ахматовой с пейзажами русской классики, но не Тургенева или Чехова... Он бормотал, как будто перелистывая тома литературы, пока не нашел единственного определения, которое можно было бы сравнить с ахматовскими пейзажами: аксаковская степь...» [Герштейн, 1998].

В подтексте мемуаров Герштейн Бро мог прочитать напоминание о его попытках свести поэзию Ахматовой к «любовной лирике», тем самым молчаливо повторив клевету тоталитарных правителей, перекрывших ей воздух к творчеству. Дополнительным источником недовольства Бро мог быть недавно вышедший «ЧеловекоТекст») Бо, в котором была описана его встреча в Пскове с женой Осипа Мандельштама, поддержавшей Ахматову в ее вражде с Георгием Ивановым.

Свой рассказ об этой встрече Бо сопроводил признанием благодарности Иванову за «свободную художественность» и «своевольный артистизм», тем самым не разделив дискредитации Иванова, инициированной Ахматовой. Указав далее, что он открыл в Иванове большого поэта, Бо сообщил, что Надежда Мандельштам отнеслась к его «энтузиазму скептически и в качестве пробного испытания предложила прочитать что-нибудь из Иванова наизусть. Он прочитал „Эмалевый крестик в петлице“».

«„Еще“. Сам того не ожидая, я читал на память еще и еще — всего стихотворений пятнадцать, а то и больше. „Прочитайте еще раз то первое“. Я повторил „Крестик“. „Жоржики остаются жоржиками, даже если начинают писать немного лучше“» [Бобышев, 2008, сс. 191–192].

В вопросе о репутации Ахматовой как эротического поэта Бо решительно отстаивал оценку Мандельштама, указавшего Эмме Герштейн на родство ахматовских пейзажей с пейзажами Аксакова. Эту близость к Аксакову, кажется, открыл в поэзии Бо Валерий Шубинский [Шубинский, 2003], подчеркнув «медленный взгляд на предмет, обнажающий его скрытую сущность».

При этом Шубинский мог и не знать, что, вняв Мандельштаму, Бо положил для себя увидеть аксаковские пейзажи собственными глазами. Памятуя о местонахождении имения Аксаковых в Уфе, Бо при первой же возможности отправился туда с томиком «Детских лет Багрова-внука». И что же? «Самым впечатляющим был крутой скат к реке Белой, поросшей кустарниками и высоченными осокорями (заимствую это словцо из аксаковских описаний), и надо всем — беспредельная голубизна» [Бобышев, 2008, с. 123].

И дальше следует признание: «Я часами смаковал тексты Аксакова и бродил по чащам и рощам, спускающимся к реке, и текст оживал: „Веселое пение птичек неслось со всех сторон, но все голоса покрывались свистами, раскатами и щелканьем соловьев <...> И я поставил себе сверхзадачу наслушаться этого вволю. Я не помнил, слышал ли я соловья раньше, а раз не помнил, так значит и нет. Долго я бродил, вслушиваясь во влажную тишину зарослей. Прощебечет ли какая-нибудь пеночка, зальется ли трелью малиновка или зяблик, а я уже настороже — не это ли соловей? Наконец стало понемногу смеркаться, и я услышал первую полновесную пробу — Тин-вини-тук! И сразу раскрылась акустика леса, как будто опытный настройщик тронул клавиши в концертном зале. Да не настройщик, а мастер: тю-ит-тю-ит, нуль-нуль-нуль-нуль, клы-клы-клы-клы, пью-пью, ци-фи, ци-фи, фьюиююиюию — то-то-го-го-ту — так записывал звуки Тургенев» [Бо, 2008, сс. 123–124].

Примечания:

[1] The line is just a child. Who is the daddy?
I'll get dehumanized and then entrapped
With it into a deadly fuse, a caddy,
Into a Homo-Text on paper scraps.
A splice with half myself, an easy load —
while I am here — welcome me with mirth.
But from what lips, from which and whose abode
will I respond to God's invoking «Dmitry!»?
What was it — right or wrong, a giddy shift of gloves,
just curiosity or mischief, cheeks just pierced?
But with the rosy breath of my beloved
the soul gets muddled in the course of years

and — here I am! or I–am–here–not
An extra syllable that homo-lines begot.

[2] In the Mars Field before the fading sun
You'll come alone, an unescorted one,
In a blue dress, as changing times again,
Only short of us, short of your fans.
You'll raise aloft your ravishing visage
Loud laughter as a tribute or presage,
Fuzzy hubbubs on a heated overpass
For a moment will excite and swiftly pass.
In your cozy room, alas, with no books,
No fans and no time at them to look,
You'll rest your fair temple on your palm
And record about us a slanted psalm.

[3] We'll also find two more, seven in toto,
To aim in the aperture, antidoto,
With printed silver then to forthwith race
The loaded train in your eternal praise.

And hearing the engines' thunder greeting
and seeing roses forming heptagon,
Does it oblige you to create a ditty
Commemorating our bandwagon?

[4] Closing my eyes, I drank the poison first,
And, hammered to the cemetery rood,
my psyche saw the light, and in a chain of loss
Arrive the orphans of Akhmatova's brood:
All looking straight and out on a limb —
Four poets — Zhenya, Tolya, Osya, Dima,
United, their brotherhood is binding
Like life itself, both final and abiding.

[5] While throwing a lexicon ashore,
Triumphing slander over suffocation,
Let waves lay siege on, being long or short,
The days of past and future aberrations.
They flip by handfuls amber and, alas,
On autumn days, they roar behind the glass,

Convey in January, dazzlingly blooming,
The crest that knocks at windows. Let it buzz.
Squeezing my heart and looking at your eyes,
Your face betrays in a capricious glory
Gray, silver crown meant to verbalize,
And raise aloft the thorns and laurel!

[6] The fallen years are knocking like the leaves
In garden hedges of the calendars.

[7] You donned it, oh, how lovely! Look back on
When did you deign to go to the palace?
They say, like thousand suns you shone.
The beauties whispered...You were like a chalice
For men. Then young Khotkevich fell with you in love
But, he, alas, he later took his life.

[8] What shall I leave for you as a record?
My shadow as a needless escort?
Dedication to a burning drama,
From which remains no ashes,
No flick, but a panorama,
New Year's portrait in scary flashes.

[9] I heard irreparable words
At starry dusk as if
My head was in a whirl backwards
Above a burning cliff.
At portal death was deeply howled,
Black garden hooted like an owl,
The city, mortally destroyed,
Looked older than the ancient Troy.
That hour was bright beyond my grit.
It rang its bell, it seems, to tears.
You brought me from afar a gift.
The gift was wrong. But it appeared
To you like fun and merriment
That fiery evening but it meant
to turn into world famous plot
And chilling challenge to my lot.

[10] Who's made out of stone, who's molded from clay,
Yet I, like gold medal, twinkle!
My name is Marina, my thing is betrayal,
I'm brittle, like ocean's wrinkle.
Who's molded of clay, and made out of flesh
Will rest under stone obelisk.
But I am baptized in the ocean's mesh
And fly when receiving its kiss.
I shatter, I smash with my glorious will
All hearts, every net made of steel
And (look at my naughty and sensuous curls!)
Don't make me the salt of the earth.
I'll break into pieces by each granite grip,
But will resurrect with its ripples.
So, long live the ravishing lotion —
The jovial foam of the ocean!

Глава 4

От эроса и «Золотого осла» к «Форели» Кузмина

В интервью, данном Соломону Волкову, Бро уподобил четверку «Ахматовских сирот» золотому веку русской поэзии: «Каждый из нас повторял какую-то роль. Рейн был Пушкиным. Дельвигом, я думаю, скорее всего, был Бобышев. Найман, с его едким остроумием, был Вяземским. Я, со своей меланхолией, видимо, играл роль Баратынского» [Волков, 2000].

Диагноз Бро, поставленный самому себе, принадлежит к числу тех, которые Фрейд связывал с утратой «любимого объекта». В своем предисловии к работе о меланхолии Теодора Рейка Фрейд суммирует, что меланхолия показывает нам эго, распавшееся на две части, восстающие одна против второй. Сам же Теодор Рейк начинает разговор о «любимом объекте» с этиологии понятия «любви». Он пишет, что «любовь», даже так называемая любовь с первого взгляда, не возникает спонтанно. Она начинается с потребности преодолеть неудовлетворенность собой, чувство собственной неадекватности и дискомфорта от мысли, что окружающие люди могут быть умнее, талантливее тебя.

«Таким образом, человек „влюбляется", чтобы избежать более глубокой ямы. Все хорошо с человеком, который влюблен, но не все хорошо с человеком, который собирается влюбиться. Не случайно Фауст находится в отчаянии, осознавая тщетность всех своих усилий проникнуть в самую суть мировых тайн, прежде чем встречает Гретхен, любовь которой сулит молодость и счастье» [Reik, 1957, p. 32–33].

Предпосылкой к недовольству является проекция на себя человека, превзошедшего тебя талантом и чувством уверенности в себе. Рейк называет такого человека «эго-моделью» и дает объяснение того, как эго-модель становится «идеальным эго» или, в терминологии Фрейда, «супер-эго», к которому стремился недовольный собой человек, желая им стать. Можно сказать, что влюбленности предшествует восхищение. Но есть и отрицательная сторона. «В восхищении есть что-то собственническое или жадное и в то же время инакомыслящее, непокорное и даже завистливое. Если вы проследите эту нить в области бессознательных процессов, вы обнаружите там чувство, известное как зависть или ревность. Иными словами, обратной стороной этого восхищения объектом любви является зависть» [Там же, p. 45].

Итак, «зависть» и «ревность» являются следствием особой формы восхищения, сродни стремлению уподобиться объекту, превосходящему тебя, и затем присвоить его себе. «Любимый объект пользуется определенной свободой от критики. <...> Создается иллюзия, что предмет стал чувственно любим благодаря его духовным достоинствам, тогда как, напротив, эти достоинства могли действительно быть одолжены ему только благодаря его чувственному очарованию» [Freud, 1921, p. 143].

Конечно, здесь уместно отделить, как это делает Рейк, проявление зависти, испытываемой подсознательно, от зависти осознанной. «Сознательная зависть знает только два возможных пути. Либо она вытесняется, и тогда объект становится безразличным, либо она неизбежно приводит к ненависти. Но и при вытеснении зависти возможен только второй случай, потому что наша бессознательная жизнь не знает категории безразличия» [Reik, 1957, p. 57].

Но что могло побудить Бро диагностировать Баратынского, «счастливого мужа и отца девяти детей», меланхоликом? Вероятно, он мог что-то узнать о перипетиях отношений Баратынского с женой бывшего начальника, генерала Закревского, Аграфеной Федоровной Закревской. За ее безудержное распутство Баратынский окрестил ее «нераскаявшейся Магдалиной сердца моего», а мог бы назвать «Клеопатрой Невы», как ее окрестил Пушкин, или «Медной Венерой», следуя Вяземскому.

Не умея склонить Аграфену к верности, Баратынский посвящал ей уничижительные стихи и даже сочинил *похоронную*. Полагаю, что похоронной для Аграфены была «большая стихотворная повесть „Бал“», которая «писалась Баратынским параллельно с романом в стихах Пушкина „Евгений Онегин“ („повесть“ — „роман“, отметим). Судя по спискам и первым публикациям отрывков, оба поэта работают как бы с оглядкой друг на друга. Интересно, как двоится или отзеркаливается ситуация „Онегина“ в „Бале“, и наоборот. Как одновременно оба поэта создают женские образы, какую траекторию развития придают им и какой психологией наполняют» [Шульпяков, 2000].

Подробно разобрав драматический сюжет «романа» и «повести» и задержавшись на решении Баратынского «перечеркнуть» жизнь Нины (Аграфены Закревской), Глеб Шульпяков отмечает ту выгоду, которую сам Баратынский видел в той власти, которую автор обретает над своими героями. «Напишу несколько элегий и засну спокойно, — признавался он Путяте. — Поэзия чудесный талисман, очаровывая сама, она обессиливает чужие вредные чары» [Там же]. Однако годы спустя… Баратынский признался тому же другу Путяте: «До сих пор еще эта женщина преследует мое воображение. Я люблю ее!»

Как видим, сам поэт не мог дать однозначного ответа на вопрос, хотел ли он добиться верности от своей «Магдалины». Однако Теодор Рейк дает нам такой ответ: «Вам хотелось одновременно распущенности, легкомыслия или даже наглости проститутки, только вы этого не знаете. <…> Вы живете в знакомых, хотя и бессознательных условиях, с этими противоположными и противоречивыми желаниями, которые чередуются в вашем воображении. Кажется, что, когда человек приближается к удовлетворению одной стороны идеала, у него появляется стремление к другой, отличной от первой и часто противоположной стороне» [Reik, 1957, p. 84].

Желаний такого рода, кажется, не избежал и Бро, перепоручив задачу озвучить их своему вдохновению:

> Как бессчетным женам гарема всесильный Шах
> изменить может только с другим гаремом,
> я сменил империю…

Мне возразят, что этика верности женам гарема является для Бро всего лишь *метафорой* для обозначения потенции «я», позволяющей «сменить» империю по собственному капризу. Но это возражение было бы справедливо, если бы метафора была «номенклатурой образов», как это было у древних. В современном языке метафора ищет «родство» там, где привычный глаз даже не улавливает релевантности. Она действует способом, близким к тому, что Гилберт Райл назвал «категориальной ошибкой». «Эта категориальная ошибка», поясняет Пол Рикер, «заключается в ассимиляции вещей, не сочетающихся друг с другом. Однако именно посредством этой ошибки метафора раскрывает близость терминов, которые прежние классификации не могли соотнести друг с другом» [Ricoeur, 1986, p. 75].

Но возможен и другой подход к проблеме верности. Марианна Басманова стала для Бро той музой, которая, как напоминает нам Элизабет Бронфен: «...исчезла, превратившись в абстракцию». Так биография музы Бро разделила биографию музы, то есть «историю увядшей метафоры». А это значит, что «муза становится образом для особых способностей поэта, порождая врожденный, а не вдохновленный гений. Она превращается в метафору для поэта как „обладателя“ этих способностей <...> с апострофом, обращенным к его гению» [Commager, 1967, p. 8].

Правда, тут уместна маленькая поправка. Элизабет Бронфен отсылает нас к утрате поэтом возлюбленной в результате смерти или самоубийства, в то время как в ситуации с Бро имеет место иной способ самоустранения музы, тоже предусмотренный психоанализом: «Существуют меланхолии, <...> которые возникают после утраты любимого объекта, будь то в результате смерти или в результате обстоятельств, вызвавших необходимость отстранения либидо от объекта. Психогенная меланхолия такого рода может закончиться манией, и этот цикл может повторяться несколько раз так же легко, как и в случае, кажущемся спонтанным» [Freud, 1940, p. 165].

Вслед за Фрейдом Бронфен рассматривает утраченный эротический объект как проект формирования поэтической музы, которая, возрождаясь на страницах поэтического текста, становится символом рождения поэта и, соответственно, обретения поэтом контроля над эротическим объектом. На основе этого вывода Элизабет Бронфен ставит на обсуждение два вопроса:

«Кто испытывает триумф, когда поэт оживляет и воскрешает мертвую (покинувшую его — А.*П.*) возлюбленную? Прежде всего, *что в конечном итоге олицетворяет данный диалог* (курсив мой — А.*П.*)? В то время как адресатом <...> является буквально [утраченная] возлюбленная, она одновременно выполняет фигуративную функцию, а именно — метонимию [ухода]. Несмотря на то, что она воскресает, она также уничтожается как символ чего-то другого, относительно чего она (в конечном итоге) является второстепенной. Действительно, оригинал, по всей видимости, уничтожается не единожды, буквально, в силу ее исчезновения, и риторически, не только потому, что она заменяется текстом, но также потому, что она выполняет аллегорическую функцию в этой замене» [Bronfen, 1992, p. 365–366].

В «Речи о пролитом молоке» (1967) Бро воскрешает музу, реально утраченную, выполняя, как о том пишет Бронфен, «фигуративную функцию, а именно — метонимию [ухода]»:

Зная мой статус, моя невеста
пятый год за меня ни с места;
и где она нынче, мне неизвестно:
правды сам черт из нее не выбьет.
Она говорит: «Не горюй напрасно.
Главное — чувства! Единогласно?»
И это с ее стороны прекрасно.
Но сама она, видимо, там, где выпьет. [1]

А если муза уничтожается дважды, как утраченная невеста и как текст, где невеста выполняет «аллегорическую функцию» измены, то поэт испытывает «триумф и удовлетворение». Почему? Этот парадокс частично затрагивается Владимиром Проппом в главе «Невеста» книги «Амур и Психея»: «Те, кто представляет себе царевну сказки только как „душу — красную девицу", „неоцененную красу", что „ни в сказке сказать, ни пером описать", ошибаются. С одной стороны, она, правда, верная невеста, она ждет своего суженого, она отказывает всем, кто домогается ее руки в отсутствие жениха. С другой стороны, она существо коварное, мстительное и злое, она всегда готова убить, утопить, искалечить, обокрасть своего жениха, и главная задача героя, дошедшего или почти дошедшего до ее обладания, — это укротить ее» [Пропп, 1921, с. 375].

Неспособность *«укротить невесту» с последующим самоудовлетворением* может порождать и фантазию о ее неизбежном старении — вариант, рассмотренный Элизабет Бронфен на примере *Лолиты:*

«Когда „моя Лолита" превращается в „мою Кармен", он (Гумбольд Гумбольд — А.*П.*) начинает порождать фантазии, связывающие возлюбленную с двумя формами утраты; ее неверность и бегство символизируют фигуральную смерть, которой он боится, а естественный факт ее старения означает буквальное свидетельство смерти тела, которое он предвкушает» [Bronfen, 1992, p. 378].

В дополнение к предыдущим примерам есть возможность рассмотреть «Речь о пролитом молоке» в контексте оригинального мифа об «Амуре и Психее». Амур, крушитель семейных очагов и соблазнитель женщин, становится верным возлюбленным и мужем прекрасной Психеи, в то время как прекрасная и верная Психея вызывает подозрение в вероломном предательстве, ставшем причиной исчезновения Амура. Но Апулей оставляет открытым вопрос о том, что делал Амур, покинув возлюбленную. Предаваясь скорби по утраченной Психее, он мог вернуться к прежнему образу жизни, подтвердив свою репутацию крушителя семейных очагов и соблазнителя женских сердец. Эта возможность не исключается и в стихотворении Бро «Речь о пролитом молоке». В сборнике «Новые стансы к Августе» стихотворение помещено вместе со стихотворением «Любовь» (1971), которое критики толковали как поэтический вымысел на тему любви Бро к Басмановой. Однако фактически... возлюбленной поэта уже была другая женщина, беременная, как и Басманова, но другим ребенком.[12]

Как же соотносится сюжет Бро с сюжетом «Амура и Психеи»?

В истории Апулея введен сновидческий план, поддерживающий двойную фабулу: Амур, разбуженным каплей горячего воска от свечи, которую поднесла Психея, покидает ее, усомнившись в ее верности. Понятия, устоявшиеся в «Амуре и Психее», перевернуты в поэме Бро. «Неверная невеста» и «верный» жених меняются ролями.

Я дважды пробуждался этой ночью
и брел к окну, и фонари в окне,
обрывок фразы, сказанной во сне,
сводя на нет, подобно многоточью,
не приносили утешенья мне.

Пробуждение извлекает из темноты сна фразу, закончив ею воспоминание:

Ты снилась мне беременной, и вот,
проживши столько лет с тобой в разлуке,
я чувствовал вину свою, и руки,
ощупывая с радостью живот,
на практике нашаривая брюки
и выключатель. И бредя к окну,
я знал, что оставлял тебя одну
там, в темноте, во сне, где терпеливо
ждала ты, и не ставила в вину,

[12] В 1971 году Бродский узнал от Марианны Кузнецовой, солистки балета Мариинского театра, о ее беременности. И второй его ребенок, Анастасия, родился в 1972 году.

когда я возвращался, перерыва
умышленного. Ибо в темноте —
там длится то, что сорвалось при свете.
Мы там женаты, венчаны, мы те
двуспинные чудовища, и дети
лишь оправданье нашей наготе. [2]

Что это за фраза и почему она «срывается» на свету? Предлагаю начать с того, что фраза о трансформации «женатых» и «венчанных» любовников в «двуспинные чудовища»: теневой, уничижительный образ, «извлечена из темноты» лишь условно. На самом деле она взята из шекспировского «Отелло», а точнее, из первой сцены первого акта, в которой Яго доносит (извлекает из темноты) отцу Дездемоны весть о «браке» его дочери, пользуясь зоологической лексикой, сдобренной расовым презрением. Привожу текст в моем переводе:

Даже сейчас, сейчас, в такую рань
Овечкой занят черный тот баран.

Денис Ахапкин считает знание этой отсылки к Шекспиру очевидной для российского читателя [Ахапкин, 2008, с. 74]. Но так ли оно очевидно даже для Бро? Ведь он мог позаимствовать метафору «двуспинных чудовищ» у Михаила Кузмина, переводчика Шекспира: «Живописуя сиамских — ярмарочных — близнецов, он (Кузмин — А.*П.*) фактически повторяет метафору сексуального партнерства из „Отелло“: „животное с двумя спинами“, — ссылаясь на ту же сцену, где доносчик Яго приносит отцу сбежавшей с Отелло Дездемоной весть о том, что в данную минуту мавр-монстр оскверняет прекрасную венецианку» [Панова, 2010а, с. 343].

Правда, тут от Бро понадобилось бы особое внимание к вызову, брошенному Кузминым Шекспиру, которого, кажется, не отметила даже Лада Панова. Ведь, подменив «двуспинные чудовища» «сиамскими близнецами», Кузмин отказался от расового компонента языка Яго. Как бы то ни было, два нарратива любви, вошедшие в сборник «Новые стансы к Августе» (1983) адресованы двум персонажам женского пола, взятым из реального опыта Бро: одна введена в сюжет о «пропавшей невесте», а вторая — в сюжет жены, терпеливо ожидающей неверного мужа. Дополнительно под именем Августы выведена череда других женщин, извлеченных из «донжуанского» списка (гарема?) Бро. Но есть и конкретное лицо, на которое указал Евгений Рейн, комментируя ряд посвящений, предшествующий публикации:

«Целая группа стихов в „Урании" связана с Анной Лизой Аллево. Бродский вписал ее имя над „Арией" (1987), страница 109, над стихотворением „Ночь, одержимая белизной" (1987), страница 162, над „Элегией" (1968), страница 188. А к стихотворению „Сидя в тени" (1983), страница 156, он сделал следующую приписку: „Размер оденовского 'I сентября 1939 год'. Написано-дописано на острове Иския в Тирренском море во время самых счастливых двух недель в этой жизни в компании Анны Лизы Аллево". Под посвящением той же Анне Лизе на странице 162 другая фраза, от имени спускается долгая линия, упирающаяся в продолжение записи: „...на которой следовало бы мне жениться, что, может быть, еще и произойдет". Стихотворение, написанное на Искии, помечено июлем 1983 года».

Свидетельство Рейна подтверждает и Эллендея Проффер-Тисли:

«В 1983 году, когда мы готовили русское издание „Новых стансов к Августе" (сборник стихотворений, посвященных и адресованных Марине), вырисовался масштаб будущей книги — думаю, и ему он только тогда стал виден. В сборник вошли и стихи, посвященные другим любимым, — поэт спокойно объяснил, что „на самом деле" они написаны о Марине или для нее» [Проффер-Тисли, 2015, с. 44].

Возвращаясь к вопросу, частичный ответ на который был дан Проппом, а именно, почему Бро испытывает триумф, помещая утраченную музу в «Новые стансы к Августе», предлагаю задержаться на слове «новые», которое, возможно, является поправкой к «Стансам к Августе» Байрона, где поэт благодарит свою утраченную невесту (сводную сестру Августу Ли) за верность, которой были лишены и Бро, и Баратынский:

Когда я всеми брошен был,
Лишь ты мне верность сохранила,
Твой кроткий дух не отступил,
Твоя любовь не изменила.[13]

---

[13] Перевод мой. Привожу оригинал:

Then let the ties of baffled love
Be broken—thine will never break;
Thy heart can feel—but will not move;
Thy soul, though soft, will never shake.

Это стихотворение особо выделил Эдгар По, которому довелось разделить чувства Байрона. Известна его лекция (1850), посвященная этому сонету.

Подобно Баратынскому, осмелившемуся посвятить Аграфене Закревской погребальный гимн, Бро возродил точку невозврата, которой для него стал новый, 1964 год. Не будем забывать, что стихи, вошедшие в «Новые стансы к Августе» (1983), были написаны до 1964 года, что как раз совпало с окончанием гипноза или эротического заражения, о котором нам напомнил Гюстав Ле Бон (1841–1931), французский антрополог: «Кем бы ни были лица, входящие в состав группы, как бы ни был похож или непохож их образ жизни, их занятия, их характер или их интеллект, тот факт, что они оказались в группе, наделяет их своего рода коллективным разумом, который заставляет их чувствовать, думать и действовать совершенно иначе, чем каждый отдельный из них чувствовал бы, думал и действовал, если бы он находился в изоляции» [Le Bon, 1920, p. 29].

Чувства, объединяющие отдельные лица в группы, были причислены Ле Боном к феномену гипноза:

«В группе каждое чувство и действие заразительны, причем заразительны до такой степени, что данное лицо с готовностью жертвует своим личным интересом ради интереса коллектива. Эта способность полностью противоречит как его природе, так и склонностям, исключая те случаи, когда человек становится частью группы» [Там же, p. 33].

К началу 1964 года четырехугольник (или сдвоенный квадрат) распался на треугольники, а точкой невозврата для Бо послужило событие, имевшее место еще в пору его дружбы с Бро: «Вдруг он показал мне в ответ — не стихи, как почти всегда, а небольшой прямоугольник загрунтованного картона с двойным портретом, который он написал маслом. Там был изображен коричневый сумрак комнаты, белый абажур широким цилиндром, часть столового овала и две фигуры по сторонам: в зеленоватом — мужская с почти не прописанным лицом, в ней можно было предположить Иосифа, а в синем, безусловно, Марина — это ее вытянутая фигура, длинные прямые волосы, вполне прорисованное, узнаваемое лицо и чуть вытянутые, как для поцелуя, губы. И я вдруг увидел ее красоту. Мне захотелось поцеловать эти губы» [Бо, 2008].

Новый, 1964 год Бо встречает с Марианной Басмановой, о чем Бро предстоит узнать днями позже. Новый год является также вехой, обозначившей контур любовного треугольника для Михаила Кузмина, трагический контур, как узнает Бо со слов Геннадия Шмакова. Шмаков, посвятивший годы изучению творчества Кузмина, читает по памяти строки поэта, прояснившие эпизод из жизни любовника Кузмина, которому грозило повторить судьбу расстрелянного Николая Гумилева:

> Затопили баржи в Кронштадте,
> Расстрелян каждый десятый.
> Юрочка, Юрочка мой,
> Дай Вам Бог, чтоб Вы были восьмой. [3]

Так «строфа и вся поэма Кузмина („Форель разбивает лед“, 1925–1928. — *А. П.*), оснащенная новым трагизмом, зажила для меня отнюдь не комнатной жизнью» [Там же, с. 317–318].

Но до встречи Кузмина с «Юрочкой» еще далеко. Правда, уже зреет новый треугольник. Кузьмин соблазняет Сергея Судейкина, москвича, плейбоя и театрального художника, и влюбляется в него. Судейкин же «женится на самой очаровательной женщине Петербурга, той, кому посвятят потом стихи Ахматова, Сологуб, Северянин, Хлебников <...> Она, „белокурое чудо“, так влюбится в этого москвича, что, когда на вокзале он только поманит ее уехать с ним, она, актриса, у которой вечером был спектакль у Комиссаржевской, потеряв голову, впрыгнет в поезд и уедет» [В. Недошивин, 2010].

Где же здесь трагедия? — спросит читатель. Трагедия Кузмина, напишет позже актриса Ольга Арбенина (очередь до которой скоро дойдет — *А. П.),* «в том, что он влюблялся в мужчин, которые любят женщин, а если шли на отношения с ним, то из любви к его поэзии и из интереса к его дружбе». А настоящим горем, добавит, было скрытое желание «иметь семью, свой дом». Вот ведь штука какая! Искал дом, а получились... «Игрушка, словеса, слезы...» [В. Недошивин. 2010].

Став женой Судейкина, Ольга потребовала удаления Кузмина из их семейного дома, что и произошло, хотя это не спасло ее брака с Судейкиным, который вскоре влюбился в актрису Веру Шиллинг и женится на ней. Но и Кузмин не долго горевал, повстречав 20-летнего красавца и гусара Вячеслава Князева:

«Кузмин увидел Князева в Театре интермедий, в самом веселом и беспечном заведении города. Его звали еще „Интимный театр“; он открылся в 1910-м, и в нем вместо кресел, кажется впервые, стояли столики, и можно было заказать вино, пирожные, легкий ужин» [В. Недошивин. 2010].

Однако, предсказание Ольги Арбениной продолжало преследовать Кузмина: Князев не устоял перед красотой Ольги Судейкиной, которая осуществила план мести Кузмину, уведя его любовника.

«29 марта 1913 года „греховная связь“ Кузмина и Князева, „адская“ любовь их — оборвалась. В тот день в Риге, где расквартирован был 16-й Иркутский гусарский полк, Князев выстрелил в себя из браунинга. Ему было 22» [В. Недошивин. 2010].

Вехи, знаменующие развитие треугольных отношений «Бо–Басманова–Бро», приблизительно совпадают с вехами, описанными Кузминым в «Форели». «В январе и феврале зреет любовь героев-мужчин. В марте треугольник разрушен из-за исчезновения одного из партнеров (Князева в поэме Кузмина и Марианны Басмановой в поэме Бо — А. *П.*), а в апреле Князев кончает жизнь самоубийством („отправляется в зеленую страну“ — А. *П.*)» [Панова, 2010б, с. 344–345].

Теперь предлагаю отвлечься от временных вех, обратив внимание на пространственные. Первая встреча Бо с Басмановой минус Бро состоялась в «кубометре комнаты на Таврической»: «Я посадил ее за стол, сам сел на раскладушку, а других мест у меня не было». Эта первая близость, *сидение рядом,* приглашает перенос мемуарного текста Бо к дневниковой записи Михаила Кузмина, напомню, персонажа «Поэмы без героя» Ахматовой. В первом ударе хвоста форели Кузмин описывает свою первую встречу с любимым, возможно, уже не с Князевым, а... в марте 1913 года Кузмин знакомится с Юркуном («Юрочкой»), «17-летним музыкантом из заезжего оркестра», и мечта Кузмина завести семью наконец сбывается.

«В их общей комнате было всё, как у женщин, — вспоминал один из друзей дома. — Полунарядно. Разбросано. Пестро. Зеркала, мягкая мебель, на туалете пудреницы, флаконы, коробочки, бонбоньерки, ножички, губные и гримировальные карандаши» [В. Недошивин]. Но надолго ли?

«Жизнь этой пары круто изменилась после празднования Нового, 1921 года, на которое Юркун привел красавицу Ольгу Гильдебрандт-Арбенину. Любовный треугольник, сложившийся в ту ночь, продолжался до самой смерти Кузмина» [Панова, 2010б, с. 327].

В порядке отступления, укажу на поразительное совпадение любимых красок у Бо с Кузминым. Эту «удивительную способность передавать краски» отметил у Бо Станислав Яржембовский, цитируя строки из «Полосы озерной»:

От массивного синего
до совсем невесомого серого —
все тона водяной окоем
затопил переливною зеленью селезня.

Полоснул серебром через весь
пересвет с полуюга до севера.[4]

Строки из «Полосы озерной» послужили, по мысли Яржембовского, преамбулой к поэме Бо «Новые диалоги доктора Фауста». Сам же Бо писал о том, что он принял вызов, брошенный Ахматовой: «Я сказала Пастернаку: „Вы должны написать Фауста". Он смутился: „То есть как? — Перевести?" — „Нет, написать своего". Не оттуда ли слово „доктор" при Живаго?» [Ахматова, 1996, с. 128]. И далее, отметив «странное свойство» «Поэмы без героя» («ее все принимают на свой счет, узнают себя в ней»), Ахматова снова возвращается к Фаусту: «В этом есть что-то от „Фауста" (см. то место, где Ф<ауст> видит на Брокене издали Марг<ариту>, а Мефистоф<ель> говорит ему, что в этом призраке все узнают любимую девушку. Но Фауст именно тогда бросает все и мчится „спасать" Маргариту» [Там же, с. 154].

Российские читатели знают диалоги Мефистофеля и Фауста из перевода Пушкина, где они представлены как эксперимент: скучающий Фауст признаётся Мефистофелю в мгновениях счастья. Но поскольку циничный Мефистофель предлагает Фаусту другие искушения, Бо отводит роль Гретхен Басмановой, взяв на себя утраченную роль самого Фауста, а для роли Мефистофеля оставляет едва очерченное зеркальное отражение «чужого» лица:

...но чувствую присутствие чужое...
Так, значит, это — зеркало: не мрак,
но пустота, закиданная тьмою...
и я давно разбить ее...
Постой!
Мы пустоту прихлопнем пустотой.
А с ней и наши опыты к концу.
Смотри же, как стоят лицом к лицу
два зеркала. Ничто глядит в ничто. <...>
И вмиг — двух жизней, двух сердец дуплет! [5]

Правда, гораздо ближе для Бо и, конечно, для Ахматовой, инициатора этого сюжета, мог быть сюжет Валерия Брюсова: «В зеркале. Из архива психиатра» (1903). Там «чужим лицом» является зеркальное изображение смотрящей на себя героини. «Каждая из нас старалась завладеть волей соперницы, сломить ее сопротивление, заставить ее подчиняться своим хотениям. И страшно было бы со стороны увидеть двух женщин, неподвижно сидящих друг против друга, связанных магическим влиянием взора, почти теряющих сознание от психического напряжения».

Хотя «чужим» для Бо является зеркальный образ соглядатая, скрытого из глаз собеседников, его герои, подобно героине Брюсова, решают «разбить зеркало, обратить его в ничто». Здесь снова проступает ахматовский контекст, а точнее, упомянутые ею цикл «Шиповник цветет: В разбитом зеркале» (1962) и строки из «Поэмы без героя»: «Или вправду там кто-то снова / между печкой и шкафом стоит: / бледен лоб, и глаза открыты...» [Там же, с. 155].

Зеркало как «дуплет двух жизней» отсылает нас также к Кузмину.

«У лирического героя раннего Кузмина есть двойник; это являющийся к нему вестник из потустороннего мира, который становится „вожатым и проводником героя" (образ, навеянный Данте. Вестник вручает герою чудесный дар — зеркало, в котором запечатлены его черты: „Мне зеркало вручил вожатый; / Там отражался он, как тень..."» [Шмаков, 1989, р. 35].

Как преграда, разделяющая героя и его двойника, зеркало должно быть утрачено (разбито?). По вертикали такой преградой является лед (замерзшая водная поверхность). Ее разбивает форель (сам автор). Но и в поэме Бо идея *разбитого зеркала* строится по матрице, установленной Кузминым в «Форели».

Меж двух зеркал — спалить запасы лет
в одно мгновенье — ставлю я свечу.
Нет, нет, я не хочу...
Все пробую, но не открыть мне дверь —
и чую сквозь нее дыханье стужи. [6]

Но есть и дополнительный источник вдохновения для Бо, возможно, даже неосознанный: книга Эмилия Миндлина (1900–1981) «Возвращение доктора Фауста» (1915). Миндлин переносит разговоры Фауста с Мефистофелем в интимный круг, в котором сам ведет беседу на отвлеченные темы. Круг общения Миндлина широк, в то время как собеседниками Бо являются два лица: его возлюбленная и конкурент Бро. Однако общим для обоих авторов является то, что их разговор «не может быть оборван», ибо в контексте этого разговора формируется личность» каждого собеседника.

В беседе с возлюбленной Бо, как и Миндлин, «проверяет действительное возможным. Между жизнью, которой живешь, и жизнью, которую предчувствуешь, видишь издалека, находится необыкновенный мир. <...> воплотивший идею Гёте: человека обогащает все то, что им движет» [Васильева, 2015, с. 8]. Однако то, что двигало соперником Бо, как оказалось, было невозможно предчувствовать. Не иначе как прочитав «Новые диалоги доктора Фауста», он начал фиглярствовать: «Их бин антифашист и антифауст» и так далее в том же макароническом стиле прошелся, пародируя Гёте:

«Искусство есть искусство, есть искусство».
Какая мысль, какая бездна вкуса.

Здесь я уже цитирую мой ответ на его нападение. Не будем забывать, что начало вражды Бо и Бро относится к Новому, 1964 году, совпадая с первым ударом форели у Кузмина:

«Первый удар — январский, первый месяц года, в течение которого развивается драма *необычного* любовного треугольника (необычного, во всяком случае, для русской словесности) — Он, Он, Она»» [Шмаков, 1989, p. 36].

В гомосексуальный (эндогамный) брак вторгается существо экзогамного мира — женщина-разлучница (femme fatale). Но есть и предыстория. До встречи со Всеволодом Князевым Кузмин влюбился в художника Сергея Судейкина, который вскоре женился на подруге Ахматовой, танцовщице Ольге Глебовой. Через год Судейкина прочла в дневнике мужа запись о его романе с Кузминым и потребовала изгнания Кузмина, после чего ушла сама. Однако пять лет спустя она воспользовалась шансом отомстить Кузмину, к тому времени находящемуся в любовных отношениях с Всеволодом Князевым. Она соблазнила Князева и довела его до самоубийства.

Но если *необычность* треугольника (Кузмин — Князев — Судейкина) заключается во вторжении женщины в единение двух любящих мужчин, то треугольник (Бро — Басманова — Бо) вроде бы должен называться традиционным. Но такое заключение не будет верным, ибо роковая женщина искусно манипулирует соперниками. Переходя от одного возлюбленного к другому, она держит имя очередного искусителя в секрете, сея подозрение и ревность обоих мужчин:

Так он пришел? Я жду его давно.
Но кто же он? Да так... Не все ль равно?
Нет, кто? Все имена идут за ним:
калика перехожий, пилигрим.
Он — мышка, но и кошка, но и щель,

куда забилась мышь. Он волк овечек,
и муть со дна кладбищенских ночей,
и вечный странник, но и странный вечник, —
названия лишь искажают смысл. [7]

Множественность нарицательных имен, данных соблазнителю, позволяет ввести еще один источник: Велимира Хлебникова.

«Слово звучит особенно, когда через него просвечивает „второй смысл", когда оно есть стекло для скрываемой тайны, спрятанной за ним, когда через слюду обыденного смысла светится второй. <...> *Это речь, дважды разумная, двоякоумная — двуумная*. Обыденный смысл — лишь одежда для тайного». Слово сравнивается с мутным слюдяным окошком. Пристально вглядываясь в окно (читай: слово), мы различаем внутри световой отблеск (читай: скрытое значение). Слова, таким образом, двуумны: скорлупа бытового значения скрывает потайное, внутреннее ядро — можно сказать, ядро поэтического смысла» [Лённквист, 1999].

Через «мутное слюдяное окошко» персонаж, поименованный «каликой перехожим», «пилигримом» и множеством имен, включая имена-перевертыши, пытается подслушать внутренний диалог поэта с художницей. Но, кроме «мутного слюдяного окна», их разделяет еще и непроницаемая *дверь,* отсылающая слова назад (на проверку?). Так диалог, облеченный в обыденные слова, звучит многократным эхом и отдается многократным смыслом. И снова Хлебников вносит дополнительный смысл в заданный сюжет: «...повседневный смысл слова скрывает не просто какое-то одно тайное значение, но всё их многообразие (все остальные его значения <...> все светила звездной ночи). Приняв его, означает принять геоцентрическую картину мира. То есть Хлебников снова отстаивает возможности полисемантического использования слова, чтобы таким образом оживлять его потенциальные значения и преодолевать одноголосие буквализма» [Там же].

«Невыразимость» (герметично закрытый рот) порождает безмолвие (эквивалент молчания), так же как запертая дверь (или стена) потенциально несет в себе слепоту (и смерть для художника):

...комната права, на стенах наши профили рисуя,
записывая нас. Ведь мы — слова,
и знак, и шум, и выраженье сути.
Ей крикнуть нами хочется теперь.
Ну, я тебя прошу, открой же дверь. [8]

Поэт остроумно возражает. Открытая дверь восстанавливает зрение. Это так. Но она, как и всякая вещь, позволяет видеть предметы вперемешку с живыми лицами, то есть берет на себя активные (запретные для вещи) функции. И именно в этом заключается ее «лицемерие» (притворство). Однако притворство, парирует художница, разрушая цельность предмета, предлагает «урок несложного кубизма». Казалось бы, спор заходит в тупик. Но поэт держит в запасе то, что позволяло Сократу дать ответ софистам.

А ты ответь мне: зеркало — предмет?
Нет, не предмет, но правда о предмете.
Поверхности дает оно объем.
Объему с отражением вдвоем
оно предоставляет заглянуть
до самого конца другому внутрь
и распознать себя. Так свет и тень
(вся густота зеркальных построений),
опережая правду на ступень,
становятся едва ль не достоверней,
чем сам оригинал.[9]

Поэт успешно парирует возражение художницы, перенося философский аргумент, им же введенный, в сферу оптики. Зеркало, как известно, не способно удерживать предмет. Как только отведешь от него взгляд, то... а тем более, когда ты его разобьешь...

Я думаю, что не парижский мэтр,
а вдребезги разбитое стекло
от зеркала — кубизм изобрело.[10]

Где возник этот диалог, в фантазии ли поэта или по памяти о реальных беседах (благодарной памяти, как уже было отмечено)? Думаю, читателю не придется долго искать ответа:

«Разговоры с ней мне были интересны, даже захватывающи, хотя мы касались абстрактных или, можно даже сказать, метафизических тем. Например, о пространстве и его свойствах. О зеркалах в жизни и в живописи. В поэзии. О глубине отражений. Об одной реальности, смотрящей в другую. И то же — о мнимостях. Я воспринимал это как ее собственные наблюдения и мысли. Отчасти так и было. Но постепенно я узнал, что она училась (всему) у Владимира Стерлигова, наглухо замолчанного художника и теоретика живописи, ученика Малевича.

Это были во многом его подходы, но примеры были свои, а пейзажи — те, что мы видели сообща. В каждом она прежде всего находила определяющий структурный знак и затем его развивала. Только то были не конусы и кубы Сезанна, а, скажем, чаша, купол, крест, не знаю еще что, — какая-то эмблемная форма. Я понимал это по-своему, переводя на свою музыку, и мне казалось, что я научаюсь читать пейзаж (интерьер, портрет или что угодно) по буквам и слогам, словно текст, и, как я и сам подозревал, он содержал смысл и даже складывался в послание» [Бобышев, 2008].

Из того же источника, «ЧеловекоТекста» Бо, я черпаю аккорд, столь необходимый для окончания этой главы. Бо принес стихотворение Ахматовой, остававшейся для него «непререкаемым арбитром»: «Примет она или не примет? <...> Я читал ей поэму „Новые диалоги доктора Фауста" — тема была ее подсказкой всем нам, и вот я принял этот вызов. Но посвящение было адресовано не ей, и надпись под названием гласила: „М. П. Басмановой посвящаются эти опыты".

Ахматова выслушала мои „Диалоги" с не меньшим вниманием, чем я слушал ее „Поэму без героя", и сказала лишь: „Лексика почему-то бледна". Я ответил: „Это белое на белом... Как ваше «к... к... к...» выдает замешательство автора, так и здесь однообразие красок дает свою фору мыслям и интонациям".

„Интонациям?"

Она, может быть, впервые остро взглянула на меня и попросила „на два дня" мою поэму. Ну, разумеется... Через два или дважды два дня я был опять у нее, и рукопись ко мне вернулась со словами: „Поэма состоялась".

И — ничего больше. И я уже не расспрашивал, как мне этого ни хотелось. Главное: Ахматова меня и поэму мою подтвердила. Остальное мне было уже не страшно» [Бобышев, 2008].

Примечания:

[1] Knowing my status, my bride I yearned
failed to move for as long as five years.
Of her whereabouts I've no lead
A word of truth is stashed under a lid.
She says: "Do not worry in vain
We've got the feelings, simple and plain!"

Our bliss for her will come in a wink.
But she must be where she gets a drink.

[2] Last night I was tormented twice
Walked to my window in a trice
And caught a scrap of phrase that in a dream
Was dropped and thrown beyond my ear's rim.
I felt no consolation for my vice.
You came to me expectant and behold
Upon so many years of separation
I felt remorseful, rueful, and at fault.
My hand extended gaily to your paunch
But reached, in fact, my pants and (auch!)
A switch. While walking to the window
I knew that you were left alone. I winnowed
You from the daylight into isolation
And lonely dreams. With no consolation
You patiently wished the end or break
Intentional. In darkness things prolong
What breaks in broad light where we longed
To take the plunge or tie the knot,
And turn into the double spinal monsters. So our tots
Sufficed as rationale for our stripped bods.

[3] Barges were sunken in Kronstadt
With every tenth fellow being shot.
Yurochka, Yurochka, may
God grant you to be the eighth.

[4] From Herculean blue
to an utterly weightless pearl-gray —
all the colors of watery hue
flooded shimmering green of the drake,
Slashed with silver along and across
Play of light from half south to north.

[5] ...a foreign presence, foreign attitude
which means a mirror, darkness' substitute —
I see, the darkness is engulfed with void,
that I have long ago rendered void...
But wait!

The emptiness with vacuum can mend.
That way our trials come to'n end.
Look how they are standing face to face
two mirrors. Maze looks like a maze. <...>
And in a sec — two lives get doubled with two hearts!

[6] Between two mirrors — the reserves of vigor
I burn and promptly light a candle.
No, no, forget it, I will never trigger
that blaze: the door will still be shut.
I'll feel its chill through ever–closed facade.

[7] So did he come? I wait for him since long.
But who is he? Someone. Why do you long
To know? Any name will be a perfect match for him:
a wanderer, a tramp, a pilgrim.
Can be a mouse, or a chasing cat,
a crevice where mice avoids its hell,
A wolf of sheep, the dregs from a graveyard,
eternal stranger, also freakish bell,
The names distort the meaning from a start.

[8] The room is right, recording us
And drawing our contours on the walls.
We are its words, its symbols after all
Both noise, and an expression of its essence.
It wants to shout us, send us to its core.
Well, now I beg you, get ajar the door.

[9] What is a mirror? Tell me. It's an object?
No, not an object, but it's truth and candor.
It grants the surface with a cubic measure
To glimpse inside of every single treasures
and recognize oneself. So light and gloom
(all densities of mirror murk and loom,
one step ahead of any cloning cell
and truer than the autochthonic self.

[10] I speculate — not the Parisian master,
a broken mirror's kindred cataclysm
Was what began and prophesied cubism.

Глава 5

«Нет, не шотландской королевой...»

Как и Бо, который строит беседу со своей возлюбленной и с Бро по образцу диалогов Фауста, Бро берет за образец стихотворение Ходасевича, название которого выведено мной в заголовок. Местом встречи Бро выбирает классическую скульптуру шотландской королевы работы Жан-Жака Фешера в Люксембургском саду, хотя к тому времени даже не побывал в Париже, как о том пишет Лосев. Бо по контрасту беседует с возлюбленной в тесной каморке, отведенной ему родителями. А мог бы выбрать Летний сад: то «картинное место», в котором происходили его интимнейшие беседы с получателем ахматовской «Небывшей розы» — Анатолием Найманом:

«По широким продольным аллеям и узким поперечным, мимо серых вытянутых стволов лип к широкоруким вязам, позирующим, словно борцы по краям цветника (вязов тех больше нет), мимо Артемиды и Феба-Аполлона сребролукого к ужасному Сатурну и Немезиде карающей, от полукружья пруда с лебедями к струнной решетке, за которой хоть всю жизнь просидеть в заключении было бы счастьем, исходили мы сад вдоль и поперек» [Бобышев, 2008, сс. 204–205].

«Но так ли важны эти детали? Правомерны ли вопросы типа того, „мог ли автор это читать“ и „отдавал ли автор себе отчет в...?“». Вопрос этот ставит Михаил Безродный (1957–2023), профессор Хейдельбергского университета и лауреат премии малого «Букера», далее уточняя, что «такие сведения полезны, если проясняют содержание комментируемого текста, и избыточны, если в тексте нет темнот» [Безродный, 2006].

Хотя ограничения Безродного чрезвычайно важны для толкования «Двадцати сонетов к Марии Стюарт» (1974), о которых пойдет речь в этой главе, все же начну с вопроса, темных мест не предвещающего: был ли Бро, один из редакторов двухтомника прозы Ходасевича в 1980 году, знаком с этим сонетом? Рассмотрим косвенные доказательства. Во-первых, моделью для «расшатанной сонетной формы», усвоенной Бро, а это заметил еще Безродный, мог послужить «безголовый сонет»,[14] то есть сонет без одного катрена Ходасевича. Во-вторых, и эта мысль тоже принадлежит Безродному, «Вергилием Бродского в Люксембургском саду был не великий флорентиец, а русский изгнанник — поэт Ходасевич» [Безродный, 1997, с. 277]. И наконец «нет» Ходасевича, помещенное в начале и в конце сонета:

Нет, не шотландской королевой
Ты умирала для меня:
Иного, памятного дня,
Иного, близкого напева
Ты в сердце оживила след.
Он промелькнул, его уж нет...[1]

не было оставлено без внимания Бро. Как видим, Ходасевич упоминает о Марии Стюарт, отрицая ее роль как персонажа сонета, ибо таковым является оставившая его жена, Нина Берберова. Но и Бро, вторя Ходасевичу, посвящает Марии Стюарт все двадцать сонетов, хотя имеет в виду не шотландскую королеву, а покинувшую его возлюбленную Марианну Басманову. Разница лишь в том, что в тексте Бро, в отличие от текста Ходасевича, имеется в изобилии то, что Михаил Безродный обозначил как «темные места». Они-то и требуют проверки, необходимой для погружения в авторские интенции.

Начнем с сочинительного импульса, который оба поэта получили в кинозале. Ходасевич (1886–1939) упоминает о просмотре ленты Джона Форда «Мария, королева Шотландии» (1936) с Кэтрин Хепберн в главной роли. «Она была на меня похожа (в „Последних новостях“ меня этим дразнили)», — пишет в воспоминаниях Нина Берберова. «Помню, однажды Ходасевич сказал мне: „Вчера мы были на Марии Стюарт и видели твоего двойника. Очень было приятно“» [Berberova, 1969, p. 142].

---

[14] «Хотя в каждом из его сонетов, как положено, 14 строк, но классической разбивки их на октет и два терцета нет, и рифмовка строк не самая принятая. Собственно, сонетная форма здесь расшатана до предела» [Безродный, 1997, с. 227].

Бро указывает на свое присутствие на просмотре трофейного фильма «Дорога на эшафот» с Зарой Леандр в роли Марии Стюарт:

Мари, я видел мальчиком, как Зара
Леандр шла топ-топ на эшафот. [2]

Как видим, обращение Ходасевича к Марии Стюарт было вызвано сходством Нины Берберовой и Кэтрин Хепберн. Но что могло побудить Бро к выбору Марии Стюарт моделью для Марианны Басмановой? Начну с шокирующего факта. Трофейного фильма о Марии Стюарт с Зарой Леандр Бро видеть не мог, так как сцены восхождения шотландской королевы на эшафот в нем попросту нет. Вероятно, в фантазиях Бро эта сцена возникла как реакция на заголовок. Раз есть «дорога на эшафот», то должно быть и восхождение, а если есть восхождение, то логично увидеть его как «топ-топ».

Но тут фантазию Бро поджидал досадный промах. Кинолента, созданная в 1940 году немецким режиссером Карлом Фройлихом, называлась, в оригинале, «Сердце королевы» (*Das Herz der Koenigen).* Название «Дорога на эшафот» возникло как результат советской цензуры трофейных фильмов (удалялись титры вместе с именами режиссеров, операторов, актеров и т.д. и зачастую менялись названия). Не думаю, что Бро была известна еще одна деталь, на которую указал переводчик Франс: «Это странная ирония, добавляющая еще один поворот к предлагаемому нам водовороту культур. Этот антианглийский фильм был снят в нацистской Германии, где Марлен Дитрих заменила Зару Леандр, игравшую королеву, и по какой-то причине в СССР его показывали спустя три года после разгрома нацистской Германии. Тяжелый и довольно застенчиво красивый фильм, показывающий, как любящая женщина подавляется манипуляциями и предрассудками как англичан, так и шотландцев» [France, 1990, p. 111].

Показ трофейной ленты в СССР имел место в 1948 году, как правильно указал Бро, ошибившись лишь в том, что принял Марлен Дитрих за Зару Леандр. Но, может быть, он имел в виду фильм «Mary, Queens of Scots» английского режиссера Чарльза Джэрротта? Но и там он не мог видеть Зары Леандр, ибо роль шотландской королевы играла Ванесса Редгрейв. Однако… он мог присутствовать на обсуждениях фильма Джэрротта (прокат которого в Лондонских театрах начался в 1972 году) в доме Спендеров, где он гостил летом 1972 года. С этим обстоятельством связана деталь, которую Бро забыл упомянуть. Стивену Спендеру (1909–1995) принадлежит стихотворная адаптация трагедии Шиллера о Марии Стюарт (1959),[15] в которой мог быть упомянут фильм Карла Фройлиха с именем Зары Леандр. Напомню, что цикл «Двадцать сонетов к Марии Стюарт» был закончен через полтора года после посещения Бро Спендеров.

Итак, проиграв в фантазии фильм о Марии Стюарт, которого он видеть не мог, Бро отдает дань восхищения Заре Леандр, НЕ игравшей главной роли, и посвящает своему восторгу, который он НЕ мог испытывать, лирическое «воспоминание»: «*Позвольте* мне здесь вспомнить еще одну вещь, роднящую меня с Адольфом Гитлером: великую любовь моей юности по имени Зара Леандр. Я видел ее только раз, в „Дороге на эшафот", шедшей тогда всего неделю, про Марию Стюарт. <…>. По моему убеждению, она была самой красивой женщиной, когда-либо появлявшейся на экране, и мои последующие вкусы и предпочтения, хотя сами по себе и вполне достойные, были лишь отклонениями от обозначенного ею идеала» [Бродский, 1986a].

«Отклонением от идеала», обозначенного (псевдо)исполнительницей роли Марии Стюарт, послужила муза Бро, о которой он вспоминает в четвертом сонете, стоя перед статуей шотландской королевы (знакомой ему из репродукций). По контрасту с Ходасевичем Бро объявляет о сходстве утраченной музы с королевой:

Красавица, которую я позже
Любил сильней, чем Босуэла, — ты,
с тобой имела общие черты
(Шепчу автоматически: «О, Боже»,
Их вспоминая) внешние. Мы тоже
счастливой не составили четы [3]

Утратой («счастливой не составили четы») объясняется трансформация по линии снижения идеала красоты к архетипическому образу *la famme fatale*. Так Марии Стюарт достается титул *fille de joie*:

Число твоих любовников, Мари,
Превысило собою цифру три,
Четыре, десять, двадцать, двадцать пять.
Нет для короны большего урона,
Чем с кем-нибудь случайно переспать. [4]

[15] Адаптация Спенсера была поставлена после смерти автора 24 декабря 2019 года стараниями режиссера Шинтаро Мори (Shintaro Mori) в Setagaya Public Theater.

Отметим флуктуацию местоимения 2-го лица от почтительного «Вы» (в немецком «Sie») к фамильярному «ты» (в немецком «du»), о которой есть указание в 15-м сонете одновременно с оговоркой, что в английском языке эта флюктуация отсутствует. Цитирую релевантный катрен:

> Не то тебя, скажу тебе, сгубило,
> Мари, что женихи твои в бою
> поднять не звали плотников стропила;
> не «ты» и «вы», смешавшиеся в «ю».[5]

Строка «поднять не звали плотников стропила» могла быть взята из кладбищенского монолога Гамлета (акт 5, сцена 1), где метафора о поднятии плотниками стропил выражает идею бренности жизни. Ведь даже великие полководцы (Александр Македонский или Цезарь), покинув землю, обращались в пыль и глину, после чего годились лишь для защиты от ветра в строительстве, то есть для воздвижения стропил.

Менее очевидной иллюстрацией этой метафоры считается монолог Белариуса в трагикомедии Шекспира «Цимбелин» (акт III, сц. 3)[16] которую Гарольд Блум считал «шекспировской самопародией» на том основании, что «в ней высмеиваются многие его предыдущие пьесы и персонажи» [Bloom, 2000, p. 2]. Подобно тому как могучее дерево может быть сломлено в сильную непогоду, конструкции, возведенные плотниками, могут быть низложены под влиянием внешних сил. Однако сюжет драмы «Цимбелин» соотносится с сюжетом «Марии Стюарт» еще и по линии сходства судьбы шотландской королевы с судьбой дочери короля Цимбелина, Имогены, наказанной отцом за тайный брак с Постумом. Как и Мария Стюарт, Имогена скрывается от преследователей, переодевшись в мужской наряд.[17]

---

[16] В этом месте моего текста Дмитрий Бо внес свой комментарий. Это из Сапфо: «Выше стропила, плотники! / Входит муж, подобный Арею, / выше всех мужей...»

[17] Образ переодетой в мужской наряд женщины типичен для героини сонетов Шекспира. В частности, прототипом «Смуглой леди» была Мэри Фиттон (Mary Fitton), фрейлина королевы Елизаветы I, очаровательная и загадочная красавица, по слухам вовлеченная в скандальные аферы. В том же, как известно, обвинялась и Мария Стюарт по возвращении в Шотландию. А после убийства заговорщиками ее любимца Дэвида Риччо она, по слухам, бежала из заточения в мужском наряде.

Возможен и более очевидный источник заимствования, а именно метафора, вынесенная в заголовок повести Сэлинджера «Выше стропила, плотники!». Там поставлен акцент на свадьбе Сеймура, приехав на которую брат Бадди не застает жениха, к моменту свадьбы уже покончившего с собой. Соответственно, помещенные в заголовок «стропила» могут пониматься как структура здания, которая, с одной стороны, поддерживает жизнь всего здания, но с другой — может использоваться как надежная опора для петли. В любом случае метафора стропил и плотников соотносится с темой утраты возлюбленной, к которой, кроме сонета Ходасевича, восходят литературные реминисценции: стихотворение Тютчева (1803–1873) «Я встретил вас, и все былое...», посвященное баронессе Крюденер, и стихотворение Пушкина (1799–1837): «Я вас любил, любовь еще быть может...», посвященное графине де Ланжерон.[18] При этом Бро, как и автор «Цимбелина» в интерпретации Гарольда Блума, пародирует все романтические сюжеты, включая свой сюжет, связанный с встречей со статуей Марии Стюарт:

Сюды
забрел я как-то после ресторана
взглянуть глазами старого барана
на новые ворота и пруды,
Где встретил вас. И в силу этой встречи,
И так как «все былое ожило
в отжившем сердце», в старое жерло
вложив заряд классической картечи,
я трачу, что осталось русской речи,
на ваш анфас и матовые плечи. [6]

Хочу обратить внимание на то, что до сих пор все цитируемые в сонетах авторы (Ходасевич, Пушкин, Тютчев и то ли Сэлинджер, то ли Шекспир) представлены не только анонимно, но и без авторского комментария. Контрастным в этом отношении является автор трагедии «Мария Стюарт» Иоганн Кристоф Фридрих Шиллер (1759–1805), упомянутый Бро в 12-м сонете. Вот текст:

[18] Здесь уместно заметить, что сонет Ходасевича был приурочен к 1937 году, то есть к столетней годовщине роковой дуэли Пушкина с Жоржем Шарлем Дантесом. Сам же он находился в трех часах езды от Кольмара — места рождения Дантеса.

Взять Шиллера: истории влетело
от Шиллера. Мари, ты не ждала,
что немец, закусивши удила,
поднимет старое, по сути, дело:
ему-то вообще какое дело,
кому дала ты или не дала? [7]

Бро представляет Шиллера бичующим историю моралистом. Но откуда черпает Шиллер свое знание истории? Его исторический горизонт («Что делает историю?») не выходит, в интерпретации Бро, за рамки домысла о том, что видит соглядатай в замочной скважине королевской спальни. А между тем поэтический замысел Шиллера на столетия закрепил интерес к этой исторической драме. Возможно, задав себе тот ж вопрос, что и Бро: «Что делает историю?», Шиллер предложил встречу убийцы с жертвой, протестантки с католичкой, женщины разума с женщиной чувства, тем самым напомнив о тех моментах истории, когда эти конфликты приводят к катастрофическим последствиям.

Недаром пьеса оказалась востребованной лучшими театрами современности: Лондонским театром Donmar Warehouse (2005), театром ИвоBroadhurst на Бродвее (2009), Канадским театром Stratford (2013), Лондонским театром Almeida (2016). А бельгийский режиссер Иво ван Хове, поставивший «Марию Стюарт» в антверпенском театре Toneelhuis (2014) и брюссельском театре Kaai (2015), предложил свое прочтение шиллеровской драмы, акцентируя ее особую роль в истории европейских стран, сохранивших монархическое правление.

Вот его текст: «Это драма двух женщин у власти. На Елизавету и Мэри падают самые тяжелые последствия этой власти: решение о жизни или смерти в интересах короны. <...> Центральные персонажи знают, что пишут историю. Для меня в этом суть: герои должны пересмотреть свою жизнь и свое положение в поворотный момент истории. Мэри размышляет о надвигающейся смерти в почти оперной постановке своих последних часов. Элизабет отрицает это. Она чувствует себя изолированной и полностью осознает, что история тоже ее осудит. Двадцать пять лет назад я поставил в Антверпене „Дона Карлоса“ Шиллера. Это еще одна пьеса, в которой общественные и частные интересы вступают в конфликт. Я подумал, что сейчас подходящий момент, чтобы вернуться к Шиллеру как к первой совместной постановке с Het Toneelhuis. Эта работа остается очень актуальной и сегодня, рассказывая о влиятельных женщинах, которым приходится бороться со своими эмоциями и своим местом в истории».

Возникает вопрос: читал ли Бро драму Шиллера? Ведь если бы он ее читал, он не мог бы забыть, что Шиллер коснулся судьбы Марии Стюарт за три дня до гильотины, приняв это решение ввиду соображений, которых Бро даже не коснулся. В пору дезертирства из армии Шиллер выпустил «Антологию поэзии» (1782), из предосторожности назвав себя анонимом из Тобольска. Там есть стихотворение «Детоубийца», сюжет которого, повествующий о преступной матери, убившей своего младенца в отместку покинувшему ее любовнику, был воспроизведен Баратынским под заголовком «Недоносок» (1835). Более того, в тексте Шиллера есть деталь, возможно восходящая к русскоязычному источнику:

> Я сегодня в том же белом платье.
> Жертва ада — здесь стою, нема.
> Только вместо роз — как знак проклятья,
> смерти черная тесьма.
>
> (Пер. Л. Гинзбурга)[19]

Как отмечает Панфилов, наряд Марии Стюарт повторяет наряд другой знаменитой детоубийцы… фрейлины супруги Петра I, Марьи Даниловой: «Несчастная преступница приведена была на лобное место в белом шелковом платье с черными лентами».[20] М. И. Семевский, скрупулезно собравший сведения об этом событии, предположил, что преступница, согласно слухам, возлюбленная Петра I, «в последний раз надеялась своим нарядом пробудить в нем угаснувшие чувства» [Панфилов, 2012]. В английской версии Мария Данилова переименована в Марию Гамильтон, тем самым обретя «шотландское происхождение» и разделив судьбу «героини хорошо знакомой им шотландской баллады о фрейлине Марии Стюарт, тоже детоубийце» [Child, 1890, p. 381–385].

И тут уместно вспомнить столь удачную рифму Бро:

---

[19] Привожу оригинал: «Wehe! — Die Geopferte der Holle. / Schmukt noch ist das weisslichte Gewand, / Aber ach! — der Rosenschlaifen Stelle / Nahm ein schwarzes Todenband». Цитирую по: Панфилов А. Ю. «Е. А. Баратынский. Г. Уэллс и А. Кристи».

[20] Цитата взята из анекдотов о Петре Великом, собранных Штелиным [Штелин, 1829, с. 9].

Мари, ты не ждала,
что немец, закусивши удила...

В этом месте Шиллер действительно «закусил удила», припомнив анекдот о фрейлине Гамильтон, и заставив... шотландскую королеву одеться на казнь так же, как была одета героиня его собственной баллады 1782 года и ее прототип, Мария Гамильтон: «На ней белый праздничный наряд; на цепочке из мелких шариков — Agnus Dei, у пояса четки. В руке у Марии — распятие, на голове диадема; большое черное покрывало откинуто назад. При ее появлении все расступаются, выражая ужас и скорбь» (Мария Стюарт. Действие V, явление 6; пер. Н. Вильмонта). Нужно ли говорить, что это описание наряда королевы было сделано Шиллером не в соответствии с историческими свидетельствами, а в угоду легенде? В день казни «на Марии Стюарт были коричневое платье, черный плащ и белая вуаль».

Примечания:

[1] Not as the Scottish Queen oh, no
You died for me. Oblige to know:
Another, memorable day,
another tune, another sway
enlivened my despondent heart.
It flashed at once to swiftly part.
Париж, 20 июня 1937 г.

[2] Marie, a little boy I did behold
Sarah Leander walked 'top-top' to a scaffold»

[3] The beauty whom I later, beyond words,
Loved more than you loved Bothwell, 'O Lord,
You did have common features. Mostly looks,'
I murmur. 'And what got us off the hook,
Like you, we didn't find a happy nook.

[4] Your lovers's number, well, Marie
With ease exceeded number three,
Four, ten, eleven, twenty-five
For Royal throne there's no life
If queen–consort will miss to bonk at times.

[5] What ruined you is not, Marie, the tattle,
but suitors who neglected in the battle
to call the carpenters to elevate the rafters;
both «du» and «Sie» combining into «you».

[6] Here
I rambled after feral boozer
to peep with hoary eyes of snoozer
at ponds and shrubs, and next... alas.
I met you, and my faded past,
Since barren heart drew nigh at last,
A charge of classical buckshot
I spend and with what's left of Russian diction
Opt for your face and shoulders for depiction.

[7] Mark Schiller: History was walloped
by Schiller. Oh, Marie, did you, to wit
expect a German, biting at his bit
to raise the old, forgotten saga
of your affairs at some shores of Sagar?

Глава 6

Eidolon, Id, идол или двойник

«Смерть Ахматовой вынула из нашей поэтической общности некий серебряный гвоздь, и она (эта общность — *А.П.*) развалилась без этого стержня на четыре отдельно бьющихся честолюбия: не совсем, впрочем, отдельно, а как-то коленчато и через раз друг против друга» [Бобышев, 2008]. Нужно ли говорить, что выражение «друг против друга» относится прежде всего к противостоянию Бо и Бро, вовлеченных в перипетии любовного треугольника? Но не только. Едва ли не менее существенным представляется мне противостояние внутреннего порядка, приводящее к уже однажды заданному вопросу: как удалось Ахматовой вылепить из двух более или менее единомышленников абсолютных антагонистов?

Размышляя над «HomoТекстом», я задержалась на метафоре «вынутого серебряного гвоздя». Интуиция подсказала мне ассоциацию подаренной поэтам поэтической розы с символикой «Розы и креста». В эзотерических традициях роза может символизировать тайну, а крест — не только жертвоприношение, но и единство (баланс) между духовным и материальным. Как было уже показано, Анна Ахматова, ментор четырех поэтов, несла в себе это единство и эту тайну.

«Тайна становится важнейшей чертой психологического автопортрета (Ахматовой — *А.П.*) (возможно, продолжающей тему, заданную стихами Н.Гумилева: „Из логова змиева, / Из города Киева / Я взял не жену, а колдунью...“; элементом самоидентификации: „Я сама не из таких, / Кто чужим подвластен чарам, / Я сама... но, впрочем, даром / Тайн не выдаю своих“; „Ты не хотел меня такой, / Какой я очень скоро стала, / [Капризной, знаменитой, злой] — / И знаменитой, и усталой, / Таинственною и чужой“; „Конец ли дня, конец ли мира / Иль тайна тайн во мне опять"» [Михайлова, Снегирева, 2021, с. 579].[21]

Одной из широко циркулируемых тайн Ахматовой является дата ее рождения. Это и «колдовская ночь на Ивана Купалу», и «праздник Владимирской иконы Божьей Матери — день избавления Руси от хана Ахмата, от которого так любила Ахматова вести свою родословную». По замечанию А. Наймана, таким образом Ахматова связывала свой день рождения и с христианским праздником, и с языческим, который является демоническим и отнюдь не безобидным, поскольку соотносим с «намерением проникнуть в области действия тех таинственных сил, проявление которых описывают главным образом мифы, объединенные культами луны и воды. <...> Тут была игра — и не игра. Шутка — и питательная среда ее поэзии» [Найман, 1989, с. 579].

Очевидное и настойчивое употребление слова «тайна» «позволило А. Кушнеру не без улыбки заметить, что, когда Ахматовой не хватало эпитета, она писала „таинственный". Она любила рядом с собеседником „положить" свою мысль, чтобы он присвоил ее, принял и транслировал уже как собственную». Проницательные собеседники замечали этот прием. В воспоминаниях И. Ивановский пишет о некой мистерии, разыгрываемой Ахматовой: «с какой убежденностью и тончайшим искусством творила Ахматова собственную легенду — как бы окружая себя сильным магнитным полем. В колдовском котле постоянно кипело зелье из предчувствий, совпадений, собственных примет, роковых случайностей, тайных дат, невстреч, трехсотлетних пустяков» [Ивановский, 1991, с. 615].

Тайна личности Ахматовой, помноженная на силу внушения, таящуюся не только в биографическом мифотворчестве, но и в ее поэзии, не могла не отложиться в сердцах формируемых ею поэтов. Но могли ли они (задаюсь я вопросом, ограничив его двумя персонажами моего повествования) поддаться на это колдовство в равной мере? Оказалось, что нет. Оказалось, что Бро соблазнился внешней стороной личности Ахматовой, а Бо, кажется, устоял против этого соблазна, возможно даже не заметив его.

В то время как Бро изучал зелья «колдовского котла»: эпатаж, величие, борьбу с конкурентами, культ престижа и славы и наконец

[21] Авторы дотошно исследуют «место слова «тайна» в тезаурусе Анны Ахматовой как слова с большой номинативной плотностью», при этом отмечая, что «две пиковые точки употребления этих слов» приходятся на годы 1914-й и 1959-й [Михайлова, Снегирева, 2021, с. 215].

воздвижение «института ААА», детально описанного А.К.Жолковским, — Бо культивировал в Ахматовой... нет, не то, что приняли с готовностью создатели ее культа. Бо был, скорее всего, сражен талантом Ахматовой жить увлеченно, несмотря ни на что. И я подозреваю, что, заметив в Бо нестандартного ценителя, Ахматова приложила особые усилия по части внушения ему того, к чему был слеп Бро: скромности, толерантности, строительству творческого пути по ту сторону престижа и славы.

Не потому ли с уходом Ахматовой Бо наметил для своего дальнейшего развития такого ментора, как Райнер Мария Рильке (1875–1926), а Бро — Уистана Хью Одена (1907–1973). В качестве преамбулы предлагаю гипотезу, объясняющую их выбор.

За два десятилетия до публикации «Записок Мальте Лауридса Бригге» (1910), получивших признание Бо еще в школьные годы, в печати появилась сказка Рильке под названием «Победивший Дракона» (1902). Российские издатели снабдили издание цитатой из письма Марины Цветаевой, в котором личность Рильке описывалась всего одним словом. Он был чужестранцем, причем чужестранца в себе культивировал сам Рильке. «Кто ж ты все-таки, Райнер? Не немец, хотя — целая Германия! Не чех, хотя родился в Чехии (NB! в стране, которой еще не было, — это подходит!), не австриец, потому что Австрия была, а ты — будешь! Ну не чудесно ли? У тебя — нет родины!» — писала ему Цветаева.

Мое знакомство с Рильке началось как раз с чтения сказки о Драконе, который угрожал жителям королевства, принудив короля предложить в награду за убийство зверя руку прекрасной принцессы. Молодые смельчаки откликались на призыв и погибали. А когда «уже почти в каждой семье пал лучший сын», а Дракон по-прежнему свирепствовал, король «запретил своим подданным продолжать борьбу».

Но борьба продолжалась. Ее вели уже чужеземцы. Однажды прошел слух о том, что одному юноше удалось вырваться из рук Дракона. Пустившись на поиск этого смельчака, принцесса набрела на обессиленного всадника без шлема и рукавиц. Поняв, что всадник убил Дракона, принцесса поспешила во дворец в надежде, что рыцарь вернется за наградой. А когда закончились величественные приготовления к свадьбе, оставалось лишь узнать об авторском решении. Как автор закончит эту чудесную сказку? Читатель нетерпеливо ждет, а Рильке дописывает один короткий абзац:

«Но жених был уже далеко-далеко, и над ним было небо, полное жаворонков. Если бы кто-нибудь напомнил ему о награде, он, может быть, рассмеялся бы и повернул назад: он просто об этом забыл».

Таков был сюжет, который мог бы, думала я, определить выбор Бо. Но я ошиблась. Выбор пал на куда более пронзительный текст. В возрасте тридцати с лишним лет, писал Бо в воспоминаниях, он посетил литобъединение журнала «Звезда» и свел знакомство с заведующим отделом поэзии Николаем Леопольдовичем Брауном. «В редакционной политике он был ультра, если не более осторожен, да и вообще как будто еще слышал партийный окрик Жданова, раздавшийся четверть века назад, но на нечастых собраниях кружка был на удивление неформален. Вдруг прочитал Ходасевича, да так, что я с его голоса запомнил на всю жизнь:

„Перешагни, переступи, перескочи,
Пере — что хочешь...“
Тут же устроил мне чтение»
[Бобышев, 2008, с. 111–112]. [1]

И далее случилось чудо.

Впечатлившись, Браун «вытащил из редакционного вороха пучок рукописей, предложил посмотреть. Новые переводы из Рильке! Я в них вцепился, выпросил до завтра на дом и ночью переписал их себе в тетрадку: то были переводы Сергея Владимировича Петрова из „Часослова“ и „Новых стихотворений“. О нем я прежде ничего не слыхал, тем более как об оригинальном поэте, но и как переводчик он заслуживает слез благодарности и восклицаний восторга, хотя бы вот за эту строфу, зазвучавшую по-русски:

Есть в жизни добро и тепло,
у ней золотые тропинки.
Пойдем же по ним без запинки.
Жить, право же, не тяжело. [2]

Строчки, ставшие на годы вперед моим заклинанием, равновесным и целительным ответом мастера на 66-й сонет Шекспира!» [Там же, с. 112].

Таков был прелюд. Рильке вошел в жизнь Бо благодаря его блестящему переводчику.

«Вскоре и сам Сергей Владимирович (Петров — *А. П.*) обнаружился, прослышав о своем горячем поклоннике. Все еще пораженный в правах, этот с виду ничем не примечательный всезнаец и словесный виртуоз жил где-то под Новгородом, а в Питер наезжал лишь по литературным делам, которые, впрочем, у него никак не налаживались. Рильке в „Звезде“ продолжал удивлять совершенствами лишь доверенных посетителей отдела, но не читателей, а ведь Петров перевел уже весь „Часослов“, да как! „Сам в рубище, а конь в рубинах!“ — с гордостью повторял он оттуда строку, похожую на его автопортрет. <...>

Рильке мне был нужнее всего и, наверное, другим таким же, „в пустыне мрачной“ влачащимся, ибо он утолял. В данном случае — через переводы Сергея Владимировича. Тот переводил и с других языков — немного из великих французов и, считаясь специалистом по скандинавским языкам, очень много — из средневековых скальдов. Здесь он давал себе волю: играл, виртуозничал словами, словно гантелями, а возможно, и мистифицировал — поди проверь. Но скальды эти жажды не утоляли, да и не помогли искуснику пробиться. <...>

Все же удалось Петрову пробиться в печать целой книгою переводов, но не в стихах, а в прозе. То была прелестная историческая повесть „Фру Мария Груббе“ о простой и чистой душе в обстоятельствах непростых. Ее автор Йенс Петер Якобсен был с нежностью упомянут в записках Рильке, и эта датская „Фру“, действительно, воспринималась как сестра его женским характерам в „Мальте Лауридс Бригге“. Скорее всего, конкуренты Петрова отпали сами из-за немыслимой трудоемкости перевода. <...> Сергей Владимирович же, во-первых, сумел этот текст адекватно прочесть, а затем и найти лексические аналоги в русском языке, но не XVI века, а двумя столетиями позже, <...> и получился шедевр!»[22]

Близость к Рильке, должно быть, была необходимым условием выбора наставника. Но достаточным ли? Я не сомневаюсь, что от внимания Бо не ускользнуло и напутственное письмо Рильке неизвестному автору, которое, вероятно, вдохновило этого автора на радикальный пересмотр не только своей авторской позиции, но и всей его жизни. У кого из состоявшихся авторов хватило бы такта и душевной щедрости на то, чтобы выполнить эту задачу, не затронув самолюбия адресата? Позволю себе неполную цитату:

---

[22] Далее идет рассказ о знакомстве с великим переводчиком и о его трагической судьбе, который заканчивается коротким сообщением: ««Часослов» (1899) Рильке целиком в его переводах вышел лишь в 1998 году, спустя 10 лет после кончины Сергея Владимировича, — не слишком ли горько и запоздало?» [Бобышев, 2008].

«Вы задаете вопрос, хороши ли Ваши стихи. <...> Вы посылаете их в журналы. Вы сравниваете их с чужими стихами, и Вас тревожит, что иные редакции возвращают Вам Ваши опыты. Так вот (раз уж Вы разрешили мне дать Вам совет), я прошу Вас все это оставить. Вы ищете внешнего успеха, а именно этого Вы сейчас делать не должны. Никто Вам не может дать совета или помочь; никто. Есть только одно средство: углубитесь в себя. Исследуйте причину, которая Вас побуждает писать, узнайте, берет ли она начало в самом заветном тайнике Вашего сердца, признайтесь сами себе, умерли бы Вы, если бы Вам нельзя было писать. И прежде всего — спросите себя в самый тихий ночной час: должен ли я писать? Ищите в себе глубокого ответа. И если ответ будет утвердительным, если у Вас есть право ответить на этот важный вопрос просто и сильно: „Я должен“, тогда всю Вашу жизнь Вы должны создать заново, по закону этой необходимости; Ваша жизнь — даже в самую малую и безразличную ее минуту — должна стать заветным свидетельством и знаком этой творческой воли» [Рильке, 2000].

В конце письма Рильке не забывает возвратиться к главному:

«И если из этого обращения к себе самому, из этого погружения в свой собственный мир родятся стихи, то Вам даже в голову не придет спрашивать кого-нибудь, хорошие ли они. Вы больше не пожелаете заинтересовать Вашими работами журналы: Вы будете видеть в них Ваше кровное достояние, голос и грань Вашей жизни. Произведение искусства хорошо тогда, когда создано по внутренней необходимости...

Со всей преданностью и участием, Райнер Мария Рильке.

Виареджо, окрестности Пизы (Италия), 5 апреля 1903» [Там же].

И далее, уже в постскриптуме, Рильке напоминает о своем менторе, Йенсе Петере Якобсене, и двух его книгах, ставших для него настольными: «Мне захотелось спросить, читали ли Вы их?»

Как же решал вопрос будущего наставника Бро? По его собственному признанию, он искал среди поэтов величайший ум двадцатого века, такой ум, который, не имел бы себе равных. Как видим, будучи готовым к тому, чтобы взять victor ludorum за образец, он нашел его в лице Уистана Хью Одена. И тут уже несущественно, в какой мере Оден удовлетворял этому критерию. Важно, что Бро направил свое внимание на достижения, получившие признание, и, судя по дальнейшим шагам, Бро нацелился не только на повторение достижений Одена, но и на то, чтобы их превзойти.

Бро наверняка заметил, что Оден получил признание к тридцати годам, к сорока закрепил его, получив Пулитцеровскую премию за барочную эклогу «The Age of Anxiety» (1948). В том же возрасте выбор Бро пал на Одена. Шествуя по стопам выбранного наставника, Бро умножал награды и призы, завершив свое восхождение Нобелевской премией. Но для начала он закрепил за собой свой выбор несколько необычным путем:

«Вы знаете, дело в том, что я иногда думаю, что я — это он (Оден — *А. П.*). Разумеется, этого не надо говорить, писать, иначе меня отовсюду выгонят и запрут. Все то, что он пишет, то есть почти все из того, что мне довелось прочесть, а я пытался прочесть, по-моему, все, что им написано, мне чрезвычайно дорого, это мне дорого настолько, как будто это написано мной. Разумеется, это не мной написано, я в этом отдаю себе отчет, но я думаю, что если, в общем, я сложился как индивидуум — и так далее, и так далее, — то он играл в этом далеко не последнюю роль. Это человек необычайного ума, он мыслил всегда грациозно, и непредсказуемо. Если его сравнивать с кем-то в музыке, то это Гайдн» [Jangfeldt, 2011, p. 20].

Признание было адресовано шведскому другу, который добавил к нему следующее пояснение: «Духовное родство с Оденом привело к такому близкому отождествлению, что иногда действительно трудно установить границы между цитатами из Одена и оригинальным текстом Бродского. Бродский знал Одена наизусть, и в некоторых случаях формулы последнего вошли почти буквально в плоть его собственных произведений, сознательно или бессознательно. С годами Бродский стал походить на Одена и внешне: всегда в пиджаке и галстуке, но пиджак был мятым, а галстук висел криво — небрежная если не элегантность, то, по крайней мере, стильность, вполне подходящая пожилому университетскому преподавателю» [Там же].

Как видим, речь идет об узурпации образа наставника и эмоциональной фиксации, известной в психоанализе под именем *идентификации*. «Идентификация известна в психоанализе как самое раннее выражение эмоциональной связи с другим человеком. Она играет определенную роль в ранней истории Эдипова комплекса. Ребенок проявляет особый интерес к отцу; ему хотелось бы стать, как он, быть похожим на него, чтобы далее занять его место. Попросту говоря, он считает отца своим идеалом. Эта ситуация не имеет ничего общего с пассивным или женским отношением к отцу (и к мужскому авторитету вообще); напротив, это типично мужское начало» [Freud, 1983a (1921), p. 134].

Фиксация на Одене была одновременно и делом везения, и сознательным выбором. Повезло Бро в том, что он встретил Одена в начале творческого пути, а сознательным выбором было все, что годилось для создания легенды о себе. Бро добился места в Мичиганском университете, где когда-то преподавал Оден, и вскорости получил в награду, как и Оден, почетный статус поэта-лауреата. По стопам Одена Бро стал проводить часть года в Европе, правда, не в Искье, как Оден, а в Венеции, и стал лелеять мечту о безупречном владении английским языком. Хотя эта мечта оказалась за пределом его возможностей, ему все же удалось перенять у Одена ряд поэтических форм: балладу, оду, эклогу, элегию, лимерик.

К тридцати годам Оден завоевал репутацию целителя болезней общества, а его стихотворение «Первое сентября 1939 года» мгновенно стало культовым. Привожу релевантные строки в моем переводе:

Я сижу в одном из шинков
На Пятьдесят второй параллели
Неуверенный от пинков,
Мысль о бывших мечтах лелея
В лжи и в бесчестья декаду:
Гнев и страх кавалькадой
Кружатся по планете,
В ярком и в темном свете
Вторгаясь в частные жизни,
Неслыханной смерти тризной
Оскопляют сентябрьскую ночь…

[Auden, 1966].[23]

Бро откликается на это стихотворение, вероятно истолковав его как проявление мизантропии:

---

[23] Привожу оригинал: «I sit in one of the dives / On Fifty-Second Street/ Uncertain and afraid / As the clever hopes expire / Of a low, dishonest decade: / Weaves of anger and fear / Circulate over the bright / And darkened lands of the earth, / Obsessing our private lives; / The unmentionable odor of death/ Offends the September night».

Адрес дома 421 по 52-й улице (East) — это адрес, где Оден жил с декабря 1945-го по июль 1946 года. Стихотворение было написано в баре «Dizzy Club» (подсказывает Глеб Шульпяков в переводе книги Ансена «The Table Talk») [Шульпяков, 2000].

Вещи и люди нас окружают. И те,
и эти терзают глаз. Лучше жить в темноте.
Я сижу на скамье, в парке, глядя вослед
проходящей семье. Мне опротивел свет.
Это январь. Зима. Согласно календарю,
Когда опротивеет тьма, тогда я заговорю.
Кровь моя холодна. Холод ее лютей
реки, промерзшей до дна.
Я не люблю людей. [3]

Однако репутация Бро как единомышленника и верного ученика Одена от этого не пострадала: «Дело в том, что, по-моему, у Иосифа была какая-то тоска по братству поэтов, и круг Одена и Спендера представлялся ему подобным братством. Он отождествлял себя с ними и часто говорил, что чувствует себя таким, как они, их частью, не видит различия между собой и ими» [Полухина, Лосев, 2006].

Напомню, что Бро был представлен Одену как *величайший русский поэт* еще тогда, когда он даже не сформировался как поэт. И за год, который остался Одену до смерти, он популяризировал этот *титул*, питая поэтический истеблишмент Англии и Америки все новыми и новыми подробностями легенды из недр собственной фантазии.

При этом, как свидетельствует та же Полухина, Оден «не интересовался ни русской поэзией, ни Россией. Совсем нет. И Францией нет. Только Германией. У него была Италия до известной степени, но главным образом Германия. „Да, да, я знаю, что я немец, — говорил Полухиной он. — Да, я фриц. Ничего не поделаешь, я таков, я немец».

А между тем формула «величайший поэт», подхваченная Оденом, внесла дополнительный оттенок в концепт *идентификации*. Теперь идентификация оказывалась взаимной. *Величайшего поэта* Одена связывало с Бро то, что Фрейд именовал «общим качеством, свойственным человеку, не являющемуся объектом полового инстинкта. Чем важнее это общее качество, тем более успешным может стать это частичное отождествление, и, таким образом, оно может представлять собой начало новой связи» [Freud, 1940, p. 137].

Этим новым качеством, закрепившим обоюдную идентификацию Бро с Оденом, явилась религия, которую оба обрели после перемещения в Соединенные Штаты. И если Оден успел ко времени эмиграции в Америку утратить религию, обретенную в детстве, то Бро, рожденный в семье атеистов, обретал и терял христианство по вдохновению (и здесь Бро снова следует Одену как модели):

«Знаете, изобразить Христа в искусстве невозможно. <...> Вы можете изображать его при рождении или после смерти. Возможно, после Воскресения, но попробуйте показать, как Он исцеляет больных или благословляет людей, потому что у них есть вера, и интерес переключается на этих людей. Вы можете использовать модель, но, когда вы закончите, у вас останется только модель» [Ansen, 1990, p. 3].

Бро, кажется, запомнил этот урок, но не навсегда.

«Каково ваше отношение к христианству? У вас ведь есть и рождественские стихи?» — поступает вопрос от Бенгдта Янгфельдта в 1987 г.

Бро: «Кто его знает?! *(Смеется.)* Мне сложно об этом говорить. Вы знаете, у меня была идея в свое время, когда мне было двадцать четыре — двадцать пять лет, — и я пытался ей следовать, то есть на каждое Рождество писать по стихотворению. И некоторое время я соблюдал это, но потом обстоятельства, что ли, встали поперек дороги... Но я до сих пор пытаюсь это делать. И в общем, в этом заключается мое отношение к христианству... *(Смеется.)*... если угодно. У меня семь или восемь рождественских стихотворений...»

Б. Янгфельдт: «А как же крест, который у вас на одной из фотографий, сделанных сразу после отъезда?»

Бро: «Это был 1972 год. В те времена я относился к этому более, так сказать, систематически. Потом это прошло» [Jangfeldt, 2011].

В 1982 году весы снова качнулись в сторону атеизма:

«Вы упомянули о божественном вмешательстве. В какой мере это для вас метафора?» — интересуется Свен Биркертс.

Бро: «В большой» [Birkets, 1982, No. 83].

Однако не прошло и трех лет, как Бро снова христианин:

Бро: «К каждому Рождеству я стараюсь написать по стихотворению, чтобы таким образом поздравить Человека, Который принял смерть за нас».

Виталий Амурский: «Тем не менее, как мне кажется, тема христианства — в традиционном понимании — не обозначена достаточно отчетливо, выпукло, что ли, в вашей поэзии... Или я ошибаюсь?»

Бро: «Думаю, что вы ошибаетесь» [Амурский, Номер 62.1990].

Что же могло произойти за эти годы? Посмею предположить, что обошлось без штормов и бурь. Просто Бро узнал, что в год его рождения (1940) его кумир Оден эмигрировал в Америку и, примкнув снова к англиканской общине, дал себе зарок писать каждый год по стишку к Рождеству. Начало было положено сочинением «Рождественской оратории», посвященной Даниэлю Кальману, хотя сам Оден, как свидетельствует его ученик Алан Ансен, делает несколько другую отсылку:

«„*Рождественская оратория*" была написана раньше, чем „Море и зеркало". Это „единственное прямое обращение к библейской теме, которое я когда-либо пробовал. Мама только что умерла, и я хотел написать что-нибудь для нее. Я колебался, прежде чем решить, в каком порядке должны идти эти две вещи» [Ansen, 1990, p. 3].[24]

Но и заявление «просто Бро узнал...» требует уточнения. Через год после разговора с Виталием Амурским (15 октября 1991 года) Бро дает интервью Петру Вайлю, ведущему на «Радио Свобода», где тема рождественских стихов поднимается снова, причем, насколько мне известно, она качнулась в сторону создания легенды:

«Я вам расскажу, как все началось», — сказал Бро Вайлю. «Первые рождественские стихи я написал, по-моему, в Комарове. Я жил на даче, не помню на чьей, кажется, академика Берга. И там из польского журнальчика — по-моему, „Пшекруя" — вырезал себе картинку. Это было „Поклонение волхвов", не помню автора. Я приклеил ее над печкой и смотрел довольно часто по вечерам. Сгорела, между прочим, потом картинка эта, и печка сгорела, и сама дача. Но тогда я смотрел-смотрел и решил написать стихотворение с этим самым сюжетом. То есть началось все даже не с религиозных чувств, не с Пастернака или Элиота, а именно с картинки» [Бродский, 1996а, с. 62].[25]

Признаюсь, я бы вряд ли взялась утверждать, какой из этих версий следует верить, если бы мне не пришла по электронной почте запись беседы Натальи Шарымовой с Владимиром Соловьевым, которую я частично воспроизвожу:

«Знаете, Володя, вроде бы я сделала в бродсковедении одно любопытное открытие. И кажется, ни по-русски, ни по-английски

---

[24] Глеб Шульпяков предлагает пространную и интересную интерпретацию «Рождественской оратории» и, в частности, указывает, что мать поэта «Констанс Розали Оден умерла 21 августа 1941 года, спустя два года после переезда сына на Американский континент».

[25] История, рассказанная Бро Петру Вайлю, обросла захватывающей деталью. Из газетной вырезки картинка «Поклонение волхвов», приклеенная над печкой, трансформировалась в полотно Рембрандта, выставленное в Эрмитаже, а сама наспех сшитая история стала частью мифа о Бро как знатоке живописи [Виньковецкая, 2008, с. 82].

о том, что я обнаружила, нет ни слова. <...>. Так вот, представляете, Роберт Фрост, начиная с 1929 года, до самой смерти выпускал к Рождеству небольшой буклетик-поздравление, который рассылался друзьям, коллегам, поклонникам и спонсорам. Этот проект начался по инициативе сотрудников издательства *Holt, Rinehart and Winston,* которое издавало книги Фроста. Кто-то из начальства позвонил Джозефу Блюменталю, владельцу *Spiral Press,* типографии с превосходной репутацией. Для этого первого буклета Блюменталь выбрал — похоже, сам, не ставя Фроста в известность, — стихотворение „Christmas Trees", написанное в 1920 году. Тираж — 250 штук. Роберт Фрост увидел у кого-то это поздравление и попросил типографа, с которым впоследствии подружился, прислать ему несколько буклетов. Так началось их сотрудничество <...> Последнее поздравление было напечатано в 1962 году и разослано примерно за месяц до смерти поэта. Тираж — 16 555 штук».

Далее Наталья Шарымова предлагает свою *догадку*. Бро мог видеть этот буклет еще до эмиграции, так как Фрост мог послать его в Россию по следам встречи с Ахматовой, Чуковским и Евтушенко в Москве и Ленинграде.[26] Мне же представляется это маловероятным, хотя Шарымова может быть права, предполагая, что, став частью американского литературного истеблишмента, Бро мог узнать о данной традиции. И в этой связи любопытно другое ее воспоминание.

«Бродского как-то в Нью-Йорке спросили, был ли он на выступлении Роберта Фроста 1962 года в Пушкинском Доме.

«Нет», — ответил Иосиф, — «я был в это время в тюрьме». В тюрьме Бродский, разумеется, не был, но, судя по воспоминаниям Владимира Уфлянда, Бродский все же слушал выступление Фроста вместе с Уфляндом», — замечает Наталья Шарымова.

Как объяснить эту амнезию? Поверить в то, что Бро мог забыть о встрече с Фростом в Ленинграде, невозможно, тем более что от него Людмила Сергеева (жена переводчика Одена и Фроста Андрея Сергеева — *А.П.*) узнала подробности разговора Фроста с Ахматовой [Сергеева, 2015]. Но не мог ли он спустить тему на тормозах,

[26] Визит Фроста в Россию запротоколирован Стюардом Л. Удаллом, американским министром внутренних дел, в статье «Robert Frost's Last Adventure» (1972) и Ф. Д. Ривом, поэтом и переводчиком, в книге «Robert Frost in Russia» (1964 и 2001). Ни о каких рождественских буклетах там не было речи. А возвращение Фроста в Штаты было омрачено его провальным отчетом о беседе с Хрущевым накануне Кубинского кризиса и состоянием здоровья (Фрост умер в январе 1963 года).

опасаясь расспросов о выступлении Фроста? Ведь в 1962 году он вряд ли знал что-либо о Фросте. Мне возразят, указав на источники, которые свидетельствуют о противном.

«Когда вы впервые услышали о Фросте?» — спросил Волков Бро.

«Это смешная история», — ответил Бро, рассказав о своем знакомстве с рукописными переводами Андрея Сергеева и, в частности, с стихотворением Фроста «Сто воротничков» (*«A Hundred Collars»*). По его версии, он принял это стихотворение за апокриф какого-то московского гения. И был в этом убежден. Однако, «прочитав стихотворение *в подлиннике* в 1962 году, он понял, что это был конечно же Роберт Фрост» [Волков, 2000, с. 94].

Но насколько достоверно это сообщение? Перевод стихотворения Фроста «Сто воротничков» Андреем Сергеевым, возможно, приуроченный к предстоящему приезду Фроста в СССР, относится к 1962 году [Сергеева, 2015, pp. 32–39]. Мне скажут: английский оригинал Фроста мог быть предложен Бро самим Сергеевым. Но их знакомство датируется лишь двумя годами позже. Тем не менее «смешная история» Бро получила фактическое подтверждение в целом ряде апокрифов, найдя завершение в книге Нилы Фридберг [Friedberg, 2011, p. 232].

Но на этом эпопея Бро с Фростом не кончается. Запись саги Бро о Фросте (глава 20 его диалогов) представлена в виде спонтанной беседы, хотя она отняла у Волкова ни много ни мало три года жизни (с 1979-го по 1982-й) и вылилась в 17 страниц текста. Но даже при таком раскладе Бро не удалось представить связного повествования. Начну с темы, все еще имеющей отношение к «смешной истории»:

Волков: «Облегчила ли работа в северной русской деревне понимание поэзии Фроста как *фермерского поэта*?»

Бро: «Вообще в Союзе я три года прожил в сильной степени под знаком Фроста. *Сначала переводы Сергеева*, потом с ним знакомство, потом книжка Фроста по-русски. Потом меня посадили» [Волков, 2000, с. 97].

Это признание (*сначала переводы Сергеева*) позволяет усомниться в его утверждении, что он читал Фроста в оригинале до знакомства с Сергеевым. А поставив под сомнение это признание, можно зачеркнуть и другое. Фросту, по репутации — фермерскому поэту, Бро поставил в заслугу фантазийные маски, призванные скрыть персонажей его поэзии [Там же, с. 210]. Однако, указав на *маски* у Эзры Паунда, он счел их непростительным грехом.

Противоречивые суждения, трюизмы и повторы сопровождают Бро даже тогда, когда в обращении к ним вроде бы нет и крупицы личной выгоды. «Фрост — поэт ужаса и страха. Это *не трагедийный и не драматический* поэт», — утверждает он на странице 98 интервью Волкову, после чего на той же странице настаивает: диалог Фроста — это «трагедия в греческом смысле, почти балет».

Поклонники диалогов Бро с Волковым скажут мне, что поэтическое противоречие — явление статусное (figura contradictionis) даже за пределом поэзии. Вслед за Гераклитом это утверждал Платон, чему доказательством служат, к примеру, заключительные слова Сократа: «Нет ли между любыми двумя противоположностями как бы чего-то промежуточного? Так как противоположностей две, то возможно два перехода от одной противоположности к другой, и наоборот, от второй к первой. Например, между большой вещью и меньшей возможны рост и убывание». Также обстоит дело, говорит Сократ, «с разъединением и соединением, с охлаждением и нагреванием и во всех остальных случаях <...>: противоположности возникают одна из другой, и переход этот обоюдный» [Платон, 1970, с. 31].

Не буду спорить, тем более что противоречия Бро коснулись лишь оценок Фроста. Гораздо интереснее дело обстояло с его анализом фигуры Одена. Притом что разговор об Одене занял в книге Волкова 32 страницы, Бро удалось оставить все без исключения вопросы интервьюера без прямого ответа. Скажем, на вопрос Волкова, не требующий особой фантазии («Был ли разговор Одена похож на его прозу, то есть простым, логичным, остроумным?») Бро дает ошеломительный ответ: «Говорить нелогично по-английски невозможно» [Волков, 2000, с. 126] — и предлагает далее пространное рассуждение об особенностях английского языка, даже не упомянув имени Одена.

«Какими были ваши разговоры с Оденом?» формулирует уточняющий вопрос Волков. И хотя прямого ответа ему попрежнему не придется услышать, вопрос оказывается для Волкова большой удачей. В ходе ответа Бро сообщает, что «Оден не признавал диалогов» и следом делает признание, о котором, скорее всего, не раз пожалел: «Наиболее горькой пилюлей моей жизни было то, что за время знакомства с Оденом мой английский был бесполезен» [Там же, 2000]. Конечно, слово «бесполезен» (useless) было всего лишь эвфемизмом. Бро не знал английского языка и не мог быть интересен Одену как собеседник. И даже если предположить, что за год жизни в Америке это препятствие могло быть устранено, что невероятно, Оден уже не мог этого засвидетельствовать.

Столь же «бесполезным» был ответ Бро на вопрос о его понимании поэзии Одена, сформулированный Волковым.»Он добился нейтральности звука и нейтральности голоса. Нейтральность дается дорогой ценой. Она проявляется не тогда, когда поэт объективен, сух и отстранен. Она проявляется тогда, когда поэт соединяется со временем. Ибо время нейтрально. Существо жизни нейтрально» [Там же, с. 142], поступил ответ.

Допускаю, что ожидания Волкова были несколько завышены. Вероятно, он хотел услышать что-либо о стихотворной строке, рифме, иктах, языковых вольностях, тропах и т.д. Но Бро понимал поэзию как некий *Grande Bouffe,* то есть гурманское (наркотическое?) поглощение: «Ты вбираешь ее в себя, и вбираешь ее в себя, и вбираешь ее в себя до тех пор, пока она не начинает занимать в тебе больше места, чем ты сам».

Примечания:

[1] “Step over, leap over, jump over,
Move on whatever you want…”
He immediately arranged my reading.

[2] In life there’s kindness and verve.
It has golden alleys and routs.
Let’s follow them next and with fervor.
Life really isn’t so crude.

[3] Thingamabobs and people
Encircle us, and our peepers
Are left with tormenting marks.
I’d rather live in the dark.
I sit on a bench, in vanity,
In a park. Looking by and by
At a family walking by.
I loathe humanity.
It is January. The winter term
By my calendar is confirmed.
When I loathe the dark at last
Words will from my mouth blast.
My blood is cold as a frost.
Cooler than river frozen
All the way to its crest.
People are what I detest.

Глава 7

Легенды скрещивают мечи

«Когда мы познакомились с Иосифом, он был очарован набоковской прозой, но это кончилось после того, как он услышал об отзыве Набокова на поэму („Горбунов и Горчаков“ — *А.П.*), которую мы переправили по дипломатическим каналам в июне 1969 года» [Проффер-Тисли, 2015], — пишет Эллендея Проффер-Тисли и продолжает: «Когда мы вернулись в Америку, Карл послал Набокову экземпляр, надеясь, что поэма понравится. Она не понравилась. Иосиф спросил Карла, как к ней отнесся Набоков. Карл пересказал отзыв Набокова по возможности тактично, но Иосиф желал знать все, и Карл принял решение: в этой дружбе он будет настолько откровенным, насколько можно быть с Иосифом.

„В ней много привлекательных и красноречивых метафор и рифм, но она страдает неправильными ударениями, отсутствием словесной дисциплины и общим многословием“» [Набоков, 1989, p. 461].

Передав реакцию Набокова со слов его жены, Эллендеа завершает свой рассказ на такой ноте: «Критика Набокова не была забыта. Гениального прозаика уже ждал статус неудачливого поэта».

Но Эллендея укоротила записку Веры Набоковой, исключив ее существенную часть: «И все же эстетическая критика была бы несправедлива, если учесть ужасное окружение и страдания, подразумеваемые в каждой строке поэмы».

Я оставлю в стороне вопрос о том, почему Эллендея Проффер-Тисли отказалась от оглашения сочувственных нот, завершающих письмо Веры Набоковой, хотя напомню, что примерно тогда же Глеб Струве получил от Набокова отзыв на присланный ему томик Мандельштама: «Стихи удивительны и душераздирающи, и я буду счастлив хранить драгоценный томик на своей прикроватной полке»,[27] — писал Набоков, как видим, предложив Струве *эстетическую* критику без учета испытаний, через которые прошел Мандельштам.

И все же. Хотя достоверного знания об испытаниях, выпавших на долю Бро, у меня нет, я попробую коснуться испытаний, которые либо *не выпали, либо не могли* выпасть *на его долю*. Вообще-то, сведения о том, чего не случилось или могло не случиться, не являются самыми востребованными у читателей. Оттого-то этот вопрос мало занимает авторов, за одним, впрочем, исключением. Поэт-обэриут Леонид Липавский (1904–1941) решил однажды похвалить стихотворение коллеги, Александра Введенского (1904–1941). «Изумительно, — сказал он и добавил: — в других твоих вещах бывает, что равнодушие настолько властвует над ними, что они почти перестают быть искусством».

Оговорив то, чего в данном случае не случилось или не могло случиться, Липавский продолжает восхищаться: «Тут же есть особое благородство или изящество. Эта элегия какой-то стороной напоминает некоторые хлебниковские вещи <…>. Но Хлебникову никогда бы не удалось сказать так просто: „Еще у меня есть претензия, что я не ковер, не гортензия“ [1]».

Наряду с рассуждением Липавского, в «Книге диалогов ОБЕРИУ» приводится и ответ Александра Введенского:

«Это стихотворение, в отличие от других, я писал долго, три дня, обдумывая каждое слово. Тут все имеет для меня значение, так что, пожалуй, о нем можно было бы написать трактат. Началось так, что мне пришла в голову мысль об орле, это я и написал у тебя, помнишь, в прошлый раз. Потом явился другой вариант. Я подумал, почему выбирают всегда один, и включил оба. О гортензии мне самому неловко было писать, я сначала ее даже вычеркнул. Я хотел кончить вопросом: почему я не семя. Повторов здесь много, но, по-моему, все они нужны, если внимательно присмотреться, они повторяются, объясняя иначе. И „Свеча-трава“ и „трава-свеча“, все это для меня лично важно» [Липавский, 1993].

Держа пульс на диалоге Липавского с Введенским, абсурдном диалоге, но вполне соответствующем обэриутскому коду, предлагаю послушать диалог Бро с его интервьюером Волковым о событии, с которого началась легенда о его *диссидентстве,* то есть

---

[27] В том же письме он называет стихи Мандельштама «прозрачными дарами» и «замечательными образцами человеческого разума в его глубочайшем и высочайшем проявлении».

о проекте угона советского самолета в Афганистан, который Бро инициировал в конце 1960 года. Более двадцати лет спустя Бро получает приглашение интервьюера озвучить тот проект.

«Мы покупаем билеты на один из этих маленьких самолетов. Олег садится рядом с пилотом, а я сажусь сзади, с камнем. Ударяю пилота по голове. Связываю его, а Олег берет на себя управление. Поднимаемся на большую высоту, выравниваемся и пересекаем границу, чтобы ни один радар нас не отключил».

«Вы испугались?» — поступает вопрос. Да, Бро испугался или, вернее, испугался бы, если бы, развив этот план перед Шахматовым, он собирался ему следовать. Но за годы у Бро уже возник нарратив, назовем его ригмаролем, согласно которому ему в руки попался им же расколотый орех, вид которого напомнил ему те мозги пилота как следствие удара по голове. Мог ли впечатлительный Бро последовать собственному плану и признать свое авторство в этом деле? Вероятно расценив ситуацию как подлинный абсурд, Волков задает последний вопрос.

Волков: «Как Вам удалось выкрутиться из этого?»

Бро: «Выяснилось, что из двадцати человек (?) против меня свидетельские показания дал только один человек (Олег Шахматов — *А.П.*). Для советской правовой системы это было не так уж и плохо».[28]

Где, из какого свитка смог Бро извлечь 19 статистов, поместив их в кадр, в котором реально было задействовано всего два участника, история умалчивает. Ясным представляется лишь одно: на вполне рациональный вопрос интервьюера Бро измышляет, как и Александр Введенский, иррациональный, можно даже сказать, абсурдный ответ. Но почему-то абсурдность Введенского очевидна, в то время как абсурдность Бро не только не очевидна, но даже трудно представима. По всей видимости, абсурдность очевидна лишь тогда, когда декларируются абсурдные намерения. В случае Бро абсурдной является отсылка к «двадцати свидетелям» и к «советской правовой системе», тогда как, кроме Шахматова, никто не мог дать по вопросу угона самолета свидетельских показаний.

[28] Эту историю востанавливает Глеб Морев со ссылкой на воспоминания Олега Шахматова [Морев, 1997], напечатанные после смерти Бро. Там же упоминается рассказ Бро «Вспаханное поле», сочиненный по следам событий августа 1961 года, и его же стихотворение «Ночной полет» (1962), опубликованное уже в США в 1978 году. Однако, так как Глеб Морев опирается главным образом на «документы» без попытки их интерпретации, анализ его текста выходит за рамки моего проекта.

Между тем, свидетельские показания Бро имели последствия, которые нельзя назвать абсурдными. Олег Шахматов, участник заговора, инициированного Бро, был привлечен к уголовной ответственности, в то время как Бро вышел из переделки сухим.

Остается лишь поместить в корректный контекст два приема, широко используемые Бро для создания абсурдной ситуации: 1) настойчивое заявление о непонимании того, о чем его спрашивают; 2) риторика, узаконивающая отсутствие понимания, то есть гордиев узел, разрубить который смог… нет, не Александр Македонский, а Жак Лакан:

«То, что делает человека потенциальным клиентом для психоанализа, это ситуация, в которой он не понимает, что с ним происходит. Страдая от непонимания, человек входит в состояние паники. А это и есть невроз (как увидим, неврозом был диагноз, реально поставленный Бродскому. — *А. П.*). В истерическом неврозе тело становится больным от страха, больным не являясь на самом деле. В обсессивном неврозе страх внушает человеку странные вещи… мысли, которые нельзя контролировать, фобии, в которых формы и объекты принимают различные и ужасающие значения» [Архипов, 2016].

Но почему абсурдные ответы Бро не воспринимаются как абсурд?

Лакан продолжает: «Невротик — это больной, который лечится речью, прежде всего своей. Он должен говорить, рассказывать, объяснять самому себе. Фрейд определял это так: „Принятие [assomption] субъектом своей собственной истории возможно в той мере, в какой она конституирована речью, обращенной к другому. Психоанализ — это царство речи, другого лекарства нет. Бессознательное — это не столько глубина, сколько нечто, что недоступно через углубление сознания. Также он говорил, что в бессознательном оно говорит [ça parle]: субъект в субъекте — трансцендентный субъекту". Речь — это великая сила психоанализа» [Архипов, 2016].

Не иначе как ознакомившись с топикой «угона самолета», озвученной Бро, биограф Бро Лосев делает новый шаг, фильтруя абсурд из этой топики. В главе под названием «Тунеядец» абсурдный сюжет перекодируется в сугубо политический. «29 ноября 1963 года в газете „Вечерний Ленинград" появляется статья „Окололитературный трутень"» [Лосев, 2006, с. 82]. Я. М. Лернер, главный инициатор травли Бро, добивается слушания дела на заседании секретариата Союза писателей [Там же, с. 85]. Принимается решение предать Бро общественному суду по обвинению в «тунеядстве» под прикрытием литературной деятельности [Там же, с. 79].

Очевидно, вычленив из обвинительного акта слова «под прикрытием», Лосева спешит представить суду список публикаций Бро:

«В ноябрьском номере журнала „Костер“ за 1962 год была напечатана пространная „Баллада о маленьком буксире“. Осенью 1962 года в московском издательстве „Художественная литература“ вышла антология кубинской поэзии с двумя переводами Бродского» [Там же, с. 84].

Казалось бы, Лосев предлагает суду сухие факты. Однако художественный редактор журнала «Костер» Михаил Беломлинский помнит их иначе. В интервью Наталии Шарымовой он сообщает, что, «находясь на должности завсдующего отделом юмора „Костра“, Лосев изобретал „командировки“ друзьям (Уфлянду, Еремину, Виноградову, Бродскому), поручая им „переводы“ второстепенных региональных поэтов и выписывая им сборы, которые превышали в десять раз месячную зарплату инженера» [(Sharymova, https://youtu.be/z34nO–BJhks].[29]

Нельзя обойти вниманием выбора Лосевым детского стихотворения Бро и его помещения в один ряд с переводом безымянной Кубинской поэзии. Быть может, Лосев уяснил для себя, что стихотворение Бро «Баллада о маленьком буксире» является не оригинальным сочинением, а своего рода переводом «Пароходика» Мандельштама. Сделав отсылку к детальному анализу стихотворения Мандельштама Мариной Бобрик в главе 1, коснусь лишь нескольких деталей.

В первой строфе «Пароходика» представлена абсурдная картина:

Пароходик с петухами
По небу плывет,
А повозка с батогами
Никуда нейдет.[2]

Но то, что кажется абсурдом, может им не оказаться. Нам предлагаются две картинки: плывущий по небу пароходик и стоящая без движения подвода, не противопоставленные друг другу, а, напротив, поставленные в один, хотя и не однозначный, ряд. Пароходик плывет не по морю, где ему полагается плыть, а по небу. Но это

[29] Добавлю к сказанному, что российская деятельность Бро протекала под знаком непотизма. «Однажды ко мне, редактору студии, подошел режиссер Михаил Гавронский. Он вывел меня в коридор, дал несколько листков со стихами и сказал: „Это написал мой племянник, Ося. Ему нужно как-то зарабатывать“. Было это в 1962 году» (Михаил Хейфец, работавший на студии над сценарием фильма «Николай Кибальчич»).

отклонение не акцентируется, ибо достоверность наблюдения подтверждена не только логикой «не верь глазам своим», но и опытом типа «написано, Manchester, а читается Liverpool» или «мы говорим партия — подразумеваем Ленин» (Маяковский). Эту логику усвоил Мандельштам в стихах, посвященных Андрею Белому («Часто пишется казнь, а читается правильно — песнь» [Бобрик, 2021, с. 39].

Во втором двустишии мы видим конную тягу битюгов и груженую подводу, но не наблюдаем движения. О чем это говорит? Полагаю, что здесь задействована та же философская оптика, что и в первом двустишии. «Видеть» не означает знать то, что ты видишь, равно как «слышать» не есть понимание того, что слышишь. Обратим внимание, что для функций зрения и слуха в «Пароходике» отведено понятие «зоркий слух», а в «Оде Сталину» (1937) Мандельштам даже расщепляет эти понятия без того, чтобы их разъединить. То же делает Бро:

Подо мною вода.
Надо мной небеса.
Между ними
буксирных дымков полоса.
Между ними
буксирных гудков голоса. [3]

В отличие от пароходика, за движениями которого следит некий обозреватель, «маленький буксир» ведет наблюдения из единого центра, которым является он сам. Опыт «я» предлагает три статичных зрительных образа: образ «небес», которые «вверху», то есть сверху от «я» образ «воды», которая находится внизу (относительно «я»), и образ «между», где пребывает само «я» «маленького буксира». Существенно отметить, что третий образ уже не является зрительным. Напротив, его опознание происходит по типу «зоркого слуха» Мандельштама. Между небом и водой находится некая сдвоенная тень буксира («буксирных дымков полоса» и «буксирных дымков голоса»).

Получается, что баллада Бро является зеркальным отражением «Пароходика» в том самом смысле, в котором зеркало создает иллюзию присутствия реальности, хотя по сути не имеет к ней отношения. Кроме того, заимствование Бро у Мандельштама можно назвать зеркальным потому, что зеркальным является словарное определение слова «битюги» относительно слова «буксир». Оба слова обозначены через одну и ту же функцию — толкания грузов, а словарным определением слова «буксир» является «рабочая лошадка» на воде, то есть, поясняю я, «битюг» на земле.

Таковы явные симптомы заимствования. Но есть один симптом, который можно объяснить лишь аберрациями памяти. Напомню, что положение буксира между водной гладью и небесным сводом не оставляет сомнения, что буксир держится на воде. Я говорю «держится», ибо пока ничего не знаю о его движении. Однако, запамятовав о сочиненной им фабуле, но держа в голове фабулу стиха Мандельштама, Бро предлагает метаморфозу. Буксир, как и пароходик Мандельштама, «по небу плывет».

> Плыву в облаках
> по прекрасным местам,
> где я был молодым,
> возле чаек и там,
> где кончается дым... [4]

Цифровые показатели, зафиксированные в отчетах «Костра», служили для Лосева надежным способом опровергнуть обвинения, предъявленные Бро. «Общественный суд был назначен на 25 декабря, но к этому времени Бродский уехал в Москву и 1964 год встретил на „Канатчиковой даче", то есть в Московской психиатрической больнице имени Кащенко. В больницу на обследование его *устроили друзья* (здесь и далее курсив мой — А.*П.*) в надежде, что диагноз душевного расстройства *спасет поэта от худшей судьбы*. Этот план был принят на „военном совете" с участием самого Бродского и Ахматовой, и осуществить его помогли *знакомые врачи-психиатры*» [Лосев, 2006, с. 86].

План подкупа «дружественных психиатров», принятый на «военном совете», проходившем в доме Ардовых, не смутил читателей книги Лосева. Никто не увидел в этом образца коррупционной политики тоталитарных правителей. Никто не заподозрил в повествовании Лосева политическую ангажированность и подготовку будущей легенды о Бро-диссиденте. Что касается Бро, то он инсценировал страдания, причиненные ему «карательной медициной» и, перечеркнув деятельность «дружественных психиатров», начал писать стихи от имени жертвы, которой никогда не был.

Таково стихотворение «Новый год на Канатчиковой даче». Его герой помещен в «Палату номер шесть», описания которой Бро не понадобилось. Эту работу сделал для него Чехов, создавший персонажа, одержимого «безумными фантазиями». Чеховский код, однажды усвоенный, был далее перенесен в поэму «Горбунов и Горчаков», так разочаровавшую Набокова.

О чем поэма? Двое заключенных (Горбунов и Горчаков) занимаются бизнесом, в котором когда-то преуспел библейский Адам: они называют то, что видят перед собой. Но то, что им реально удалось сделать, это дать всему, что было рядом, одно имя. Это имя — «Содом».

«Здесь — люди, и сошедшие с ума
от ужасов — утробных и загробных».
«А сами люди? Именно сама
возможность называть себе подобных
людьми?» «Но выражение их глаз?
Конечности их? Головы и плечи?»
«Вещь, имя получившая, тотчас
становится немедля частью речи».
«И части тела?» «Именно они».
«А место это?» «Названо же домом».
«А дни?» «Поименованы же дни».
«О, все это становится Содомом». [5]

Итак, за неимением собственного опыта пыток Бро оставляет домыслы об их характере читателю, знакомому с пытками из источников, недостатка в которых к тому времени уже не было. Источники эти просвещают читателя обо всем том, что тайно практикуется в психиатрических лечебницах тюремного типа (Ленинградской, Казанской, Институте им. В. П. Сербского):

«В 1961 году была впервые издана Инструкция по неотложной госпитализации психических больных, представляющих общественную опасность. С этой инструкции началась новая эра в истории карательной медицины — внесудебное лишение свободы и насилие над здоровьем людей осуществлялось уже не по приговору суда, а по произволу местной власти» [Подрабинек, 1979, с. 33]. Пользуясь теми же источниками, лояльный биограф Лосев собирает воедино возможные типы «пыток», на основании которых предлагает свой диагноз, правда, далекий от того, который в аналогичной ситуации был предложен Лаканом.

«Измученный нервным напряжением последних месяцев, Бродский испугался, что он в самом деле *потеряет рассудок* „в белом царстве спрятанных лиц“, и уже через несколько дней *потребовал* у друзей, чтобы они *вызволили* его из психбольницы, куда не без труда его устроили. Все же *желанную справку*, видимо, получить удалось, поскольку позднее Ахматова пишет А. А. Суркову: „Спешу сообщить, что Иосиф Бродский выписан с Канатчиковой дачи <...> с диагнозом шизоидной психопатии и что видевший его месяц тому назад психиатр утверждает, что состояние его здоровья значительно ухудшилось вследствие травли, которую больной перенес в Ленинграде» [Лосев, 2006, с. 86].

Но вот что любопытно. Хотя создателем легенды был сам Бро в соавторстве с биографом Лосевым, легенда была подхвачена не только прессой, но и диссидентами. Привожу один такой репортаж, курсивом отмечая вымышленные сведения, выдаваемые за факты: «Наверное, самый известный пациент того времени — Иосиф Бродский. В 1964 году *советская власть отправила* поэта в психбольницу на *длительную экспертизу*. Позднее Бродский утверждал, что сумасшедший дом страшнее, чем тюрьма. В тюрьме есть срок — это хоть какая-то определенность, в то время как *в психушке человек полностью зависит от произвола врачей*.

Представьте себе: вы лежите, читаете — ну там, я не знаю, Луи Буссенара,[30] — вдруг входят два медбрата, вынимают вас из станка, *заворачивают в простыню и начинают топить в ванной*. Потом они из ванной вас вынимают, *но простыни не разворачивают*. И эти простыни начинают *ссыхаться* на вас». Впоследствии эта история стала темой его самого мрачного произведения (поэмы «Горбунов и Горчаков») и не снятого фильма Андрея Лошака для студии «Арзамас» (продюсеры Катя Лама и Юлий Богатко).

Конечно, граница между вымыслом и фактом не всегда очевидна. И неудивительно, что провести эту границу не удалось авторам, выбравшим из всех легендарных нарративов Бро историю с *укруткой*. На ней стоит задержаться. В интервью Соломону Волкову Бро повествует о том, что два медбрата вторгаются в его палату, нарушая его мирное чтение Луи Буссенара. С какой целью? Помешать чтению? Вовсе нет. Они беспокоят читающего человека затем, чтобы совершить целебную процедуру под названием «укрутка». Эта процедура на самом деле является формой пытки, практикуемой лишь в психбольницах тюремного типа. На эту практику Бро уже намекал в стихотворении «Новый год на Канатчиковой даче». Теперь пришло время обратить намек в подробный нарратив.

---

[30] Хотелось бы знать, позволительно ли было читать в постели приключенческие романы (а «Похитители бриллиантов» (*«Les voleurs de diamants»*) Буссенара был как раз таким романом, переведенным на русский язык Виктором Финком (1888–1973) узникам тюремных больниц.

Чтобы получить представление об «укрутке», обратимся к опыту Владимира Буковского, правозащитника, проведшего 12 лет в психиатрических лечебницах, тюрьмах и трудовых лагерях. Что же такое «укрутка» — задаю я ему молчаливый вопрос. «Третьей мерой наказания (после сульфапиридина и аминазина — *А.П.*) была, как у нас называлось, укрутка. Это использование влажной парусины, которой обматывался пациент от пяток до головы. Обматывался настолько плотно, что ему было трудно дышать. Когда эта парусина начинала сохнуть, она садилась, сжималась, и человек чувствовал себя еще хуже» [Свиридова, 2020, с. 22].

Казалось бы, Бро описывает ту же *пытку,* что и Буковский. Но если приглядеться к деталям, сходство оказывается фиктивным. В частности, не внушает доверия подмена парусиновой обмотки обыкновенной простыней. Начнем с того, что обмотать тело от пяток до головы простыней — задача вряд ли выполнимая. Да и погружение в ванную, наполненную холодной водой, хотя и вещь неприятная, но к пытке и вовсе не имеющая отношения. Ведь при погружении в воду простыня не *увлажняется,* как ей следует быть, а намокает и становится каменной. Обмотать тело такой простыней — задача нелегкая, а обмотать человека «настолько плотно, что ему было бы трудно дышать», просто непосильная.

Годы спустя Владимир Буковский возвращается в Сербскую психиатрическую лечебницу, чтобы поделиться с потомками своими воспоминаниями: «Если вы пойдете в психиатрические больницы — в Ленинградскую, в Казанскую, в Сычевку (названия эти теперь известны так же, как имена Освенцима, Треблинки), то там врачи вам скажут, что это было не их решение, что это решение приняли другие люди в другом месте и что они, врачи, в данном месте никак не могут отвечать за решения других людей, юридических инстанций, судов, а тем более авторитетных врачей-психиатров в Москве. Первый раз я попал в это место, когда мне было 20 лет. Официальное обвинение против меня было: „Хранение с целью распространения двух неполных копий книги Милована Джиласа 'Новый класс'“» [Там же, с. 22–23].

«Реальное лечение» в Казанской психиатрической лечебнице прошла поэтесса Наталья Горбаневская, в которой удивительным образом соединились гражданское мужество с поэтическим талантом. О ней, к сожалению уже покинувшей этот мир, оставил замечательные воспоминания Дмитрий Бобышев:

«Помимо лирического и размышляющего начала в ней как-то очень органически соединялась и жила неукротимая общественная совесть. Это привело к тому, что в критический момент истории она вошла в другую, отчаянную семерку храбрецов, выступивших с дерзким протестом на Красную площадь в полдень памятного дня и года. Тот, кто жил тогда, помнит: советские танки давят либеральные всходы в Праге, Ян Палах сжигает себя на Вацлавской площади, а мы все, тогдашние подъяремные совки, глотаем слезы бессилия. Духота, отчаяние, стыд... И вдруг дохнуло чем-то живительно-свежим: нет, не все мы такие, есть еще совесть, честь и надежда.

Наталью Горбаневскую освободили в феврале 72-го года. Вместо тюрьмы ее подвергали насильственной психиатрии. Казанская спецбольница, куда ее поместили, считалась особенно мрачным местом» [Бобышев. Филомела, 1984]. Таков фон, позволивший Бро сочинить «автобиографическую поэму „Горбунов и Горчаков“, а Лосеву извлечь из нее свидетельство „средневековых пыток“. Однако то, что на языке Лосева получило название „средневековых пыток“, не выходило за рамки „темы“». А тема, как известно, требует подключения фантазии.

И Лосев фантазирует: «Неясно, зачем надо было подвергать Бродского средневековым пыткам. Ведь никаких сведений карательные органы получить от него не стремились и, судя по всему, не требовали и покаяния, признания своих заблуждений <...>. Остается одно из двух — либо его действительно считали душевнобольным и хотели вылечить своими методами, чтобы сделать пригодным для суда и осуждения, либо имел место садизм медперсонала, о котором позднее мир узнал из рассказов диссидентов, подвергшихся советскому психиатрическому террору» [Лосев, 2006, с. 91].

Как видим, обе «догадки», предложенные Лосевым, лишь уводят читателя от подлинных реалий. Недаром поэма «Горбунов и Горчаков» была задумана с целью *«переабсурдить абсурд»*. Но нужно ли было Бро знать что-либо об абсурде, чтобы его «переабсурдить»?

«Настоящим творцом абсурда» в русской литературе был, конечно, Гоголь, изобретавший способы «выталкивания образа за его собственные пределы». Но что это значит? Выход за пределы — это не гипербола, не очередной троп, то есть не просто преувеличение — например, чрезмерное и надуманное, но все же совместимое с границами образа, — а полное его разрушение. Переход к восприятию невообразимого, ни с чем не связанного, иначе говоря, лишенного всякого смысла» [Подорога, 2018, p. 39].

Заподозрив стилистику абсурда в поэзии Бро, Янушкевич поспешил причислить его к цеху обэриутов [Янушкевич, 2002, с. 193], а вторя Янушкевичу, Кобринский [Кобринский, 2009, с. 23], заявил со всей определенностью, что Бро разделил пути с Даниилом Хармсом, Александром Введенским, Константином Вагиновым, Николаем Заболоцким, то есть с авторами манифеста ОБЭРИУ. Но если отказаться от спешки и от желания принимать фантазии за факты, можно вспомнить о том времени, когда Бро имел самое отдаленное представление о деятельности обэриутов:

«Что вы думаете о литературе абсурда и, в частности, о Бекете? О феномене абсурда, о философии абсурда как таковых? О роли или, точнее, естественности ощущения, переживания — скорее все-таки чувства — абсурда в современном сознании?», — спрашивает Бро у Милоша [Бродский, 1990].

Что могло побудить Бро задать этот вопрос? Стихотворение Введенского, выбранное Липавским, под названием «Мне страшно, что я не зверь» (1934), двуосновно. И эта двуосновность объясняет, как это представляется мне, конфликт между заголовком и текстом абсурдного стиха. Сам текст не представляется абсурдным:

Мне невероятно обидно,
что меня по-настоящему видно.
Еще есть у меня претензия,
что я не ковер, не гортензия. [6]

Ибо он не отражает авторской позиции. Да и мог ли Введенский признаться в 1934 году, что ему реально страшно? О его страхе, по всей видимости, хорошо знал Леонид Липавский и предстояло узнать Милошу и (я готова допустить) мог получить представление и Бро. Ведь к моменту диалога Бро с Милошем судьба Александра Введенского уже не представляла секрета. 27 ноября 1941 года он был арестован по обвинению в контрреволюционной агитации. Когда немцы подходили к Харькову, он был этапирован в эшелоне в Казань. По официальным данным, он скончался от «экссудативного плеврита» 19 декабря 1941 года в возрасте 37 лет. Липавский, согласно официальной сводке, «пропал без вести на Ленинградском фронте 22 сентября 1941 года» в том же роковом возрасте 37 лет.

Итак, Бро мог догадываться, что абсурд для обэриутов был удобной стилистикой для сокрытия того, о чем говорить страшно. Возможно, использовав эту догадку, Бро сочиняет послесловие к «Котловану» (1973) Андрея Платонова (1899–1951), представив автора как выразителя «абсурдности» мира [Яржембовский, 2023, с. 223]. Однако, прочитав этот опус Бро и, скорее всего, не зная о том, что

Бро имел самое туманное представление об абсурде до разговора с Милошем в 1990 году, Станислав Яржембовский уловил ложный пафос в его тексте. Он пишет:

«Язык Платонова действительно преступает границы, дозволенные грамматикой. Однако его грамматические вольности ни на мгновение не затрудняют понимания: они не затемняют смысла, а наоборот, способствуют его уяснению, вынуждая ум, механически скользящий вдоль текста, запнуться и всмотреться в смысл высказываемого» [Там же, с. 226].

Но как объяснить желание Бро рассуждать о вещах, в которых он еще не дал себе труда разобраться? Тут нужно положиться на ловушку, которую сам Бро по небрежности соорудил для себя. Идея абсурда, которую он приписал Платонову, то есть «абсурда», о котором ему предстояло расспросить Милоша через 13 лет, была в ходу у авторов «до Платонова», утверждает Бро, очевидно полагаясь на чье-то авторитетное мнение. И в этом заключается парадокс, которому посвящена страница великого романа Марселя Пруста:

«Наконец, рассказчик отправляется на представление Берма. По возвращении в квартиру родителей он знакомится с господином де Норпуа, приглашенным на обед в тот вечер. Вняв убеждениям, что ему следует поделиться своими впечатлениями о театре, Марсель простодушно признается в том, что разочарован. Отец его чрезвычайно смущен, а г-н де Норпуа считает своим долгом воздать должное великой актрисе, произнеся несколько помпезных клише. Результат этого банального обмена — типичный для манеры Пруста. Слова пожилого дипломата заполняют пробел, образованный в голове и сердце Марселя под действием разочаровавшего его спектакля. Вера в BERMA возобновляется. Скучный обзор, данный в модной газете на следующий день, завершает работу господина де Норпуа. <...> Отныне Марсель уже не сомневается в красоте исполнения и интенсивности своего собственного удовольствия. Не только Другой, но лишь Другой воспламеняет его желание. И его признания с легкостью преодолевают реальный опыт тогда, когда реальный опыт им противоречит» [Girard, 1976, p. 32–33].

Продолжая питать общественное мнение небылицами о «принудительном» заключении в стенах психиатрических лечебниц, Бро пишет о своем кратковременном пребывании (с 22 февраля по 12 марта 1964 года) в заведении «На Пряжке» без указания дат. Как было показано, это пребывание будет трактоваться потомками как бесконечно долгое, каким оно, разумеется, не было. Не было оно и принудительным, ибо на экспертизу Бро был помещен туда не по «принуждению властей», как сообщает Бро Волкову, а по ходатайству его адвоката.

В расчет защиты входил план «добиться мягкого наказания, как это сделали московские друзья, когда задумали спасти Иосифа, получив справку о его душевной болезни, — что можно было взять с душевнобольного? Так, в конце первого заседания его адвокат потребовал отправить Бродского на повторное медицинское освидетельствование» [Лосев, 2006, с. 91].

Следуя уже сложившейся традиции, Бро сочиняет стихотворение в первый же день пребывания «На пряжке» (22 февраля), поименовав его «С грустью и нежностью». Правда, текст, помещенный под этим заголовком, не повторяет эксперимента Введенского, пусть даже перевернутого с ног на голову. То, что обещает заголовок, а именно «грусть и нежность», в тексте стиха оборачивается досадой на то, что «Пряжка» не дотянула до санаторного режима Канатчиковой дачи, устроенной ему «знакомыми психиатрами». Вместо жареных каштанов и конфи из утиных ножек

> На ужин вновь была лапша, и ты,
> Мицкевич, отодвинув миску,
> сказал, что обойдешься без еды.[7]

Лосев поясняет: «В Ленинграде благожелательно настроенных по отношению к Бродскому врачей не оказалось, и заключение психиатры с Пряжки дали, скорее всего, *объективное,* но в тех обстоятельствах губительное: „проявляет психопатические черты характера, но психическим заболеванием не страдает и по своему состоянию нервно-психического здоровья является трудоспособным“» [Там же, с. 91], проговорившись о том, что *объективное* мнение медиков губительно для Бро. По той же логике губительным для Бро будет всякое непредвзятое мнение и следующее из него равнодушие к исключительности статуса пациента. Ведь тело-желудок Бро требует не лапши, а гурманского меню: «Они считают меня бандитом, издеваются над моим аппетитом»; «Мне кажется, лучше нам взять антрекоты». И парочка двинулась в «„Шлем и клинок“, где я ждал десерта и был одинок»; «Благословил меня коньяк на риск признаний / Забрел я как-то после ресторана / Взглянуть глазами старого барана…» и т.д.

Конечно, идею «Божество Желудок» Бро вряд ли заимствовал у Валерия Подороги, читающего Гоголя. Подорогу, скорее, читаю я:

«Фантастическая анатомия гоголевского телесного образа может быть разделена на верх и низ. Все „приличное“, все, что может быть представлено как узнаваемое в общем и публичном облике (лицо, физиономия, речь-губы-рот, одежда), находится в верхней части. Все то, что упоминается как хотя и интимно близкое, но отвратительное, что принижает и становится предметом гоголевской копрологии, отрицательной эротики, тайно служит символам других, более утонченных физиологий, переводится в низовой образ. И это, конечно, желудок — его миография (прибор, определяющий состояние мышц — А. *П.*) обширна и навязчива. Не просто контейнер для еды, а явно нечто большее. <...> „Желудок" — это особое внутреннее тело, тело в теле, доступ к которому не просто затруднен, а невозможен, это тело, производящее саму жизнь. Ни один из других жизненно важных органов, даже нос, не имеет такой важной производственной функции. Из желудка весь ужас, страхи и постоянная забота о жизни» [Подорога, 2018, p. 260].

По аналогии с Гоголем, жизнь верхней части телесного образа Бро, по преимуществу голова, получила воплощение в посмертном памятнике, установленном 15 ноября 2005 года во дворике филологического факультета Петербургского университета. Голова Бро покоится на старом потертом чемодане, на котором вместо тела установлен камень непонятной формы. Причастность к этому Гоголя не оставляет сомнений. Когда останки Гоголя были перенесены с кладбища Данилова монастыря в Новодевичий в 1931 году, его тело оказалось обезглавленным.

Михаил Булгаков (1891–1940), высоко ценивший мистический талант Гоголя, пародировал этот случай в своем романе «Мастер и Маргарита» (1928–1940). Голова председателя правления МАССОЛИТа была срезана колесами трамвая на Патриарших прудах.

Что касается поэмы «Горбунов и Горчаков», посланной Набокову, она, скорее всего, делала ставку на тиражирование евангельской легенды. Рядом с именем Бро уже маячили... страсти Христа, которым предстояло стать центральной темой всей поэзии будущего нобелевского лауреата.

Примечания:

[1] I also have an avowal
that I'm not a carpet or an owl
[It's a pity I am not a beast].

[2] A steamboat with roosters
Swims across the sphere,
And a cart with horses
Goes nowhere.

[3] Below me is water.
Above me is the ether.
What's in between
A strip of tugboat smoke.
What's in between t
The voice of tugboat's mock.

[4] I float in the clouds
through hot whereabouts
In the dawn of my time,
By the seagulls's nest and
where the smoke ends.

[5] Here are the people getting mad
from fear otherworldly, uterine».
"And they themselves? Are they immensely glad
with their skill to call their own kind
as men?" "Their eyes' expression
Or their limbs' or heads' progression?"
"A thing, receiving name, say, just 'a peach,
Turns suddenly into a part of speech".
"And body parts?" "Exactly, them".
"And place we live that's labeled 'home?"
"And days?" "They stand in need of being named".
"We christen them as simple as Sodom..."

[6] I'm incredibly harmed
that one can verily see my arm.
I also have an avowal
that I'm not a carpet or an owl.

[7] They served for dinner noodles, sole,
And you, Mitskevich pushed away your bowl,
You said that you can do without food.

Глава 8
«Побег от предсказуемости»

Так назвала свое уникальное интервью с Бро журналистка Хелен Бенедикт, начав с обширной преамбулы, которую воспроизвожу:

«Казалось, Иосиф Бродский чувствует себя не на месте. Беспокойно ерзая и зевая, он сидел на сцене городского совета Нью-Йорка среди других уважаемых писателей и деятелей, участвовавших в акции протеста против введения военного положения в Польше. Организаторы — „Рабочие и художники Америки за 'Солидарность'" пригласили его, потому что он изгнанный русский поэт, занимающий самое высокое положение и громогласно проявляющий свои антисоветские взгляды. Однако если они ожидали, что он поддержит их, они ошиблись.

На сцене вместе с ним были Сьюзен Зонтаг, И.Л. Доктороу, Курт Воннегут, Ален Гинзберг, Пол Робсон-младший, Пит Сигер и другие, но Бродский сидел особняком, мрачно глядя в пол. Его лицо, розовое, круглое и гладкое, блестело под лампами, редеющие волосы янтарного цвета были влажными от пота, а мятый коричневый костюм и голубая рубашка обтягивали выпирающий живот. На нем был маленький, довольно смешной, галстук-бабочка, он много курил и хмурился.

Когда наконец пришла очередь Бродского говорить, он, поднявшись на возвышение, казался маленьким, мятым и раздраженным. Он долго мычал и откашливался, и публика напряглась, а потом заговорил быстрыми сердитыми вспышками: „Вы, либералы, ищете повода оказать давление на Вашингтон. Напишите своему конгрессмену и потребуйте, чтобы мы вывели американские войска из Западной Германии. Это отрезвит немцев и заставит их вкладывать деньги не в Восточную Европу, а во что-нибудь другое. Это намного эффективнее, чем организовывать профсоюзы здесь". Публика напряженно зашевелилась, кто-то зашикал, но Бродского было не остановить. Он все больше сердился.

Аудитория взорвалась неодобрительными выкриками. Какой-то разгневанный мужчина вскочил на ноги и закричал: „Вы циничный негодяй!" Две недели спустя после митинга я пришла встретиться с Бродским в его тихой квартире на первом этаже в Гринвич-Виллидж <...> Я спросила, почему он предложил Америке пригрозить выводом войск из Западной Германии. „Не только из Западной Германии, но и из других европейских стран. Потому что это заставило бы западноевропейских банкиров дважды подумать, прежде чем дальше давать кредиты Восточному блоку. Может быть, вместо этого они бы больше вкладывали у себя! Кстати, я думаю, что соглашение о газопроводе, которое с такой энергией защищают немцы и французы, можно считать пристойным вариантом окончательного решения: европейцы намерены получать газ от советских. Не вижу причины, почему бы советским не пустить по этим трубам отраву!" — Он рассмеялся» [Бродский, 1985].

Читая это интервью с позиции сегодняшнего дня, когда кредиты странам Восточного блока, и прежде всего Украине, экспоненциально увеличиваются, а призыв «вкладывать больше у себя!» объединяет лишь защитников преступного путинского режима, вопрос о предсказуемости Бро должен быть поставлен заново.

«„Может быть, я в какой-то степени мизантроп, — неожиданно сказал он. — Я скучал, наверное, по двум-трем людям, но по двум-трем людям скучаешь всегда, правда?" <...>

В пятнадцать лет, доведенный до белого каления повторами и тупостью, он ушел из школы, чтобы никогда туда не возвращаться.

„Я просто не мог выносить некоторые лица в своем классе — лица некоторых одноклассников, но главным образом учителей... Из всех эмоций, переполнявших меня в тот момент, я помню только отвращение к себе за то, что я слишком молод и многому позволяю управлять собой".

Сейчас он считает уход из школы своим первым свободным поступком. „Это был инстинктивный поступок, уход", — писал он. <...>

„Но почему нужно все время уходить?" — Поступил вопрос. <...>

„Это побег от предсказуемости, — ответил он. — Меньший шанс принимать определенную точку зрения, какую бы то ни было форму душевной или экзистенциальной рутины".

Он устало закрыл лицо руками, долго и сильно тер его.

„Это в значительной мере связано с безнадежным ощущением, что ты никто, и должен сказать, такова особенность моего скромного *я*. Так или иначе, я всегда это чувствовал. Более или менее принадлежишь жизни или смерти, но больше никому и ничему“.

Он поднял взгляд и слабо улыбнулся» [Там же].

Но мог ли «побег от предсказуемости» быть продиктован «безнадежным ощущением, что ты никто»? Скорее, наоборот. Он связан с высокомерным желанием слышать только себя и никого другого. Таков мог быть сентимент Одена, убедительный для Бро:

Страсть признания, трусость духа
Сотрясают квартиру, где каждое ухо
Слышит свой голос,
других же — вполуха
[Auden, 1966, p. 738].[31]

И Бро поспешил поправить свой стиль жизни: стал появляться последним на сборищах, покидая их первым. «Почему?» — удивлялись мы. Как оказалось, эта мысль занимала не только нас.

«Бродский был стариком уже в шестидесятые, — писал мемуарист. — Уже тогда был лыс, уклончив, мудр и умел себя поставить. Создать ощущение недоступности. Как-то мы ждали его в Москве на день рождения к поэту и ученому Славе Льну на Болотниковскую улицу. Он приехал только тогда, когда мы уже перестали его ждать. Драматически вовремя, когда мы израсходовали уже все душевные силы, из темноты, из-за двери в квартиру появился он — в кепке, боком как-то — обыкновенный гений, в сопровождении компаньона, случайной личности. Кажется, это был 68-й год. Прикрывшись насмешливостью (на самом деле, по-моему, он нас боялся, пьяных, московских), он поспешно с нами поздоровался, чего-то выпил, что-то съел, съязвил по какому-то поводу, успел надерзить нескольким красавицам и удалился в „его комнату“: оказывается, он собирался тут переночевать...

Позднее, уже в Америке, я заметил, что Иосиф уходит с тусовок очень рано, всегда, — как будто поставил себе за правило уходить. Я уверен, что ему не хотелось покидать людей, но он наси-

---

[31] Перевод мой. Вот эти строки в оригинале:
A howl for recognition, shrill with fear,
Shakes the jam-packed apartment, but each ear
Is listening to its hearing, so none hear. "At the Party".

ловал себя. Небольшой, тщательно продуманный набор привычек создавал ему пьедестал, делал его живым памятником... Я убежден, что ему хотелось поговорить, остаться, ввязаться в пьяный спор, дышать жарким потом пьяненьких юных поэтесс, дерьмовыми сигаретами, но он уходил: положение обязывало. А может, он всю жизнь боялся людей, потому и общался только с проверенными» [Лимонов, 2001].

Мемуарист отмечает набор «тщательно продуманных привычек» и в поэзии Бро: «Почти все стихи написаны по одному и тому же методу: неподвижный философствующий автор обозревает панораму окружающих его вещей. Например, Бродский, проснувшийся в номере венецианского отеля, с печальной обязанностью перечислить нам предметы (что поделаешь, если они здесь), которые он обнаружил в своей спальне. Затем поэт, подошедший к окну, рассказывает нам, что видит за окном: „лодочки, моторки, баркасы...“. За этим (единичным действием в стихотворении) следует более или менее удачное-неудачное сравнение: „как непарные туфли с ног творца...“. Метод сравнения используется бесчисленное количество раз. Он называет предмет — и сравнивает, называет — и сравнивает. Несколько страниц сравнений — и стихотворение готово. Иногда интересно читать эти каталоги, страницы каталогов, иногда скучно» [Лимонов, 1984б].

Мысль о каталогизации сравнений, которую мемуарист Лимонов, талантливый поэт, не готов принять, требует пояснения. Думаю, что именно благодаря такой каталогизации, заимствованной у Джона Донна, Бро добился признания как метафизический поэт. Этот жанр поэзии, практически инициированный Петраркой, получил высокую оценку благодаря «интеллектуальному размаху», достигаемому наличием «расширенных» или «провокативных» метафор, получивших название «conceits».

Можно ли представить большего соблазна для Бро, всю жизнь делавшего ставку на интеллект? Полагаю, что до знакомства с Джоном Донном Бро вряд ли мог помыслить, что «провокативная» метафора, понимаемая как слияние возвышенной дикции с «разговорной», а в его случае даже «абсцинной», обеспечит для него взлет поэтической карьеры и даже станет предметом размышлений ученых.

В докладе на конференции кафедры русской литературы Таллинского педагогического института, ставшего университетом, в 1982 году, Г. А. Левинтон интерпретирует стихи Бро «На смерть Т. С. Элиота», начиная с первой части второго восьмистишия:

Наследство дней не упрекнет в банкротстве
Семейство муз. При всем своем сиротстве
Поэзия основана на сходстве
Бегущих вдаль однообразных дней
[Бродский, 1967, с. 134–135].[1]

Когда эти строки попали в советскую печать, они оказались в поле зрения Солженицына, который писал: «А еще есть категория мыслей странных, зыбких, или, может быть, недозревших (но часто — с тягой к афористичности): <...> „поэзия основана на сходстве / бегущих вдаль однообразных дней“». Однако Левинтон заявляет о намерении «писать об этом стихе <...> как о некотором утверждении, поддающемся не только интерпретации, комментированию, экзегезе, но и верификации, обсуждению и т.п.» [Левинтон, 2009, с 370].

Он пишет: «Ближайший контекст — сами стихи „На смерть Т. С. Элиота“, где этим строкам предшествует, в сущности, та же самая метафора: „и дверь он запер на цепочку лет“, — прежде всего посвящены времени». А «время», дважды названное в последней строфе первой части («Уже не Бог, а только время, время / зовет его»), вызывает у Левинтона ассоциацию со стихотворением «1972», в котором тема времени перекликается с пушкинским контекстом как во второй строфе («Старение! Здравствуй, мое старение»), так и в четвертой:

Здравствуй, младое и незнакомое
племя! Жужжащее, как насекомое,
время нашло, наконец, искомое
лакомство в твердом моем затылке. [2]

Указав на особое строение рифмы, где, помимо рифмующихся конечных слов («незнакомое», «насекомое», «искомое»), рифмуются еще и начальные слова («племя»/«время»), Левинтон отмечает, что «прецедентом для Бро могло быть строение рифм в „Ash Wednesday“ Элиота. За год до стихотворения „1972“ вышла книга Элиота в переводах А. Сергеева, где сложная рифмовка этого стихотворения (которую, вообще-то, по-английски можно не заметить) передана точно:

Где это слово окажется,
Где это слово скажется?

Только не здесь, ибо мало молчанья
На острове и в океане, и на...
[Левинтон, 2009, сс. 370–371]. [3]

Вернувшись ко второй строфе стихотворения «На смерть Элиота»:

Плеснув в зрачке и растворившись в лимфе,
она сродни лишь эолийской нимфе,
как друг Нарцисс. Но в календарной рифме
она другим наверняка видней, [4]

Левинтон фокусируется на «календарной рифме» отметив сомнительную, как представляется мне (см. главы 3 и 9), перекличку со строками «Души» Пастернака («стучатся опавшие годы, как листья, / В садовую изгородь календарей»). Далее этот материал обобщенно представлен им как «источники Бродского» со ссылкой на статью Р. О. Якобсона «Лингвистика и поэтика» (1961) и статью В. Н. Топорова «Об одном индивидуальном варианте „автоинтертекстуальности“» (1998). Цитирую оба текста:

1. «В поэзии не только фонологическая последовательность, но точно так же любая последовательность смысловых единиц стремится к уравнению. Сходство, наложенное на смежность, придает поэзии ее всеобъемлющую символическую, множественную, многозначную сущность, которая прекрасно выражена в гётевском „Ailes Vergângliche ist nur ein Gleichniss“ („Все преходящее есть не что иное, как подобие“). Говоря более технически, все последовательное есть сравнение. В поэзии, где сходство накладывается на смежность, всякая метонимия слегка метафорична и всякая метафора имеет метонимический оттенок» [Якобсон, 1961, с. 370].

2. «Сравнение как особая философема и как особое смыслопорождающее и смысловзращивающее устройство-конструкция, осознавалось Пастернаком, и это осознание, может быть, отчетливее всего обнаружило себя в завершающих строках русского перевода „Фауста“, где знаменитому motto, содержащемуся в партии, которую ведет Chorus mysticus, — Ailes Vergànglische / 1st nur ein Gleichnis, соответствует „Всё быстротечное — / *Символ, сравненье*“, собственно символообразующее сравненье <...> то растворение смертности отдельного знака в бессмертии его общего значения, о котором писал сам Пастернак» [Топоров, 1998, сс. 4–37].

Если каждое слово текста стремится к уравнению с последующим, то есть метафора стремится к метонимии, а метонимия к метафоре, и если это наблюдение разделяют не только ученые (Якобсон, Топоров и Левинтон), но и поэты, включая Гёте, нет ли здесь опасности того, что поэтический текст предсказуем? Возможно, эту предсказуемость заметил Лимонов. И хотя Бро не мог прочитать книги Лимонова, изданной «Лимбус-Пресс» в 2013 году, общая позиция этого автора была, полагаю, не только известна, но и учтена Бро в «Набережной неисцелимых»:

«Таким образом, там праздновалось вхождение (хозяина. — *А. П.*) в наследство, а также сообщение в прессе о выходе его книг о венецианском искусстве. Празднество было уже в полном разгаре, когда мы прибыли втроем — его коллега-писатель, ее сын и я. Собрание было многолюдным. Местные и почти международные знаменитости, политиканы, знать, театральная толпа, бороды и галстуки а-ля Аскот, любовницы разной степени пышности, звезда-велосипедист, американские ученые» [Brodsky, 1992, p. 49–50].

Как и Лимонов, Бро описывает некое сборище. Лимонова интересует, конечно же, сам Бро. Бро же интересует хозяин, отмечающий свое «вступление в наследство» и выход книги, широко рекламируемой прессой. Можно сказать, эти две истории совпадают лишь в случайных деталях. Но так ли это? Хозяин для Бро является моделью для сатирического портрета. Но разве Бро не привлекает Лимонова тем же? Оба автора прослеживают у своих моделей элементы неожиданности (*несоответствия* реалий с выставляемыми напоказ образами: «...что бросалось в глаза в этом сорокалетнем — тонком, невысоком существе в сером двубортном костюме очень хорошего покроя, — было то, что он выглядел больным. Кожа выказывала следы гепатита, пергаментно-желтая, или, может быть, это была всего лишь язва» [Там же, p. 49], — пишет Бро, возможно вспомнив Лимонова, когда-то увидевшего в нем тридцатилетнего старика. И именно возраст *хозяина* в памяти Бро и возраст самого Бро в мемуаре Лимонова был тем фактором, который диктовал мемуаристам мысль о физическом и духовном нездоровье их моделей.

Но два нарратива пересекаются и за пределами портретного сходства. Бро появился на сборище только тогда, когда его не ждали, уже не ждали в Москве и вовсе не ждали в Венеции, верен привычке появляться «драматически не вовремя», то есть когда душевный заряд гостей и хозяев уже израсходован. Он выплыл *из темноты* и в Москве, и в Венеции и, «как обыкновенный гений, в сопровождении компаньона, случайной личности».

Но можно ли из этого заключить, что источником провокативных метафор для Бро как раз и является бегство от предсказуемости?

В 1971 году Бро впервые попадает в Литву, где, вместо привычного ландшафта, оказывается за границей. Более того, при посещении еврейского квартала он попадает на столетие назад, обнуляя поэтическую метафору «бегущих вдаль однообразных дней». Все, что ему могло быть предложено в реальной жизни, это пасть в Галиции за веру, царя и отечество. Был, конечно, и другой выбор, но из области мечты:

Так пейсы переделать в бачки
И перебраться в Новый Свет,
Блюя в Атлантику от качки. [5]

А когда мечта о Новом Свете стала реальностью, Бро снова одолела склонность к неконвенциональной метафоре, каковой стало слово «комфорт». В России «комфорт» синонимичен «удобству», уподобляясь «удобству главным образом тем, что не имеет множественного числа». Будучи уникальным, комфорт может всегда быть предсказан или, скорее, предусмотрен, чему способствует гуманный государственный аппарат.

Расставшись с российским «комфортом», Бро окунулся в американскую опулентность, сулящую *разнообразие* удобств, которые Бро не мог не оценить. Однако погружение в зону комфорта таило опасность упрека в стереотипном образе жизни, несовместимом с поэтической карьерой. Поразмыслив, Бро придумал нетрадиционную метафору во вкусе метафизической поэзии («психологический дискофорт»), при котором жизнь в роскоши могла быть источником наслаждения и в то же время запретной областью. Ханжескую составляющую этой метафоры разглядели немногие.

«Изгнание Бродского, — писал Эдик Лимонов, — это изгнание импозантное, шикарное, изгнание для людей со средствами. Географически — это Венеция, это Рим, это Лондон, это музеи, храмы и улицы европейских столиц. Это хорошие отели, из окон которых видна не облупленная стена в Нью-Джерси, но венецианская лагуна. Единственному из сотен эмигрировавших русских поэтов, Бродскому удается поддержать уровень жизни, позволяющий размышлять, путешествовать и если уж злиться, то на мироздание» [Лимонов, 1984б].

А если уж от чего-то избавляться, — пишу я вслед за Эдиком Лимоновым, — то от «психологического дискомфорта», той горькой пилюли, насильно скормленной российскому интеллектуалу, не нашедшему сил сопротивляться. И стратегия этой решимости не замедлила дать плоды. Только за первые три года пребывания в Америке Бро удалось влиться в интеллектуальную элиту Нью-Йорка, регулярно лицезреть появление своего имени в «Нью-Йоркском книжном обозрении» (*The New York Review of Books*), «Нью-Йоркере», *Penguin Books*, *Harper&Row* и даже застолбить себе место в двух придворных издательствах: в глянцевом журнале мод, конечно же *Vogue*, главный редактор которого Алекс Либерман и его жена Татьяна Яковлева стали его щедрыми покровителями. В частности, там: среди бархата и шелка, гламурных лиц, каблуков, тонких запястьев с часами от Патека Филиппа и парфюмерных запахов, расточаемых на каждой странице, было напечатано эссе Бродского о Вергилии.

Вторым, а по важности, вероятно, первым издательством, в котором Бро стал печатать все, что диктовала ему фантазия, было издательство *Farrar, Strauss & Giroux,* о котором чуть позже. В результате уже в первый год «высылки» из России он обзавелся переводчиком в лице профессора Брин Мора Джорджа Клайна, и на пару с ним, если верить подсчетам предусмотрительного Лосева, совершил тридцать восхождений на трибуны американских университетов.

«С 1988-го по 1994 год „географическое расписание“ Бродского выглядело приблизительно следующим образом: с конца января — начала февраля до конца мая он жил в Саут-Хедли, штате Массачусетс, где преподавал в колледже Маунт-Холиок. Потом он возвращался в Нью-Йорк, а когда в июне начиналась влажная нью-йоркская жара, он уезжал в Лондон, где обычно проводил месяц. Оттуда он ехал в Швецию — с климатом еще более подходящим для человека с больным сердцем. Проведя здесь один-два месяца, он обычно отправлялся путешествовать по Европе. В Нью-Йорк, где у него был дом, он старался вернуться как можно позже, опять-таки чтобы избежать жары и влаги. Новый год по возможности проводил в Венеции», — пополняет эту картинку Янгфельдт [Jangfeldt, 2011, p. 30].

С годами известность ширится, награды порождают награды: Американская академия наук и искусств (1976), Biennale в Венеции (1977), лекции в Кембриджском и Колумбийском университетах, почетное членство в Phi Beta Kappa в Гарварде и Мичиганском университета (1980), премия Мак-Артура и членство в Американской академии в Риме (1981).

Финалом этого «оздоровительного терренкура» становится публикация мемуарного сборника «Меньше единицы», отмеченная «премией имени изобретателя динамита», как поименовал нобелевский диплом Бро Эдик Лимонов. Казалось бы, пришло время осознать, что метафора «психологического дискомфорта» отслужила свою службу. Но случилось как раз обратное. Бро подписался под доктриной «женевского папы» Жана Кальвина, приводившего в ужас таких философов, как Спиноза [Spinoza, 2007] и Вебер [Weber, 2002]. Не эта ли доктрина помогла нашим интеллектуалам отыскать подлинные истоки тоталитарной этики России периода правления Сталина [Zafirovski, 2007]?

Здесь уместен вопрос: почему ни один из бесчисленных интервьюеров Бро не поинтересовался его мнением о природе поэзии? А если допустить, что вопрос о «тайне высокого искусства» мог прийти в голову самому Бро, лучшим местом для такого рассуждения не могла не стать его нобелевская лекция. Однако на уме у держателя высшей литературной награды оказался лишь вопрос школьного учителя: «Чему учит искусство?», который не мог не убить надежд на творческий ответ: «Если искусство чему-то и учит, — провозгласил Бро, — то именно частности человеческого существования. Оно вольно или невольно поощряет в человеке именно его ощущение уникальности, индивидуальности, отдельности — превращая его из общественного животного в личность».

А между тем, когда гипотетический вопрос о тайне высокого искусства был реально задан Дмитрию Бо, интервьюер альманаха «Связь времен» (2021), Раиса Резник, была вознаграждена:

Бо: «У любого художника есть свои загадки, секреты и тайны, но загадку можно разгадать, секрет можно открыть или подсмотреть и передать другому, а тайна остается тайной. Ахматова так и говорила: „В стихах должна быть тайна“».

Изобретательный ответ Бо не мог не подзадорить интервьюера на новый вопрос, традиционно задаваемый Бро с предсказуемым результатом:

Р. Резник: «Будучи знатоком русской литературы, кого Вы считаете самым значительным русским писателем?»

Бо: «Их много, и каждый из них — „самый“ хотя бы в одном каком-нибудь свойстве. Бывают и „самые-самые“, на которых случается мода, но они спустя время сменяются. А те, которые остаются несменяемыми, многократно тиражируются, переиздаются и в конечном счете приедаются, делаются скучными и остаются стоять на полке. Такова расплата за раздутую славу и несоразмерный успех».

Примечания:

[1] The run of days will never blame the Muses
For ruin and decay. With all its orphanhood
The poetry is based on the infuses
Of close and running days' exactitude.

[2] Welcome, the tribe young and wicked,
Age, buzzing like a cricket,
Stage finding the desired eats
in the hard back of my head.

[3] Where shall the word be *found,*
where will the word *Resound*?
Not here, there is not enough *silence,*
Not on the sea, on the *islands,* not...

[4] Splashed in the eye and faded in the lymph,
It is akin to an Aeolian nymph,
And to Narcissus. In the rhyme of calen-
dar, better seen by extras in a tally.

[5] Thus, sidelocks tweaking into stubbles,
To the New World I promptly stumbled.
My boat had keeled along the ocean
Compelling me to puke from motion.

В переводе Алана Майерса эти строки прозвучали так:

...then shape Jews' ringlets into sideburns
and off, on to the New World like a shot,
puking in waves as the engine churns.

Глава 9

«И ПРОСТОР ГОЛУБЕЕТ, КАК БЕЛЬЕ С КРУЖЕВАМИ...»

Объявив себя меланхоликом сродни Баратынскому (глава 3), Бро, возможно, неожиданно для себя, предсказал ситуацию грядущего любовного треугольника. Но вот он пишет стихотворение «К Урании», где заимствует, как сообщает нам Лосев, строку «Поклонникам Урании холодной» из пятого стиха поэмы Баратынского (1800–1844) «Последний поэт» (1835). Указав на заимствование, Лосев видит в нем *полемику* Бро с Баратынским, предмета полемики не обозначив. Но какая полемика могла быть у Бро с «Последним поэтом», если учесть, что стихотворение было напечатано в журнале «Европеец» рядом со статьей Ивана Киреевского «Девятнадцатый век», и судьбе угодно было распорядиться так, что...

«Все экземпляры журнала были под расписку изъяты, журнал закрыт, а с Киреевским благодаря вмешательству императрицы» обошлись гуманно. Его «не забрили в армию, даже не сослали в деревню: постоянный полицейский надзор и запрет на лит<ературную> профессию — и только» [Лурье, 2012, с. 142].

Тут-то и подтверждается невозможность полемики. Имя Баратынского не было упомянуто в отчете министра просвещения К. А. Ливена (1767–1844) государю, а сам Баратынский, как и Бро в истории с угоном самолета, успешно избежал порки. Ну чем не загадка, ключ к которой мог быть подобран лишь госпожой Клио, которая поясняет: Баратынский предложил Ивану Киреевскому нейтральное название для журнала, не вызвав ответного энтузиазма. А между тем назови Киреевский журнал «Желтым карликом» в честь одноименной сказки Мари-Катрин д'Онуа, как предложил ему Баратынский, ему, возможно, удалось бы сохранить за собой право заниматься литературным трудом.

Инцидент с журналом «Европеец» мог бы, пожелай Лосев его припомнить, дать толчок к развитию темы о спасительной роли заголовков, когда он цитировал признание Бро о выборе заголовка («К Урании»): «[Данте], мне кажется, в „Чистилище“, взывает к *Урании* за помощью — помочь переложить в стихи то, что трудно поддается словесному выражению. <...> Я хотел назвать книгу „Марш к Урании“, по аналогии с Оденовским „Марш к Клио“» [Лосев, 2006, с. 238].

Отвергнув заголовок Одена в пользу заголовка «К Урании», Бро уже не мог не «переложить в стихи то, что трудно поддается словесному выражению». И именно здесь уместно вернуться к тексту Валентины Мордерер «Непонятное у Бродского, помогающее расшифровать еще более непонятное у Хлебникова» (1885–1922), а точнее, к той цепочке заимствований, которая вела от Бро к Пастернаку, а от Пастернака вроде бы к Хлебникову, а по сути — в никуда. Теперь же, в контексте поэмы «К Урании» (1981), всплывает это «никуда», то есть тот пресловутый троп («лист в ограде»), упомянутый в контексте Новогоднего сонета Бро к Ахматовой.

По сути, Валентина Мордерер и там могла иметь в виду стихотворение 1981 года. Цитирую текст:

У всего есть предел: в том числе у печали.
Взгляд застревает в окне, точно лист — в ограде.
Можно налить воды. Позвенеть ключами.
Одиночество есть человек в квадрате.
Так дромадер нюхает, морщась, рельсы.
Пустота раздвигается, как портьера.
Да и что вообще есть пространство, если
не отсутствие в каждой точке тела?
Оттого-то Урания старше Клио.
Днем, и при свете слепых коптилок,
видишь: она ничего не скрыла,
и, глядя на глобус, глядишь в затылок.
Вон они, те леса, где полно черники,
реки, где ловят рукой белугу,
либо — город, в чьей телефонной книге
ты уже не числишься. Дальше, к югу,
то есть к юго-востоку, коричневеют горы,
бродят в осоке лошади-пржевали,
лица желтеют. А дальше — плывут линкоры
и простор голубеет, как белье с кружевами. [1]

Продолжая тему там, где оборвалась цепочка от Бро через Пушкина и Пастернака к строке Хлебникова, Валентина Мордерер предлагает интерпретацию, и это «там» находит продолжение в «здесь». «Здесь наблюдаются отсылки к Хлебникову несомненные и скрытые, возможно, и необязательные», — пишет она. «Очередь в „затылок" выстраивается из знакомых имен: два ведомых Осипа (имеется в виду Мандельштам и Бро — *А.П.*) за ведущим Велимиром, так как бродящие „лошади-пржевали" самоочевидны. Движение в пространстве протекает по евразийской карте после бытового утверждения „можно налить воды": от моря и до моря, с севера (СПб) и до юго-востока (Владивосток). Черта проведена в пространстве от точки до точки и завершается кораблями боевой линии, линкорами. Время задано листом календаря, образующим лиственный узор чугунной решетки ограды» (Мордерер, «Непонятное у Бро...»).

Признаюсь, мне трудно понять, какие отсылки к Хлебникову следует толковать как «несомненные», а какие как «скрытые». Я бы объединила их под шапкой «произвольные». Ведь заявленной Бро темой является «одиночество». И все, что возникает перед глазами поэта, вроде бы находится в плену у его одиночества, уподобляясь листу, застрявшему в ограде. Такие слова, как «предел», «пустота», «отсутствие», вроде бы являются той мерой, которой измеряется одиночество. А такие действия, как «звенеть ключами» или «налить воды», могут быть способами отвлечения от одиночества.

А если возможен другой ход мысли, я бы оттолкнулась от Юрия Тынянова, который заключил, что «в Хлебникове есть всё». А это значит, что всё, что есть у других поэтов, есть и у Хлебникова. Туда я включаю и местность, где «к юго-востоку, коричневеют горы, / бродят в осоке лошади-пржевали». Ведь путешественником по Центральной Азии был Максимилиан Волошин, эту картинку держал перед глазами Николай Гумилев, а Константин Липскеров не только путешествовал по этой местности сам, но даже увлек за собой Лилю и Осю Брик. Список можно при желании продолжить.

Но есть и бесспорный аргумент. Слово «дромадер» отсутствует в словаре Хлебникова. И хотя он в детстве мог наблюдать табуны верблюдов, опознавая их по звуку («ревучие верблюды»), описывать одиноких верблюдов по «неустойчивой походке» в поэме «Хаджи-Тархан» (1913), «одногорбого верблюда» Хлебников увидел лишь на чернильнице Абиха, о чем оставил такую запись: «Итак, находясь у тов. Абиха, верблюд обречен носить на горбах равенство основного душевного звука в душе писателя и душ<е> чит<ателя>». И не надо было быть дотошным обозревателем, чтобы заметить, что слово «дромадер» было Хлебникову неизвестно:

«Авторская неточность есть во множественном числе (горбы), несмотря на то что на рисунке Р. П. Абиха, сотрудника Политотдела Персидской Красной Армии, владельца чернильницы, верблюд одногорбый».

Валентина Мордерер продолжает: «Стих переполнен цифирью: от бесконечного множества переходим к пределу, неожиданный дромадер (одногорбый верблюд) возникает из одиночества — это единица, кол. Портьера и рельсы раскалываются на счет два; квадрат окна дает четыре; в ключах скрыты Клио и ноты — пять линеек; а дальше опять россыпь, полная ягод и телефонных номеров».

Но и этот аргумент скорее уводит от Хлебникова, нежели ведет к нему, ибо страсть Хлебникова к «цифири» отнюдь не была декоративной. «Числа — существенная часть поэтического мира Хлебникова. В точности как и слова, они несут смысловую нагрузку, и значения их могут породить новый семантический контекст. Хлебников пишет: „Многие соглашаются: бывающее едино, но никто еще до меня не воздвигал своего жертвенника перед костром той мысли, что *если все едино*, то в мире остаются только одни числа, так как *числа и есть не что иное, как отношение между единым*, между тождественным, то, чем может разниться единое.

<...> Но если существует один кусок жизни числа, одна ветка, то существует и все дерево чисел. Природа чисел такова, что там, где существует да единица, существует и нет единица и мнимые. <...> По его словам, мир подобен театру, бесконечной пьесе, актеры в которой — числа, одетые в разные костюмы: мы начинаем понимать земной шар как большую площадь для зрителей, где под разрезанной, трепещущей занавесью неба происходит вечная игра числа для себя. Оно переодевается то людьми, то деревьями, то жизнью облаков, но везде слышен его знакомый голос“» [Лённквист, 1999, с. 14].

Не вдаваясь далее в подробности его теории чисел, укажу лишь, что числа 2 и 3, выпадая из натурального ряда, не могут рассматриваться в одном ряду с числами 4, 5, 6 и т.д. В «Досках судьбы», например, Хлебников делает попытку найти «обратные величины» для «всего сущего». И результатом поиска является открытие:

«2: число молодости, роста и успеха, держит вершину угла событий, точно рог песен.

3: число упадка, убывающего ряда звеньев, какой-нибудь цепи событий: закрывая собой угол событий, идет к его тупику. <…>

Противопоставление чисел 2 и 3 Хлебников связывает с оппозицией „жизнь — смерть“; если двойка символизирует рост и успех, то тройка — упадок и тупик» [Там же].

И последним аргументом Валентины Мордерер является отсылка к стихотворению шестилетней давности (1975), посвященному… Михаилу Барышникову. Воспроизвожу текст:

В имперский мягкий плюш мы втискиваем зад,
и, крылышкуя скорописью ляжек,
красавица, с которою не ляжешь,
одним прыжком выпархивает в сад.
Мы видим силы зла в коричневом трико,
и ангела добра в невыразимой пачке.
И в силах пробудить от элизийской спячки
овация Чайковского и Ко. <…>
Как славно ввечеру, вдали Всея Руси,
Барышникова зреть. Талант его не стерся! [2]

Прозорливо указав на то, что в имени *Барышникова* ненавязчиво присутствует «сохранность *призвания* и *барышей*» (в строке «„Талант его не стерся…“ обыгрывается название старинной монеты»), Валентина Мердерер снова наводит мосты от Бро к Хлебникову и делает это хотя в своем же изысканном и изящном стиле, но убедительно лишь отчасти.

На основании ссылки на неологизм «Крылышкуя» (очевидное заимствование из Хлебникова), Валентина Мордерер заключает: «Весь текст организован вокруг второго неологизма Хлебникова: „лебедиво“», тут же признав, что слова «лебедиво» в тексте Бро нет. Но заключение Валентины Мордерер строится на том, что в стихотворении Бро речь идет о балете Чайковского «Лебединое озеро», где слово «лебединое» может быть родственным неологизму Хлебникова «лебедиво». Но разве утверждение о родстве «лебедиво» с расхожим прилагательным «лебединый» не требует по меньшей мере доказательства, о котором Валентина Мордерер даже не помышляет?

Справедливости ради, оговорю, что все промахи Валентины Мордерер искупает наблюдение, что фраза «в невыразимой пачке» (шестая строка в стихотворении Бро) заимствована из стихотворения Велимира «Крымское» из сборника «Степь отпоет» (1908):

«И начинает казаться, что нет ничего
невообразимого,
Что в этот час
Море гуляет среди нас,
Надев голубые невыразимые».

«А дальше эти „голубые невообразимые“ (панталоны) Бродский преобразовал в кокетливое женское исподнее моря, да так, что их теперь не опознать: <...> и простор голубеет, как белье с кружевами (*К Урании*)», — заключает талантливый автор. И все, что теперь остается, это вернуться к тексту «Кузнечик» с целью рассмотреть возможность родства расхожего слова «лебединое» с неологизмом Хлебникова «лебедиво», удерживая в памяти просьбу Данте к богине Урании: выразить в стихах «то, что не поддается словесному выражению».

Текст «Кузнечика», который привожу, известен в пяти вариантах. Однако для моих целей достаточен лишь наиболее известный.

Крылышкуя золотописьмом
тончайших жил,
Кузнечик в кузов пуза уложил
Прибрежных много трав и вер.
«Пинь, пинь, пинь!» — тарарахнул зинзивер.
О, лебедиво.
О, озари!

Стихотворение долгое время оставалось непроницаемым для исследователей несмотря на несколько талантливых попыток (Кук, Ленквист, Григорьев, Якобсон и др.). Особенно отмечу Алексея Пурина. В эссе под названием «Смысл и заумь» он комментирует два стихотворения, обозначив под знаком зауми (абсурда?) стихотворение Хлебникова «Кузнечик». Цитирую текст:

«Вот хлебниковский „Кузнечик“. Стихотворение знаменитое и, по-моему, одно из лучших в наследии будетлянина. Что о нем можно сказать? Оно кажется наполовину написанным — до союза „и“ в четвертой строке, с крепким началом и слабым концом. Оно растет из придуманного „крылышкуя“, и, пока энергии этой выдумки и напряжения этой неожиданности хватает, оно держится, а затем — скукоживается, гаснет, впадает в невнятицу и банальность, в дурной тон, падает. Оно тратит энергию, а не набирает ее. Уже то, что неологизм „крылышкуя“ услужливо стоит у входа, навязан читателю, дан априори, а не рожден развертыванием звукоряда, уже это — сигнальный звоночек предстоящего спада, значок ущербности» [Пурин, 1996, с. 93].

Конечно, Пурин мог бы ограничиться признанием того, что «заумный» текст Хлебникова им не был понят. Но, отказавшись от попытки подумать о тексте, он фокусируется на парадоксе собственного изобретения. Что оказывается лишенным смысла, это не просто слово поэта (в данном случае слово «вер»), а «одно из лучших» стихов «знаменитого» Хлебникова:

«Здесь мы спотыкаемся на бегу. Здесь от нашего велосипеда отваливается колесо. Здесь мы сбиваемся при исполнении музыкальной пьесы. И это непоправимо. Что бы мы дальше ни делали, мы уже не станем ни призерами, ни лауреатами. Если провод оборван, то лампочка не горит, как бы мы ни убеждали себя в том, что электроны все равно-де присутствуют внутри медной проволоки. Тока нет. Цепь восстановить уже невозможно. Даже — рифмующимся и, вероятно, недурным „зинзивером". Вымышлено ли это слово Хлебниковым или выискано им в каком-нибудь раритетнейшем, стремящемся к семантическому нулю словаре? Почти не важно» [Там же, с. 94].

Что же? Не будь Пурин столь амбициозен, ему вполне можно было бы простить незнание того, что через два года после публикации этого стихотворения Хлебников раскрыл свой ключевой стержень, поместив его в эссе «Будетлянский»: «„Крылышкуя" и т.д. потому прекрасно, что в нем, как в коне Трои, сидит слово *„ушкуй"* („разбойник"). „Крылышкуя" скрыл ушкуй деревянный конь (V, 194)» [Вроон, 1993, с. 353].

И все же подлинную прозрачность стихотворение обрело благодаря блестящей работе американского профессора Рональда Вроона, вскрывшего «глубинный уровень» стихотворения.

Здесь я предвижу справедливый вопрос англоязычного читателя: почему «Кузнечик» не был переведен на английский язык? На этот вопрос можно дать короткий и исчерпывающий ответ: да потому, что язык, на котором написано стихотворение, является русским в той же мере, в какой он является английским или любым другим языком из числа языков, смешенных в Вавилонской башне. Но короткий и исчерпывающий ответ меня не устраивает. И я отважусь на одно признание.

Когда я впервые прочла статью Рональда Вроона по-русски, оригинальный текст Хлебникова был вполне уместен. Но когда дело дошло до английской версии, я кинулась на поиски английского оригинала Вроона, найти который оказалось непросто. А так как перевод «Кузнечика» мне был не по плечу, я пообещала читателю вернуться к этой главе не ранее того, как английский текст окажется в моих руках. И наконец это произошло. Я держу перед глазами оригинал статьи Рональда Вроона и вижу, что текст «Кузнечика» остался неизменным, то есть сохранен идиолект Хлебникова, записанный кириллицей. «Почему?» — повторяю я вопрос англоязычного читателя. И вот что приходит в голову. Вместо того чтобы пускаться в объяснение по поводу непереводимости текста ни на какой *естественный* язык, Рональд Вроон начал с того, что кинул читателю наживку в виде двустишия:

Наш кочень очень озабочен:
Нож отточен, точен очень.

На аллегорическом уроне эти строки можно прочитать так:

Our lettuce head is concerned case in point:
The knife is stropped and most pinpoint.

Однако в иллюстрации, предложенной Михаилом Ларионовым (1881–1964) и Николаем Кулибиным (1868–1917), «кочень» представлен как «петух». И конечно же, тщательное расследование проясняет, что между «коченом» и «петухом» существует прямая связь. Вернее, так. «Кочен» обладает в идиолекте Хлебникова некоей «сумеречной стороной» («the twilight»), которая подчеркнута шестикратным повторением двусложного наречия «очень». Подобным же образом слово «муха» не означает насекомое, а рассматривается как существительное, восходящее к глаголу «мыть».

И только после того, как автор удостоверился, что читатель, подхвативший нить Ариадны, получил представление о том, как следует искать «сумеречную сторону слова» у Хлебникова, Вроон указал на три ключевых механизма, посредством которых Хлебников кодирует свои стихи.

Таковы 1) механизмы *естественного языка,* отсылающего «к тем значениям, которые уже вышли из употребления, либо сохранились только в диалекте, либо существуют в другом славянском языке»; 2) *идиолект* Хлебникова; и 3) *механизм предсказаний*, о котором речь впереди.[32] Как и следовало ожидать, эти три ключевых меха-

32 «Хлебников возится со словами, как крот, между тем он прорыл в земле ходы для будущего на целое столетие», — писал Осип Мандельштам.

низма функционируют, взаимно контаминируя друг друга, что, конечно же, учтено в статье Вроона, которую хотелось бы цитировать от первой до последней строки. Но этот соблазн я по необходимости преодолеваю и начинаю с середины.

«Наипростейший путь есть путь пересказа аллегорического нарратива. Аллегорический нарратив стихотворения очень прост. Это рассказ о кузнечике, который, манипулируя тонкими жилками своих золотых крылышек (крылышкуя), поглощает разнообразные травы на берегу реки, когда его тревожит крик зинзивера (певчей птицы из отряда воробьиных, родственника распространенной в Америке хохлатой синицы). Данная последовательность событий побуждает рассказчика произнести два восклицания: двусмысленный неологизм „О, лебедиво!" и императив „О, озари!"» [Там же, с. 354].

Разумеется, простота эта обманчива. Рональд Вроон выделяет три лексемы, затрудняющие понимание. Таковы неологизмы «крылышкуя», «золотописьмом» и «лебедиво», а также диалектное слово «зинзивер», неизвестное большинству носителей русского языка, и два логических «ляпсуса». Один заключен во фразе «прибрежных много трав и вер», а второй относится к крику *зинзивера («пинь, пинь пинь»),* сопровождаемому глаголом «тарарахнуть», то есть производить звук, более соответствующий звуку падающей кастрюли или сковороды. *Итак...*

«Начнем со слова, обозначающего героя. <...>. Парнис и Григорьев пишут, что кузнечик означает не только „Grasshopper", но также является просторечным обозначением „синицы" (из рода Parus), которая позже появляется в диалектическом обличье зинзивера. Роман Якобсон указал на „живую связь кузнечика" (кузнеца) с его родственниками: „козни", „ковать", „кую" и „коварный". Он также отмечает парономастическую связь „кузнечика" и „кузова"» [Там же, с. 355].

Далее, неологизм «золотописьмо» (с коннотациями «клинопись», с одной стороны, и златоуст, то есть оратор типа Иоанна Златоуста — с другой) проясняет значение звуков, издаваемых кузнечиком. Это «звуки от нанесения текста — каллиграфического письма золотом на его крылышки» и голос «поэта или певца».

«Это значение, давно канонизированное в анакреонтической традиции, приводит нас к наиболее важному подтексту — к стихотворению „Кузнечик" Державина. <...> Как и герой Хлебникова, герой Державина — златокрылый — кует в лесу, кормится на лугу и идентифицируется как певец и сын Аполлона» [Там же, с. 356].

Но в этом сходстве таится их *сущностное* различие, возможно, даже *противопоставление*. «Кузнечик» Державина — праздный дворянин («Пьешь... как господин»), тогда как кузнечик Хлебникова — *«ушкуйник»*, то есть разбойник, получивший имя от слова «ушкуй» (речная лодка). Следующим ходом Вроон делает восхитительное открытие. Он опознает имя разбойника по звукам, которые издает синица-зинзивер. Эти звуки составляют анаграмму имени Разина: «„пИНь, пИНь, пИнь» тАРАРАхНет ЗИНЗИвеР.

Неявное присутствие Разина чудесным образом объединяет все стихотворение. Во-первых, актуализируется образ ушкуя, спрятанный в начальной строке (a priori, как сообщил читателю Пурин — А.*П.*). Разин — историческая фигура, которую Хлебников боготворил как прототипа бунтаря. Во-вторых, его присутствие объясняет основной смысл деятельности кузнечика: подобно тому, как он собирает еду в животе, разбойник помещает в свою лодку людей различных вероисповеданий («вер»), так смутивших Пурина. Исторический Разин привлекал не только недовольных казаков и беглых крепостных, но и представителей разных национальностей <...>. В-третьих, это объясняет топографию стихотворения. Сцена — берег реки, типичное место стоянки разбойников. <...> Далее, призыв Разина мотивирует «скрытый» смысл значения слова «кузнец». <...>

Наконец — и это, может быть, самый важный момент — присутствие Разина акцентирует саму «двойственность» стихотворения. Подобно тому, как исторический Разин и его разбойники маскировались под торговцев или паломников, чтобы получить доступ к цитадели, которую они хотели захватить <...> «ушкуй» незаметно («а приори», как настаивает Пурин — *А.П.*) проникает в стихотворение, прячась в первом слове и затем представляется как ряженый, сначала кузнечиком, а потом и певчей птицей» [Там же, с. 358–359].

Два восклицания в конце стихотворения — это ответная реакция автора на крик птицы, своего рода поэтическое «Аминь». «Первое из них — О, лебедиво! — неологизм, образованный прибавлением к корню слова *лебедь* адъективно-наречного суффикса *-ив-* <...>. Это прежде всего *Лебедия*. <...> Хлебников считает, что это степь между Волгой и Доном <...>, родина Разина и главное поле его действий. Другое значение лебедиво — струг в форме лебедя, на котором плавал Разин».

Как видим, цепочка, ведущая от стихотворения Бро «К Урании» к стихотворению Хлебникова «Кузнечик», повисает в воздухе. Но как «элизийская спячка» могла стать вектором от «Последнего поэта» Баратынского к стихотворению Бро «К Урании», как указывает Лосев?

В статье «Михаил Кузмин и Рихард Вагнер» Геннадий Шмаков высказывает предположение, что в стихотворении Кузмина «Сумерки» (май 1922) предсказана тема шестого удара «Форель разбивает лед», озвучившего «балладу о вернувшемся мертвом моряке» [Шмаков, 1989, p. 34].

Если Кузмин мог позаимствовать эту тему у Баратынского, то Бро мог унаследовать ее как у Баратынского, так и у Кузмина. Цитирую релевантный текст Баратынского из сборника «Сумерки» (1835):

Оно шумит перед скалой Левкада,
На ней певец, мятежной думы полн,
Стоит... в очах блеснула вдруг отрада:
Сия скала... тень Сафо!.. голос волн...
Где погребла любовница Фаона
Отверженной любви несчастный жар,
Там погребет питомец Аполлона
Свои мечты, свой бесполезный дар!

[Баратынский, 1842].[3]

Скала Левкада — это то место, где, согласно одной из легенд, Сафо бросилась вниз, в морскую пучину. Как и Лебедия Хлебникова, Левкада является местом, ставшим своего рода лебединой песней для Сафо. Фаон, лодочник из Митилены, любовник, отвергнувший любовь Сафо, вернулся в море, как и Разин. Источником этой легенды служит «Левкадия» древнегреческого комедиографа Меандра, кстати сказать, утонувшего в море во время купания возле собственного дома. В петербургском Эрмитаже хранится картина Жака Луи Давида (1748–1825), в которой художник, как, возможно, и Баратынский, взял за основу «Левкадию» Меандра.

Авторство трех песен о Разине принадлежит и Пушкину. Но особой популярностью пользуется до сего дня стихотворение Д. М. Садовникова «Из-за острова на стрежень», созданное на сюжет одной из легенд. По мотивам этого сюжета, кульминацией которого является брошенная за борт персидская княжна, В. А. Гиляровский снял первый российский художественный кинофильм «Понизовая вольница» (1908).

Но кто такой «питомец Аполлона» и как связать этих персонажей с «Уранией», то есть с Афродитой и дочерью Урана? Ольга Фрейденберг отнеслась с недоверием к расхожему мифу об однополой любви Сафо.

«Сафо и Аполлон — два „мусических“ образа древнейшей эпохи, еще не знавших женских и мужских различий. В одном случае образ получил женскую форму, венерину; в другом — мужскую, аполлонову. Но, по существу, миф не знал, что делать с Аполлоном или с Сафо» [Фрейденберг, 1992, p. 142–148]. Сделав это наблюдение, Ольга Фрейденберг тут же добавляет, что Сафо (как, впрочем, и Аполлон) не знала ответной любви.

«Аполлон остался неженатым, влюблявшимся, но не любимым никем богом, хотя он олицетворял все самое прекрасное. Хромой, потный, грязный Гефес имел супругой Афродиту; уродливый Пан и всякие чудовища резвились с нимфами и наядами. От Аполлона же все бежали. Так и Сафо. Ни мужа не называет ни один из ее мифов, ни счастливого возлюбленного. Фаон отвергает ее любовь. Нет у нее, как у Афродиты или какой-нибудь Астарты, своего Адониса» [Там же].

Роль Афродиты Урании неотделима от роли Сафо.

Сафо «знает только одну мольбу, мольбу любви, и часто Афродита спускалась с неба на ее зов, спрашивала, кого нужно принудить, и принуждала. Одна функция у Сафо — искать любви; одна функция у Афродиты — удовлетворять любовь Сафо» [Там же].

Полагаю, что Баратынский, которому всю жизнь приходилось расплачиваться за один неблаговидный поступок, больше всего искал в людях любви, которой его обделили, подобно Сафо и Аполлону. Эта карта отлично подходит и для Бро.

И последнее наблюдение. Два имени: «питомец Аполлона» и «певец (мятежной думы)» даны одному и тому же лицу, которым является, скорее всего, сам Баратынский. Эта двойственность деноминаций, данная для одного поэтического образа, повторена и для образа Сафо, которая названа и «тенью Сафо», и «любовницей Фаона». А учитывая судьбу Сафо, бросившейся со скалы, «певец мятежной думы», стоящий на вершине той же скалы, мог разделить ее судьбу. В пользу того, что Бро писал «К Урании» с оглядкой на Баратынского, говорит еще одно наблюдение. Двойственность деноминаций была отмечена в юбилейной поэме Бро 1965 года (глава 10).

Примечания:

[1] Everything has a limit: including lonely-ness
You can ring your keys or pour water.
The gaze gets stuck in the window, like a leaf in a fence.

Loneliness is a man in a quater.
So a dromedary sniffs, wincing, the rails.
The emptiness moves apart like a blind;
And what is space if not what entails
the absence at every point of the body line?
That is why Urania's older than Cleo.
In the daylight, and in the blind light of Leo,
you can yet see she hides not a speck.
When you look at the globe, you see your head's back.
There they are, forests bursting with berries,
Rivers offer to catch beluga with merest
effort or the city whose dog and bone
Don't list your name. And further on
that is, to the southeast, the mountains get brown,
Przhevalsky's horses in sedges roam
Faces turn yellow. Battleships clone
And the space turns blue, like laced pantaloons.

[2] "We squeeze our ass in the imperial velvet,
and fluttering her thighs with verve et
push, the grace, with whom one cannot sleep
Flies in the lavish garden in one leap.
We see the evil forces dressed in brown tights,
The angel dressed in inexpressible tutu comes to light
And then, awaking the Elysian hibernation
Comes up Tchaikovsky company's ovation <...>
'How nice it's in the dusk, secluded from All Rus',
Baryshnikov to see. His talent's not erased!'"

[3] Lefkada's rock is turned its noise to capture
A poet stands on top. He thinks defiant thoughts.
His eyes are flashed, with a downhearted rapture
This rock is Sappho's shadow... voice of waves
The Phaon's lover buried at this space
The miserable heat of her rejected ardor.
Apollo's novice enters face to face
His dreams, his useless gift at his elusive harbor.

Глава 10

Eucharistia по Бро и по Бо

Ко дню своего сорокалетия (24 мая 1980 года) Бро пишет «итоговое» стихотворение. Вот этот текст:

Я входил, вместо дикого зверя, в клетку,
выжигал свой срок и кликуху гвоздем в бараке,
жил у моря, играл в рулетку,
обедал черт знает с кем во фраке.

С высоты ледника я озирал полмира,
трижды тонул, дважды бывал распорот.
Бросил страну, что меня вскормила.
Из забывших меня можно составить город.

Я слонялся в степях, помнящих вопли гунна,
надевал на себя, что сызнова входит в моду,
сеял рожь, покрывал черной толью гумна
и не пил только сухую воду.

Я впустил в свои сны вороненый зрачок конвоя,
жрал хлеб изгнанья, не оставляя корок.
Позволял своим связкам все звуки, помимо воя;
перешел на шепот. Теперь мне сорок.

Что сказать мне о жизни? Что оказалась длинной.
Только с горем я чувствую солидарность.
Но пока мне рот не забили глиной,
из него раздаваться будет лишь благодарность.[33]

---

[33] I have braved, for want of wild beasts, steel cages,
carved my term and nickname on bunks and rafters,

То ли считая это стихотворение одним из лучших, то ли не питая доверия к переводчикам, Бро перевел его сам, а свое отношение к переводчикам выразил изящным афоризмом: «Сначала ты доверяешь им, а они тебя убивают; тогда ты им не доверяешь, и они тебя убивают; и, наконец, вы просите их убить вас (мазохистское решение), и они вас убивают». Правда, в одном из интервью этот афоризм был повторен со ссылкой на авторство «поэта Томаса Транстрёмера» [Бродский, 1978].

Что касается переводческого таланта самого Бро, он вполне соответствовал тому образу, который был озвучен в афоризме Бро–Транстрёмера: «Он переводил очень точно первую строчку и последнюю, соблюдал размер, количество строк, а внутри мог наполнять чем-то своим. Андрей Сергеев утверждает, что стихотворение „Деревья в моем окне, в деревянном окне…“ (1964) произошло от (перевода Бродским стихотворения — А. *П.*) Фроста „Дерево у окна“ („Tree at my Window“)» [Сергеева, 2010].[34]

Стиль, описанный переводчиком Андреем Сергеевым, был удержан Бро и для автоперевода. В этом смысле любопытна строка 11 («сеял рожь, покрывал черной толью гумна»). Она проблематична

---

lived by the sea, flashed aces in the oasis,
dined with the devil-knows-whom, in tails, on truffles.
From the height of a glacier I beheld half a world, the earthly
width. Twice have drowned, trice let knives rake my nitty-gritty,
Quit the country, that bore and nursed me.
Those who forgot me would make a city.
I have waded the steppes and saw yelling Huns in saddles,
worn the clothes nowadays back in fashion in every quarter,
planted rye, tarred the roofs of pigsties and stables,
guzzled everything save dry water.
I've admitted the sentries' third eye into my wet and foul
dreams. Munched the bread of exile; it's stale and warty.
Granted my lungs all sounds except the howl;
switched to a whisper. Now I am forty.
What should I say about my life?
That it's long and abhors transparence.
Broken eggs make me grieve; the omelette,
though, make me vomit.
Yet until brown clay has been rammed down my larynx,
only gratitude will be gushing from it.

(Авторский перевод)

[34] «Бродский называл свое стихотворение „вариацией“ на стихотворение Фроста», — пишет Лосев, ссылаясь на свидетельство Гордина [Лосев, 2006, с. 101].

уже в русском тексте (слово «толь», будучи словом мужского рода, следовало бы написать «толем»), а «черный толь» является плеоназмом, так как «толь» — черного цвета по определению. Но английский перевод этой строки («planted rye, tarred the roofs of pigsties and stables», что означает в переводе на русский «сеял рожь, мазал дегтем крыши свинарен и конюшен») был уже помечен как вольный О.И. Глазуновой [Глазунова, 2005, с. 167]. Лично я вижу в этом переводе пример *misogyny* или как минимум двусмысленности. Ведь в деревнях дегтем мазали ворота тех домов, где девушка теряла невинность до свадьбы.

Но едва ли не вопиющей вольностью представляется мне перевод последнего катрена (строки 17–20). Начну с того, что четыре строки оригинала обрели две лишние строки (19–20) в автопереводе. И эти лишние строки «Broken eggs make me grieve; / the omelette, though, make me vomit» (в переводе на русский — «Яйца разбитые мне причиняют горе; хотя омлет тошнотворен мне и горек»), никак не вписывающиеся в контекст стихотворения, представляются мне вызовом, относящимся к религиозному содержанию строки стихотворения Бо «Кисть и перо» (см. мой комментарий в главе 16). Но могло ли качество перевода негативно сказаться на замысле (задаче) стихотворения? Вопрос этот, кажется, не был кем-либо затронут. Соглашусь, что предварительный шаг был сделан Наумом Коржавиным, указавшим на авторский просчет. Еще никто: ни ручной, ни дикий зверь — не рассматривал опцию *добровольного* вхождения в клетку («Я входил»).

«Если входил, то кого благодарить? Себя самого? В том-то и дело, что здесь должно быть не „я входил", а меня вталкивали, сажали, запихивали — что угодно. Меня сейчас интересует соответствие этих впечатлений не фактам биографии, а только задачам стихотворения» [Коржавин, 2002].

Предлагаю обратить внимание на двуосновный заголовок статьи Коржавина: «Генезис „стиля опережающей гениальности", или Миф о великом Бродском». Если под «генезисом стиля» Коржавин имел в виду логический ляпсус, касающийся глагольной конструкции «Я входил», то непонятно, что он вкладывал в понятие «мифа о великом Бродском». Попробую разобраться, начав с того, что «Я входил» является не только началом стихотворения, но и условной отсылкой к нему. А если принять в расчет аргумент Коржавина, то ссылка на «Я входил» является *одновременно* ссылкой на «Я не входил». И эта двойственность имеет отношение к прочтению предлога «вместо».

Своим акустическим составом, столь важным для поэтического дискурса, предлог «вместо» омонимичен конструкции «вместе». В них присутствует как предлог «в», так и существительное «место». Но эта новая конструкция означает (как грамматически, так и семантически) нечто совсем иное и даже несовместимое. Наречие «вместе», определяющее глагол «входил/не входил?», предлагает *конфликтующее прочтение* первой строки стихотворения: «Я входил (?) вместе с диким зверем в клетку». А новая альтернатива «вместо»/«вместе» располагается в том же поле, которое затронул, не развив, Наум Коржавин: в поле «мифа» vis à vis «истины». Но будет ли прав читатель, который, не поверив Коржавину, захочет назвать стихотворение Бро «Правдивая история»?

В известном степени — да. Почему в *известной степени*? Перепоручаю ответ на этот вопрос Лукиану Самосатскому (120–180), который, ссылаясь сначала на Ктесия, а затем и на Гомера, пообещал читателю следующее: «Я не ставлю вымыслы в особую вину всем этим рассказчикам, потому что мне приходилось видеть, как сочинительством занимаются люди, посвящающие время, как они говорят, только философии. Одно всегда удивляло меня: уверенность в том, *что* вымысел может быть не замечен. Побуждаемый тщеславным желанием оставить и по себе какое-нибудь произведение, хотя истины в нем, увы, будет столько же, сколько у других писателей, <...> я хочу прибегнуть к помощи вымысла более благородным образом, чем это делали остальные. *Одно я скажу правдиво: я буду писать лживо.* Это мое признание должно, по-моему, снять с меня обвинение, тяготеющее над другими, раз я сам признаю, что ни о чем не буду говорить правду. Итак, я буду писать о том, чего не видел, не испытал и ни от кого не слышал, к тому же о том, чего не только на деле нет, но и быть не может» [Lucian of Samosta, 1991].

В частности, имя Гомера выделено Лукианом особо, ибо зачинателем жанра «правдивой истории» он считал именно его. «Руководителем, научившим описывать подобного рода несообразности, был Одиссей Гомера, который рассказывал Алкиною про рабскую службу ветров, про одноглазых, про людоедов и про других подобных диких людей, про многоголовых существ, про превращения спутников, вызванные волшебными чарами, и про многое другое, рассказами о чем Одиссей морочил легковерных феаков» [Там же].

Я же вспомнила об этом авторе, размышляя о его удивительном сходстве с Бро при едва заметном расхождении. Как и Бро, Лукиан писал свою «Правдивую историю», движимый побуждением испытать свою фантазию. Только если его герой (Одиссей) преуспел в том, что «морочил легковерных фраков», Бро посчастливилось существенно расширить контингент легковерных слушателей. И то ли случайно, а возможно, и по расчету, он сочинил послание сыну, которого лицезрел лишь однажды в жизни, прикинувшись Одиссеем, а из опасения того, что читатель может не заметить его сходства с гомеровским героем, окрестил сына Телемахом.

Однако перекличка с Лукианом и, соответственно, Гомером, затронула лишь первую половину юбилейного стихотворения Бро. Вторая половина, которая начинается с напоминания: «Я впустил в свои сны вороненый зрачок конвоя, / жрал хлеб изгнанья, не оставляя корок» и т.д., призвана выполнить иную задачу.

Речь идет о событиях, предшествовавших фантастическим приключениям. Отчет об этих событиях был составлен 25-летним Бро в честь своего юбилея и, соответственно, отмечен 24 мая 1965 года. Что делает эти события запоминающимися? Возможно, их Локус? Ведь статус диссидента, с которого началось чудесное восхождение Бро, был как раз обеспечен тем самым Локусом. Я цитирую:

Ночь. Камера. Волчок
хуярит прямо мне в зрачок.
Прихлебывает чай дежурный.
И сам себе кажусь я урной,
куда судьба сгребает мусор,
куда плюется каждый мусор.
Колючей проволоки лира
маячит позади сортира.
Болото всасывает склон.
И часовой на фоне неба
вполне напоминает Феба.
Куда забрел ты, Аполлон![1]

О чем говорит нам этот текст и этот Локус? Не о том ли, что фантастический путешественник, поэт и герой в настоящем, имеет на своем счету диссидентское прошлое, приперченное еще и загадочной ономастикой? Тюремный страж, приставленный сторожить поэта, поименован Фебом. А поэт, которого Феб сторожит, назван Аполлоном, получившим прозвище Феба в греческой и римской мифологии. Получается, что Аполлону/Фебу предназначается двойная роль тюремного стража и его узника, то есть роль мсье Пьера, изобретенного Набоковым в «Приглашении на казнь».

Но где же вектор, которому положено определить грядущее поэта?

В *отдаленном будущем* поэта ожидает Нобелевская премия и титул гения. И не иначе как в счет *отдаленного будущего* Бро заканчивает свое юбилейное стихотворение словом благодарности... нет, не за грядущие награды, а за череду воображаемых страданий прошлого, то есть за символический капитал, накопленный в счет отдаленного будущего: «Но пока мне рот не забили глиной, / из него раздаваться будет лишь благодарность».

Тем временем *ближайшее будущее* уже стало не только настоящим, но и прошедшим, очерченным темой «ухода», вернее, «похищения» невесты вероломным Бо. В прошлое канула та лепта, которую внесли в развитие этого сюжета друзья по цеху: Владимир Марамзин, Олег Целков, Андрей Битов, Миша Мейлах, Женя Рейн. Правда, последний из них, обделенный поэтической розой, поспешил «прошествовать» чуть дальше, *сочинив* поэму «Треугольник и глаз», в которой... «описал, соответственно, любовный треугольник и то, как его видит — нет, не всевидящее око, а любопытный взгляд соседа, подсматривающего за тем, что он считает адюльтером. С этой поэмой и сопутствующим комментарием он *прошествовал* по компаниям и салонам <...> И дело делалось. Я, естественно, захотел узнать, что это за произведение, и автор неожиданно охотно передал мне текст через третьих лиц.

Это было не то, что я предполагал. Я ожидал каких-нибудь посильных вариаций на тему „Моцарт и Сальери" с заведомо известной ролью, мне отведенной... Нет, такой малостью мне было не отделаться, — автору показался контраст между гением и злодейством недостаточно ярким. Первым „углом треугольника" у него, конечно, был Поэт и Гений, но еще и Герой» [Бобышев, 2008].

Бо продолжает: «Вспоминаю мое стихотворение о крылатых львах, посвященное Рейну. Оно описывает пешеходный мостик через Екатерининский канал в Петербурге. Четверо грифонов на посту охраняют его. Они хотели бы разлететься, но не могут: их сдерживают железные скрепы». Литературный смысл образа очевиден, но лишь недавно его разгадал московский поэт Слава Лён.

В интервью с Бо Юлия Горячева («Независимая газета») спрашивает:

Горячева: «Ваша книга „ЧеловекоТекст" пронизана культом дружбы. А какие еще существуют ценности в вашей жизни? И какое место в них занимает Слово?»

Бо: «Я рад, что вы это почувствовали. Но, кроме дружбы, истинным благословением в жизни являются любовь и благодарность — вовсе не какие-нибудь хемингуэевские „ирония и жалость". Да, любовь и благодарность. А Слово (но не „слова, слова") остается превыше всего и сияет над всем».

За словом «любовь/благодарность», произнесенным единым порывом, должен был стоять судьбоносный сюжет. О таком сюжете, отчасти даже кармическом, и пойдет речь. В ранней работе «Смысл творчества» Николай Бердяев ввел термин «антроподицеи», видя в нем «оправдание человека в творчестве и через творчество». Попытками такого оправдания, пусть не вполне удачными, могли послужить для Бро оба стихотворения, приуроченные к юбилеям 1965 и 1980 гг. Я вывожу за скобки вопрос об их успехе ввиду того кармического смысла, который они неожиданно обрели в судьбе обоих поэтов.

Бо, как известно, не писал юбилейных стихов, и, получи он такой заказ от издателя, он вряд ли отнесся бы к нему благосклонно. Другое дело — заказ, помысленный в высших сферах и пришедшийся на 60-летний юбилей Бо (11 апреля 1996 года). А тайна, известная в высших сферах, касалась череды двух дат, выпавших на юбилейный год самого Бо. 28 января 1996 года умер Бро, а 8 марта ознаменовался конец сорокоуста (прощания с душой усопшего). И в сороковую ночь, за месяц до собственного юбилея, Бо сочиняет стихи, вложив свои чувства и мысли в стихотворение «Гость»:

В ночь сороковую был он, быстрый,
здесь — новопреставленный певун.
Рыже на лице светились искры,
стал он снова юн.
Стал, как был, опять меня моложе.
Лишь его вельветовый пиджак
сообщал (а в нем он в гроб положен):
— Что-то тут не так!
Мол, не сон и не воспоминанье…
Сорок дней прощается, кружа,
прежде, чем обитель поменяет
навсегда душа.
Значит, это сам он прибыл в гости,
оживлен и даже как бы жив.
Я, вглядевшись, не нашел в нем злости,
облик был не лжив.

Был, не притворяясь, так он весел,
так тепло толкал в плечо плечом
и, полуобняв, сиял, как если б —
всё нам нипочем.
Словно бы узнал он только-только
и еще додумал между строк
важное о нас двоих, но толком
высказать не мог.
Как же так! Теперь уже — навечно...
Быв послом чужого языка,
в собственном не поделиться вестью!
Ничего, я сам потом... Пока.

(Шампэйн, Иллинойс,
28 января — 8 марта — 11 апреля 1996) [2]

Тайна любви и благодарности, которую Бро не смог озвучить, соединила обоих поэтов. Но в реальной жизни до этого праздника было еще далеко.

Примечания:

[1] Night. Camera. A beeper
blows right into my peepers.
The duty man sips tee in turn
And to myself I seem an urn,
where my fate rakes all its litter
for every cop and every spitter.
The Barbed wire's outlet
Takes shape behind the toilet.
The swamp envelops sloping Globus
The watchman that resembles Phoebus
Reclines against the skies his poll. Oh
Where did you wonder, hey, Apollo!

[2] At one time the songbird reappears:
After forty nights of sorrow. On his face
Sparks diffused. And it was pretty clear:
He was younger than in former days,
Turning as my junior afresh.
With his wonted corduroy blouson
Looming from the cist, its mighty flesh,

Uttered: “Things went wrong!”
Say, it’s not a dream and not a real
Memory, but valediction toll
Called to shifting his eternal soul
On an even keel.
It was he. He payed his visit, came to me,
Seeming animated and alive.
As I gazed intently, he looked meek:
No rage. My eyesight couldn’t lie.
No pretense and no grain of piffle
pushed my shoulder in a playful chute:
Half-embracingly, he beamed as if —
we don’t give a hoot.
Looked as if he had just got a ruse
and what’s more just thought between the lines
Things for us far–reaching, but in truth
None he could define.
How so! This’s forever... You
an ambassador of odd and foreign gloss,
Kept your native sharpness at a loss.
Leaving me to recompense... Adieu.

Глава 11

Вычеркнутая Оденом строка

Стихотворение Одена «1 сентября» (1939), опубликованное в *New Republican* 8 марта 1939 года, было дважды цензурировано поэтом. Сначала союз «или» был заменен на «и» в строке «Мы должны любить друг друга или умереть», после чего все стихотворение было удалено из собрания сочинений. Примерно в то же время взыскательный Оден отказался от строки «Время боготворит язык» в стихотворении «Памяти У. Б. Йейтса» (1939). И обе эти правки любопытным образом стали известны Бро. Вернее, то, что произошло, можно назвать *omnium gatherum*. Бро вознес строку «Время поклоняется языку», уже вымаранную Оденом, в число заветных максим, а сочиняя «На смерть Элиота» (1965), взял в качестве подстрочника Оденовский текст «Памяти У. Б. Йейтса».

Попробуем разобраться в этих трансформациях.

Бро неоднократно трактовал события своей жизни как моменты озарения. Озарением был томик Баратынского, приобретенный в книжной лавке в провинции, или момент в электричке по возвращении от Ахматовой. Озарением была и элегия Одена «Памяти У. Б. Йейтса», открытая наугад в месте ссылки.

Бро пишет: «Я помню, как я сидел в избушке, глядя в квадратное, размером с иллюминатор, окно на мокрую, топкую дорогу с бродящими по ней курами, наполовину веря тому, что я только что прочел, наполовину сомневаясь, не сыграло ли со мной шутку мое знание языка. У меня там был здоровенный кирпич англо-русского словаря, и я снова и снова листал его, проверяя каждое слово, каждый оттенок, надеясь, что он сможет избавить меня от того смысла, который взирал на меня со страницы. Полагаю, я просто отказывался верить, что еще в 1939 году английский поэт сказал: „Время боготворит язык“», — и тем не менее мир вокруг остался прежним.

Но на этот раз словарь не победил меня. Оден действительно сказал, что время (вообще, а не конкретное время) боготворит язык, и ход мыслей, которому это утверждение дало толчок, продолжается во мне по сей день. Ибо «обожествление» — это отношение меньшего к большему. Если время боготворит язык, это означает, что язык больше, или старше, чем время, которое, в свою очередь, старше и больше пространства. Так меня учили, и я действительно так чувствовал. Так что, если время <…> боготворит язык, откуда тогда происходит язык? Ибо дар всегда меньше дарителя. И не является ли тогда язык хранилищем времени? И не поэтому ли время его боготворит? И не является ли песня, или стихотворение, и даже сама речь с ее цезурами, паузами, спондеями и т.д. игрой, в которую язык играет, чтобы реструктурировать время? И не являются ли те, кем «жив» язык, теми, кем живо и время? И если время «прощает» их, делает ли оно это из великодушия или по необходимости? И вообще, не является ли великодушие необходимостью?» [Brodsky, 1986, p. 363].

Итак, сидя в кресле или в шезлонге своей нью-йоркской квартиры в 1986 году, Бро переводит часовую стрелку назад и по-режиссерски усаживает молодого себя перед окном-иллюминатором, мысленно наведя объектив на бродящих кур (корова бы туда не поместилась). Интерьер деревни, в которой он находился во время ссылки, помогает ему сформулировать свои впечатления от стихотворения Одена. Центральной в нем, пишет Бро, является строка «Время боготворит язык».

Напомню, что стихотворение «Памяти Йейтса» датируется 1939 годом. В том же году Оден пишет стихотворение «On September 1», которому годы спустя Бро посвящает пространное эссе, где он комментирует, среди прочего, строку «We must love one another or die», решившую судьбу всего стихотворения. Автор вычеркнул ее из собрания сочинений. Почему? Бро предлагает две догадки: 1. Оден счел мысль *We must love one another or die* «претенциозной и неверной, поменяв ее на другую: „Мы должны любить друг друга *и* умереть“. И 2: Оден „чувствовал себя ответственным за то, чего не сумел предотвратить (Второй мировой войны — *А.П.*), поскольку целью сочинения этих стихов было желание повлиять на общественное мнение».

Подлинные мысли Одена, дошедшие до нас стараниями Джона Фуллера, позволяют сбросить со счетов обе догадки Бро:

«Прочитав стихотворение „1 сентября 1939 года“ после публикации, Оден дошел до строки „We must love one another or die“ и сказал себе: „Что за абсурд! Разве мы не умрем в любом случае?“ Так возникла поправка: „We must love one another and die“. Но и она не устроила автора, который, удалив строку, убедился, что стихотворение насквозь фальшиво и должно быть выброшено» [Fuller, 1970, p. 260].

В сюжете с вымаркой строки из поэмы Одена о Йейтсе последнее слово принадлежит нашему соотечественнику Григорию Кружкову. Цитирую его статью «„Н“ и „Б“ сидели на трубе» (2013): «Насквозь фальшивым» могла показаться Одену несовместимость сильных строк («о себе и своих современниках») с набором политических клише. Однако, «возможно, есть и вторая, скрытая причина, признаваться в которой автор не стал бы ни в каком случае. Дело в том, что все начало года прошло у Одена под знаком Йейтса. Смерть ирландского поэта 28 января 1939 года,[35] по-видимому, произвела на Одена глубокое впечатление. Он пишет трехчастную элегию „На смерть У. Б. Йейтса“, одно из своих лучших стихотворений, заключительная часть которого — похоронный марш — написана по канве и в ритме йейтсовского стихотворного завещания „В тени Бен-Балбена».

Сразу после этого он садится писать статью о Йейтсе <...> «Общество против покойного мистера Уильяма Батлера Йейтса». В статье, опубликованной в весеннем номере «Партизан ревью», пародируется «судебный процесс» с обвинителем и защитником. В следующем году Одену предстоит написать еще одну статью — «Мастер красноречия» (а в дальнейшем — еще три рецензии на книги Йейтса). Но уже в этой первой статье, изложив в обвинительной части старые претензии к Йейтсу, бывшие в ходу у сверстников, — против «прогрессивного направления», он во второй части статьи, в речи защитника, заявляет, что Время оправдывает поэта за поэтическое мастерство, за мощный и внятный стиль его стихов (то же самое, что он пишет в посвященной Йейтсу элегии). Оден утверждает, что «поэтический талант — это способность передать свой личный эмоциональный настрой другим людям», и по этому критерию — способности волновать и заражать своими чувствами других Йейтс — поэт» [Кружков, 2013].

И далее Григорий Кружков предлагает построчный комментарий к стихотворению Одена «1 сентября 1939 года», фокусируясь на «за-

---

[35] Прошу обратить внимание на дату смерти Йейтса (28 января), как бы мистически предсказывающую точную дату смерти Бро, чего Бро, разумеется, учесть не мог.

раженности» автора чувствами Йейтса, память которого Оден, как известно, увековечил. В частности, Кружков читает первые строки:

I sit in one of the dives
On Fifty-second Street
Uncertain and afraid…

в контексте стихотворения Йейтса «Нерешительность» (*Vacillation*):

My fiftieth year had come and gone,
I sat, a solitary man,
In a crowded London shop…

то есть: «Мой пятидесятый год настал и прошел, / я сидел, одинокий человек, / в переполненном лондонском кафе…».

«Тут позаимствовано самое важное — интонация, ситуация личного кризиса, когда поэт не знает, как жить дальше, и публичное одиночество, столик в кафе или ресторанчике — исходная точка его неопределившегося пути. Уже первый эмоциональный эпитет Одена „uncertain“ („неуверенный») отражает название йейтсовского цикла — „Vacillation“. А „пятидесятый год“, не исключено, превратился в „Пятьдесят вторую улицу“» [Там же].

Конечно, статьи Кружкова Бро читать не мог, хотя, скорее всего, знал о том, что Оден вскоре освободился от шарма Йейтса. Но хронология важна в первую очередь для понимания восторга Бро перед строкой «Время… боготворит язык», которую он, открыв, по собственному признанию, в 1965 году, вспомнил в 1986-м. Однако в 1984 году произошло знаменательное событие, приуроченное к интервью Бро Дэвиду Бетэя, автору книги «Joseph Brodsky and a Creation of Exile» (1994).[36]

Привожу релевантные строки:

Бетэя: «Любопытно, что поздний Оден убрал из этого стихотворения ваши любимые строки, потому что считал их пафос ложным… Как там сказано о языке?»

Бро: «Время поклоняется языку и…»

Бетэя: «Да, и он это вычеркнул. Почему, как вы думаете?»

---

[36] Это интервью было записано в 1991 году, в доме Бро в Массачусетсе. Интервьюер — Дэвид Бетэя, профессор Висконсин-Мэдисон университета. Перевод с английского Глеба Шульпякова.

Бро: «Он убрал их, потому что строфа начиналась с Киплинга и Клоделя. Это казалось ему тенденциозным».

Бетэя: «То есть в этих строках был какой-то политический подтекст?»

Бро: «Ага, ага. И он не хотел... есть такое точное идиоматическое выражение для тенденциозности — „сводить счеты“. Он не хотел быть упрямцем. Я помню его слова...»

Проницательный читатель, скорее всего, уже заметил путаницу. Авторская цензура, наложенная Оденом на стихотворение «On September 1, 1939», переносится на его трехчастную элегию «Памяти Йейтса» (1939). И эта путаница далее сопровождается подменой строки, побудившей Одена к отказу от авторства («We must love one another or die»), на строку стихотворения «Памяти Йейтса» («Время... боготворит язык»).

Не замечая этой подмены, Бро продолжает: «Он пересмотрел и вычеркнул эти строки только потому, что ему показалось слишком комплиментарным это утверждение о языке. Он уже не помнил, в какой ситуации писал эти строки. Он часто правил свои прежние стихи. Плюс эта строфа с Киплингом и Клоделем. Он просто не хотел быть в позиции судии. Так что это еще и этический выбор. <...> Не выносить приговор, тем более когда речь о собратьях по перу. „Не бросай камень в чужой огород“ и т.д. и т.д.»

Попробуем подвести итог. Первым документальным указанием на контаминацию контекстов было интервью, данное Бро Бетэе. Ведь память о знакомстве с элегией Одена «Памяти Йейтса» датируется Бро спустя два года после их интервью, что позволяет предположить, что *озарение* Бро от строки «Время боготворит язык» могло быть фантазией, навеянной Бетэей. А Бетэя, утвердивший Бро в правомерности этой фантазии, скорее всего, перепутал эти два источника в ходе подготовки к интервью. К 1994 году мысль о влиянии Йейтса на Одена уже была вчерашним днем в научном дискурсе. К тому же у Бетэи была возможность ознакомиться с публикацией разговоров Ансена с Оденом (1990).

В одном таком разговоре Оден вспоминает свой доклад, прочитанный о Йейтсе в Детройте, и предлагает свой комментарий: «Знаете, чем больше я его читаю, тем меньше он мне нравится. Возьмите эту фразу: „Этот гонг мучил море“. Когда вы впервые читаете ее, она звучит прекрасно, но когда вы начинаете ее разбирать, получается чепуха. Это из „Византии“ (1933). Нет, вы не можете сказать, что гонг вибрирует. Ведь тогда гонг должен звучать в море, а это невозможно. Звук гонга, скорее всего, создается какой-то процессией на суше. Допустим, гонг, „истерзанный дельфином“, годится как патетическое заблуждение, но море, „истерзанное гонгом“, никуда не годится. Нет, совсем не пойдет. Он был ужасным стариком.

Однако я не мог начать открытую атаку на него. В конце концов, это должен быть какой-то праздник. Я бы не стал возражать против его сумасшедшей мифологии, если бы он относился к ней более серьезно. И я не возражал бы против того, чтобы это был розыгрыш, если бы он подмигнул нам в конце» [Ansen, 1990, p. 72].

Итак, Оден ретроспективно признал, что его доклад о Йейтсе содержал в себе уступки. И этот компромисс, полагаю я, мог компенсироваться в контексте двух имен. Время, кажется, пожелал сказать Оден, сочиняя элегию «Памяти Йейтса», есть враг всех уравнений. То, что было справедливо вчера, не может быть востребовано сегодня и, конечно же, не равно тому, что будет завтра. Время стирает все: человеческие слабости, следы красоты и т.д. То, чему время неподвластно, это язык, который создает поэт. И за этот подвиг поэту прощаются все его слабости: и трусость, и зависть, и малодушие. Ведь простили же Киплингу его колониальные воззрения? Простили и Клоделю, поэту и дипломату, неприятие буржуазной морали. И прощение поступило к ним за то, что они превосходно писали.

Вот эти строки Одена в моем переводе:

Время, что неутомимо
шествует отважных мимо,
с безразличием бывалым
красоту поубивало,
славит лишь язык. Вину
всем прощает, кто дерзнул:
трусам, подлецам, убогим
низко кланяется в ноги,
Откликается раденьем
к Киплингу за заблужденья,
И Клоделю лишь за то,
Что писал он на все сто.[1]

Завершая тему, поднятую в эссе «Less than One» (1986), Бро все еще держит пульс на ложно атрибутированной формуле «Время боготворит язык», на этот раз фокусируясь на авторе — Одене.

«Краткие и горизонтальные, эти строчки казались мне немыслимой вертикалью. Они были также очень непринужденные, почти болтливые: метафизика в обличии здравого смысла, здравый смысл в обличии детских стишков. Само число этих обличий сообщало мне, что такое язык, и я понял, что читаю поэта, который говорит правду или через которого правда становится слышимой. По крайней мере, это было больше похоже на правду, чем что-либо, что мне удалось разобрать в этой антологии <…>. Я понял, что имею дело с новым метафизическим поэтом, поэтом необычайного лирического дарования, маскирующимся под наблюдателя общественных нравов. И я подозревал, что этот выбор маски, выбор этого языка был меньше обусловлен вопросами стиля и традиции, чем личным смирением, налагаемым на него не столько определенной верой, сколько его чувством природы языка. Смирение не выбирают» [Brodsky, 1986, pp. 362–364].

И хотя репутация Одена никак не совпадала с оценками Бро (Одена упрекали в наличии множества масок и в *неустойчивости* воззрений), Бро никогда не отступал от этого суждения. Тогда что могло подсказать ему мысль об Одене как поэте, устами которого глаголит истина?

В «Антологии новой английской поэзии» под редакцией М. Гутнера (Ленинград, 1937), подарке Миши Мейлаха ко дню рождения, Бро открыл англоязычных поэтов: Джона Донна, Томаса Элиота и Уистана Одена — и стал сам позиционировать себя как поэт англосаксонского помола. Вернее, так. Эта антология, скорее всего, была уже Бро знакома. Она была в библиотеке у отца Алеши Хвостенко, и Бро мог, по свидетельству Хвостенко, ее держать в руках. Он также мог слушать суждения об этой антологии от самого переводчика, И. А. Лихачева, к которому Хвостенко несколько раз его водил.

Именно здесь следует искать истоки убежденности Бро в том, что устами англоязычных поэтов говорит сама истина. Ведь истина, позволяет себе фантазировать дальше Бро, заложена в самом английском языке, не допускающем ни лжи, ни двоемыслия. И именно эта убежденность позволила ему писать воспоминания о покойных родителях не русскими, а «английскими» глаголами.[37]

---

[37] «Я пишу это по-английски, потому что я хочу подарить им маргинальную свободу <…> Я хочу, чтобы Мария Вольперт и Александр Бродский обрели существование по „коду чести чужеземцев“. Я хочу, чтобы их передвижения были описаны английскими глаголами движения. Это не воскресит их, но английская грамматика может, по крайней мере, послужить лучшим запасным выходом из труб государственного крематория, чем русская» [Brodsky, 1986, p. 460].

Любопытно, что это сказочное прозрение о волшебном языке становится программным вовсе не в сказках, а в политизированных текстах. И, учитывая это, уместно задать вопрос о ключе, который бы подходил для понимания этой фантазии. «В разговорах Бродский нередко цитировал эти *строки* в слегка переиначенном виде: „А некоторых Бог помилует за то, что писали хорошо“» (Лосев, 2006, с. 119), тем самым позволяя допустить, что правильное понимание, вероятно, припасено лишь для интимного общения.

Но так случилось, что, все еще находясь под впечатлением строчки Одена «время боготворит язык», Бро узнает о смерти Томаса Элиота и садится писать эпитафию ушедшему поэту, взяв в качестве модели стихотворение У. Х. Одена «Памяти У. Б. Йейтса». Я же хочу предварить разговор о стихотворении Бро «На смерть Элиота» наблюдением Станислава Яржембовского, диагностирующего настроение Бро одной фразой: язык «водворяется на место демиурга». А едва это происходит, добавляю я от себя, оценка Бро автоматически попадает в обойму тривиальных:

«Современная философия, например, вообще отказывается сейчас обсуждать какие-либо проблемы, кроме языковых, — и в этом огромная заслуга блестящей плеяды формалистов 20-х годов. Впрочем, родословная этой ереси весьма почтенна, она восходит — в своей агрессивной заостренности — уже по крайней мере к Евномию, хотя теоретические основы ее были заложены еще Аристотелем, а первые практические результаты получены софистами» [Яржембовский, 1998].

Свое наблюдение Станислав Яржембовский иллюстрирует, предложив оригинальное прочтение эссе Бро, посвященное поэме Рильке «Орфей. Эвридика. Гермес», которое я рассматриваю в главе 15. Комментируя эпитафию ушедшему Томасу Элиоту в интервью Анн Марии Брамм, Бро признается: «Я попытался повторить метрическую основу Одена в третьей части — короткий размер. Некоторые обвиняли меня, утверждая, что это похоже на детские стишки. Но я считаю, что это не так, совсем не так» [Брамм, 1974]. И затем он делает удивительное наблюдение, читая следующие строки Одена:

> Ушел он в зимний день суровый.
> Ручьи и трассы подо льда покровом
> Застыли. Статуи в снегу затеяли «ту-ту».
> Ртуть опустилась у коротких дней во рту.

И всем согласно счетчикам и метрам
Тьма разлилась в тот день на километры...[38]

Оден, — пишет он, — повторяет знакомый прием. Он скорбит об ушедшем Йейтсе не с позиции скорбящего себя, а с позиции скорбящей природы. Это смещение точки зрения Бро отмечает у Цветаевой, поразившей его умением «переворачивать категории привычного знания или ожиданий читателя, обратив нас в странников, севших на мель здесь и сейчас и блуждающих, как души Рильке, в эмпиреях запредельности. Это смелый гамбит с ее стороны, потому что мы привыкли к трауру по мертвым, визуализируя потери с нашей точки зрения, хотя наша печаль по-другому должна быть изгнана из этого мира (через бельканто, элемент самовозвышения — *А.П.*). Цветаева, которая безусловно обладала Эго чудовищных размеров, предвидела возможность того, чтобы отделить себя от других скорбящих и поместить себя в качестве глаза, который видит все так, как это видит покойный Рильке» [Brodsky, 1986, p. 219].

Более подробно эту тему Бро развивает в комментарии к поэме Цветаевой «Новогоднее» [Бродский, 1980–1983], написанной на смерть Рильке (29 декабря 1926 года). Известна точная дата окончания ею поэмы (7 февраля 1927 года), то есть на 40-й день после смерти Рильке, а именно в день перемещения его души из этого мира. Напомню о двойной идентичности поэмы Цветаевой и стихотворения «Гость» Бо, сочиненном на 40-й день кончины Бро и тоже, как у Цветаевой, адресованном поэту по его «новому» (потустороннему) адресу.

Но есть и существенное расхождение.

Цветаева глядит «на мир и в том числе и на себя, не своими, но его глазами: то есть со стороны. Это, возможно, — единственная форма нарциссизма, ей свойственная: и возможно, что одной из побудительных причин к написанию „Новогоднего“ был именно этот искус — взглянуть на себя со стороны. Во всяком случае, имен-

[38] Вот оригинал Одена:

He disappeared to the dead of winter;
The brooks were frozen, the airports almost deserted,
And snow disfigured the public statues;
The mercury sank in the mouth of the dying day.
O, all the instruments agree
The day of his death was a dark cold day

[Auden, 1977a, p. 127].

но потому, что она стремится дать здесь картину мира глазами его покинувшего».[39]

И хотя сам Бро сочинял стихотворение «На смерть Элиота» по образцу «Памяти У. Б. Йейтса» Одена, он не отказался от ученичества у Цветаевой:

Он умер в январе, в начале года.
Под фонарем стоял мороз у входа.
Не успевала показать природа
Ему своих красот кордебалет.
От снега стекла становились уже.
Под фонарем стоял глашатай стужи.
На перекрестках замерзали лужи,
И дверь он запер на цепочку лет.[40]

Начав главу с подстановок, введенных Бро в тексты Одена, предлагаю закончить на подстановке фотографий, к Бро имеющей лишь самое отдаленное отношение. Поэма «На смерть Элиота» была напечатана в сборнике «Дни поэзии», рядом с текстом Бо под названием «Возможности». Получив свой экземпляр, Бо видит следующее: «Разделяет нас вшитый в тетрадь блок писательских фотографий, — в его сторону смотрит благородное лицо Ахматовой, а моя страница открывается харей Прокофьева на отвороте: разъетая морда чиновника, как раз и травившего Бродского, и теперь как бы лобызающая мой текст. Конечно, случайность брошюровки, но очень уж резвая… Хочется захлопнуть эту страницу и не открывать никогда!»

---

[39] В литературе было замечено, что описанные Бро сугубо цветаевские приемы уже заявлялись М. В. Ломоносовым в «Оде на 1762 год», сочиненной на смерть императрицы Елисаветы Петровны 25 декабря 1761 года.

[40] Вот начальные строки «Памяти Т. С. Элиота» в переводе Клайна:

He died at start of year, in January.
His front door flinched in frost by the streetlamp,
There was no time for nature to display
The splendor of her choreography.
Black windowpanes shrank mutely in the snow,
The cold's precursor stood beneath the light,
At crossing puddles stiffened into ice.
He parched his door on the thin chain of years

[Brodsky, 1974, p. 99–102].

И если бы не нашелся читатель, эту страницу все же открывший, если бы Валерий Шубинский не прочитал поэму Бо «Возможности», напечатанную «на отвороте» рядом с «разъетой мордой чиновника», и не процитировал строки:

Всей безобразной, грубою листовой,
среди других кустарников изгнанник,
лишенный и ровесников, и нянек,
всерьез никем не принятый, ольшаник
якшается с картофельной ботвой.
При этом каждый лист изнанкой ржавой
уж не стыдится сходства с той канавой
в которой грязнет, глохнет каждый ствол...[2]

мы бы не услышали суждения о том, как работает у Бо прием «медленного взгляда» на предмет, обнажающий его скрытую сущность:

«Холодная и зоркая отстраненность здесь не скрашена, как в стихах Бродского той поры, лиризмом. „Отрешенность совершенства“, купленная ценой одиночества, — тема стихотворения, она же характеризует его тональность. Однако именно начиная с 1965 года, когда написано это стихотворение, путь Бобышева-поэта начинает все больше расходиться с путем Бродского и других „сирот“ (еще не „сирот“, собственно, — Ахматова умерла год спустя)» [Шубинский, 2003].

Примечания:

[1] Time that is intolerant
Of the brave and innocent,
And indifferent in a week
To a beautiful physique,
Worships language and forgives
Everyone by whom it lives,
Pardons cowardice, conceit,
Lays its honors to their feet.
Time that with this strange excuse
Pardoned Kipling and his views,
And will pardon Paul Claudel,
Pardons him for writing well
[Auden, 1977, p. 242–243].

[2] With all its ugly, weather–bitten tract,
a refugee among adjacent bushes, thicket
deprived of nanny and of peer pact,
The alder, set aside by pickets,
Potato tops appropriate and apt.
Yet every leaf with rusty inner hide,
Is not ashamed of matching ditch's side
in which all trunks immersed and get stone deaf.

Глава 12

Оборотная сторона авангарда

Теория и практика «чистого искусства» получила высокую оценку у потомков, и эта оценка не пересматривалась до тех пор, пока не попала под пристальное изучение математика и философа, заключившего, что «именно в авангардном искусстве мы находим прямую связь между волей к власти и художественной волей» [Groys, 1992, p. 8].

И речь у этого автора (Бориса Гройса) идет не только об «искусстве фашистской Италии или нацистской Германии, но и о французском неоклассицизме, о живописи американского регионализма, о традиционной и политически ангажированной английской, американской и французской прозе». «При Сталине мечта об авангарде действительно осуществилась <…> в монолитных художественных формах, но, конечно, не в тех, которым благоприятствовал сам авангард» [Там же, p. 9].

Но как можно сводить миссию основателей ЛЕФ: В. Маяковского, А. Родченко, О. Брика, С. Третьякова, Н. Асеева и в разное время сотрудничавших с ними Б. Пастернака, В. Шкловского, И. Бабеля, С. Эйзенштейна, Л. Трауберга, Г. Козинцева, Дзиги Вертова и др. — к проектам фашистских футуристов в клубах Флоренции, Рима и Феррари? Разделял ли кто-нибудь из основателей ЛЕФ амбиции Маринетти, избранного в Центральный комитет фашистской партии с момента ее основания в марте 1919 года? Оказывается, настаивает Борис Гройс, вполне можно, ибо русский авангард играл свою роль в пролетарской идеологии и участвовал в ее операциях, хотя и отказывался признать идеологический характер своей деятельности.

Более того, «в день, когда авангард прекратил существование как самостоятельное творческое объединение Постановлением ЦК КПСС от 23 апреля 1932 года, его поражение совпало с его триумфом: сбылась его заветная мечта. Искусство получило возможность осуществлять свою жизнестроительную программу под непосредственным партийным контролем. Однако автором этой программы были не Родченко, и не Маяковский, а Иосиф Сталин, чья политическая власть сделала его наследником их художественного проекта» [Там же, p. 34]. В то же время авангард перетек в сферу влияния социалистического реализма, окончательно сформулированного на Первом съезде писателей в 1934 году.

Что действительно объединяло эти два художественных проекта, это мысль о том, что социалистический реализм, как и авангард, требовал от искусства не изображения действительности, а ее *преображения*. В частности, один из лидеров авангарда Сергей Третьяков (1898–1937) сформулировал миссию цеха в тех же терминах, в которых ее формулировали теоретики социалистического реализма. Задача авангарда заключалась не в создании новых картин, стихов или фильмов, а в создании... нового человека. Но тут была одна тонкость. Пролетарским писателям предписывалось перенимать мудрость старых мастеров, которых необходимо защищать от самовольных преследований со стороны органов безопасности (ОГПУ). Соответственно, 10 июля 1931 года Сталин инициировал указ о запрете арестов старых мастеров без ведома и согласия ЦК.

Примером того, как это постановление работало, является случай Осипа Мандельштама, первому аресту которого (17 мая 1934 года) предшествовала эпиграмма на Сталина, написанная в ноябре 1933 года. Вот этот текст, который до сих пор путают с «Одой Сталину», о которой позже:

Мы живем, под собою не чуя страны,
Наши речи за десять шагов не слышны,
А где хватит на полразговорца,
Там припомнят кремлевского горца.
Его толстые пальцы, как черви, жирны,
И слова, как пудовые гири, верны,
Тараканьи смеются глазища,
И сияют его голенища
А вокруг него сброд тонкошеих вождей,
Он играет услугами полулюдей.
Кто свистит, кто мяучит, кто хнычет,
Он один лишь бабачит и тычет.
Как подкову, дарит за указом указ —

Кому в пах, кому в лоб, кому в бровь, кому в глаз.
Что ни казнь у него — то малина
И широкая грудь осетина.[41]

Ведущий следователь (Николай Шиваров) сосредоточился на эпиграмме и попытался подвести дело под «теракт». Эмма Герштейн пишет в своих воспоминаниях, что Мандельштам закончил чтение эпиграммы предостережением: «„Смотри, никому не говори. Если станет известно, я буду… расстрелян!“ Однако, как потом выяснилось, Мандельштам читал эпиграмму без разбора большому числу людей. Ведь пока шло следствие, ни у кого не было ясности, какова истинная причина задержания» [Герштейн, 1998].

Через два дня после окончания следствия (28 мая 1934 года) Мандельштама конвоируют к месту ссылки, где он пытается покончить жизнь самоубийством, а 5 июня Надежда Мандельштам, ища защиты для мужа, отправляет телеграмму Николаю Бухарину, члену Политбюро ЦК партии и главному редактору крупной газеты «Известия». Бухарин пишет недатированное письмо Сталину, в котором представляет Мандельштама как «первоклассного, но совершенно не современного поэта», а в постскриптуме добавляет, что Пастернак «в полном отчаянии от ареста Мандельштама».

Сталин звонит Пастернаку и получает подтверждение, что Мандельштам действительно мастер (высокий специалист). А это означало, «что ОГПУ действовало в обход решения Политбюро от 10 июля 1931 года». Соответственно, Сталин накладывает на пись-

---

[41] Привожу перевод Бориса Мещерякова:

Our senses grew numb in this country of fear;
At ten paces they can't our talk overhear.
But if we start a chat on occasion,
Each would speak of the Kremlin Caucasian. /
Fat as maggots, his thick fingers wriggle and crawl,
Sure as stone weights, his ponderous sentences fall;
this moustache of a cockroach is grinning,
And his well-polished boot-tops are beaming.
Fawning «leaders» surround him: some go — others come,
As he plays with this hideous, half-human scum.
Someone hoots, someone howls, someone hisses,
But his goad driving them never misses.
His pernicious decrees tosses he low and high
Like horseshoes — in the groin, in the ear, in the eye.
This broad-chested Ossetian is willing
To derive sweetest pleasures from killing.

мо Бухарина резолюцию («Кто им дал право арестовывать Мандельштама? Это безобразие»). Так, 10 июня 1934 года приговор поэту был смягчен. Однако письмо Бухарина с резолюцией, также не датированное, не было возвращено отправителю, а было сохранено в личном архиве Сталина.

Далее из Москвы в Воронеж отправляется, на имя начальника местного отдела пропаганды культуры М.И.Генкина, письмо следующего содержания: «...в Воронеже живет старый поэт Мандельштам. Он оказался в Воронеже по какому-то делу, не одобренному советской властью. Как поэт, Мандельштам очень квалифицирован, большой мастер и знаток поэзии. Он пользуется известной репутацией среди писателей. Он, конечно, не наш поэт, и я не думаю, что он когда-нибудь будет нашим». Письмо заканчивалось идеей привлечь Мандельштама к сочинительству и максимально использовать его как культурную силу.

Такова преамбула, ставящая перед потомками вопрос о том, был ли Мандельштам мучеником за свободу и что могло побудить его сочинить «Оду Сталину» три года спустя? В своем эссе «Комментарий Осипа Мандельштама к сталинской оде» Чеслав Милош писал, что легенда о Мандельштаме (1891–1938) как мученике за свободу духа не может быть принята на веру. Эссе Милоша было сначала опубликовано в периодическом издании *NaGlos*, затем перепечатано в ежедневной *Gazeta Wyborcza* по инициативе ее главного редактора Адама Михника, потом опубликовано под отдельной обложкой и, наконец, вышло в виде отдельного издания. На своем пути от одного источника публикации к другому «Комментарий» Милоша претерпел ряд изменений. В частности, редактором *Gazeta Wyborcza* Иоанной Szszesna было вычеркнуто несколько предложений, содержащих имя Бродского, и описательная часть заголовка («без стыда и меры»). Позже эта строка была удалена, с согласия Милоша, из следующего переиздания под названием «Поэт и государство» в *Rzeczpospolita*.

Публикация вызвала нападки на Милоша со стороны таких российских авторов, как Анатолий Найман и Фазиль Искандер, а также польского критика Адама Поморского [Grudzinska-Gross, 2009, p. 147].

Жесткая оценка Милоша относилась к «Оде Сталина», сочиненной Мандельштамом в 1937 году, то есть три года спустя после сочинения эпиграммы на Сталина. Тот же текст имел в виду Бро, озвучивший противоположную Милошу позицию в интервью Соломону Волкову.

«На мой взгляд, это, может быть, самые грандиозные стихи, которые когда-либо написал Мандельштам. Более того. Это стихотворение, быть может, одно из самых значительных событий во всей русской литературе XX века. Так я считаю. <…> Ведь он взял вечную для русской литературы замечательную тему — „поэт и царь“, и, в конце концов, в этом стихотворении тема эта в известной степени решена. Поскольку там указывается на близость царя и поэта. Мандельштам использует тот факт, что они со Сталиным все-таки тезки. И его рифмы становятся экзистенциальными» [Волков, 2000, с. 32–34].[42]

Итак, перед нами две диаметрально противоположные оценки одного текста Мандельштама, которые, полагаю я, имеют историческое значение, ибо оно более релевантно сегодня, нежели в то время, когда во мнении двух нобелевских лауреатов наблюдался раскол. Кто из них прав? Попробую привлечь авторитеты. Известно, что «Оде Сталину», которую Мандельштам писал в январе–феврале 1937 года, посвятил монографию выдающийся исследователь М. Л. Гаспаров [Гаспаров, 1996], от пристального глаза которого не ускользнуло ни одно стихотворение, написанное Мандельштамом в период размышлений над одой. Под заголовком «Сопровождающие тексты» был представлен список *всех* стихов Мандельштама, датированных от 15 января до 12 февраля 1937 года. Оба цикла были разбиты на пять тем («Пространство и время», «Суд и народ», «Творчество», «Портрет» и «Начало, промежуток, конец»), каждой из которых отведена отдельная глава.

Не уклонился Гаспаров и от чувствительного момента, связанного с политическими преференциями. «Мы хотели бы говорить обо всем этом материале только с литературной точки зрения. О внелитературной — к сожалению, неизбежной — постараемся сказать очень коротко. Смысл сталинской „Оды“, очень сложной, мы понимаем в точном соответствии с тем, что говорит о себе сам Мандельштам в „Стансах“ 1935 г., очень прямых. Это — попытка „войти в мир“, „как в колхоз идет единоличник“ („Стансы“), „слиться с русской поэзией“, стать „понятным решительно всем“ (письмо Тынянову 21 января 1937 г.). <…> А если „мир“, „люди“, которые хо-

---

[42] Указав на то, что Мандельштам со Сталиным «все-таки тезки», Бро вряд ли был далек от мысли, что тезкой со Сталиным был он сам. Свое восхищение искусным вплетением критики в похвалу, достигнутым в «Оде Сталину», и обращением поэта к тирану как к равному Бро высказал в письме Джеймсу Райсу, профессору русской литературы в США в 1993 году.

роши, „русская поэзия“ едины в преклонении перед Сталиным, — то слиться с ними и в этом. Повторим: разночинская традиция Мандельштама не допускала мысли, что один поручик идет в ногу, а вся рота — не в ногу» [Там же, с. 87–88].

Казалось бы, позиция Гаспарова безупречна, ибо в ней можно найти аргументацию, оправдывающую мнения Милоша и Бро. Однако, оценив его вывод с позиции сегодняшнего дня, не могу не указать на преступный промах Гаспарова. Я говорю «преступный», так как, будучи талантливым толкователем текстов, Гаспаров не мог этого не знать. Ведь он ни словом не обмолвился об эпиграмме Мандельштама, которая стоила поэту двух арестов и жизни. Сделав короткое заявление («сталинская „Ода“ была палинодией сталинской эпиграммы 1933 г.»), Гаспаров закрыл тему, чтобы уже никогда к ней не возвращаться. Не случайно он разграничил эти два текста словом «палинодия», обозначающим православно-униатский раскол в сообществах Украины и Белоруссии.

Вполне возможно, что Чеслав Милош и даже Михаил Гаспаров знали о Мандельштаме не более того, что публиковалось на страницах идеологической прессы. А между тем, узнай они об эйфории «творческой интеллигенции», облагодетельствованной властью в день смерти Мандельштама, возможно, они бы пожалели о своих поспешных суждениях о поэте.

«Из лагеря он пошлет лишь одно письмо Наде, жене, но до него так и не успеет дойти ни ответное письмо ее, ни посылка, отправленная через всю страну.

Посылка вернется в Москву 1 февраля 1939 года. Одиннадцать кило: сало, сгущенное какао, сухие фрукты. „Меня, — пишет Надя, — вызвали... в почтовое отделение у Никитских ворот. Вернули посылку. ‘За смертью адресата’, — сообщила почтовая барышня...“ Так узнает о смерти мужа. Но — вот совпадение-то! — как раз в этот день газеты напечатают первый список писателей, награжденных властью. 102 фамилии! Чохом! И если Надя, волоча домой ненужную уже посылку, не видела из-за слез дороги, то в десятках домах в этот день тоже плакали. От счастья! Обмывали награды на тугих скатертях, на газетах в общежитиях, чокались за Сталина, кричали „ура“ и вновь утирали слезы радости. Так „глаголят“ дневники и мемуары. Не прятали влажных глаз и вожди писателей: Фадеев, Павленко, Ставский. А когда Фадеев и Павленко сверлили дырки в пиджаках для орденов Ленина, а Ставский — для „Знака Почета» (награду, которую шутя звали „Веселые ребята“), тело поэта, провалявшееся у лагерного барака 4 дня, реальные веселые ребята как раз затаптывали, утрамбовывали ногами в неглубоком лагерном рве — рыть глубже общую могилу зэки ленились. <...>

Так, пройдя все круги советского ада, умер поэт, кого назвали уже самим Вергилием. А у Нади от того дня останется лишь неотправленное письмо: „Ося, родной! Пишу в пространство. Не знаю, жив ли ты. Услышишь ли меня... Это я — Надя...“» [В. Недошивин. «Ворованный воздух» или Поводырь слепых. 2016].

«Тон „Оды Сталину“ не чужд Бродскому, — пишет Ирена Грудзинская-Гросс, соотечественница Милоша. — В одном из его собственных стихотворений, „На смерть Жукова“ (1974), объединены, как и у Мандельштама, энкомион (на смерть народного героя) с сатирой (герой спокойно умирает в постели, не испытывая угрызений совести за гибель тысяч посланных им на смерть солдат). <...>. Мне кажется, как „На смерть Жукова“ Бродского, так и „Оду Сталину“ Мандельштама можно назвать патриотическими. В них много горечи, но и своего рода восхищения Россией» [Grudzinska-Gross, 2011, p. 2].

Исследование Бориса Гройса, включая его заключение об общих корнях между поэзией русского авангарда и поэзией социалистического реализма, позволяет бросить более пристальный взгляд на «диссидентскую» позицию Бро, который, замечу, не отрицал гражданской и даже государственной направленности стихотворения «На смерть Жукова» (1974). В интервью, данном Соломону Волкову, он высказался так:

«Между прочим, в данном случае определение „государственное“ мне даже нравится. Вообще-то, я считаю, что это стихотворение в свое время должны были напечатать в „Правде“».

Выбор газеты «Правда» знаменателен. Ведь именно газета «Правда» исключила из обращения слово «фашизм», приурочив этот жест ко дню подписания пакта Молотова–Риббентропа 23 августа 1939 года. Тогда же (28 августа 1939 года) Англия, Франция и США были объявлены на страницах «Правды» «главными поджигателями войны», а Жуков был удостоен звания Героя Советского Союза и получил два ордена за разгром японских войск на реке Халкин Гол.

В том же интервью Бро указал на две оценки фигуры Жукова:

«Для старых эмигрантов, для переселенцев („displaced persons“) имя Жукова связано с самыми неприятными вещами. Они бежали от него. Поэтому симпатии к Жукову у них нет. Потом прибалты, пострадавшие от Жукова». Но с другой стороны, «многим из нас Жуков спас жизни...».

Если бы Бро закончил свою мысль на этой ноте, то читатель остался бы при убеждении, что Жуков облагодетельствовал самого Бро — скажем, спас от неприятностей, даже неминуемой смерти, его мать.

Но мысль Бро не закончилась на этой ноте. «Не мешало бы вспомнить, —, продолжил он, — что именно Жуков, и никто другой, спас Хрущева от Берии. Его 158-я Кантемировская дивизия подошла к Москве и окружила Большой театр в июле 1953 года». [Там же, p. 2].

Добро бы Бро воздал хвалу Кантемировской танковой дивизии в контексте боев против фашизма за Курск, Донбасс, Правобережную Украину, перевал Дукла и Сандомирский плацдарм, в контексте освобождения Кракова, Праги, связи с союзниками на Эльбе и успешного сражения при Дрездене. Но нет. Бро готов воздать честь Кантемировской дивизии за то, что ей довелось освободить одного тирана (Хрущева) от другого (Берии). Ведь танки были пущены в ход именно в момент ареста Хрущевым Берии.

Первоисточником поэмы «На смерть Жукова» является, как уже отмечалось в литературе, ода «Снегирь» (1800) Г. Р. Державина (1743–1816), сочиненная на смерть русского полководца А. В. Суворова (1730–1800). А если ключом к «имперскому дискурсу» Державина была суворовская формула патриотизма: «Двум смертям не бывать, а одной не миновать», повторенная Жуковым, — какой след могла она оставить в сознании Бродского?

Напомню, что за год до сочинения стихотворения «На смерть Жукова» Бро написал статью «Размышления об исчадии ада» (1973), адресованную Сталину. Судя по заглавию, под «исчадием ада» автор мог иметь в виду самого тирана. Но увы! Пресловутый тиран был тем, кто выступал арбитром «справедливости», хотя «справедливость» понималась не как традиционная этическая максима, а скорее как двоемыслие с размытыми границами между добром и злом.

Цитирую релевантный фрагмент:

«Он правил страной почти тридцать лет и все это время убивал. Он убивал своих соратников (что было не так уж несправедливо, ибо они сами были убийцами), и он убивал тех, кто убил этих соратников. Он убивал и жертв и их палачей. <...> И все это время, пока он убивал, он строил. Лагеря, больницы, электростанции, металлургические гиганты, каналы, города и т.д., включая памятники самому себе. И постепенно все смешалось в этой огромной стране. И уже стало непонятно, кто строит, а кто убивает. Непонятно стало, кого любить, а кого бояться, кто творит Зло, а кто — Добро. Оставалось прийти к заключению, что все это — одно. Жить было возможно, но жить стало бессмысленно. Вот тогда-то из нашей нравственной почвы, обильно унавоженной идеей амбивалентности всего и всех, и возникло Двоемыслие.

Говоря «Двоемыслие», я <…> имею в виду отказ от нравственной иерархии, совершенный не в пользу иной иерархии, но в пользу Ничто. Я имею в виду то состояние ума, которое характеризуется формулой «это-плохо-но-в-общем-то-это-хорошо» (и – реже — наоборот). То есть я имею в виду потерю не только абсолютного, но и относительного нравственного критерия. То есть я имею в виду не взаимное уничтожение двух основных человеческих категорий — Зла и Добра — вследствие их борьбы, но их взаимное разложение вследствие сосуществования» [Бродский, 2001, с. 46–47].

Попробуем разобраться в этой «иезуитской герменевтике», привязанной к евангельской заповеди «Не убий». Папа Григорий XIV издал буллу, запрещающую предоставлять *убийцам* убежище в церквях. Однако иезуиты нашли путь к тому, чтобы бросить вызов папе, внеся поправку в толкование понятия «убийцы». Убийцей следует считать лишь того, кто убивает за *вознаграждение.* Те же, кто убивают безвозмездно, то есть исключительно для того, чтобы оказать услугу друзьям, не являются «убийцами».

Что касается формулы «Сталин не был так уж несправедлив, убивая соратников», она справедлива в контексте другой иезуитской практики. В то время как дуэли были запрещены королевским указом, иезуиты нашли способ обойти и этот запрет. Дуэль, совершенная *во имя убийства другого человека,* есть бесспорное зло, соглашались они. Но дуэль в защиту собственного имени, собственного имущества или статуса есть дело высочайшей справедливости. Такую дуэль необходимо приветствовать. Одобрения заслуживает и Сталин, который убивал, защищая свое положение председателя Совета Министров СССР и министра вооруженных сил, наконец, свое имущество и свое имя.

Как видим, имперский дискурс Бро содержит в себе тайную мысль об особом порядке, которую не следует сбрасывать со счетов. Сталин убивал, но убивал по справедливости, ибо научился убивать у своих «соратников», у которых была единственная задача — убивать. Есть и второй момент, который, кажется, также отводит роль убежища акту «убийства». Ведь Сталин был занят строительством, то есть созданием и благоустройством своей страны. Но как эта логика Бро согласуется с формулой «двоемыслия», предложенной Джорджем Оруэллом в его провидческой книге «1984»?

«Двоемыслие означает способность одновременно придерживаться двух противоположных убеждений. Партийный интеллигент знает, в каком направлении изменить свои воспоминания; следовательно, он осознает, что обманывает реальность; однако с помощью двоемыслия он уверяет себя, что реальность остается неприкосновенной. Этот процесс должен быть сознательным, иначе его нельзя осуществить осторожно, но он должен быть и неосознанным, иначе возникнет чувство лжи, а значит, и вины. <…> Нужно говорить заведомую ложь и верить в нее одновременно, забывать любой факт, ставший неудобным, и извлекать его из забвения, как только он снова понадобится <…> В конечном счете спасибо „двоемыслию“, партии удалось (и кто знает, может быть, удастся еще тысячи лет) остановить ход истории» [Orwell, 1949].

Замечу, что Оруэлл рассматривает лишь *психологию* «партийного интеллигента», подчиненного верховной власти и в то же время ищущего обходного пути. С этой точки зрения можно легко объяснить и подход иезуитов к булле папы Григория XIV, и этику Сталина, убивающего своих соратников-убийц. Однако в «Размышлении об исчадии ада» нет и следов понимания концепта власти, а точнее, тех истоков власти, без рассмотрения которых «размышления» о власти лишены смысла. И с этой целью предлагаю послушать Александра Кожевникова (1902–1968), сокращенно Кожева, автора работы «Теория власти» (1942), опубликованной посмертно.

К этой теории Кожев пришел, читая курс по «Феноменологии духа» Гегеля (1770–1831), предложенный им в Практической школе высших исследований (*l'Eco1e Pratique des Hautes Etudes*) с 1933 по 1939 год.[43]

«Властное действие, — говорил Кожев, интерпретируя Гегеля, — отличается от всех других действий тем, что оно не встречает противодействия со стороны тех, на кого оно направлено. Это предполагает, с одной стороны, возможность противостояния, а с другой — сознательный и добровольный отказ от реализации этой возможности. Например, если я выброшу кого-то из окна, то факт его падения не имеет никакого отношения к моей власти. Однако моя власть над ним проявится очевидным образом, если по

[43] Лекции Кожева посещала интеллектуальная элита Парижа (Р. Арон, Ж. Батай, Р. Кено, П. Клоссовски, Ж. Лакан, М. Мерло-Понти и др.), хотя было известно, что он интерпретировал Гегеля вольно несмотря на то, что изучал работы Гегеля в университете Гейдельберга.

моему приказу он выбросится из окна, хотя он мог бы и не делать этого» [Kojève, 2007, p. 16].

Тут, конечно же, возможны возражения, особенно релевантные для нас сегодня. Являются ли проявлением власти те акты варварства, которые совершают российские солдаты в Украине, выступающие от лица своих кровожадных правителей, делегировавших им свою власть? И кто может утверждать, что жертвы этих злодеяний приняли свою судьбу добровольно? В этом контексте вспоминается оценка этой гегелевской теории Кьёркегором, которую цитировал Уистан Оден в знак полной солидарности: «Если бы он только сказал, закончив свою книгу: „Все это не более чем шутка“, Гегель был бы великим человеком». Но Гегель, конечно же, не шутил, хотя разграничительная черта, которую он провел между властью и силой, строилась как раз на их взаимозаменяемости. Власть не может быть удержана без подкрепления ее силой. Соответственно, ожидание того, что приказ, который отдает исполнитель (от полководца до простого солдата) *должен* быть встречен добровольным подчинением, не имеет логического обоснования. То же самое можно сказать и обо всей гегелевской доктрине, в которой утверждается, что человек, выбравший добровольное подчинение, способен видеть альтернативы от неповиновения и до поиска компромисса, хотя и намеренно подавил их, подчиняясь власти.

Все же было бы поспешно упрекать Гегеля в отсутствии всякой логики, ибо с понятием власти Гегель связывал самосознание Владыки, определяемое как «Kampf auf Leben und Tod» (борьба не на жизнь, а на смерть). Но как понимать *борьбу на смерть,* спросит читатель, знакомый лишь с понятием «борьба за жизнь». Что ж? Под борьбой за смерть Гегель имеет в виду не борьбу за фатальный исход, а скорее борьбу за идентификацию Мастера и раба, ибо Мастером может стать лишь индивидуум, который не ставит свое самосознание в зависимость от жизни. Раб же, напротив, готов принять рабство именно потому, что превыше всего ценит жизнь. Но эта готовность не является счастливым решением их конфликта. Раб становится рабом лишь под страхом смерти, а Мастер становится господином лишь при условии, что раб признает его таковым. И это состояние взаимной «зависимости» заключается в том, что раб существует не для себя, а всецело для другого.

Этот контекст релевантен для статьи Бро «Размышления об исчадии ада» (1973). Если бы он считал злодеяния Сталина «исчадием зла», ему пришлось бы определиться, был ли Сталин исконным носителем власти в том смысле, который вкладывал в него Гегель, а за ним и Кожев. Но Бро предпочел размышлять о Сталине как носителе *двоемыслия,* тем самым нивелируя зло с добром. Означает ли это, что он даровал Сталину исконное самосознание Господина в гегелевском смысле, которого тот несомненно был лишен,[44] как его был лишен и современный, «бункерный» диктатор, тоже рекламируемый как наследник Власти?

Что же могло диктовать выбор Бро? Оправдывая двоемыслие Сталина, полагаю я, Бро пытается оправдать собственное двоемыслие. Проследим за его мыслью, высказанной в интервью миланскому слависту Джованни Буттафава (1939–1990).

Буттафава: «Каковы ваши отношения с эмигрантами?»

Бро: «Когда нужно было выступить в защиту кого-нибудь, я это делал довольно часто, но я не хочу взбираться на трибуну, размахивать руками, выдвигать программы. В политике нельзя быть дилетантом. Ею нужно заниматься профессионально».

Казалось бы, вопрос Буттафавы обещал быть вполне ординарным. Однако, судя по ответу Бро, он усмотрел в нем готовящуюся каверзу. И каверза там действительно была.

Буттафава: «И поэтому вы не стали подписывать прошлой весной знаменитое Письмо Десяти, которое бросало вызов Горбачеву?»

Бро: «Мне прислали письмо, чтобы я его подписал, но оно показалось мне ужасающе глупым. Оно содержало лишь перепевы из западной прессы. Там не было никакой главенствующей идеи. Я сообщил, что подпишу, если в письмо внесут изменения. Следовало сформулировать свое несогласие более точно, а не пересказывать „Нью-Йорк Таймс“. Мне ответили, что на переделку нет времени: или подписывай это, или вообще не подписывай. И я сказал „нет“. Не то чтобы я был не согласен по принципиальным вопросам, но мне не хотелось ставить свою подпись под столь банальным документом».

---

[44] В частности, в стихах старшего современника Бро, Бориса Слуцкого, была озвучена именно рабская сущность этого правителя. Цитирую релевантные строки известного стихотворения «Мы все ходили под Богом» (1955):

> Однажды я шел Арбатом,
> Бог ехал в пяти машинах.
> От страха почти горбата
> В своих пальтишках мышиных
> Рядом дрожала охрана.

На первый взгляд, ответ Бро мог понравиться интеллектуальной элите. Ведь он счел банальным аргумент, повторяющий позицию лучшей американской газеты того времени. Но Буттафава не купился на этот гиммик и сделал новый шаг в попытке выявить истинные мотивы Бро.

Буттафава: «А что вы думаете о Горбачеве?»

Бро: «Я поддерживаю его всей душой. Нельзя не приветствовать то, что происходит сегодня в СССР, особенно в области культуры. Огромная разница с тем, что было пятнадцать лет назад или даже три года назад. Однако мне бы хотелось, чтобы Горбачев вел себя как просвещенный тиран. Он мог бы расширить свою просветительскую деятельность до неслыханных пределов: я бы на его месте начал с того, что опубликовал на страницах „Правды" Пруста. Или Джойса. Так он действительно смог бы поднять культурный уровень страны».

Буттафава: «Есть ли что-либо, в чем вы не согласны с Горбачевым?»

Бро: «Сегодня у меня нет никаких возражений по поводу его деятельности. Мое несогласие касается системы, на вершине которой стоит Горбачев» [Бродский, 1987а].

Как видим, умелому интервьюеру удалось представить Бро в двух ипостасях: как критика двоемыслия и его последовательного приверженца. Бро отказывается подписать диссидентское письмо, отыскав в нем *дефект*. Но аргументация Бро страдает еще большим дефектом. Ведь он отказывается (страшится?) признать, что, не разделяя позиции диссидентов, он поддерживает власть правителя.

Логика двоемыслия, позволившая Бро вывести вопрос о злодеяниях Сталина из этической сферы, получила в ходе истории название иезуитской. И чтобы не потерять читателя, не вполне знакомого с тонкостями иезуитской логики, приведу строки из «учения о вероятных мнениях», поясненного Блезом Паскалем (1623–1662) в пятом письме «Писем провинциалу».

По необходимости цитата будет длинной:

«„Я вижу, — сказал мне добрый патер, — вы не знаете, что такое учение о вероятных мнениях <...>; без этого учения вам нельзя будет ничего понять, это основа и азбука всей нашей морали".

Я был в восторге, ибо он как раз напал на то, чего мне хотелось. Высказав свое восхищение, я попросил его объяснить мне, что такое „вероятное мнение".

„Наши авторы ответят вам лучше меня, — сказал он. <...> — Мнение называется вероятным, когда оно основано на доводах, имеющих какое-нибудь значение. Отсюда вытекает иногда, что один ученый, пользующийся большим авторитетом, может сделать мнение вероятным. И вот на чем это основывается: человек, специально посвятивший себя науке, не стал бы держаться мнения, если бы у него на то не было хорошего и достаточного основания".

„Итак, — сказал я, — один ученый может вертеть совестями и баламутить их по своему желанию и всегда безопасно".

„Не надо смеяться, — сказал он, — и нечего думать бороться с означенным учением. <...>. Послушайте Санчеса, одного из самых знаменитых наших отцов: 'Вы, может быть, будете сомневаться, делает ли авторитет одного хорошего и сведущего ученого его мнение вероятным. На это я отвечаю: да'. То же подтверждают Анхель, Сильвий, Наварр, Эммануил Са и др. И вот как сие доказывается. То мнение вероятно, которое имеет значительное основание. А авторитет человека ученого и благочестивого имеет не малое, а, скорее, великое значение: так как *(хорошенько проследите за этим доводом),* если свидетельство такого человека имеет большой вес для нас, когда нужно удостоверить, что то-то и то-то произошло, например, в Риме, почему же не иметь ему того же веса и при сомнении в области морали?"

„Забавное сравнение, — сказал я, — вопросов светских с вопросами совести!"

„Имейте терпение: Санчес отвечает на это в следующих же строках своего рассуждения: 'И ограничение, делаемое некоторыми авторами: что авторитет такого ученого достаточен в вопросах человеческого права, но не в вопросах права божественного, не находит во мне сторонника, так как указанный авторитет имеет большой вес применительно к обеим сферам'".

„Отец мой, — сказал я ему откровенно, — я не могу принять в расчет этого правила. Кто мне поручится, что при той свободе, которую позволяют себе ваши ученые в исследованиях на основании разума, то, что покажется достоверным одному, покажется таким же и всем остальным? Разнообразие суждений так велико".

„Вы этого не понимаете, — прервал меня патер, — они действительно очень часто расходятся во мнениях: но это ничего не значит; каждый делает свое мнение вероятным и безопасным. Конечно, всем известно, что они не всегда одного мнения, но тем и лучше. Напротив, они почти никогда не сходятся во мнениях. Мало вопросов, где бы вы не увидали, что один говорит ***да,*** другой — ***нет.*** И во всех этих случаях и то и другое из противоречивых мнений вероятно. И поэтому-то Диана говорит по одному поводу:

‘Понс и Санчес придерживаются противоположных мнений; но, так как оба они люди ученые, то каждый делает свое мнение вероятным’“.

„Но, отец мой, — сказал я, — разве тогда не появляется большое затруднение при выборе?“

„Нисколько, — ответил он, — нужно лишь следовать тому мнению, которое больше всего нравится“.

„А как же, если другое более вероятно?“

„Это ничего не значит“, — сказал он.

„А если другое более безопасно?“

„Это тоже ничего не значит, — повторил опять патер, — данный вывод в точности объясняется вот здесь у Эммануила Са из нашего Общества, в его афоризме *De dubio*: ‘Можно делать то, что считаешь дозволенным на основании вероятного мнения, хотя бы противоположное и было более безопасным. А для этого достаточно мнения одного веского ученого’“.

„А если же мнение — это одновременно и менее вероятно, и менее безопасно, разрешается ли следовать ему, оставляя более вероятное и более безопасное?“

„Да, — еще раз сказал он, — выслушайте Филиуция, этого великого иезуита из Рима: ‘Дозволяется следовать мнению наименее вероятному, хотя бы оно и было менее всего безопасно. Таков общий взгляд всех новых авторов’. Не ясно ли это?“

„Какой перед нами открывается простор, ваше преподобие, — сказал я. — Благодаря вашим вероятным мнениям у нас прекрасная свобода совести. А у вас, казуистов, точно такая же свобода в ответах?“

„Да, — сказал он, — мы тоже отвечаем то, что нам приятно, или, вернее, что приятно тем, которые нас спрашивают. <…> В самом деле, отец мой, ваше учение очень удобно. Еще бы! Отвечать ***да*** и ***нет*** по своему выбору; нельзя переоценить подобную выгоду <…>. Если вы не находите расчета в одном направлении, вы бросаетесь в другое и всегда наверняка“» [Паскаль, 1997, сс. 112–116].

Глава 13

Могущество рифмы

Завороженность пересечением вертикали с горизонталью — тема, которую Бро будет развивать в прозе (глава 28), выразилась через завороженность рифмой в поэзии. Даже читая стихи, он выпячивал рифму, усвоив особый речитатив, возможно, даже зная, что рифма пришла в поэзию через «декламационное чтение» [Лотман, 1996, с. 267]. Однако он был далек от мысли, что поэзию делает двойной аспект рифмы: звучание и смысл, то есть, что рифма может быть удачной на одном уровне и неудачной на другом, создавая неожиданный смысловой сдвиг. Неудивительно поэтому, что, столкнувшись с непониманием, как это было в случае Валентины Полухиной, Бро настаивал, что смысл стиха предельно ясен.

Его диалог с Полухиной поучителен:

Полухина: «В Вашем стихотворении „Полдень в комнате» (1978):

Воздух, в котором ни встать, ни сесть,
Ни, тем более, лечь,
Воспринимает «четыре», «шесть»,
«Восемь», лучше, чем речь…[1]

играют ли цифры какую-то особую роль?» [Полухина, 2009].

Как видим, смысл этой строфы действительно размыт, хотя художница Катя Марголис этот смысл раскрывает, аргументированно посвящая ему эссе «Алфавит Иосифа Бродского» [Марголис, 2021]. Обращаясь к смыслу стихотворения «Полдень в комнате», предлагает в качестве кода для всего текста следующие строки:

Двуногое — впрочем, любая тварь
(ящерица, нетопырь) —

прячет в своих чертах букварь,
клеточную цифирь. [2]

И далее Катя Марголис предлагает иллюстрированный комментарий обращаясь сначала к графическому коду (А, Б, В), после чего вкрапляя иллюстрацию кода цифрового. Например, цифра 8 комментируется ею дважды: сначала со ссылкой на стихотворение «Шум ливня воскрешает по углам…» (1990), после чего в контексте демистификации самого кода:

«А „пара старых эмигрантов", доживающая свои дни во Флоренции Данте, превращается в „две старые цифры 8". Параллель между домом Данте и домом Мурузи возникает уже во второй строфе („твой подъезд в двух минутах от Синьории"), где город Данте сливается с родным городом автора, жившего в нескольких минутах ходьбы от „Большого дома", здания Ленинградского управления КГБ. Дополнительно указывает на это слово „подъезд", не вполне уместное во флорентийских декорациях, но обычное в советском городе. Учитывая известное внимание Бродского к цифрам, можно гипотетически предположить, что в строчке „в прихожей вас обступают две старые цифры 8 для поэта, многократно писавшего адрес на открытках и письмах родителям, также зашифрована ленинградская деталь: цифры 2 и 8 составляют номер квартиры поэта в доме Мурузи"» [Марголис, 2021].

В моем прочтении, принцип рифмы в русском оригинале требует особого рассмотрения. Глагол «сесть» рифмуется с числительным «шесть», вступая с ним в отношения, поименованные Романом Якобсоном как «реляционные»: «Рифма уравнивает слова, которые вне данного текста не имели бы между собой ничего общего. Это со-противопоставление порождает неожиданные смысловые эффекты. Чем меньше пересечений между семантическими, стилистическими, эмоциональными полями значений этих слов, тем неожиданнее их соприкосновение и тем значимее в текстовой конструкции становится тот пересекающийся структурный уровень, который позволяет объединить их».[45]

---

[45] Роман Якобсон ввел языковое разграничение между «материальными» значениями и чисто «грамматическими» (то есть «реляционными»). «Поэзия, налагая сходство на смежность, возводит эквивалентность в принцип построения сочетаний. Симметричный повтор и контраст грамматических значений становятся здесь художественными приемами» [Якобсон, 1961, с. 403].

Бро поясняет: «Тут очень простая логика. Она дальше в стихотворении развивается. Я даже помню, как это дальше. Воздух неописуем, то есть воздух не предмет литературы; можно сказать, он чистый, замечательный и т.д., но он в общем не оцениваем. И 2–4–6 — это такие нормальные, близкие, кратные цифры. Обратим внимание: строк в стихотворении 16, и 16-я песнь „Инферно“ делится на два» [Полухина, 2009].

Я же полагаю, что «разъяснение» лишь тормозит постижение смысла. Однако текст, предшествующий указанному, возможно, помогает если не восстановить когерентность текста, то выйти из положения без того, чтобы постигнуть смысл:

> ...вспять оглянувшийся: тень, затмив
> профиль, чье ремесло —
> затвердевать, уточняет миф,
> повторяя число
> членов. Их переход от слов
> к цифрам не удивит.
> Глаз переводит, моргнув, число
> в несовершенный вид. [3]

Выходом из положения является чуть ли не кинематографический трюк. Если перейти от рифмы как вертикальной составляющей: «затмив/„миф“ и „ремесло“/„число“ к горизонтали, то полученная цепочка: „тень“, поворот „вспять“, „миф“, „затвердевать“» — отсылает к библейской символике, которая при сложении складывается в притчу о жене Лота, уже встречавшуюся в прозаическом эссе Бро 1972 года. Правда, в библейской притче жена Лота, будучи наказанной за то, что оглянулась на дом, превращается в столп солнечного света. В тексте Бро есть ограничения: глазу дозволено различить лишь теневой профиль жены Лота и ее застывающие конечности, число которых, поддающееся счету, является пределом того, что ему известно.

Но как осуществляется этот переход «от слов к цифрам» и назад, от цифр к слову? По какому волшебству «число» оказывается переведенным в несовершенный вид (глагола), остается за пределом понимания. Можно ли сказать, что мы имеем дело с заумью, то есть бессмыслицей?

«Бытующее представление о зауми и бессмыслице неточно уже потому, что „бессмысленный (то есть лишенный значений) язык“ —

это противоречие в терминах. Понятие „язык“ подразумевает механизм передачи значений (смыслов). Так называемые заумные слова <...> это слова с незафиксированным лексическим значением. Однако это именно слова, поскольку они имеют формальные признаки слова и заключены между словоразделами. Раз это слова, то, следовательно, предполагается, что у них есть значение (слов без значений не бывает), только оно по какой-либо причине неизвестно читателю, а иногда и автору („Люблю я очень это слово, Но не могу перевести“ („Евгений Онегин“) — случай, когда автор не может дать или делает вид, что не может дать перевод слова, типологически близок к зауми» [Лотман, 1972, с. 274–275].

Таким близким к зауми способом Бро объясняет слово «воздух», сравнив его сначала с «патом», потом с «вечным шахом» и, наконец, с «гегелевской мечтой». Цитирую текст:

Воздух, в сущности, есть плато,
пат, вечный шах, тщета,
ничья, классическое ничто,
гегелевская мечта. [4]

И здесь уже не важно, знал ли Бро, что при пате (то есть «в ситуации, когда игрок не может воспользоваться правом хода», король НЕ находится под шахом. Да и разгадка того, как сущность «воздуха» соотносится с «гегелевской мечтой», может заключаться в мысленном переводе словаря Гегеля в рифмованную пару «воздух»/«дух». Вообще-то, смысл стихотворения вовсе не должен быть ясен даже поэту. Напомню декларативное заявление известного поэта о том, что «подавляющее большинство поэтических текстов состоит из утверждений, проверять которые берется только очень глупый человек» [Empson, 1930, pp. 14–15].

Но это не избавляет и не очень глупых людей от соблазна проверять и перепроверять утверждения поэтов, особенно тех из них, которым вопрос о том, что такое поэзия, не представлялся самоочевидным. Мой выбор падает на Бо, который потрудился представить эту топику объемно и пристрастно.

«И что такое она сама, эта поэзия? Не по толковым же словарям шарить в определениях? Впрочем, почему бы и нет, — например, по Владимиру Иванычу, казаку Луганскому: „словесное искусство, духовное и художественное изящество, выражаемое мерной речью“». Да, но ведь изящество — это ведь что-то балетное в белых пачках и с задранной ножкой над головой. Это отчасти от Пушкина, и уж никак не от Державина. Но духовность помянута здесь к месту и очень по делу, о чем вы, друзья мои, слегка подзабыли.

Вот как об этом взахлеб и исступленно нами цитируемый Борис Леонидович изъяснялся:

«Это крупно налившийся свист,
Это — щелканье сдавленных льдинок,
Это — ночь, леденящая лист.
Это — двух соловьев поединок». [5]

А несравненная и трепетно нами чтимая Анна Андреевна вот как предмет определила:

«Это — выжимки бессонниц,
Это — свеч кривой нагар,
Это — сотен белых звонниц
Первый утренний удар…»[6]

Именно это и выразил, пожалуй, полнее всех наставник поэтов и царей, тихий гений русской словесности:

«Поэзия есть Бог в святых мечтах земли» («Poetry is God in the holy dreams of the earth»» [Бобышев, 2008, с. 203–204].

Вернемся к диалогу Бро с Валентиной Полухиной.

Полухина: «Вы нередко сравниваете себя с буквами русского алфавита:

…как тридцать третья буква,
Я пячусь всегда вперед;
Как ты жил в эти годы? —
Как буква *„г“* в *„ого“*. [7]

Последнее сравнение имеет политический оттенок?»

Бро: «Какой еще политический оттенок?»

Полухина: «Ну как же? Буква „г“ в „ого“ произносится как фрикативное h, как и в слове „Бог“, а для этого звука в русском языке нет буквы. Напрашивается параллель с вашей ситуацией в любимом отечестве. Ваше имя иногда произносят, а стихов ваших не печатают, то есть для официальной советской литературы вы как бы не существуете. Не это ли вы имели в виду, сравнивая себя с буквой „г“ в „ого“?»

Бро: «Возможно, где-то подсознательно. Недурное замечание, Валентина» [Полухина, 2009, с. 16].

Что же делает этот эпизод восхитительным?

Интерпретация интервьюера принимается Бро с грубой подозрительностью: «Какой еще политический оттенок?» Но далее ему выплескивается казуистическая интерпретация вполне в его вкусе. И хотя ничего подобного ему никогда не приходило в голову, он готов разделить с интервьюером авторство этой находки, хотя бы «подсознательно». Эпизод заканчивается скупой похвалой: «Недурное замечание, Валентина». Но беда в том, что интерпретация Валентины Полухиной не держит воду, ибо буква «г» в «ого» НЕ произносится как фрикативное h в слове «Бог». Так произносится буква «г» в «ага».[46] Что касается буквы «г» в «ого» (скажем, «того»), то она произносится как «ово».[47]

Но насколько правомерны мои попытки поймать поэта на логических ляпсусах? По мысли Камю, произведение искусства только тогда бывает подлинным, когда оно чего-то «недоговаривает», а сознание автора есть сознание, «творящее лишь видимость, набрасывающее покрывало образов на то, что лишено разумного основания. Будь мир прозрачен, не было бы и искусства» [Камю, 2007].

Полагаю, что недостаток разумного основания как раз и возмещает рифма, которая «провоцирует сопоставление разных слов, „оглупляет“ и „обнажает“ слово. Рифма (особенно в раешном или „сказовом“ стихе) создает комический эффект. Она „рубит“ рассказ на однообразные куски, показывая тем самым нереальность изображаемого» [Плюханова, 1986, с. 240].

Тут важно оговорить, что комический эффект не создается самой рифмой. Скорее, его следует искать в характере вербальных

---

[46] Попутно отмечу, что «г» в слове «Бог» редуцируется, а не произносится как фрикативное «г».

[47] Но едва поставив здесь точку, я обратила внимание на строфу в том же самом стихотворении, где «него» (то есть фонетически «нево») рифмуется с «ого», тем самым подменяя фонетическую рифму грамматической. Но и в этом случае нет намека на фрикативное h:

> Странно отсчитывать от него
> мебель, рога лося,
> себя; задумываться, «ого»
> в итоге произнося
>
> [Бродский, Полдень в комнате].

связей. «Сама по себе рифма отнюдь не смешна. Комический эффект получает звуковое сближение слов семантически трудно совместимых <...>. Немотивированная рифма имеет смеховой ореол только в данной системе, подразумевающей в принципе семантическую мотивировку созвучия. Сочетание абсурдное тоже мотивировано семантически, поскольку абсурдность принадлежит области смысла. Сочетания типа „Иван-болван“, „Ефрем ест хрен“ потому и могут служить для насмешек, что рифма в них семантическая» [Там же, с. 243–244].

Предлагаю рассмотреть стишок Мандельштама, приписываемый либо 1913, либо 1915 году:

Не унывай,
садись в трамвай,
Такой пустой,
Такой восьмой...[8]

Парные рифмы «унывай»/«трамвай» и «пустой»/«восьмой» заключают в себе полную несовместимость. Однако смысл достигается синтагматической связью. Существительное «трамвай» соседствует с глаголом «садись», а несовместимая рифма «пустой»/«восьмой» теряет несовместимость благодаря повтору указательного местоимения «такой», вполне совместимого в соседстве с прилагательным «пустой» («такой пустой»).

Как видим, игра смыслов относится к способу мышления. А в *способе мышления* может заключаться умение смотреть на мир по-новому, учиться заново ходить, направлять внимание на функции каждого предмета, включая те функции, которые невообразимы в обычном дискурсе. Так, Камю понимает абсурдное мышление, строя его по феноменологическому образцу.

«Феноменология примыкает к абсурдному мышлению в своем изначальном утверждении: нет Истины, есть только истины. Вечерний ветерок, эта рука на моем плече — у каждой вещи своя истина. Она освещена направленным на нее вниманием сознания. Сознание не формирует познаваемый объект, оно лишь фиксирует его, будучи актом внимания. Если воспользоваться образом Бергсона, можно сказать, что сознание подобно проекционному экрану, который неожиданно фиксирует образ. Отличие от Бергсона в том, что на самом деле нет никакого сценария, сознание последовательно высвечивает то, что лишено последовательности. В этом волшебном фонаре все образы самоценны. Сознание заключает в скобки объекты, на которые оно направлено, и они чудесным образом обособляются, оказываясь за пределами всех суждений. Именно эта „интенциональность“ характеризует сознание. Но данное слово не содержит в себе какой-либо идеи о конечной цели. Оно понимается в смысле „направленности“, у него лишь топографическое значение» [Камю, 2007].

Спектр абсурдного мышления в том смысле, какой в него вкладывал Камю, был довольно широк у Мандельштама. Скажем, два однокоренных слова: наречие «вкрутую» с корнем «крут» и краткое прилагательное «крут», будучи носителями различных грамматических функций, дают в фантазии Мандельштама такой результат:

Старик Моргулис зачастую
Ест яйца всмятку и вкрутую.
Его враги нахально врут,
Что сам Моргулис тоже крут. [9]

Тот же прием использован Мандельштамом в более жестком контексте. Взяв одно и то же существительное («молоко») в прямом и переносном смысле, он создает такое двустишие:

Я вскормлен молоком классической Паллады,
И, кроме молока, мне ничего не надо. [10]

Правда, здесь Мандельштам, возможно, и не был оригинален. Припомним эпиграмму Пушкина на Князя М. А. Дондукова-Корсакова (1792–1869), председателя петербургского цензурного комитета, назначенного С. С. Уваровым, вице-президентом Академии наук. Здесь центральным является глагол «заседает», вначале использованный в переносном и высоком смысле, после чего повторенный с «просвечивающим» предлогом «сидеть на».

В Академии наук
Заседает князь Дундук,
Говорят, не подобает
Дундуку такая честь
Почему ж он заседает?
Потому что жопа есть. [11]
[Пушкин, 1957, с. 353].

Но едва ли не самым изощренным опытом Мандельштама является пародия на рифму. Известно стихотворение Ахматовой «Сероглазый король», где рифмуются *«боль»* и *«король»*. Долгое время существовало ошибочное представление, что стихотворение посвящено Блоку:

Слава тебе, безысходная боль!
Умер вчера сероглазый король. [12]

В эпиграммическом стихе Мандельштам пародирует не только энкомиум Ахматовой, рифмуя «король» и «боль» но создает фальшивую идентичность «короля» с именем Блока:

Блок — Король
И маг порока;
Рок и боль
Венчают Блока. [13]

Говоря о функции рифмы как звукового повтора, Лотман приводит пример того, как предложение, которое может успешно использоваться в прозаической речи, подчеркивая *автоматизм структуры,* нарушает этот автоматизм, попав в стихотворный контекст. Рассмотрим простой пример (еще один абсурдный стишок Мандельштама):

Любил Гаврила папиросы,
Он папиросы обожал.
Пришел однажды он к Эфросу:
Абрам, он, Маркович, сказал. [14]

Как видим, в первых трех строках катрена речь идет о любви (даже страсти) к папиросам, некоего Гаврилы, который однажды пришел к... Эфросу. В четвертой строке с глагольной рифмой «обожал»/«сказал» объявлена причина визита: «Абрам, он, Маркович, сказал». Однако Абрам Маркович как раз и является Эфросом (1888–1954), лицом реальным и узнаваемым. Он искусствовед, который разглядел животных в знаменитых портретах Серова — в частности, в портрете Станиславского череп обезьяны. Перу Эфроса принадлежат афоризмы: «Сомов — циник, Бенуа — иронист, Добужинский — сентименталист, Павел Кузнецов — русский Гоген, нашедший истину в киргизской степи». Что же мог «сказать» Гаврила Эфросу?

Однако, если рассмотреть мотивационную структуру этого стишка, сам Мандельштам уже создал другого Эфроса. Известно, что, вернувшись из воронежской ссылки и узнав, что Эфрос был сослан в Новгород Великий, Мандельштам сказал: «Это не Новгород Великий, а Эфрос Великий».

Итак, различие между поэтическим и прозаическим языком состоит, в частности, в том, что «количество структурных уровней и значимых их элементов в обычном языке замкнуто и известно говорящему заранее. В поэтическом же тексте слушателю или читателю еще предстоит установить, какова совокупность кодовых систем, регулирующих предложенный ему текст» [Лотман, 1972, с. 276].

Как и другие поэты, тестирующие этот жанр, Бро исследовал разные языковые пласты, включая клише. Эту мысль предлагаю проверить, открыв пародийный цикл под названием «Представление» (1986). Сам Бро называл этот цикл «стихотворением», что в литературе, кажется, не оспаривалось, хотя именно здесь не обошлось без парадокса. Поскольку цикл «Представления» состоял главным образом из рифмованных и разножанровых катренов или восьмистиший, его анализ как «стихотворения» в литературе отсутствовал. И оказалось, что исследователи разделились на тех, кто находил в этом разнородном цикле единый сюжет [Петрушанская, 2001, с. 2], или тех, кто, наоборот, стремился разобщить «провокационно чуждые контексты» [Мищенко, 2015, сс. 331–337].

Но едва ли не всех исследователей объединяло предпочтительное внимание к содержанию, о чем свидетельствовал их способ цитирования. Шла ли речь о катрене или, скажем, об актете, ссылки на них давались по первым строкам без учета их рифм. А если случайно вопрос рифмы и попадал в их поле зрения, то он сводился к формальному делению на «парные» и «перекрестные». А между тем Бро видел в рифме «мнемонический прием (удачная рифма непременно запоминается)». Но, наряду с этим и прежде всего, он считал рифму инструментом, который «соединяет вместе до той поры не сводимые вещи. В определенном отношении, прибегая к рифме, поэт отдает должное языку, словам или понятиям, которые он трактует» [Мей, 1988].

Это заявление Бро было сделано в 1988 году, хотя понимание рифмы как инструмента, позволяющего свести воедино «не сводимые» друг с другом понятия, уже тогда имело свою историю. Конечно, об этом неоднократно и внятно писал Лотман: «Звучание рифмы связано непосредственно с ее неожиданностью, то есть имеет не акустический или фонетический, а семантический характер. <...> Именно с рифмы начинается та конструкция содержания, которая составляет характерную черту поэзии. В этом смысле принцип рифменности может быть прослежен и на более высоких структурных уровнях. Рифма в равной мере принадлежит метрической, фонологической и семантической организации. <...> „Расшатывание“ запретов на системы ритмики почти всегда дополнялось увеличением запретов на понятие „хорошей“ рифмы. Чем больше ритмическая структура стремится имитировать не-поэтическую речь, тем отмеченнее становится рифма» [Лотман, 1972].

И неудивительно, что уже в 1976 году Бро начинает стихотворение такими строками:

> «Я родился и вырос в балтийских болотах, подле
> серых цинковых волн, всегда набегавших по две,
> и отсюда — все рифмы, отсюда тот блеклый голос,
> Вьющийся между ними, как мокрый волос». [15]

Уже из приведенного катрена следует, что строки соединены парными рифмами: «подле»/«по две», «голос»/«волос» (парная рифма прослеживается и далее). И эта парность говорит о семантической связи, определенной самой природой. Существует убеждение, что «балтийские волны» неизменно набегают парами.

Однако довольно скоро Бро, вероятно, осознал, что соединение несоединимых вещей за счет рифмы имеет свои трудности, ибо оно не исчерпывает темы. Это осознание было озвучено в год сочинения им юбилейного стихотворения «Я входил...» (1980). А импульсом послужил ординарный вопрос интервьюеров:

«Что, помимо просодического свойства, о котором вы уже упомянули, представляется вам главным приемом?»

И здесь читателя поджидает сюрприз. Ответ Бро на ординарный вопрос оказался, возможно, самым неординарным из всего того, что ему случалось говорить о своем творчестве: «Ну, я бы сказал, что именно готовность поддаться искушению сделать следующий шаг. То есть когда думаешь, что тема, эмоция, образ и их смысл исчерпаны, я пытаюсь сделать следующий шаг — вскрыть какую-то невозможность образа или чувства. Я попробовал это однажды, в том длинном диалоге („Горбунов и Горчаков“) из ста сорока строк, и мне понравилось. <...> В то время любая попытка сделать следующую строфу была для меня немыслима. К тому же в ситуации спора, пунктов спора, любое возобновление разговора казалось мне немыслимым. Эти персонажи не могли иметь ничего, что бы сказать друг другу. И тем не менее мы знаем природу разговора, он всегда затягивается. Он всегда возобновляется — как крикет — на той же ноте, на какой прекратился накануне. Это одно из пугающих свойств обмена, диалога. И я пытался подражать этим свойствам <...> В этих стихах виден один из главных приемов: делается следующий шаг, который представляется а) невозможным и б) даже ненужным» [Мей, 1988].

Искушение выхода из тупика, из желания «сделать следующий шаг, который представляется а) невозможным и б) даже ненужным», является искушением развивать тупиковую ситуацию, которой сторонился кумир Бро Оден, нещадно выбрасывавший *ненужные* стихи из собрания сочинений. «Некоторые стихи, которые я написал и, к сожалению, опубликовал, я выбросил, потому что они были нечестными, или дурновкусными, или скучными» [Auden, 1966, p. 15]. В главе 11 уже обсуждались причины, побудившие Одена избавиться от популярного стихотворения «September 1, 1939». Остается добавить, что в предисловии к изданию *Collected Shorter Poems* 1966 года Оден выразил неприятие стихов, «которые выражают, хорошо ли или плохо, убеждения, которых автор никогда не чувствовал и не разделял».

В искушении выйти из этого тупика, войдя в него заново, я вижу причину обрушения таланта Бро, подтолкнувшего его, среди прочего, к сочинению цикла стихов «Представление» (1986). Замечу, что именно в то время, когда он работал над его созданием, *он дал интервью* Давиду Монтенегро, которое цитирую:

Монтенегро: «В чем вы сейчас чувствуете себя наименее уверенно в поэзии? Есть ли какая-нибудь проблема, которую вы пытаетесь решить?»

Бро: «Стихотворение, когда его пишешь, всегда уникально. Я не пытаюсь заявить о своей приверженности той или иной моде, но я думаю как человек, всегда пользовавшийся метром и рифмой, и я все время повышаю чисто технические ставки. Два этих аспекта, *особенно рифма* (курсив мой. — *А. П.*) служат синонимами усложнения стоящих перед вами проблем с самого начала, с первого импульса к сочинению» [Montenegro, 1987].

Вопрос Монтенегро, равно как и ответ Бро, относятся к ситуации «здесь и сейчас», то есть к проблемам, связанным с созданием тех фарсовых стихов, которые вошли в «Представление» и так взбесили Солженицына. Но именно читая эти фарсовые стихи, начинаешь понимать роль рифмы в нефарсовых стихах Бро (опыт, который в литературе о Бро был обойден).[48]

Привожу несколько примеров:

«Крыл последними словами:
«Кто последний? Я за вами»».
«Ветер свищет. Выпь кричит.
Дятел ворону стучит».
«Жизнь — она как лотерея.
Вышла замуж за еврея».
«Довели страну до ручки.
Дай червонец до получки».
«А почем та радиола?
Кто такой Савонарола?
Вероятно, сокращенье.
Где сортир, прошу прощенья?»[16]

Проницательный Бо усмотрел в «Представлении» *параллель к* «антиукраинскому памфлету». Цитирую его текст: «Но — имперец ли он? Имперский поэт возвеличивал бы свою метрополию, прославлял бы заглавную нацию и ее культуру... У Бродского есть красноречивый ответ на этот вопрос — стихотворное „Представление“, написанное как бы в пару антиукраинскому памфлету, но гораздо искусней, хотя форма этого сочинения вступает в противоречие с содержанием. Виртуозная строфика особенно выделяет уродство и примитивность образов. В нелепых костюмах выступают „кацапские“ культурные герои, среди них тот же Пушкин, но эта клоунада не смешная, а довольно противная, даже мерзкая, как и вся имперская нация, далее представленная в неприглядных персонажах, — жрущая, испражняющаяся, совокупляющаяся, дерущаяся, матерящаяся и посему подлежащая презрению и даже искоренению, начиная с ее столицы: „лучший вид на этот город, если сесть в бомбардировщик“. По-моему, этим все сказано.

[48] Отрицание роли рифмы в «Представлении» было оправдано ее «непереводимостью» на английский язык (тезис, к которому пришел Томас Кэмпбелл). Но «Трудности перевода цикла „Представление“» [Бродский, 1996б, с. 173–222] кажутся мне оправданными лишь приблизительным знанием русского языка.

Огромный талант. Короткая жизнь. Большое литературное наследие. Крупное Эго. Мстительная душа. Сильное упорство. И в чем-то слабая воля» [Бобышев, 2023].

Примечания:

[1] Air in which one can neither stroll,
Nor sit or, moreover, sprawl,
Perceives “four”, “six”, “eight” or one inch
Better than speech.

[2] A biped — or any creature
(lizard, bat or girafe)
hides in its inner features
an alphabet (chryptograph).

[3] Who was looking back: blocking the outline
of the profile, whose task is to harden gadgets,
as the myth is known to outline,
echoing the budget
Of elements. Their transition from
words will never surprise.
Number into an imperfect form
will, at a blick, paraphrase.

[4] The air, in essence, is a plateau,
a stalemate, an infinite check, a maze,
a draw, a classical nil in lotto,
A Hegel’s torpid daze.

[5] This is a rough–blown whistle,
Fizzling of ice when it’s crushed,
This is the leaf nightly freezing
Two nightingales’ daily clash.

[6] It’s a grip of wakeful nights,
Crooked shape of candle soot,
It’s a milky white belfries’
Early morning strident shoot.

[7] «Темза в Челси» (1974).
"...as the letter thirty third, it appears
I'm moving back towards the prow";
"How did you live all these years?"
"As the letter 'g' in 'ogo'".

[8] Don't loose heart,
Take a cable car /
Such an empty,
Such an umpteenth...

[9] Morgulis, old chap, in his crock
Ate eggs both soft and hard as rocks
But his opponents bluntly bluffed,
That old Morgulis's also tough.

[10] I was raised by milk of classical Pallada,
Not counting the milk I'm desperate for nada.

[11] In the Academy of Science
Prince Dunduk proudly presides,
They say he doesn't even groom
to occupy this godly room.
Why's he sitting then? Alas
Since he has a fitting ass.

[12] Glory to you, vast and infinite sting!
Yesterday died our grey-eyed king.

[13] Blok's a king
Who sins on Tara.
Curse and sting
Is his tiara.

[14] John found no butts too gross,
Butts he held indeed in high.
Once he visited Efros:
"Abraham, Marco's son", he sighed.

[15] I was born and raised in Baltic swamps, near
Gray zinc waves, always coming in pairs

So, all the rhymes, their voices appear
To curl between like the dampened hair …
(1976).

[16] “Cursed in last and smutty line.
Who is here last in line?”
“Trees are swaying, crows fly.
Dog is ratting on a fly”.
“Life is just a game of chance
Once she wed a Jew per chance”.
“This newspaper plainly sucks.
Can you lend me a few bucks?”
“Can I settle in this nook?
Who is that Arhan Pamuk?
Could it be abbreviation?
How much is this libation?”

Глава 14

«La crème de la crème in a tyranny»

В биографии Бро имеются моменты, которые можно интерпретировать так, что, получи он в свое время предложение быть la crème de la crème in a tyranny, он бы этим предложением не пренебрег. Я вполне допускаю, что такая мысль покажется кощунственной едва ли не каждому российскому интеллектуалу. Конечно, ее можно было бы высказать более деликатно, как это сделал Игорь Эйдельман, который писал, что Бро был талантливым поэтом, «ориентированным на завоевание популярности ЛЮБОЙ ЦЕНОЙ». Полагаю, что Эйдельман избежал нападок не потому, что сказал нечто фундаментально другое, нежели я, а скорее потому, что фраза «любой ценой» обычно воспринимается как фигура речи. А при буквальном ее толковании в ней вовсе не исключается возможность стать «la crème de la crème in a tyranny».

Но что все-таки означает это «любой ценой»? В архиве Бро есть черновики стихотворения «На независимость Украины», подлинное авторство которого ставилось многими под сомнение. Однако Виктор Кулле, разбиравший архив Бро, внес важное уточнение: «В собрание стихи эти не вошли и в ближайшее время официально опубликованы не будут — такова воля автора, которую наследники чтут. Рано или поздно выйдет академический Бродский — там окажется немало сюрпризов. Но это точно его стихи. Когда через год после смерти поэта я приехал в Нью-Йорк, чтобы разбирать его архив, своими глазами видел черновики» [Кулле, 2024].[49]

Собственно, авторство Бро не требовало подтверждения, так как он уже дважды читал это стихотворение: сначала в 1992 году

---

[49] На самом деле, «воля автора» была иной. Бро намеревался опубликовать это стихотворение, и оно было бы опубликовано, если бы не вмешался Томас Венцлова, который отговорил его от публикации.

в Еврейском общинном центре в Пало-Альто (Калифорния), а затем в 1994 году в Квинс-колледже в Нью-Йорке. Более того, текст частично был воспроизведен в «Литературной биографии» Лосева как на русском языке, так и в переводе биографа на английский язык:

Скажем им, звонкой матерью паузы медля строго:
скатертью вам, хохлы, и рушником дорога!
Ступайте от нас в жупане, не говоря — в мундире,
по адресу на три буквы, на все четыре
стороны. Пусть теперь в мазанке хором гансы
с ляхами ставят вас на четыре кости, поганцы.
Как в петлю лезть — так сообща, путь выбирая в чаще,
а курицу из борща грызть в одиночку слаще.

Прощевайте, хохлы, пожили вместе — хватит!
Плюнуть, что ли, в Днипро, может, он вспять покатит,
брезгуя гордо нами, как скорый, битком набитый
кожаными углами и вековой обидой.
Не поминайте лихом. Вашего хлеба, неба,
нам, подавись вы жмыхом и колобом, не треба.

Нечего портить кровь, рвать на груди одежду.
Кончилась, знать, любовь, коль и была промежду.
Что ковыряться зря в рваных корнях глаголом?
Вас родила земля, грунт, чернозем с подзолом.
Полно качать права, шить нам одно, другое.
Это земля не дает вам, кавунам, покоя.
[Лосев, 2006, с. 242–243].

Удостоверив текст по видеозаписи в Квинс-колледже 28 февраля 1994 года, Лосев поделился дополнительными подробностями:

«Бродский прочитал четыре стихотворения по-русски и стал перебирать свои записи. „Сейчас ищу поэму, которая мне нравится, — сказал Бродский и добавил, как бы про себя: — Рискну! Риском была поэма ‘На независимость Украины’“ (1992). При первом чтении она может, конечно же, несколько шокировать. Стихотворение является инвективой против украинцев. Оно изобилует грубой лексикой и этническими оскорблениями. Ему присуща разностильность, характерная для Бродского. Он сорит украинизмами, которые только может отыскать в языке, перемежая их со словами и фразами из уголовного жаргона. Но смысл стихотворения в том, что „отделение Украины от России есть не менее, чем преступление“» [Там же, с. 243].

Выразив завидную толерантность к «рисковой» затее Бро, Лосев находит поддержку ей в историческом примере, который был под рукой: «Пушкин писал „Полтаву“ с теми же идеологическими предпосылками. Вот и стихотворение Бродского заканчивается нотой осторожности для тех, кто решил оторваться от „просвещенного мира“ — культурного континента, основанного Петром и поддерживаемого русскоязычными (не обязательно русскими) писателями, в том числе Пушкиным, Гоголем, Лесковым, Бабелем, Паустовским и Багрицким» [Лосев, 2006. Там же].

Вовлечение имени Пушкина (1799–1837) и его поэмы «Полтава» (1828) в беспрецедентный сюжет «поэмы» Бро должно насторожить.

Герой Полтавы — украинский гетман Мазепа, воевавший на стороне шведского короля Карла XII против русской армии Петра Великого. Соответственно, изначально стихотворение было названо именем Мазепы. Однако позднее название изменилось, превратившись в «Полтаву», и А. Вульф (1805–1881) объяснял это переименование «личными мотивами» [Домбровский, 1992а, с. 279].

Каковы могли быть *эти личные мотивы*? Открываю статью Пятковского (1840–1904) в книге Вересаева (1867–1945) «Пушкин в жизни» и читаю следующее:

«8 сентября 1826 года Пушкин перевезен из псковской деревни, куда он был сослан, прямо в канцелярию дежурного генерала Потапова, который известил начальника главного штаба Его Императорского Величества барона Дибича о прибытии Пушкина. Николай 1 распорядился доставить Пушкина „в Чудов дворец, в мои комнаты, к 4 часам пополудни“. Пушкин был обласкан царем и вышел оттуда в слезах. Этот факт был запротоколирован чуть ли не всеми периодическими изданиями и полусотней частных лиц. Но самой существенной мне представляется следующая запись: „Выходя из кабинета вместе с Пушкиным, государь сказал, ласково указывая на него своим приближенным: ‘Теперь он мой!’ “» [Пятковский, с. 674].

Но есть и более откровенное свидетельство:

«8 сентября 1826 года, после разговора императора Николая с Пушкиным, закончилась его ссылка. С этого момента изменился не только статус Пушкина, стала меняться его социальная роль: из поэта-бунтаря, ссыльного, друга декабристов и т.д. он стал превращаться в „друга монархии“, свободного не только от полицейского надзора, но и, как опрометчиво показалось в тот момент, от цензуры. <...> Между тем определенная двойственность в поведении поэта по отношению к власти имела место на протяжении всего последнего года пребывания его в Михайловском. Так, с одной стороны, в письмах к друзьям Пушкин не раз заявляет о своей близости к декабристам <…> С другой стороны, делается попытка определенным образом дистанцироваться от заговорщиков в глазах правительства» [Немировский, 2003, сс. 203–204].

Сделав досадный промах по части личных мотивов Пушкина, Лосев также оставляет в стороне уроки истории.

26 апреля 1828 года Российская империя объявляет войну Турции. И именно в апреле 1828 года Пушкин принимается за сочинение «Полтавы». Но с какими «идеологическими предпосылками» мог писать «обласканный» государем поэт свою *патриотическую* поэму? Или Николай I истолковал слезы Пушкина как знак лояльности по ошибке? Но, судя по тому, что государь не оставил *лояльность* Пушкина без благодарности, Его Превосходительство рассудил правильно. Летом 1831 года А. С. Пушкин был допущен к государственным архивам для подготовки «Истории Петра».

Возможно, это проливает некоторый свет на «идейные предпосылки» Пушкина. Но как насчет Бро? Что могло побудить его к сочинению «патриотической поэмы» в 1992 году? Напомню, что в то время он занимал должность поэта-лауреата США (1991–1992). А редакция журнала «Америка» напомнила ему, что должности сопрягаются с определенными обязанностями. «Будете ли вы писать стихи, посвященные крупным государственным событиям, как традиционно делают британские лауреаты?» — поступил вопрос. «Свою задачу я понимаю довольно просто: как попытку расширить аудиторию прекрасной литературы в этой стране, увеличить число читателей поэзии. И на этот счет у меня есть кое-какие мысли, с которыми я часто появляюсь в печати», — ответил Бро, хотя обязанность написать стихотворение политического содержания, должно быть, задержалась в его сознании.

Что могла диктовать ему политическая арена 1992 года? Быть может, прибытие в Америку президента независимой России Б. Н. Ельцина, закончившееся подписанием совместной декларации (1 февраля 1992 года) о конце холодной войны? Но писать стихотворение о декларациях вряд ли могло увлечь Бро. Иное дело — параллельные события в Украине. 7 апреля 1992 года там начался раскол православной церкви. 23 июня того же года Россия и Украина подписали договор о разделе Черноморского флота, а начиная с 12 ноября 1992 года Украина отказалась от рубля, и единственной полноценной денежной валютой стали карбованцы.

Как же мог реагировать на эти события Бро? Будь он диссидентом, он, конечно же, мог бы приветствовать стремление Украины стать независимым государством. Но Бро был поэтом-лауреатом в Америке, которая в 1992 году поддерживала Россию. Таким образом, его выбор был определен. Любопытно, что Мэтью Омолеский, американский журналист, делает аналогичную с Лосевым попытку соединить «идейные предпосылки» Бро с пушкинскими, цитируя строки из «Кавказского пленника», еще одного стихотворения Пушкина, опубликованного в 1822 году и переработанного в 1928 году:

...тот славный час,
Когда, почуя бой кровавый,
На негодующий Кавказ
Подъялся наш орел двуглавый,

Мэтью Омолески далее заключает:

«Иногда риторика Пушкина граничила с геноцидом, предвещая мозгового червя „Z“, который проложил себе путь в усиливающийся некрофильный режим Путина (и, что дополнительно тревожно, в знающих сообщниках и бездумных простаках во всем остальном мире). Для Пушкина царские войска, сражавшиеся на Кавказе, были „подобны черной чуме“, которая „уничтожала, истребляла племена“, и это было заявлено как комплимент. Петр Вяземский, русский поэт Золотого века, а также князь из рода Рюриковичей, отреагировал с нескрываемым отвращением на воинственный тон пушкинского „Кавказского пленника“. „Жаль, — писал Вяземский Ивану Тургеневу, — что Пушкин окровавил последние строки своего рассказа. Ведь что за герои эти Котляревский и Ермолов? Что хорошего в том, что они ‘как черная чума’, уничтожили, истребили племена? От такой славы кровь стынет в жилах, а волосы встают дыбом. Если бы мы дали образование племенам, тогда было бы что петь. Поэзия не союзник палачей; палачи могут быть необходимы в политике, и тогда суд истории решит, было ли это оправдано или нет; но гимны поэта никогда не должны быть восхвалением бойни. Меня раздражает Пушкин, такой энтузиазм — настоящий анахронизм“» [Омолески, 2022].

Итак, общность «идеологических предпосылок» Пушкина и Бро, которую приветствует Лосев, подтверждается в контексте, под которым Лосев никогда бы не подписался. А между тем та же общность идеологических предпосылок расширяет список единомышленников, включая в него и советских обвинителей Бро. Их, то есть

Пушкина, Бро, его судей и Лосева, объединяет вера в нерушимость союза поэта и царя.

Мне скажут, что оправдание этого жесткого вывода держится на вере в правоту умозрительных суждений. «Всё куда сложнее», — гласит народная мудрость. Но не чревата ли эта мудрость запретом на всякую мысль? Напомню, что Бро получил номинацию диссидента, не будучи им, не только у поклонников, в суть дела не вникавших, но и у самих диссидентов (сценаристов Кати Лама и Юлии Богатко). Да и его пасквиль «На независимость Украины» уже был снисходительно оценен даже таким автором, как Михаил Шишкин, поспешивший предоставить Бро кредит в счет *будущего покаяния*: «Не сомневаюсь, Толстой послал бы бандитское лжегосударство на... и потребовал, чтобы по всей стране в каждой школе в кабинете литературы висели над классной доской вместо его портрета слова: „Патриотизм — это рабство!“ Рахманинов сейчас бы давал благотворительные концерты в пользу раненых украинских детей. Бродский покаялся бы за свою позорную „брехню Тараса“ и лекциями собирал по всему миру деньги на ВСУ», — писал он [Шишкин, 2023].

Однако мои собственные наблюдения не вселяют веры, что *в том очистительном будущем,* прогнозируемом Михаилом Шишкиным 30 сентября 2023 года, Бро имеет шанс заслужить прощение покаянием. И дело даже не в том, что время для покаяния давно миновало. Дело скорее в отсутствии предпосылок, которые по необходимости должны были бы проявиться в прошлом. Я верю в то, что мировоззрение меняется с возрастом и образованием, но не слишком верю в то, что это правило применимо к этическим нормам. Поддержку моим наблюдениям нахожу в эссе под названием «Мой Мариуполь», опубликованном Бо на сайте «Голоса Америки».

Начну с короткой цитаты: «Как раз в это время я находился между двумя хирургическими операциями на сердце, и с болью следил за сводками. В сети замелькали фото и видео разбомбленного Мариуполя. А ведь я там родился! Сообщалось, что разбит Мариупольский родильный дом № 1, и на снимке было видно: на этом месте зияла чудовищная воронка до дна земли. Я телесно ощутил, как моя жизнь выдирается оттуда с корнями, и проклял тех, кто это сделал» [Григорьев, 2022].

Возможно, это «телесное ощущение выдранной с корнями жизни», сформулированное в апреле 2022 года, несколько запоздало. Но у Бо оно возникло тогда, когда мало кто в России его испытывал. И тому свидетельство интервью с Бо Геннадия Кацова, датированное 10 октября 2014 года:

Кацов: «Не все знают, что вы родились в Мариуполе, на Украине. В том самом Мариуполе, бои за который ведутся сегодня на Восточной Украине, — и если так называемые сепаратисты его захватят, то для России появится потенциальная возможность проложить столь желанный коридор на юг, в Крым. Как вы, рожденный в Украине, прокомментируете события, которые происходят сегодня в Луганске и Донецке? Позицию и участие России в этой трагедии? Активность Запада в виде вялотекущих санкций, в чем сегодня упрекают Евросоюз и США?»

Бо: «Война России с Украиной проходит прямо по мне, буквально по моему телу, — ведь мать у меня украинка, а отец русский. Можно ли себя разорвать? Но прежде я в этом не видел никакой двойственности. Место рождения в моем первом паспорте, выданном в 16 лет, было обозначено по-советски беспощадно: город Жданов Сталинской области. При обмене паспорта я воспользовался неразберихой хрущевской оттепели и уговорил паспортистку вписать мне местом рождения Мариуполь, никакой области. Так я, можно сказать, самочинно снял с себя советское клеймо. <...>

Но Мариуполь — это не только отметка в паспорте. До начала Великой войны туда съезжался на время отпусков весь наш клан: три сестры, одна из которых стала моей матерью, их чада и молодые мужья, — отдохнуть, повидаться с родителями, пообщаться между собой. Мои первые детские впечатления связаны с Азовским морем, с мирными бытовыми сценками и, увы, с началом войны. Родители поторопились вернуться в Ленинград, и там их застала блокада, а мы, остатки большой семьи, бежали под обстрелом и бомбардировками прочь, на Кавказ, и больше я Мариуполя не видел. Но узнал впоследствии, что и дом наш был разбит, и весь город стал местом злодеяний и массовых расстрелов. И вот теперь опять: Мариуполь и война, но уже не с немецкой армией, а с неизвестно какой — русскоговорящей, но чужой, своей и не своей, и тоже захватнической. Против этого возмущаются обе мои половины — и украинская, и русская» [Бобышев, 2008].

Не подумайте, что «российские темы» могли быть подняты лишь в защищенном уединении американского быта. Совсем нет. Они впервые возникли на Петроградской стороне Петербурга в 1977 году и, будучи завершенными в Милуоки (США) в 1981 году, опубликованы отдельной книжкой там, где они зародились (СПб.: Всемирное слово, 1992). И не случайно поднятые в Петербурге темы 30-летней давности всплыли в интервью Алексу Григорьеву («Голос Америки») без единой поправки:

«Когда я ее (поэму „Русские терцины“ — А.*П.*) писал, частично в Союзе, частично уже в Америке, я имел в виду советскую реальность с проблемами, которые были ею же и рождены, но вкупе с какой-то имперской кашей, окрошкой, которая всегда в душе русских была. Я думал, что с наступлением новой эпохи, с Перестройкой, с надеждами какими-то, это все скоро устареет. Оказывается, нет! Уже сорок лет прошло со времени написания этой поэмы, а она заново стала чуть ли не злободневной».

Григорьев: «Любая война — особенно эта, столь трагическая, — вызывает всплеск литературы. На ваш взгляд, произойдет ли это на сей раз с учетом того, что многие российские литераторы поддержали вторжение?»

Бо: «Новый всплеск появился уже. Это украинские русскоязычные поэты, замечательные поэты, за которыми я уже несколько лет слежу с восхищением. Это Ирина Евса и Александр Кабанов. Я их приветствую и передаю им свое сочувствие и сопереживание. Что же касается российских литераторов, то я не уверен, правильно ли они воспримут этот трагический опыт. Им нужно — особенно тем, кто поддержал это варварское нападение, — переосмыслить всю свою жизнь, чтобы выйти к настоящей прозе, которую невозможно писать с нечистой совестью».

Рядовой читатель вряд ли осведомлен о письме Бро Генсеку,[50] а если и осведомлен, то из небольшого отрывка, цитируемого Львом Лосевым:

«От зла, от гнева, от ненависти — пусть именуемых праведными — никто не выигрывает. Мы все приговорены к одному и тому же: к смерти. Умру я, пишущий эти строки, умрете вы, их читающий. Останутся наши дела, но и они подвергнутся разрушению. Поэтому никто не должен мешать друг другу делать его дело. Условия существования слишком тяжелы, чтобы их еще усложнять».[51]

Генсек оставил письмо Бро без ответа. И Лосев спешит дать объяснение: «Если бы Брежнев прочитал это письмо, то вряд ли бы по-

[50] Письмо Бро Брежневу было не первой попыткой наладить контакты с высшей властью. Андрей Сергеев вспоминает, что весной 1968 года Бродский записался на прием к Демичеву. Однако Сергеев отговорил его от этого визита.

[51] Далее следовала фраза («Поэтому никто не должен мешать друг другу делать его дело»), которая была вычеркнута из английского перевода [Лосев, 2006, с. 154].

нял там что-либо, помимо неприятных слов „умрете Вы". Лирика и философия никогда не касались сознания заматерелого партийного бюрократа» [Лосев, 2006, с. 154]. Но тут хотелось бы напомнить Лосеву, что в разное время своему Генсеку писали авторы, разделявшие с Бро *неприязнь* к тирании. В их числе оказались и Ахматова,[52] и Замятин, и Зощенко, и Пастернак, и Булгаков. И о чем бы ни писали своим тиранам эти талантливые авторы, в их письмах необходимо присутствовало то, чего не лишено и письмо Бро к Брежневу: просьба о защите, несовместимая с «непочтительностью». И не то чтобы Бро забыл сформулировать свою просьбу. Скорее, Лосев забыл процитировать именно те строки, где эта просьба была сформулирована. Лосев счел нужным умолчать также о двух других письмах, отправленных Бро высоким чиновникам.

19 мая Томас Венцлова заносит в свой дневник.

«От Ал. Ив. (отца Иосифа — А.*П.*) слышал, что <...> И<осиф> написал заявление в Верховный совет <по поводу нарушений его прав> и вскоре после этого получил приглашение зайти в ОВИР.

Теперь он пишет письмо К<осыгину> — просит, чтобы ему разрешили исполнить договоры, кончить переводы Норвида (1821–1883) и английских метафизиков. «Хотя я уже не советский гражданин, я остаюсь русским литератором». Бессмысленно ожидать, что из его письма что-либо получится, но принципиальное значение оно имеет. Конечно, многие (и сам Иосиф) подозревают, что его отъезд может не состояться: возьмут и скажут ему на аэродроме: «It's a practical joke». И все же любимая фраза И<осифа> сейчас: «Передайте: будет в Штатах — пусть заходит»» [Венцлова, 2011, с. 411].

Что касается Лосева, то, как заведующий капиталом Бро на рынке символических благ, он видит свою задачу однозначно: пополнять папку своего патрона лишь теми акциями, которые приносят дивиденды.[53] Тогда о какой защите просит Бро своего Генсека? На первый взгляд, письмо преисполнено метафизического пафоса:

---

[52] Ахматова была единственным просителем, искавшим защиту не для себя. Дважды она писала Сталину по поводу арестов своего сына, Льва Гумилева (в 1935 и 1938 годах). И хотя в своих письмах она предельно старалась сохранить достоинство, у нее хватило мужества признаться, что, вступая в переписку с Генсеком, она «кидалась в ноги к палачу», чего не сделал ни один из просителей, а Бродский, как известно, эмфатически отрицал.

[53] «Бродский был слишком привязан — к родителям, сыну, друзьям, родному городу, слишком дорожил родной языковой средой, чтобы уезжать безвозвратно», — пишет Лосев. «У ленинградского КГБ были, однако, свои

«Я принадлежу русскому языку, а что касается государства, то, с моей точки зрения, мерой патриотизма писателя является то, как он пишет на языке народа, среди которого живет, а не клятвы с трибуны.[54] Мне горько уезжать из России. Я здесь родился, вырос, жил, и всем, что имею за душой, я обязан ей. Все плохое, что выпадало на мою долю, с лихвой перекрывалось хорошим, и я никогда не чувствовал себя обиженным Отечеством. Не чувствую и сейчас.

Ибо, даже переставая быть гражданином СССР, я не перестаю быть русским поэтом. Я верю, что я вернусь; поэты всегда возвращаются: во плоти или на бумаге. Я хочу верить и в то, и в другое. Я надеюсь, Вы поймете меня правильно, поймете, о чем я прошу. Я прошу дать мне возможность и дальше существовать в русской литературе, на русской земле» [Янгфельдт, 2012, с. 9].

Интересно, что могло послужить Бро подстрочником? Не могу не вспомнить письма Брежневу, сочиненного Владимиром Войновичем, так же как и Бро, лишенным гражданства и высланным из отечества. Вот этот текст:

«Господин Брежнев!

Вы мою деятельность оценили незаслуженно высоко. Я не подрывал престиж советского государства. У советского государства благодаря усилиям его руководителей и Вашему личному вкладу никакого престижа нет. Поэтому по справедливости Вам следовало бы лишить гражданства самого себя. Я Вашего указа не признаю и считаю его не более чем филькиной грамотой. Юридически он противозаконен, а фактически я как был русским писателем и гражданином, так им и останусь до самой смерти и после нее.

Будучи умеренным оптимистом, я не сомневаюсь, что в недолгом времени все Ваши указы, лишающие нашу бедную родину ее культурного достояния, будут отменены. Моего оптимизма, однако, недостаточно для веры в столь же скорую ликвидацию бумажного дефицита. И моим читателям придется сдавать в макулатуру по

виды на старого клиента. Представился удобный случай избавиться от непредсказуемого поэта раз и навсегда, Бродскому не дали ни собраться, ни попрощаться. 4 июня 1972 года, через десять дней после своего 32-летия, Бродский вылетел из Ленинграда в Вену» [Лосев, 2006, с. 148].

[54] Не будем забывать, что одновременно с сочинением письма Генсеку Бро активно распространяет слухи о непосредственном участии в его высылке поэта Евтушенко, о чем ниже. А так как многотысячная аудитория, которая приходила слушать Евтушенко, требовала трибуны, то, видимо, в подтексте письма к Генсеку был намек на псевдопатриотизм Евтушенко.

двадцать килограммов Ваших сочинений, чтобы получить талон на одну книгу о солдате Чонкине» (Войнович, 1981 года).

Однако Бро выбрал другой подстрочник. Он, скорее всего, прельстился авторитетом Пушкина, вверившего свою судьбу в руки милостивого монарха. «Заботливость истинно-отеческая Государя Императора глубоко меня трогает. Осыпанному благодеяниями Его Величества, мне давно было тягостно мое бездействие. <...> Если Государю Императору угодно будет употребить перо мое, то буду стараться с точностью и усердием исполнить волю Его Величества и готов служить Ему по мере моих способностей...» [Лурье, 2012, с. 100].

Генсек, повторяю, не прочитал письма Бро. Во всяком случае, так полагает Лосев. Возможно, Генсек не читал и седьмого сонета «Сонетов к Марии Стюарт» (1974) с нежным посвящением ему лично: «Кафе, бульвар. Подруга на плече / Луна, что твой Генсек в параличе»).[1] Ведь, знай Брежнев об этом посвящении (а именно в 1974 году начали распространяться слухи о болезни сердца Генсека), у него вряд ли хватило бы решимости дожить до 1982 года, а умереть и вовсе от старости.

С другой стороны, кто знает, что читают на досуге Генсеки? Ведь попали же стихи Ахматовой в руки Генсека с подачи дочери, как утверждает легенда, конечно, другой дочери другого Генсека. И все же имя Бро, настаиваю я, *не могло не попасть* в папку важных бумаг Генсека Брежнева. Как так? Мы не найдем ответа в биографии Бро, составленной Лосевым. Но предварительный ответ можно... вычислить, если вспомнить... о предстоящем визите в Россию американского президента, Ричарда Никсона.

Но начнем с другого конца.

«Существовала одна-единственная возможность покинуть СССР, сохранив свое советское гражданство и право посещать родину когда угодно: брак с иностранным гражданином. Долгая связь с одной английской слависткой могла бы окончиться браком, но отношения распались по ее инициативе. Возможно, имелся в виду брак с гражданкой Великобритании Фейт Вигзелл (1968 г.р.), приехавшей в Россию на стажировку. Судя по воспоминаниям Кейса Верхейла, именно в 1968 году Бродский поделился с ним многочисленными планами уехать на Запад» [Verheil, 2006, p. 36].

В архивах Национальной библиотеки хранятся сведения о трех официальных приглашениях на имя Бро. Приглашение в Польшу прислал Збышек Жакевич в 1971 году и два приглашения в Чехословакию от Марселлы Неймановой (1971, 1972). Не совсем понятно, зачем Бро просил эти приглашения, если израильская виза (без которой официальное приглашение было невозможно) его не устраивала. «Иосиф хотел не уехать, а съездить, то есть уехать и вернуться» [Сергеев, 2013, с. 447], — пишет его друг Андрей Сергеев. Так, весной 1972 года Бро подал заявление о регистрации брака с молодой американкой Кэрол Аншутц, проходившей стажировку в Ленинграде. Он признался близкому другу, что на этот раз это был фиктивный брак.

«Если бы Бро покинул Советский Союз как супруг иностранки, с советским паспортом, он мог бы свободно курсировать между США и СССР. Прецеденты были: например, Владимир Высоцкий, женатый на французской кинозвезде Марине Влади, или пианист Владимир Ашкенази, сочетавшийся браком с исландкой. Вот этому-то любой ценой и хотели воспрепятствовать советские власти. Безоглядная решительность их действий объяснялась, судя по всему, тем, что отец девушки, влиятельный человек, знавший Никсона, проинформировал президента о планах дочери. Худо, если вопрос о браке Бродского с американкой будет поднят на предстоящем саммите; еще хуже, если тунеядцу Бродскому будет позволено мотаться между Америкой и СССР. Поэтому власти приняли решение выдворить его из страны за неделю до приезда Никсона в Москву» [Янгфельдт, 2012, с. 8].

Конечно, все эти рассуждения друзей были не более чем домыслами. Ведь Бро держал в секрете свой матримониальный проект, а когда решился нашептать его избранному кругу, то вверил интерпретацию тому же кругу:

«Все кончилось тем, что И<осиф> поведал „top secret“. <…> Речь шла о мысли вступить в брак с западной женщиной. Последствия довольно однозначны — отъезд more or less for ever. Не знаю, удастся ли это ему и захочет ли он этого в конце концов» — делает дневниковую запись от 19 марта 1972 года Томас Венцлова, под «западной женщиной» имея в виду Кэрол Аншутц.

Домыслами мог бы поделиться с читателем и биограф Бро Лосев. Но он выбрал более безопасную платформу. Вместо того чтобы попытаться понять, что означало письмо к Генсеку для самого Бро, он представил, так сказать, изнаночную сторону вопроса, а именно что означало письмо Бро для Генсека. Миновав, таким образом, чувствительную тему мотивов Бро, Лосев фантазирует драму Генсека, обрушившего гнев на Бро за упоминание… о смерти. А между тем факт напоминания Генсеку о бренности жизни представляется мне едва ли не самым доверительным жестом. В нем прозвучала интимная направленность поэзии Бро[55] и нашла отклик его затаенная мечта о единении поэта и царя.

Тогда что конкретно оказалось упущенным Лосевым? Что могло означать письмо Генсеку для Бро? Попробуем восстановить контекст.

«Умру я, пишущий эти строки, умрете вы, их читающий. Останутся наши дела, но и они подвергнутся разрушению. *Поэтому* никто не должен мешать друг другу делать его дело». Полагаю, что мотив Бро заключен в этом логическом выводе, в этом «поэтому». На первый взгляд, «поэтому» выводится из альтернативы: *сохраниться* либо *разрушиться*. То есть при условии, что и Генсек, и поэт не будут «мешать друг другу делать свое дело», их дела либо сохранятся, либо будут подвержены разрушению. Но эта альтернатива есть не что иное, как казуистика со спешно сооруженным фасадом.

Подлинный смысл истории обращен к другому контексту, который, вероятно, почувствовал переводчик, выкинув из английской версии ключевую фразу «никто не должен мешать друг другу делать его дело». Ведь эта фраза, на самом деле, вытекает не непосредственно из контекста, а из затаенного намерения: получить *особый* паспорт из рук Генсека.

И Бро уже готов ударить по рукам, предложив толерантность к делам Генсека. Но Генсек и его камарилья оставили поэта с протянутой рукой. Надо полагать, они научились читать высокие намерения поэтов.

Однако этому может быть и более глубинное объяснение. «Положительные и отрицательные герои сталинской культуры — это два лика предшествующего авангардного демиурга, и они трансцендируют реальность, которую создают или разрушают. Точно так же и борьба между ними происходит не внутри, а вне сферы реального, и само реальное есть лишь ставка в игре» [Groys, 2011, p. 62].

Примечания:

[1] «Cafes, boulevards, the girlfriend's for your pleasure /
The moon like your Gensek in paraplegia».

---

55 Тема смерти доминирует в поэзии Бро, что вряд ли связано с заимствованием ее у Горация или Пушкина, как скажут позднейшие исследователи. При внимательном прочтении ее можно обнаружить даже в таком его стихотворении, как «К столетию Анны Ахматовой».

Глава 15

«Подымите мне веки: не вижу!»

Отказавшись принимать неответ Генерального секретаря как категорическое «нет», Бро ступил на американскую землю, лелея надежду сделать новую попытку. Этой попыткой было эссе, или, скорее, коммюнике, под заголовком «Поэт Бродский, бывший гражданин Советского Союза, говорит: „Писатель — одинокий путешественник, и никто ему не поможет“», появившееся в воскресном приложении к газете «Нью-Йорк Таймс» за 1 октября 1972 г. Но постижимо ли такое? Как неизвестному беженцу из Советского Союза удалось узурпировать страницы столь престижного издательства?

Поскольку ждать доступа к архиву Бро не представляется возможным (либо осел сдохнет, либо падишах умрет), я предлагаю свою, но правдоподобную догадку. Заголовок Бро мог напомнить редакции «Воскресного Приложения» о нашумевшем фильме «*The Heart Is a Lonely Hunter*» (1968), созданном по одноименному роману Карлсона МакКуллерса, опубликованному в год рождения Бро (1940).

Но кому, помимо Брежнева, мог Бро адресовать свое коммюнике?

Доступ к этому престижному американскому журналу был заказан для соотечественников в России, исключая, понятное дело, советников Генсека. Американских интеллектуалов вряд ли могли заинтересовать мысли и чаяния неизвестного эмигранта из России. А поскольку получателями послания Бро могли быть только соотечественники, оказавшиеся за рубежом, то именно они могли различить его верноподданнический пафос в адрес покинутого им отечества.

И они поспешили напомнить Бро все то, что он успел забыть, пересекая границу России и прокладывая путь в Соединенные Штаты. Лев Наврозов разразился статьей «Самореклама личности на примере Бродского», представив скрупулезный отчет о подготовке к побегу из СССР. Способности к саморекламе, писал он, «проявились уже в 1972 году — в первый же год пребывания Бродского на Западе. Выехало из советской империи в семидесятых 300 тысяч эмигрантов. Никто из них, насколько мне известно, не написал прощального письма Брежневу, кроме Бродского. В связи с отъездом ему было необходимо поделиться глубочайшими философскими — или философско-научными? — мыслями с Брежневым и опубликовать это всемирно-историческое письмо на Западе, объясняя миру тем самым, что если Брежнев — Николай I, то Бродский — Пушкин. <...>.

Бродский выехал 5-го июня 1972 г., но письмо, датированное 4-м июня, было оставлено московскому корреспонденту для пересылки на Запад после того, как, устроившись в Америке, он подготовит почву для публикации. „Если бы Бродский отослал письмо на Запад 4 июня (как оно датировалось — А. *П.*), то КГБ <...> снял бы Пушкина–Бродского с самолета, сказав: 'Ах ты, сука. Ты тут врешь, что против своей воли едешь. Ну, так и сиди на своей любимой родине до скончания века'“» [Минчин, 2001, с. 174–175].

Но «сидеть на любимой родине» Бро не пришлось. Его судьбоносная беседа с Брежневым была опубликована 24 июля 1972 г.,[56] то есть через семь недель после того, как автор удобно устроился и подготовил благодатную почву. Самим фактом публикации беседы с Брежневым Бро внушил себе и западным читателям мысль о том, что он не менее известен в советской империи, чем Евтушенко или Маяковский, или хотя бы так же, как был известен русскому дворянству Пушкин. «А убежденность в собственной славе в советской империи могла внушить Бродскому убеждение», полагал Наврозов, что, едва узнав о том, что Бро был выдворен из России против своей воли, «некоторые члены Политбюро стали ломать руки от отчаяния, что Пушкин–Маяковский–Евтушенко–Бро „покидает Россию“» [Минчин. Там же].

Но тогда, когда Наврозов закончил свою работу, работа Бро только начиналась. Сагу о расчетливом поэте можно было нейтрализовать лишь созданием контрсаги, противопоставляющей расчет *спонтанности*. И Бро не замедлил ее создать. Письмо Брежневу, писал он, было написано «в ночь перед отъездом из СССР (с 3 на 4 июня 1972 года)». Но составители сайта Бро, вероятно, сочтя, что сочине-

---

[56] Письмо Бро Генеральному секретарю было переведено Карлом Проффером и опубликовано в *Russian Literature Triquarterly* (1972. № 4).

ние письма в продолжение целой ночи не дотягивает до спонтанности, решили внести необходимую правку: нет, не в ночь с 3-е на 4-е, а «рано утром 4 июня 1972 года <…> Иосиф Бродский пишет письмо Генеральному секретарю ЦК КПСС Леониду Брежневу».

Если бы на заявлении составителей сайта Бро история была завершена, то сценарий Наврозова мог бы быть предан забвению. Но истории суждено было продолжиться, и реальная дата написания письма Бро Брежневу всплыла в дневнике Томаса Венцлова. А вторичное подтверждение появилось в коротких воспоминаниях Елены Клепиковой, касающихся ее разговора с Бро в Санкт-Петербурге: «Ближе к концу сказал с нажимом, что написал письмо Генсеку. Показал и дал прочесть. Машинопись адресату помнится так: Кремль. Л. И. Брежневу».

Как видим, письмо Брежневу не было написано сгоряча. Не появилась спонтанно и статья, напечатанная в журнале *The New York Times,* как точно вычислил Наврозов. Однако, сведя замысел Бро к «саморекламе», Наврозов предложил лишь упрощенное его толкование. Он не учел одного хода, за который ухватился Лосев, обозначив замысел Бро, как «размышления поэта о своей литературной судьбе». Ход этот сослужил Бро великую службу, позволив ему толковать свой замысел в контексте библейской притчи о судьбе жены Лота.

«Оглянувшись на стены родного Содома, жена Лота, как известно, превратилась в соляной столб. Поэтому среди чувств, которые я испытываю, берясь сейчас за перо, присутствует некоторый страх, усугубляющийся еще и полной неизвестностью, которая открывается при взгляде вперед. Можно даже предположить, что не столько тоска по дому, сколько страх перед неведомым будущим заставили вышеупомянутую жену сделать то, что ей было заповедано» [Бродский, 2001, с. 35].

Но что могло стоять за такой интерпретацией библейской истории (Быт. 19: 17)? Разве жена Лота была наказана за то, что испытывала страх перед неведомым будущим, как представляет дело Бро, испытывая этот страх сам? Библейская история изложена им в трех предложениях, соединенных союзным словом «поэтому», которое вовсе не является ответом на вопрос «почему». Ведь страх будущего не вытекает из ностальгического оглядывания на оставленный позади дом. Тогда откуда пришла эта идея будущего?

«Согласно тлинкитским мифам, Ворон, божество-обманщик, перед тем как покинуть индейцев, предупредил их, что, когда он вернется на землю, никто не должен смотреть на него невооруженным глазом, иначе он превратится в камень. На него следует смотреть через трубку, сделанную из свернутого листа вонючего симплокарпа. И когда в 1786 году корабли Лаперуза были вынесены на берег, жившие по соседству тлинкиты поверили, что эти крупные птицы с крылатыми парусами и есть Ворон и его свита. В спешке они построили забавные телескопы. Они верили, что, поскольку они снабжены выпученными глазами, сила их Зрения увеличится, и осмелились созерцать удивительное зрелище, открывшееся перед их взором» [Levy Strauss, 2000, pp. 86–87].

Но свидетельство Леви-Стросса о тлинкитах могло быть лишь одной из версий библейской параболы, получившей иной смысл, перекочевав из Ветхого Завета в Новый. «Помните жену Лотову, — говорит Иисус (Лк. 17: 32), ссылаясь на более ясный урок (Лк. 9: 62): — Взявший плуг и озирающийся назад не войдет в Царствие Божие». Помимо библейских текстов, запрет оглядываться назад нашел отражение и в более привычных мифах — например, в мифе об Орфее и, как показывают исследования Ольги Фрейденберг, парабола и миф связаны общими корнями:

«Когда жена Лота оглянулась, она превратилась в соляной столб. Когда Орфей оглянулся на свою жену, она навсегда осталась в подземном мире. <...> Римляне, идя по дороге, не могли оглянуться. А в современных суевериях „уйти и вернуться“ означает „попасть в беду“ <...>; правила хорошего тона, полностью основанные на сказках старых людей, запрещают оглядываться на улицу», — пишет Ольга Фрейденберг. Это объяснение больше применимо к мифу, чем к библейской притче. В древних мифах, пишет она, «дорога, ведущая в подземный мир, означает смерть. Человек должен пройти путь смерти, буквально отправиться туда, а затем выйти из путешествия обновленным, снова возродиться и спастись от смерти. Он не должен ни оглядываться на пройденный им путь, ни возвращаться на пройденный путь, потому что это означает снова умереть» [Фрейденберг, 1978, сс. 527–528].

И здесь настало время вернуться к толкованию Станиславом Яржембовским «языческой» концепции Бро, читающего стихотворение Рильке «Орфей. Эвридика. Гермес». Но в преддверии натяжек, отмеченных демистификатором Бро, предлагаю вводное замечание.

В восьмой главке своего пространного эссе Бро поднимает вопрос об экономии стиха. «Эта экономия и есть, в конечном итоге, raison d'etre искусства, и вся его история есть история его средств сжатия и сгущения. В поэзии это язык — сам по себе в высшей степени конденсированный вариант реальности. Вкратце: стихотворение скорее порождает, нежели отражает. Так что стихотворение, обращенное к мифологическому сюжету, равнозначно реальности, пристально вглядывающейся в собственную историю, или же, если угодно, следствию, прикладывающему увеличительное стекло к своей причине и ослепляемому ею.

«Орфей. Эвридика. Гермес» — тот самый случай, ибо это автопортрет поэта с увеличительным стеклом в руке, и из этого стихотворения мы об авторе узнаем много больше, чем из любого его жизнеописания. Он всматривается в то, из чего он возник; но сам всматривающийся намного более осязаем, поскольку смотреть на что-то мы можем лишь извне. Вот вам разница между сновидением и стихотворением. Скажем так; реальность принадлежала языку, экономия — автору» [Brodsky, 1997, p. 32–33].

Итак, утверждая, что высший смысл существования искусства заключается в создании сжатой версии реальности, Бро ненароком использует концепт «сжатия» и «конденсации», характеризующий, по Фрейду, сновидения. И далее, в сновидении, каким по его определению является «стихотворение» вообще и стихотворение Рильке в частности, заключен «автопортрет Рильке», начатый, как известно, в Италии, а законченный в Швеции, как, впрочем, и эссе Бро.

На этой ноте предлагаю углубиться в чтение:

«Мы видим Орфея в той точке его мифической карьеры, которая обещает быть очень высокой, а под конец оказывается чрезвычайно низкой. И видим мы его, показанного, насколько мы можем судить, с нелестной трезвостью: вот он, напуганный, поглощенный собой, гениально одаренный, один на не слишком исхоженной тропе, безусловно, озабоченный тем, как добраться до выхода. Кабы не эта продуманная вставка о его плаче, мы бы и не поверили, что он так уж способен любить; может быть, и успеха ему желать не стали бы» [Там же, p. 46].

Станислав Яржембовский видит здесь натяжку:

«Что же однако могло его так уж особенно напугать? Неужто мог он страшиться, что Цербер с Хароном вдруг по какой-то причине не пропустят его назад, в мир живых? <…> И страх быть похороненным заживо <…> (въевшийся в печенки подсознания) здесь тоже не при чем. Прежде всего, потому что даже если и верна гипотеза о происхождения этого страха из времен массовых захоронений во время эпидемий чумы, то к древней Греции это не относится. Никакой скученности в те времена еще не было, греческие полисы были крошечными, цивилизация больших городов была еще только делом будущего. Во всяком случае, никаких сведений о страшных эпидемиях — наподобие средневековых — из той первобытной эпохи до нас не дошло» [Яржембовский, 1998].

Предупреждаю, что, хотя Станислав Яржембовский готовится к военному штурму, он попутно указывает на натяжки в чтении Бро текста Рильке:

> Они и шли, те двое, но увы,
> смертельно тихо. И когда бы он
> мог обернуться (если бы такая
> оглядка не сулила разрушения
> всего, что созидалось), увидал —
> да, оба, молча следуют за ним.[57]

«Фраза в скобках обозначена Бродским как „ироничная“ благодаря ее „спотыкающейся прозаичной каденции и громоздким переносам строк“. Может быть, в английском переводе что-то там и спотыкается (чего на самом деле не происходит. — *А. П.*), но никак не в немецком оригинале — там заключенный в скобки текст звучит просто, весомо и значительно, пожалуй даже и торжественно. Весь пафос по поводу скобок совершенно надуман, нет в них никаких злонамеренных козней много знающего и не лыком шитого современного писателя, и не выдают они никаких тайн ни коллективного поэтического, ни лично подсознания Рильке. Скобки здесь уместнее, чем тире или запятые, потому только, что создают эффект внутренней сосредоточенности, сверх этого искать в них нечего» [Там же].

На что же конкретно нацелен залп тяжелой артиллерии? Станислав Яржембовский подводит нас к тексту, который Бро, скорее всего, считает апофеозом своей исследовательской проницательности:

«Ибо слово „стих“, происходящее от латинского „versus“, означает „поворот“. Изменение направления, переход от одной вещи к другой: левый поворот, правый повтор, разворот, ход от тезиса к антитезису, метаморфоза, сопоставление, парадокс, метафора,

---

[57] Рильке. «Орфей. Эвридика. Гермес». Перевод с немецкого Алексея Пурина. Привожу оригинал:

> Sie kämen doch, nur wärens zwei
> die furchtbar leise gingen. Dürfte er
> sich einmal wenden (wäre das Zurückschaun
> nicht die Zersetzung dieses ganzen Werkes,
> das erst vollbracht wird), müßte er sie sehen,
> die beiden Leisen, die ihm schweigend nachgehn…

если угодно, особенно удачная метафора; наконец, рифма, когда два слова звучат похоже, а значат разное.

Все это идет от латинского *versus*. И, в каком-то смысле, все это стихотворение, как и сам миф об Орфее, суть один большой versus, потому что это рассказ о повороте. Или лучше сказать — об одном развороте внутри другого, потому что речь здесь о том, как Орфей обернулся на обратном пути из Аида? А божественный запрет был не менее здрав, чем наши правила дорожного движения?» [Brodsky, 1997, p. 41].

Обратим внимание на казуистический ход. Орфей обернулся, движимый не желанием взглянуть на любимую жену, а для того, чтобы повернуться спиной к обратной стороне Аида. Это означает, что его «поворот» не синоним «стиха» (от латинского versus), а синоним «бустрофедона», каковым является древнегреческий термин для написания чередующихся строк в противоположных направлениях. Нащупав этимологию поворота, Бро уже готов к окончательному вызову:

«Вспомните, что оборот Орфея — ключевой момент мифа. Вспомните, что стих значит „поворот“. Вспомните, главное, что запрет богов гласил: „Не оборачивайся“. Применительно к Орфею это значит: „В царстве мертвых не веди себя, как поэт“. Или же, если на то пошло, как стих. А он ведет себя именно так, потому что иначе он не может, потому что стих — его вторая натура, а может быть, первая. По этой причине он оборачивается и, бустрофедон или не бустрофедон, его сознание и его взгляд идут обратно, нарушая запрет. Расплата за это — Эвридикино „Кто?“» [Там же, р. 52].

Но Станислав Яржембовский не готов аплодировать:

«Верно, „оборот“, да только не тот, который имеет в виду Бродский. Первоначальное значение слова „versus“ — пахотная борозда, сущностью которой был не разворот назад, а переворачивание вспахиваемой земли. Стихотворная строка напоминает пахотную борозду двояко: с одной стороны, своей прямизной, а с другой стороны — переворачиванием обрабатываемой материи, то есть тем технологическим процессом, который собственно и делает эту материю плодородной, восприимчивой к посеянным (заметим: извне!) семенам. Материя (как стиха, так и пашни), даже вывернутая наизнанку, сама из себя произвести ничего не может.

Для обоснования ложной этимологии (стих как разворот пахотной борозды — „бустрофедон“) пришлось пускаться в ни на чем не основанные рассуждения о причинах разных способов письма» [Яржембовский, 1998].

Список «натяжек» Бро можно было бы продолжить. Но для нас миф об Орфее является лишь отступлением от главной темы, а именно — библейской притчи о жене Лота. Начну с упущения Бро, не заметившего, что центральными в притче являются глаза, в каком случае продуктивно соотнести библейскую притчу с гоголевским «Вием», ибо гоголевская фантазия вносит в эту притчу существенную поправку: Брут наказан не Богом, но чертом («фантастическим подземным духом», обладающим силой «убивать людей и сжигать города»).[58]

Приведу фрагмент из «Вия»:

«И вдруг настала тишина в церкви <...> и скоро раздались тяжелые шаги, звучавшие по церкви. *Взглянув* искоса (здесь и далее курсив мой — А.*П.*), *увидел* он, что ведут какого-то приземистого, дюжего, косолапого человека. Весь был он в черной земле. Как жилистые, крепкие корни, выдавались его засыпанные землею ноги и руки. Тяжело ступал он, поминутно оступаясь, длинные веки опущены были до самой земли. С ужасом заметил Хома, что лицо на нем железное. Его привели под руки и прямо поставили к тому месту, где стоял Хома.

«*Подымите мне веки: не вижу*!» — сказал подземным гадам Вий, и все сонмище кинулось подымать ему веки.

«*Не гляди*», — шепнул какой-то внутренний голос философу. *Не вытерпел он и глянул.*

«Вот он!» — закричал Вий и уставил на него железный палец. И все, сколько ни было, кинулось на философа. Бездыханный грянулся он на землю, и тут же вылетел дух из него от страха» [Гоголь, 1901, сс. 185–186].

Заметим, что если библейская притча дает нам лишь краткое содержание повести, то Гоголь предлагает фантастические подробности, ведущие к роковой развязке. Однако библейская притча, на которую ссылается Бро, не могла быть заимствована им из Библии, хотя в интерпретации «поворота назад» ему приписывают почти экспертное ее знание. В тексте Бро нет следа и фантастической интерпретации этой притчи Гоголем. Тогда что могло навести его на этот сюжет? Полагаю, что источником мог быть текст, хорошо известный Бро и, возможно, даже цитируемый им по памяти тогда, когда он писал эти строки.

---

[58] Это роднит рассказ Гоголя со сказкой Гофмана «Песочный человек», как известно, подвергнутый детальному анализу Фрейдом [Freud, 1959, p. 368–408].

Сюжет этот не мог не быть близок Анне Ахматовой, которую, как и жену Лота, отталкивал, чем-то привлекая, этот Содом («свой край, глухой и грешный»). В первом номере журнала «Русский современник» (1924) было напечатано стихотворение Ахматовой под названием «Лотова жена» (1922–1924). Обращение к этой тематике, полагаю я, было продиктовано памятью о муже, Николае Степановиче Гумилеве, расстрелянном в августе 1921 года за участие в Кронштадтском мятеже.

Стихотворение было написано по свежим следам трагического события. Первая строка начинается с представления Лота: «И праведник шел за посланником Бога». Шествуя следом за мужем-праведником, жена Лота испытывает «тревогу». В стихотворении нет ни слова о том, оглядывается ли она назад или смотрит вперед. Но в заключительной строфе речь идет лишь о ее «взгляде», который в русском языке имеет двойное значение: и направленность зрения, и точка зрения. В интерпретации Ахматовой жена Лота наказана за «взгляд», за точку зрения. Вот заключительный катрен:

Кто женщину эту оплакивать будет?
Не меньшей ли мнится она из утрат?
Лишь сердце мое никогда не забудет
Отдавшую жизнь за единственный взгляд. [1]

Полагаю, что, ссылаясь на библейскую легенду, Бро откликается на ахматовское стихотворение, забыв лишь сослаться на оригинал. Позволю себе привести фрагмент его эссе:

«Я приехал в Америку и буду здесь жить <...> Я увидел новую землю, но не новое небо. Разумеется, будущее внушает большие опасения, чем когда бы то ни было. Ибо если прежде я не мог писать, это объяснялось обстоятельствами скорее внутренними, чем внешними <...> Это скверное время, когда кажется, что все, что ты мог сделать, сделано, что больше нечего сказать, что ты исчерпал себя, что хорошо знаешь цену своим приемам <...> В результате наступает некоторый паралич. От сомнений такого рода я не буду избавлен и в будущем, я это знаю. И более или менее к этому готов <...> Но я предвижу и другие поводы для паралича: наличие иной языковой среды. Чтобы хорошо писать на языке, нужно его слышать — в тавернах, автобусах и магазинах. Я еще не изобрел способ бороться с этим. Но я надеюсь, что язык путешествует вместе с человеком. И я надеюсь, что, где бы я ни оказался, я возьму с собой русский язык. В конечном счете это все в Божьей воле. Скажу, перефразируя немецкого писателя, который оказался в аналогичной ситуации 35 лет назад: „Die Russische Dichtung its da wo Ich bin“».[59]

Кого мог привлекать и кого отталкивать этот фрагмент, на все лады проигрывающий мысли о собственном будущем, минуя настоящее. И хотя настоящее Бро приходилось на самый уникальный город мира, тень нарциссического эго затмила для него самый высокий небоскреб Нью-Йорка. И что же? Толпа российских эмигрантов, бережно хранивших в сердце имперские амбиции покинутого ими отечества, уже доставала из сундуков те чепчики, которых испокон века был лишен воздух Нью-Йорка. Но в небольшом остатке (всегда в небольшом!) все же существовал анклав подлинных писателей и поэтов, для которых триумфальное появление Бро было не более чем клоунадой.

В этом небольшом остатке оказался и Бо.

«Как сложилась ваша жизнь в Америке? Ведь вы первым, по-моему, со времен Маяковского, воспели Нью-Йорк (*„внушительный батька—Мохнатый“*), что не удалось Бродскому, который считал, что говорить о Нью-Йорке стихами мог бы только Супермен. Вашей одической просодии это оказалось по зубам. Чем стала для вас Америка?» [Кацов, 2017].[60]

Интервьюер Бо, поэт Геннадий Кацов, эмигрировавший в Америку в 1989 году, предварил один из своих вопросов личным признанием о том, что, ступив на новую землю, он первым делом «записался в манхэттенскую библиотеку на 53 улице, между 6 и 5 авеню. На четвертом этаже библиотеки в те годы был большой отдел русской литературы. Можно было взять книги домой, можно было читать за столом в зале. Среди первых книг, которые я снял с полки, была „Звери св. Антония. Бестиарий“ с иллюстрациями Михаила Шемякина» [Там же].

Бо бурно отреагировал на это признание. Да и мне не доводилось слышать признания о том, что, приехав в Нью-Йорк из Рос-

---

[59] Бродский перефразирует слова Томаса Манна: «Wo ich bin, ist deutsche Kultur» («Немецкая культура там, где нахожусь я». — *А. П.*).

[60] Геннадий Кацов ставит стихотворение Бо «Большое яблоко» в широкий контекст. «Бобышев предлагает читателю диалог Города с поэтом — и это однозначно вписывается по эпическому размаху и лирическому переживанию в канонический список The City, начиная от „Crossing the Brooklyn Ferry“ Уитмена, „Моста“ Крейна, „Поэта в Нью-Йорке“ Лорки, городских стихов мастеров нью-йоркской школы, от Фрэнка О'Хары до Джона Эшбери, и до знакомого русскоязычному читателю „Бруклинского моста“ Маяковского».

сии, кто-то повторил эти два шага: записался в библиотеку и взял с полки сборник стихов Бо. Тогда почему такая честь, миновав Бро, выпала на долю его «соперника»? А вот почему:

«О, Америка стала моим вторым (или уже третьим?) местом рождения. Полная новизна жизни дала мне такой стимул, такой „драйв", о котором только мечталось в застойном Питере. К тому же я приехал счастливым человеком, воссоединяясь с любимой женщиной, полный надежд и энергии. Образ вертикального города, возведенного людскими руками до неба, очень соответствовал такому настрою. Наверное, с подобным чувством первопоселенцы рубили себе дома и церкви на новой земле. Я надеялся, и не напрасно, что найдется здесь и для меня достойное место. Конечно, в последующей жизни были и разочарования, и моменты отчаяния, но и жалеть не о чем. И теперь я чувствую себя в Америке не „как дома", а просто — дома» [Бобышев, 2008].

Упомянув о Бо как о «первом после Маяковского» поэте, воспевшем Нью-Йорк, Геннадий Кацов не мог не помнить, что опыт Маяковского не мог вдохновить Бо. Ведь, побывав в Нью-Йорке, Маяковский признался, что ни сам ничего не понял про Нью-Йорк, ни от кого другого не ждал понимания: «Теряй шапчонку, глаза задеря, / все равно — ничего не поймешь!»

Как бы подтверждая признание Маяковского, эмигранты третьей волны, даже те, кто считал своим долгом засвидетельствовать свое почтение Нью-Йорку, терялись в догадках — за что именно. И на этом фоне заявление Бо: не «как дома», а «просто — дома» — звучит таинственно. Ответ на эту тайну был дан в стихотворении «Большое яблоко», вошедшем в сборник «Звезды и полосы» (СПб.: Всемирное слово, 1992). Но что мог Бо разглядеть в Нью-Йорке такого, чего никто другой разглядеть не мог? Напомню об одной особенности, уже обсуждаемой ранее. Реальное знание о предмете диктовал Бо взгляд с высоты.

Эта мысль снова прозвучала в интервью Дмитрия Бо Якову Клоцу, датированном 7 июня 2012 г. «Каким Вы представляли себе Нью-Йорк до того, как впервые там оказались, и в какой мере реальный облик города совпал с Вашими представлениями о нем?» — поступил вопрос от интервьюера.

«Я сам задавал его себе перед отъездом: каков на самом деле Нью-Йорк? Казалось бы, я уже хорошо с ним знаком по литературе, по фильмам и телерепортажам. Ну, небоскребы, автомобили, статуя Свободы... Но ведь наверняка там окажется что-то другое, неожиданное. А что именно?»

А вот что: «В иллюминаторе — густые и сильные краски разгара осени (а в Шереметьеве меня провожала поземка), более темные, но и более яркие, чем в нашей стороне света: трава — неистовой зелености, кроны деревьев — неправдоподобно красные, пурпурные, лиловые. Среди малахитовых восхолмий попадаются контрастные им песочно-желтые пятна амебной, бобовой, арахисовой формы. Их назначение в ландшафте на долгое время стало для меня загадкой, пока я сам не догадался, что то были поля для гольфа с естественными препятствиями и ловушками — прудами, рощами и вот этими песочницами».

И все-таки, что (продолжаю вопросник уже я) могло позволить Бо дать Нью-Йорку такое интимное назначение: «дом» — притом что сам он жил в Нью-Йорке всего-то девять месяцев? Открываю «Большое яблоко», которое буду цитировать в три приема, причем, опустив первый катрен, частично упомянутый Геннадием Кацовым:

Крепкий подножный утес
выпер наружу,
нерушимую стать мускулисто напрудив
будь на месте, как врос,
каменный друже.
Твой чернореберный торс
встал на мусоре Мира в нешуточный рост.
То-то вымахал дюже.
Стоит, наверно, утрат:
Родины, дома,
на громады великого града Содома
этот вид, этот взгляд.
Мозгоподобно
кодами окна горят.
Подсмотревшего тайну снедают подряд:
робость, похоть, стыдоба… [2]

В частном письме Бо признает за собой страх перед встречей с Нью-Йорком, выразив его парадоксом: «Я опасался, что он меня съест, а вышло, что я его ем». И далее, в том же письме, следует диалог поэта с самим собой, зачеркивающий парадокс: «В ту жизнь, что уже была здесь до тебя, войди, внеси себя, свою новизну и утвердись, и участвуй, растворяясь в ней и растворяя ее в себе, как червь в яблоке. Чужое, большое и якобы устрашающее, но при этом и манящее (Нью-Йорк) стало своим, доступным полным жизни, красот и удовольствий».

И все же мысль о страхе, предварившем встречу Бо с Нью-Йорком, вполне оправдана. Ведь его мог навеять великий поэт, Гарсия Лорка, который, побывав в Нью-Йорке в 1929–1930 годах, оставил книгу стихов и такое признание: «Я назвал свою книгу „Поэт в Нью-Йорке", но вернее было бы сказать „Нью-Йорк в поэте". В моей душе… Я хочу рассказать не о поездке, а о том, что почувствовал, столкнувшись лицом к лицу с Нью-Йорком. Первое, что бросается в глаза, это умонепостигаемая архитектура и бешеный ритм. Геометрия и тоска. Ритм неистовый, но радости нет. Стоит ощутить ход социального механизма и гнетущую власть машин над человеком, как услышишь в этом ритме тоску — зияющую, мучительную, затягивающую — и поймешь, что она способна толкнуть на преступление».[61]

Вполне возможно, что «Большое яблоко» было ответом Бо на стихи о Нью-Йорке Лорки: не обязательно прямым ответом и, возможно, даже подсознательным. Ведь, как и Лорка, Бо занял позицию не «поэта в Нью-Йорке», а «Нью-Йорка в поэте». Речь, вероятно, идет о глубинном поглощении, так сказать, способе поедания одного другим. Как и Лорка, Бо ошеломлен «умопостигаемой архитектурой и бешеным ритмом» города. Но на этом сходство кончается. Если Лорка страдает от «тоски», подчиняясь своему предвзятому, политизированному представлению об Америке, бросая ей в лицо «власть машины над человеком», то Бо внимательно и пристально присматривается к Нью-Йорку. От его взгляда не ускользают самые неожиданные детали.

Почему торс города видится ему чернореберным? Инженерное чутье, возможно, подсказывает Бо, что строительству Нью-Йоркских небоскребов предшествовало изобретение стального каркаса. Небоскреб воздвигается, начинаясь со сборки — самой опасной и сложной части строительства. Балки каркаса скрепляются заклепками, которые варит «повар» в угольной печи и которые он в горячем состоянии перебрасывает в самые отдаленные

---

[61] «Преступление», стоившее ему жизни, случилось не в Нью-Йорке, а в Гренаде шесть лет спустя. Великий поэт предсказал его в стихотворении о Нью-Йорке:

> Но хрустнули обломками жемчужин — скорлупки чистой формы —
> и я понял, что я приговорен и безоружен. *(Пер. А. Гелескула.)*

участки строительства, иногда на расстояние двух-трех этажей. Здесь речь идет не о навыке, а о жонглерском искусстве.

«Повар» поворачивается к «вратарю» и, ухватив щипцами раскаленную докрасна 600-граммовую болванку, бросает ее в его сторону. Бросок должен был быть единственным, точным и сильным. И неизбежны летальные исходы. В памятнике на 6-й авеню (2001) можно увидеть 11 жонглеров, погибших на строительных лесах небоскреба, сидящих на черной стальной балке.

Не эти ли утраты сопоставляет поэт с утратой Родины и дома, причем «дом», рифмуясь с «Содомом», ассоциируется с горящими окнами вперемешку со смешенным чувством робости, похоти и стыда… Итак, оставленный дом в России, как оставленный Содом, перемещается, став «домом», в Нью-Йорк. И здесь перед нами уже обновленный Нью-Йорк. Лорка оставлен позади. Нас ждет нечто другое, хотя парадокс не забыт:

> Словно смакуешь во сне
> свинскую сладость.
> Да, порочен и слаб и с собою не сладил, —
> Спелся только сильней.)
> Слабый — неслабый,
> А за себя не красней.
> «Ты есть ты», — прямо с неба абзацами огней
> Вторят быстрые слайды. [3]

Под «свинской сладостью» Бо мог иметь в виду то, что несет в Нью-Йорк приезжий, бросая себя ему в лицо со всеми потрохами. Похожая мысль была высказана Джоном Стейнбеком (1902–1968), нобелевским лауреатом по литературе за 1962 год, который все же предпочел умереть в Нью-Йорке, хотя родился в Калифорнии.

«Это уродливый, грязный город. Там отвратительный климат. Его политиками пугают детей. Движение на дорогах — безумие. Конкуренция — убийственная. Но есть еще кое-что: если ты жил в Нью-Йорке и он стал твоим домом, лучше места тебе не найти».

И далее, отдав долг творцам слова на Европейском и Американском континентах, Бо замахивается на нечто неожиданное, кинув глаз вспять через тысячелетия. Напомню, что «Большому яблоку» предпослано два эпиграфа: один из Книги Судей 11–14 — «Из ядущего вышло ядомое / Из сильного вышло сладкое», — а второй справочного характера — «Американцы прозвали Нью-Йорк Большим Яблоком».

Цитирую окончание:

Сожран, а все же не мертв.
Жив, и немало...
А ядущий да будет ядо́м до отвала!
Тот, кто примет, — поймет:
враз разорвало
льва-монолита вразмет.
Вижу — рой в этом трупе,
и соты, и мед.
Сладким сильное стало.
В старые мехи вобрызнь
сочное соло;
залезай-ка туда же с возней поросёвой, —
в жадно-свежую грызнь.
Будь новоселом
и зарифмуй с парой джинс:
— Жри-ка яблоко по черенок, это — жизнь,
червячок ты веселый! [4]

Не будь стихотворение написано в 1980 году, то есть за два десятилетия до теракта 11 сентября 2001 года, можно было бы предположить здесь отклик на трагедию мирового масштаба с гибелью почти 3000 американцев, оказавшихся в башнях-двойниках Всемирного торгового центра в Нью-Йорке. И сам факт такой ассоциации приглашает мысль о способности поэта предсказать будущее. И все же «Большое яблоко» повествует не об этом. В его центре — библейская притча, известная как «загадка Самсона», существующая в нескольких переводах.

Самсон, успешно уговоривший родителей сосватать его к «женщине из рода Филистимлян», встречает по дороге в Фимнафы, где жила будущая жена, льва, которому в поединке разрывает пасть. А возвращаясь в другой раз из Фимнафов, он проходит мимо трупа растерзанного им хищника и видит внутри туши чудесным образом поселившийся там рой пчел и соты с медом. Что же? «Он взял мед в руки свои и пошел, и ел дорогою; и когда пришел к отцу и матери, дал и им, и они ели; но не сказал им, что из львиного трупа взял мед сей».

Так сказано в библейской притче, предлагающей моральные уроки. Но диалог Бо с городом-яблоком сведен лишь к поэтизированному аккорду: «Из ядущего вышло ядомое / Из сильного вышло сладкое»: город с репутацией грозного, чужого и пожирающего пришельцев хищника оборачивается для поэта подобием «пчелиных сот»: вкусным и сочным Яблоком, которое приглашает тех, кто умеет слышать, напитаться его плотью и соками, то есть стать таким же червем, каким стал калифорниец Джон Стейнбек.

Но есть и новый путь, который Бо сумел проложить для Нью-Йорка своим энкомиумом. Этот путь был выбран близким другом Бо, еще одним получателем поэтической розы от Анны Ахматовой (глава 3). Поэт Анатолий Найман оказался в Нью-Йорке по случаю и ненадолго. Но, как и подобает поэту, он оставил по себе след, сочинив стихотворение «Вода Невы и Гудзона», посвятив его… нет, не Иосифу Бро, с которым был прекрасно знаком, а Дмитрию Бо. Привожу этот текст:

> …Где храмика остов за сквериком спрятан,
> Васильевский остров глядит сквозь Манхаттан —
> и в пекло и в стужу всё в ту же калитку
> впускает, чтоб ту же твердил я молитву:
> «За то, что в восторге таком же потомки,
> как предки на «Порги и Бесс» были в Промке, <…>
> за то, что Ты — море, а остров Твой — глыба,
> как глина в фарфоре за миг до оплыва,
> за то, что Ты — волны, а остров Твой — камень,
> с которым безвольно в пучину мы канем,
> за то, что Ты — гавань, а остров Твой — судно,

с которым проплавал всю жизнь я попутно…
за то, что Ты — невод, за то, что я — рыба,
за то, что Ты слева и справа, — спасибо!»

[Найман, 2000].[5]

Восьмистраничное эссе [Бродский, 2000], которое с таким постыдным расчетом поспешил доставить «соперник» Бо в самый престижный американский журнал, возможно, Бо и не читал. Но те, кому оно попалось на глаза, вряд ли могли пройти мимо его пропагандистского пафоса. Бро не забыл познакомить американского читателя «с выдержкой из стенограммы Фриды Вигдоровой о судебном процессе 1964 года», поместив далее «собственную фотографию (во весь рост!) на хуторе под Архангельском». Не мудрено, что на определенный контингент читательниц сага Бро произвела впечатление:

«Само письмо является трогательным рассказом о недавней эмиграции автора с его неизбежно трагической подоплекой, раскрывающей позицию „иностранца" или „диссидента"»,[62] — пишет автор книги о Бро, зачислив своего персонажа в гильдию «вытесненных интеллектуалов» (то есть героев романа Амальрика «Просуществует ли СССР до 1984 года», поименованных так Юлией Кристевой).

Стратегический талант Бро проявился и в другом. Возведя решение правителей тоталитарного государства в ранг библейской *легенды*, Бро делает попытку формально уклониться от дальнейших размышлений на эту тему.

«Решения такого сорта принимаются, как я понимаю, в сферах довольно высоких, почти серафических. Так что слышен только легкий звон крыльев. Я не хочу об этом думать. Ибо все равно, по правильному пути пойдут мои догадки или нет, это мне ничего не даст. Официальные сферы вообще плохой адрес для человеческих мыслей. Время тратить на это жалко, ибо оно дается только один раз» [Бродский, 2000, с. 37].

Но времени Бро оказалось совсем не жалко. И разговора о том, что имели в виду «официальные сферы», он не оставляет. Только вдруг оказывается, что официальные сферы, выкинувшие Бро из страны, действовали вполне в согласии с настроениями самой жертвы. Ведь то, что роднит поэта и царя, остается в силе и для брака поэта с Генсеком. Их неразрывно связывает родной язык,

[62] *Sanna Turoma*. Brodsky Abroad. Exile, Tourist, Traveler. Anchor Press, MASS, 2010.

«вещь более древняя, чем любая государственность. Язык (уже даже не архитектура) толкает поэта к тому, чтобы стать *патриотом своего отечества*».[63] Но и эта формула, кажется, означает у Бро все тот же отказ от личной ответственности за политические решения своего Содома. Когда речь идет о личной ответственности западного человека, Бро утверждает ровно противоположное.

«Я не верю в политические движения, я верю в личное движение, в движение души, когда человек, взглянувши на себя, устыдится настолько, что попытается заняться какими-нибудь переменами: в себе самом, а не снаружи. Вместо этого нам предлагается дешевый и крайне опасный суррогат внутренней человеческой тенденции к переменам: политическое движение, то или иное. Суррогат опасен более психологически, нежели физически. Ибо всякое политическое движение есть форма уклонения от личной ответственности за происходящее» [Бродский, 2000, с. 38].

Что же из этого следует?

От творческой личности ожидается неучастие в политической жизни государства, ибо вмешательство есть способ «уклонения от личной ответственности». К тому же *террор,* поясняет свою мысль Бро, *не есть самое страшное, что может произойти с этой личностью*. «Не следует думать, будто молчание или кошмарные судьбы лучших писателей нашего времени — результат чистого политического террора. Это также и результат конкуренции; ибо репрессии против того или иного писателя редко происходят без гласной или негласной санкции его коллег. Так, судьбу М. М. Зощенко во многом определило пожатие плечами В. Катаева. Если учесть эти телодвижения, регулярные тематические партинструктажи, негласный геноцид или просто антисемитизм, закулисную грызню и беше-

---

[63] «Я не думаю, что кто бы то ни было может прийти в восторг, когда его выкидывают из родного дома. Даже те, кто уходят сами. Но независимо от того, каким образом ты его покидаешь, дом не перестает быть родным. Как бы ты в нем — хорошо или плохо — ни жил. И я совершенно не понимаю, почему от меня ждут, а иные даже требуют, чтобы я мазал его ворота дегтем. Россия — это мой дом, я прожил в нем всю свою жизнь, и всем, что имею за душой, я обязан ей и ее народу. И — главное — ее языку. Язык, как я писал уже однажды, вещь более древняя и более неизбежная, чем любая государственность, и он странным образом избавляет писателя от многих социальных фикций. <...> И для писателя существует только один вид патриотизма: по отношению к языку. Мера писательского патриотизма выражается тем, как он пишет на языке народа, среди которого он живет» [Бродский, 2000, с. 40].

ное желание каждого главного редактора сохранить место, <...> то, конечно, мужеству людей, посвятивших себя литературе, нельзя не подивиться» [Там же].

Не будем забывать, что эта безучастная наблюдательность к делам политического террора, названная Лосевым *размышлениями поэта о своей судьбе,* была сформулирована после Второй мировой войны, уроки которой, как видим, Бро не коснулись, как не затронули его судьбы Синявского, Даниэля и особенно Шаламова, который, проведя двадцать лет в ГУЛАГе, оставил нам свое наследие... Нет, не о смерти, как Бро, а о выживании.

«Выживать — не значит жить. Силы выживания движимы страхом потерять жизнь. Искусство выживания — это продление жизни в тех условиях, в которых она становится практически невозможной. Например: „вырваться в народ", бальзаковская мифология a parvenue — не является ли это попыткой „присвоить" жизнь, сделав ее невыносимой? Не выжить, чтобы потом жить, а жить, чтобы выжить. <...> Спасение в лагере — это приобретение хоть какого-то места (а это всегда места выживания, а их количество крайне ограничено)» [Подорога, 2017, p. 241].

Ведь тело — это место выживания в ГУЛАГе. «Варлам Шаламов очень внимательно следит за своим ГУЛАГом, своим „рабским" и искалеченным телом, как будто само тело вынуждено, регистрируя свои ужасающие состояния, „изолировать" от себя некое тело-инструмент, тело-близнеца, без которого остается еще человеком и помнит себя в образе целостности, мог противостоять этому житейскому ужасу. Вместо этого скрытого, отчаянно защищаемого, сопротивляющегося телесному опыту, тело обнажает тело калеки — отмороженное, изуродованное каторжным трудом (тачкой и лопатой), навеки пораженное ужасом голода, тело, готовое прикинуться мертвым, и даже стать, сломанным-сломанным телом, с болью, заменяющей чувство жизни... Что с ним делать, в какое время существует?» [Подорога, Там же].

Примечания:

[1] Who will mourn for her, who will thrust his lance?
She was, wasn't she? just a nominal loss?
Just a wife who died for a single glance?
But I will remember her shivering gloss.

[2] A strong foothill cliff
pushed out, bound
gets indestructible, muscule–strained.
Stay in place, as if ingrained,
My friend–compound.
Your black-ribbed carcass
has risen from dirt to its height en masse.
Turned into a Colossus,
Justifying the losses:
of motherland and one's home.
To the ampleness of Sodom,
Its panorama, its gaze
Like burning brains, its windows blaze
Those who spied their secrets are feasted on:
timidity, lust, shame, and so on.

[3] Like you taste in a trance,
Some piggy honey.
Yes, it's vicious, weak, craving for money, —
But stronger gets its prance.
Cunning or not cunning,
Don't feel sheepish nay once.
"You are you", — the sky's charting lights
Echoing quick slides.

[4] Devoured, but still not dead.
Alive and cool...
Let the one who eats be eaten in full!
Anyone who accepted or learned at school:
the lion-eater was torn apart at once.
Leaving a swarm in his gut. that danced
In fact it was honey from a bee nest
The strong has turned into sweetness
Sprinkle juice solo into old bellows;
Get in there with the pig's fuss,
Be a settler, there, an alias
Rhyme it with the word "jeans" and plus
"Eat an apple to its core, this is warmth,
Eat it, little jolly worm!"

[5] Where park's keeping hidden the scrag of the temple
Vassilyevsky Island looks through Manhattan —
It opens its gate in the heat and the freeze
To let me inside to repeat the orison:
"For all the descendants to delight no less
Than Russian ancestors with *Porgy and Bess* <...>
For You are the ocean, Your island's a scarp
like clay before melting in a porcelain cup.
because You are waves and Your island is stone,
compelling us helplessly sink the canyon,
because You're a harbor, Your island's a ship,
which I have been sailing in daylight and sleep,
because I am a fish and You're my guard
for spreading from left to the right — my regard!»"

Глава 16

Маскарад

После смерти Ахматовой два держателя ахматовских роз, Иосиф Бро и Дмитрий Бо, вступили в мир соревновательной борьбы, помеченной поиском путей к победе. И если для борцов сумо этот путь определяется наращиванием веса, то для золотоискателей любой конфессии, профессии, призвания, вероисповедания, интеллекта и, представьте себе, таланта путь этот требует стратегического планирования. Для скромного большинства этот путь сводится к максиме «per aspera ad astra» (через препятствия к триумфу). Однако Бро довольно скоро понял, что преодоление препятствий является слишком длинным путем к победе. А ему хотелось короткого.

И этот путь он вычислил. В кратчайший срок он стал вхож в дома почтенных академиков, музыкантов, режиссеров кино и театра, оперных певцов, художников, танцоров и, конечно же, их наследников. О том, как ему это удалось, можно лишь строить предположения. По всей видимости, «успех» такого рода невозможен без знания тайн, уловок и трюков искателей приключений ранга венецианца Джакомо Джироламо Казановы, шевалье де Сенгальт. Однако пути, которые прокладывали для себя фигуры такого масштаба, не были доступны для Бро. Мог ли он похвастать расположением европейских монархов, пап, кардиналов, писателей ранга Вольтера и Гёте, композиторов ранга Моцарта, как это удалось Казанове?

Путь Бро был более скромен, хотя нельзя назвать его менее эффективным. Он разработал план по устранению конкурентов, начав с поэта Дмитрия Бо. Ведь талант Бо грозил превзойти талант Бро, что вскоре и случилось, а кроме того, Бо входил в ближайший круг друзей, тем самым избавив Бро от хлопот по завоеванию доверия. Начало было положено в истории с Марианной Басмановой (глава 4). А возглавив коалицию преследователей моральных идеалов, Бро мог уже поставить перед собой более серьезную задачу, а именно — отрезать Бо пути к публикации.

Эллендея Проффер, совладелица издательства «Ардис», поспешила объяснить Дмитрию Бо причину того, почему они не публикуют его стихов.

«Один человек блокирует это, вы знаете кто...» — сказала она.

«Конечно, я знал. Знали и все остальные — те, кто с увлечением смотрел и сам участвовал в разворачивании большого проекта под названием „Бродский". Затем он получил премию Гуггенхайма. Эта премия, как хлестко выразилась *The New York Times,* учреждена „для молодых гениев" (до 40 лет). Критики подхватили заветное слово, и с их помощью началось восхождение к Нобелю. Кто-то возвысил его до Пушкина, но этого было недостаточно. Томас Венцлова возвел его в ряды великих латинян. Место для будущего лауреата было расчищено, для чего все сопоставимые имена были сметены под скамью» [Бобышев, 2023].

Казалось бы, что могло помешать Эллендее Проффер реализовать свое издательское право на обнародование тех авторов, которых она считает важными, — например, того же Бо? Но ее воля была чудесным образом парализована. И этот паралич настиг даже таких личностей, как Мария Васильевна Розанова, пережившая арест мужа, гонения соседей и эмигрантских клик, сохранив при этом завидную независимость мысли. И все же... Она «позвонила мне и предложила издать „Терцины" книгой в своем „Синтаксисе"». И что? «Произошла подмена: вышла книга, но не та самая и не моя, а некоей нью-йоркской поэтессы, пользующейся расположением, у кого бы вы думали? Правильно, у него, у будущего лауреата» [Там же].

Имена множились. А методы борьбы юного гения с конкурентами продолжают совершенствоваться.

«Рукопись „Школы для дураков" поступила в издательство „Ардис" без имени автора и была передана Бро на рецензию. Он восхитился ею, решив, что автором является Владимир Марамзин, его адепт. Но, узнав, что это не Марамзин, решительно отверг рукопись. К счастью для Саши Соколова, его рукопись получила благословение Владимира Набокова еще раньше, и это решило ее судьбу. <...> В случае с Аксеновым речь шла об издании романа „Ожог" в Нью-Йорке. Поссорившись с властями, скандально известный писатель (возможный нобелевский кандидат) оказался в Америке в качестве беженца и многим рисковал, предложив новаторский роман престижному издательству. Издательство попросило своего российского эксперта предоставить внутреннюю обратную связь.

Экспертом был Бро, и его отзыв был таким: „дерьмо“. Американской славы Аксенов не добился, хотя эксперт добился ее международного масштаба» [Там же].

Подведем итоги. Бо и Саша Соколов составили конкуренцию Бро по части таланта. Аксенов представлял угрозу из-за своей огромной популярности. Но имя Евгения Евтушенко стояло особняком. Евтушенко собирал многотысячные аудитории и был популярен даже у порфироносных кариатид советского режима, то есть был вхож в кабинеты, в которые Бро при всем старании пройти не мог. И как наиболее опасный конкурент, Евтушенко стал главной мишенью. Ведь под прицел Бро попала его репутация. Эта история стоит того, чтобы быть рассказанной, ибо она в деталях обсуждалась на Первом канале российского телевидения.

Начну с конца. Сенсацией на Первом, по репутации правительственном (читай: пропагандистском), канале стало появление Соломона Волкова, интервьюировавшего Евгения Евтушенко по делу Бро, хотя сам Евтушенко не дожил до этого зрелища. Вопрос, задавший тон дискуссии был сформулирован так: «Зачем Евгению Евтушенко понадобилось говорить о своих отношениях с Иосифом Бродским?»

Традиционно вопрос «зачем?» задается тогда, когда ответ заранее известен. Ведь при желании узнать о мотивах, предвосхищающих действие, предпочтительно задать вопрос «почему?». Но, может быть, то, что было названо «дискуссией» на Первом канале, на самом деле было чем-то иным — скажем, упражнением в «актерском искусстве», тонкости которого достаточно откровенно раскрыл Чеслав Милош:

«Актерство каждодневное тем отличается от актерства на сцене, что все играют перед всеми и знают взаимно друг о друге, что играют. Игра не ставится человеку в упрек и никоим образом не свидетельствует о его неправомерности. Речь идет лишь о том, чтобы игрок играл хорошо, потому что умение войти в роль доказывает, что та часть его личности, на которой он строит свою роль, достаточно в нем развита. <...> Постоянный маскарад, хотя и создает в обществе трудновыносимую атмосферу, доставляет маскирующимся известное, и немалое, удовлетворение. Говорить о чем-нибудь, что оно белое, а думать, что черное; внутренне усмехаться, а наружно выказывать напыщенную ревностность; ненавидеть и обнаруживать признаки страстной любви; знать и притворяться, что не знаешь, — так, обманывая противника (который тоже тебя обманывает), начинаешь более всего ценить свою ловкость. Успех в игре начинает доставлять удовольствие» [Милош, 2003, сс. 97–98].

Какой же ответ подразумевался участниками дискуссии, либеральными российскими интеллигентами, на вопрос «зачем?».

«Признание Евтушенко о том, что конфликт с Бро был „главной драмой" его жизни, как и всякое *признание,* может быть только актерским трюком, вероятно, думает про себя Иван Толстой, оглашая свой вердикт: *Евтушенко совершил нападение: „умное, хитрое, неискреннее"*» [Рыковцева, 2013].

«Было бы неправильно с моей стороны комментировать намерения Евтушенко», — говорит, казалось бы, возражая Толстому, Борис Ланин (литературовед, журналист, доктор филологических наук и второй участник *дискуссии*). — «Но почему Евтушенко поднял эту тему именно сейчас, когда все участники разошлись, когда многие разговоры, на которые он ссылается, происходили только наедине? Улик нет, свидетелей нет, а одно реальное доказательство — письмо Бродского. Видимо, он решил, что сейчас самое время. Долгое время о нем никто не говорил и не писал. Появились новые имена, новые звезды, он решил напомнить нам о себе».

Далее следует вердикт: *«Все, что делает Евтушенко, непременно продумано, это все рассчитано на укрепление его позиций в современном литературном процессе»* [Там же].

Как видим, намерения Евтушенко оказались изначально и доподлинно известны и Толстому, и Ланину, и все, что им оставалось, это озвучить то, что они озвучили. А именно, что Евтушенко напомнил о себе, чтобы «укрепить свои позиции в современном литературном процессе».

Я согрешу против истины, если не укажу на роль ведущей, Елены Рыковцевой, сделавшей попытку реально отделить яблоко Ньютона от яблока Джобса. Послушаем ее: «Бродский крайне резко отреагировал на сообщение Евтушенко, решив, что Евтушенко был вызван в КГБ не спасать свои книги, а в качестве консультанта проекта эмиграции Бродского. Вот так решил почему-то Бродский, и ничем больше Евтушенко не мог его убедить. <...> И мало того, что Бродского невозможно переубедить, он берет за пуговицу каждого встречного, в частности Белу Ахмадулину, и рассказывает всем, что Евтушенко — агент Лубянки» [Там же].

Голос Елены Рыковцевой тонет в хоре обвинений. И *драме жизни* Евтушенко грозит остаться под непроницаемой ферулой, ибо ни Толстой, ни Ланин, кажется, не потрудились обновить в памяти то, как Бро представил этот конфликт интервьюеру Волкову четверть века назад.

Попробую восполнить этот пробел, начав с преамбулы.

В поисках работы в Америке Евгений Евтушенко узнает о свободной вакансии в Квинс-колледже. Туда же отправляется Бро с намерением ходатайствовать за своего переводчика Барри Рубина, соискателя той же позиции. Как протектор Рубина, Бро знакомится с заведующим кафедрой славянских языков Квинс-колледжа Бертом Тоддом.

«Я большой приятель Жени Евтушенко», — говорит Тодд, обмениваясь с Бро рукопожатиями. Если бы ответ Бро не поступил к нам из книги интервью Волкова, вряд ли бы нашелся человек, способный в него поверить. «Ну, вы знаете, Берт, приятель ваш говнецо, да и от вас воняет!» — цитирует Волков ответ Бро Тодду с последующим заключением: «И я пересказал ему в двух или трех словах *всю эту московскую историю* и забыл об этом» [Волков, 2000, с. 129].

Позволю еще добавить, что забыл Бро еще и о том, что, когда он сам нуждался в трудоустройстве и претендовал на место в том же колледже, Евтушенко пустил в ход свои контакты, чтобы помочь Бро получить этот пост. Возможно, не найдя поддержки у Тодда или, что тоже вероятно, не ожидая найти этой поддержки, Бро пишет письмо президенту Квинс-колледжа, оповестив его о том, что претендент на профессорскую должность (Евтушенко) является автором стихотворения «Свобода убивать», в котором есть строки, оскверняющие американский флаг. Привожу текст письма Бро:

«Трудно представить больший гротеск. Вы готовы вышвырнуть человека, который свыше трех десятилетий изо всех сил старался внедрить в американцев лучшее понимание русской культуры, а берете типа, который в течение того же периода систематически брызжет ядом в советской прессе, как, например, „И звезды, словно пуль прострелы рваные, Америка, на знамени твоем».

Конечно, времена меняются, и кто прошлое помянет, тому глаз вон. Но «конец истории», мистер Президент, не есть еще конец этики. Или я не прав?» [Соловьев, 2012]. — писал, вернее, повторно доносил на Евтушенко Бро. Я говорю «повторно», ибо первую попытку он уже сделал, объявив Евтушенко ПСЕВДОПАТРИОТОМ России. Теперь он поставил под сомнение лояльность Евтушенко по отношению к Америке [Соловьев, 2012].

К счастью, до нас дошла и версия Евтушенко: «Я порекомендовал Иосифа в Квинс-колледж, из которого он ушел в место, где платили лучше… И все же он написал на меня клеветническое письмо ректору нашего колледжа, которое до сих пор ни один исследователь Бродского не осмелился опубликовать, потому что Бродский — неприкасаемая фигура, ни у кого не хватило мужества... В 1968 году, когда был убит сенатор Роберт Кеннеди, мой друг, я написал стихотворение, в котором были такие строки:

„И звезды, словно пуль прострелы рваные,
Америка, ‘на знамени твоем’ “![1]

Стихотворение было опубликовано в тот же день и в „Правде“, и в *The New York Times* под названием „Свобода убивать“ (перевод Лоуренса Ферлингетти — *А.П.*) и не вызвало никакого возмущения. Наоборот, я получил письмо от семьи Кеннеди с благодарностью за стихотворение. А Бродский через 20 лет вырвал эти строки из контекста и написал в том письме, что „человек, так оскорбивший американский флаг, не имеет права преподавать американским студентам“. Будь он честным человеком, он мог бы сказать мне в лицо: „Женя, что ты написал и зачем?!“ Но он даже не упомянул источника, из которого вытащил эти строки...

Президент Квинс-колледжа, будучи порядочным человеком, не показал мне этого письма. Он сказал Бродскому... „Бродский, у нас совершенно разное мнение о деятельности Евгения Евтушенко. Он мастер поэзии, человек, который столько раз рисковал своей жизнью, в том числе и ради тебя“» [Евтушенко, Live Journal].

Здесь уместно уточнить позицию, занятую в этом маскараде интервьюером Бро и Евтушенко. Кому, как не Волкову, были известны мотивы и намерения обеих сторон? Но Волков решил занять позицию между двумя стульями. В попытке примирить позиции Ивана Толстого и Бориса Ланина он назвал конфликт Евтушенко–Бро «трагическим недоразумением». И ситуация была бы безнадежной для тех, кто хотел бы отыскать в ней хоть немного забавы, если бы в какой-то момент дело не дошло до острого сюжета: Бро донес на Евтушенко. А так как стукачей никто не любит, необходимо было выяснить, правомерно ли применен этот термин к Бро.

Чеслав Милош находит истоки такого рода актерства в ближневосточной цивилизации ислама, черпая свою информацию из книги Гобино «Религии и философии Центральной Азии» (*«Religions et Philosophies dans l'Asie Centrale»*). Речь идет о понятии, получившем название «кетмана».

«Кетман — это стратегия умолчания о собственных убеждениях, вызванная нежеланием подвергать свою личность и свое имущество опасности со стороны тех, кто карает. А тогда, когда умолчание грозит выглядеть признанием, не следует останавливаться перед публичным отречением от своих взглядов, пользуясь любыми уловками и направляя их на то, чтобы обмануть противника. Кетман наполняет гордостью того, кто его практикует. Благодаря этому практикующий постоянно ощущает превосходство над тем, которого он обманул, хотя бы этот последний был министром или могущественным государем; ибо человек, который получает удовольствие от общения с кетманом, это, прежде всего, бедный слепец» [Милош, 2003, сс. 207–208].

Милош проводит параллель между кетманом ислама и кетманом, практикующим в тоталитарном государстве. То же ощущение превосходства над теми, которые не достойны познать истину, составляет одну из главных радостей в тамошней жизни, которая вообще радостями не изобилует.

«*Отклонения,* выслеживание которых доставляет столько забот властям, отнюдь не есть фантазия. Это и есть случаи разоблаченного кетмана, причем особенно могут помочь в обнаружении отклонений люди, которые сами практикуют кетман подобного рода: распознавая с легкостью у других акробатические приемы, применяемые ими самими, они пользуются первым же случаем, чтобы потопить врага или друга; тем самым они гарантируют свою безопасность, а мера ловкости состоит в том, чтобы опередить, по меньшей мере, на день такое же обвинение в свой адрес со стороны человека, которого они губят» [Там же, с. 102].

У читателя может возникнуть правомерный вопрос об аутентичности письма-доноса Бро. Судя по всему, оно никогда не перешло в руки Евтушенко, а сам Владимир Соловьев, единственный живой свидетель этой истории, неизвестно по чьему капризу получивший во владение этот документ, легально принадлежащий наследникам, не опубликовал его целиком и не был никем приглашен на интервью относительно этой истории. Лично у меня нет мнения об авторстве, хотя некоторые фразы напоминают мне стиль Бро. И все же я не готова отвести подозрение в причастности Бро к сочинению этого доноса. Ведь если он мог оклеветать Евтушенко перед профессором Тоддом без видимой корысти, почему бы он остановился перед клеветой тогда, когда корысть у него была? Тем не менее, как адвокат дьявола, я чувствую ответственность в том, чтобы представить аргументы как *pro,* так и *contra.*

Для начала представим себе, что письма в администрацию колледжа Бро не писал. Тогда откуда стало известно, что Евтушенко и Барри Рубин претендовали на ту же самую позицию? Ведь имена кандидатов на университетские должности подлежат разглашению лишь тогда, когда выбор уже был сделан. А если допустить, что о соперничестве с Евтушенко Бро узнал в частном порядке от самого Рубина, то почему это звено истории вообще отсутствует? Далее, если Бро узнал о конкуренции с Рубиным от Евтушенко, не означает ли это, что между ними были доверительные отношения, которые Бро отрицает?

Теперь представим себе, что Бро является автором этого письма. Он пишет донос на Евтушенко. Но где взять уверенность в том, что донос этот возымеет желательный эффект? Ведь о судьбе доносов в Америке русскому эмигранту вряд ли могло быть что-либо известно. Как же обеспечить себе успех? Здесь Бро мог вспомнить свою историю успеха с Василием Аксеновым, автором романа «Ожог». Чтобы заручиться поддержкой того, на кого пишется (или задуман) донос, необходимо использовать кетманскую практику. Все действия должны быть оправданы благородными мотивами. Это сработало с Аксеновым. И Бро предлагает Евтушенко проявить высшую степень альтруизма: «Ты должен согласиться принять позицию при одном условии: ты не переходишь дорогу другому кандидату», — советует он Евтушенко и тут же… доносит на него.

Конечно, хотелось бы обрести знание реальных аргументов, пущенных в ход Бро в столь щепетильном деле. Но увы! История о них умалчивает, и все, что остается, это предположить, что драму с двойной эпистолярной интригой и инъекцией казуистики Бро мог позаимствовать из литературы. Ну а за примером далеко ходить не пришлось. Достаточно было припомнить легендарную статью о «Братьях Карамазовых», автора которых Бро защищал от посягательств Милана Кундеры.

Что же мог позаимствовать Бро у любимого автора?

«Друг мой, — заметил сентенциозно гость, — с носом все же лучше отойти, чем иногда совсем без носа, как недавно еще изрек один болящий маркиз на исповеди своему духовному отцу-иезуиту. Я присутствовал — просто прелесть. „Возвратите мне, говорит, мой нос!“ И бьет себя в грудь. „Сын мой, — виляет патер, — по неисповедимым судьбам провидения все восполняется и видимая беда влечет иногда за собою чрезвычайную, хотя и невидимую выгоду. Если строгая судьба лишила вас носа, то выгода ваша в том, что уже никто во всю вашу жизнь не осмелится вам сказать, что вы остались с носом“. — „Отец святой, это не утешение! — восклицает отчаянный. — Я был бы, напротив, в восторге всю жизнь каждый день оставаться с носом, только бы он был у меня на надлежащем месте!“ — „Сын мой, вздыхает патер, всех благ нельзя требовать разом, и это уже ропот на провидение, которое даже и тут не забыло вас; ибо если вы вопиете, как возопили сейчас, что с радостью готовы бы всю жизнь оставаться с носом, то и тут уже косвенно исполнено желание ваше: ибо, потеряв нос, вы тем самым все же как бы остались с носом“» [Достоевский, 1895, с. 731].

Остается выяснить: почему интервьюер Волков, равно как и приятель Евтушенко Тодд, принимает на веру заверения Бро? Сага имеет продолжение в нью-йоркской гостинице, где проживает Евгений Евтушенко. Туда же приходит с визитом Бро. Цитирую диалог, переданный со слов визитера Бро интервьюером Волковым:

«Слушай, Иосиф! Сейчас за мной зайдет Берт, и мы пойдем обедать в китайский ресторан. Там будут мои друзья, и я хочу, чтобы ты ради своей души сказал Берту, что ты все-таки меня неправильно понял», — просит Евтушенко.

«Знаешь, Женя, не столько ради моей души, но для того, чтобы в мире было меньше говна... почему бы и нет? Поскольку мне это все равно», — отвечает Бродский [Волков, 2000, с. 122].

И дальше происходит метаморфоза. Из оскорбителя Тодда и доносчика на Евтушенко Бро преображается в радетеля мирового добра: «Дамы и господа! Берт, помнишь наш с тобой разговор про Женино участие в моем отъезде? Так вот, я ошибался» [Волков. Там же].

Не иначе как с учетом этой поправки Волков сформулировал свое заключение на Первом канале российского телевидения, заявив о том, что «оба поэта говорят об одном и том же и пересказывают суть разговора примерно одинаково». И это примирительное слово могло бы снять *суспенс недоверия,* правда, лишь в том случае, если не был взят в расчет один нюанс. Назову этот нюанс изнаночной стороной визита Бро к Евтушенко. Что могло мотивировать визит Бро? Что мешало Евтушенко выставить Бро за дверь? Почему акт предательства Бро не положил конец их отношениям?

Объяснение поступило от Евтушенко. «Ты никогда не был в эмиграции. Ты не понимаешь, что волей-неволей начинаешь искать виноватого», — повинился Бро. Однако тут же озвучил просьбу о помощи. Речь шла о визите родителей Бро в Америку, и здравый смысл подсказывает, что, не будь просьбы, не было бы и покаяния.

Я предлагаю закончить эту главу на философской ноте. Фантазии Бро, высказанные в интервью Соломону Волкову, будь они проанализированы на семинаре Жака Лакана, могли бы стать частью дискурса о *символическом,* для которого характерно упразднение субъекта как такового.

«Субъект, превращенный в полицефала (многоголовую змею, охраняющую врата в ад — А.*П.*), приобретает черты ацефала, обезглавленного змея. Если и существует образ, который мог бы воплотить фрейдовское представление о бессознательном, то это, конечно, образ ацефального субъекта, субъекта вне эго, <...> не имеющего никакой части в нем, но при всем том, и в то же время говорящий субъект, ибо именно он вдохновляет персонажей, действующих в сновидениях, в тех бессмысленных речах, в бессмысленной природе которых заключена сущность смысла» [Lacan, 1966].

Чтобы ввести понятие «содержательные речи» в психоаналитический контекст, я кратко коснусь конца лекции Лакана, в которой он анализирует рассказ Эдгара По «Украденное письмо». Этот рассказ, который я детально анализирую в рукописи *«Who is Who in Empire N»* (в работе), может пролить дополнительный свет на понимание письма-доноса Бродского. Письмо, адресованное президенту Квинс-колледжа, на самом деле является обращением к некоему главному судье, чей статус не подлежит обсуждению. Этот судья (виртуальный большой Другой) будет неотступно следовать правилу, что сожжение американского флага должно быть уголовно наказуемым. Бро подводит Евтушенко под статью уголовного кодекса.

Однако, когда он пишет и отправляет свое письмо-донос, он не учитывает того, что сам факт сохранения письма (неуничтоженным) есть акт доверия, через который Фрейд определяет симптом. «Согласно Фрейду [и здесь я цитирую интерпретатора Лакана — *А.П.*], когда я вызываю симптом, я создаю зашифрованное сообщение о своих самых сокровенных секретах, бессознательных желаниях и травмах. Адресат симптома — не другой человек, и пока аналитик не расшифрует мой симптом, нет никого, кто мог бы прочитать мое сообщение» [Там же].

Примечания:

[1] "And the stars, like ragged bullets,
Are, America, on your banner!"

Глава 17

Мурти-бингизм

Глава книги Чеслава Милоша «Порабощенный ум», написанная с оглядкой на фантастическую антиутопию Станислава Игнация Виткевича «Ненасыщаемость» (1932), получила загадочное название «Мурти-Бинг». В фантазии Виткевича «Мурти-Бингом» был восточный мудрец, изобретший пилюли, способные воздействовать на «мировоззрение» человека органическим путем. Особая популярность «мурти-бингизма» среди интеллектуалов, связана, как это видит Милош, с тоской по коллективу (с желанием быть «в массе»). Соответственно, «мурти-бингизм», метафора Виткевича, обретает в эссе Милоша аллегорический смысл как мировоззрение, получившее спрос.

Милош вспомнил о Виткевиче тогда, когда этот автор, о котором теперь восторженно пишут как о визионере, был практически забыт. Он покончил жизнь самоубийством в 1939 году, узнав о вооруженном вторжении Красной армии в Польшу. И тот факт, что его книги переведены на более 30 языков, является в значительной мере заслугой Милоша. Что же могло заставить Милоша возродить фантастическое видение Виткевича в начале 1950-х годов?

«Действие романа происходит в Европе или, скорее, в Польше, в неопределенном будущем, которое, впрочем, также можно обозначить как настоящее, в среде музыкантов, художников, философов, аристократов и высокопоставленных офицеров. Западной цивилизации угрожает вторжение монголо-китайской армии, захватившей территорию от Тихого океана до Балтийского моря. А потом в городах Европы появились торговцы, тайком продававшие таблетки Мурти-Бинга» [Милош, 2003, с. 61].[64]

---

[64] Содержание книги Виткевича передается Милошем по памяти, в связи с чем туда закрались малосущественные ошибки, которые я не берусь исправлять.

«Мурти-бингизм» играет в романе Виткевича судьбоносную роль, проложив интеллектуалам путь к достижению «активной, пульсирующей жизни» в обществе. Все, что ожидалось от них, это закрыть глаза на преступления, которые вершат их правители.

«Человек может быть лишь инструментом в оркестре (примем этот постулат!), которым дирижирует Богиня Истории. Только тогда звук каждого инструмента будет иметь смысл. В противном случае даже самые проницательные суждения останутся развлечениями рефлектирующего ума. И вопрос заключается не только в их смелости. Дело обстоит гораздо более провокативно. Кто-то спрашивает себя: можно ли думать и писать только тогда, когда вы не плывете в направлении, которое реально и жизненно важно, потому что это согласуется с направлением реальности или с законами истории. Стихи Рильке могут быть замечательными, и если они хороши, это означает, что в эпоху, когда они родились, их появление было оправдано. Созерцательная поэзия, которую создавал он, не может возникнуть в странах народной демократии — не потому, что ее будет трудно напечатать, а потому, что у ее автора не будет импульса писать: объективных условий для создания подобных стихов уже нет» [Там же].

Мысль об этом подвижническом труде Милоша пришла мне в голову в связи с конференцией, посвященной писателям в изгнании. Она проходила в Лиссабоне в начале декабря 1987 года и была организована Американским фондом Уитленда. Россию представляли Лев Аннинский, Сергей Довлатов, Татьяна Толстая и Иосиф Бродский. Центральную и Восточную Европу представляли Данило Киш, Дьердь Конрад, Чеслав Милош, Йозеф Шкворецки и Адам Загаевский. Среди участников было также несколько интеллектуалов Запада: Сьюзен Зонтаг, Дерек Уолкотт и Салман Рушди.

Начнем с того, что лица, входившие в состав «русской делегации», даже с натяжкой не могли быть названы авторами в изгнании. Ни один из них, кроме (по репутации) Бро, не покинул Россию против собственной воли. Поэтому вполне естественно, что они, все до единого, заняли имперскую, то есть колониальную, позицию по отношению к интеллектуалам Центральной Европы, оказавшейся под властью Советской России. Далее, все эти «изгнанники», благополучно проглотившие пилюлю «мурти-бингизма», а вместе с ней двоемыслие и отрицание очевидного зла, отрицали само существование Центральной Европы.

«...Отказ русских от самого названия „Центральная Европа“ и их заявления о том, что они впервые слышат о ней, вызвал удивление», — писал Чеслав Милош в «Годе охотника»: «Они не понимают своей зависимости от имперского или колониального мышления, как кричал им Рушди из зала». Отрицая существование Центральной Европы, Татьяна Толстая, например, не признавала ответственности писателей за действие своих правительств: «Задача писателя — писать. Русские писатели не имеют никакого отношения к оккупации братских стран». Ее выступление вызвало резкую критику Конрада и Шкворецкого, а Рушди заявил, что писателю, пишущему на языке империи, надлежит открыто признать, что он занимает имперскую позицию. «Писатель не имеет отношения к танкам», — отстаивала свою позицию Татьяна Толстая, заручившись поддержкой Зиновия Зиника («Чего вы требуете от Татьяны Толстой? Чтобы она лично захватила танк во время парада на Красной площади и отправилась освобождать вас от советской власти?»).

Но прежде чем обозначить позицию Бро, поясню состав участников со слов ее делегата Зиновия Зиника (Лондон), позднее опубликовавшего статью под названием «Штыки и перья, танки и суры»:

«За столом на сцене делегаты делились по категориям: как представители „русской советской“ литературы — Лев Аннинский, Татьяна Толстая и Анатолий Ким; от советской нерусской литературы — Грант Матевосян; а от русской несоветской — Иосиф Бродский, Сергей Довлатов и ваш покорный слуга».

Я оставлю в стороне сомнительный принцип классификации, согласно которой три указанных делегата оказались причисленными к категории «русских» и «несоветских»). Ни Бро, ни Довлатов, ни «наш покорный слуга» не подходили под определение «русских» и «несоветских», что неминуемо должно было всплыть на поверхность, что и случилось. Оказавшись на авансцене, Бро жонглирует маской «советского гражданина» и «россиянина»:

«Имперской позиции вообще нет. И таков, на мой взгляд, единственный реалистичный ответ на этот вопрос, который мы, россияне, можем принять. И назвать эту позицию империалистической, приписать нам бог знает какое колониальное высокомерие и халатность означает высокомерное пренебрежение культурной и политической реальностью... Я вижу в этом высшей мере близорукость. И к этому я добавлю вот что. Антисоветская концепция Центральной Европы ничего не значит. То есть, будь я советским гражданином — чье место я сейчас постараюсь занять, — на меня эта концепция не произвела бы ни малейшего впечатления. Она просто не работает».

Напомню, что речь, которую Бро готовится произнести, прикинувшись лицом, которым он не является, была запланированной речью, включенной в каталог Лиссабонской конференции под названием: «Состояние, которое мы называем изгнанием».

Вот фрагменты этого текста, попавшие в сборник *«On Grief and Reason»*:

«От тирании можно бежать только в демократию. Старый добрый изгнанник стал не таким, каким был раньше. Речь идет не о переезде из цивилизованного Рима в дикую Сарматию или, скажем, из Болгарии в Китай. Нет, сейчас это, как правило, переход из политического и экономического болота в индустриально развитое общество со словом свободы личности на устах. Следует ожидать, что писатель в изгнании поблагодарит „развитое общество с последним словом свободы личности на устах“». В этом месте речи Бро уже может оправдать приговор *неблагодарному писателю,* приравняв его к турецкому гастарбайтеру, вьетнамскому беженцу, нелегальному иммигранту из Мексики.

Притворяясь страусом относительно метафизики своей ситуации, он („неблагодарный писатель“ — А.*П.*) концентрируется на непосредственном и осязаемом. Это означает очернение коллег, пребывающих в аналогичной, затруднительной ситуации, ожесточенную полемику с конкурирующими изданиями, бесчисленные интервью на BBC, *Deutsche Welle*, ORTF (Французском радио и телевидении), „Голосе Америки“; открытые письма, заявления для прессы, посещение конференций и так далее. Энергия, которая раньше тратилась в очередях за едой или в затхлых прихожих для мелких чиновников, теперь высвобождается и становится безудержной. Не контролируемый никем, не говоря уже о его родственниках (так как он сам теперь как бы жена Цезаря и вне подозрений — как могла его грамотная, но стареющая супруга внести правки в его сертификат мученика?), его иго быстро растет в диаметре и в конечном счете, вобрав в себя CO_2, уводит его от реальности — особенно если он живет в Париже, где братья Монгольфье создали прецедент» [Бродский, 1997, p. 26].

Хотелось бы думать, что Бро описывает собственный *изгнаннический* опыт. Но увы! Лицом, об изгнании которого он осведомлен с такой завидной обстоятельностью вплоть до ссылки на «быстро растущее в диаметре эго, CO_2, братьев Монгольфье и прекрасный Париж», был… Или так: в Париже жили не только Жозеф-Мишель Монгольфье (1740–1810) и Жак-Этьен Монгольфье (1745–1799), получившие известность благодаря изобретению воздушного шара, но и чешский писатель Милан Кундера (1929–2023), чей роман «Невыразимая легкость бытия» (1984), опубликованный в Париже, принес автору огромное признание.

За три года, отделявшие Лиссабонскую конференцию от даты публикации романа Кундеры, слава автора выросла экспоненциально. И Бро, ревностно следивший за писательской славой, бросил вызов… нет, не роману Кундеры, получившему широкое признание. Он выбрал другую колею.

В начале 1985 года в *New York Times* вышло эссе Кундеры «Предисловие к вариации». Центральным в эссе был отказ, в свете чешских событий 1968 года, поставить роман Достоевского на театральных подмостках. «Я перечитал „Идиота“ и понял, что, даже если бы мне пришлось голодать, я бы не смог выполнить эту работу. Мир Достоевского с его выходящими из берегов жестами, мутными глубинами и агрессивной сентиментальностью отталкивал меня» [Kundera, 1985].

7 февраля 1985 года в книжном обозрении *New York Times* появился вызов Бродского под провокационным названием «Почему Милан Кундера несправедлив к Достоевскому?». Провокация заключалась в том, что в защиту Достоевского Бро не мог предложить ничего, кроме тривиальностей,[65] в то время как в адрес Кундере были предъявлены политические аргументы, послужившие преамбулой к выступлению Бро на конференции в Лиссабоне.

Как свидетель вторжения советских танков в Чехословакию, Милан Кундера делится травматическим воспоминанием:

«На третий день оккупации я ехал из Праги в Будейовице (городок, куда Камю поместил действие своей пьесы „Le Malentendu“ — „Недоразумение“). Всюду вдоль дорог, в полях, в лесах — везде размещались лагеря русской пехоты. В одном месте мою машину остановили. Три солдата стали ее обыскивать. Когда эта процедура закончилась, офицер, отдавший приказ ее начать, спросил меня по-русски: „Как чувствуете?“ — то есть „Как вы себя чувствуете? Каковы ваши чувства в настоящий момент?“. Его вопрос не был ни

[65] «Сущность подавляющего числа романов Достоевского состоит в борьбе за человеческую душу, ибо писатель предполагал, что человек таковой обладает и является существом духовным. Он повествует об этой борьбе — о перетягивании каната — между верой и утилитарным подходом к существованию; о маятникоподобном движении человеческого духа между двумя безднами: добра и зла. Эти-то бездны и уподобляет Кундера мутным глубинам; это маятникоподобное движение и воспринимает он как чересчур размашистую жестикуляцию» [Бродский, 1986б].

злобным, ни ироничным. Напротив. „Все это большое недоразумение, — продолжал он, — но все исправится. Вы должны понять, мы вас, чехов, любим. Мы вас любим“» [Там же].

И далее, уже рефлексируя на тему «Мы вас любим», Кундера осознает ее источник: «агрессивная сентиментальность» Достоевского. Как возникает это осознание? «Местность разорена тысячами танков, будущее страны скомпрометировано на века, лидеры чешского правительства арестованы и похищены, а офицер оккупационной армии изъявляет вам свою любовь. Пожалуйста, поймите меня: он не испытывал желания осудить вторжение, ничего похожего. Они все говорили более или менее одно и то же, их отношение к происходящему базировалось не на садистском удовольствии насильника, но на совершенно другом архетипе: неоплатной любви. Отчего эти чехи (которых мы так любим!) отказываются жить с нами по нашим законам? Как жаль, что нам приходится пользоваться танками, чтобы научить их, что означает: любить!» [Там же].

Итак, в 1985 году Кундера провиденчески указал на причастность Достоевского к формуле, подхваченной советской, а затем и российской пропагандой: «Как жаль, что нам приходится использовать танки, чтобы научить вас любить нас!» Однако там, где Кундера поставил точку, не удостоив вызов Бро ответом, сам Бро начинал набирать обороты. И прежде чем вернуться к Лиссабонской конференции, напомню читателю о последующих событиях. Ежи Иллг, редактор издательского института «Знак» в Катовицах, вспомнил о «полемике» Бро с Кундерой в интервью, имевшем место в июне 1988 года:

Иллг: «Сейчас мне хотелось бы коснуться вашей известной полемики с Миланом Кундерой. Свое знаменитое эссе о трагедии Центральной Европы Кундера начинает с цитирования телекса, который в 1956 году, перед последним усмирением Будапешта, послал директор будапештского радио: „Мы погибаем за Венгрию и за Европу“. Кундера утверждает, что подобное признание „Мы погибаем за Россию и за Европу“ было бы немыслимо в Ленинграде или в Москве, что такое отождествление с Европой для россиянина невозможно».

Бро: «Думаю, что это утверждение несправедливо, поскольку все зависит от того, кто бы сидел при этом телексе. Ведь из Будапешта был послан только один такой телекс, правда? Человек, который послал этот телекс, очевидно, принадлежал к определенному типу людей, то есть к интеллигенции в некотором смысле. Среди моих соотечественников процент людей... Я объясню это значительно проще: когда Мандельштама попросили — не помню, в каком году, — определить суть акмеизма, он сказал: „Тоска по мировой культуре“. И это было до вторжения войск в Венгрию» [Иллг, 1988].

Замечу, что, усомнившись в правоте Кундеры, утверждавшего, что *признание «„Мы погибаем за Россию и за Европу“ было бы немыслимо в Ленинграде или в Москве»,* Бро взывает к авторитету Осипа Мандельштама. Однако фраза «Тоска по мировой культуре», представленная им как убедительное свидетельство антиимперской позиции акмеистов, известна лишь в контексте мемуаров Надежды Мандельштам, из которых не совсем ясно, говорил ли такое Мандельштам или нет, а если говорил, как следует понимать это высказывание: «Это было в тридцатых годах либо в Доме печати в Ленинграде, либо на том самом докладе в воронежском Союзе писателей, где он (Мандельштам — А.*П.*) заявил, что не отрекается ни от живых, ни от мертвых» [Мандельштам, 1999, с. 296].

Упоминание имени Мандельштама в контексте «тоски акмеистов по мировой культуре» не могло не вызвать горькой иронии польского интервьюера. Ведь Ежи Иллгу, как и многим полякам его ранга, была хорошо известна статья их соотечественника и лауреата Нобелевской премии Чеслава Милоша, в которой он обосновывал имперские амбиции Мандельштама (глава 1, сноска 11). И если мы поместим формулу «Тоска по мировой культуре», взятую Бро из заезженного дискурса о Мандельштаме, в контекст размышлений Чеслава Милоша, то эта формула сможет быть прочтена как «тоска по мировому господству России». А если мы продолжим наш эксперимент, попытавшись растянуть полученную формулу в свете травматического опыта Кундеры, то мы обнаружим, что слово «тоска», приписываемое Мандельштаму, имеет общие корни с «сентиментальной агрессией», приписываемой Достоевскому.

И не случайно именно Милош, который не часто вступал в прямую конфронтацию с Бро, произнес ему заключительный приговор на Лиссабонской конференции. Привожу стенограмму их диалога:

Cz. Milosz: *Divide et impera.* Это колониальный принцип. И вы с ним согласны.

Бро: *Divide et impera.* В каком смысле, Чеслав? Не понимаю. Не могли бы вы пояснить?

Cz. Milosz: Концепция Центральной Европы — не изобретение Кундеры. Вы просто одержимы тем, что это — концепция Кундеры. На самом деле, это совершенно не так. Как сказала Сьюзан Зонтаг, Центральная Европа — это антисоветская концепция, появление которой было спровоцировано оккупацией этих стран. Как можете вы, советские писатели, ее принять? Это понятие в высшей степени враждебно Советскому Союзу.

Бро: Нет, нет, я полностью с ним согласен, но... *(Милош не дает ему сказать.)*

Cz. Milosz: И я должен добавить, что совесть писателя, например русского писателя, обязана как-то реагировать на такие факты, как, скажем, пакт Сталина с Гитлером и оккупация Прибалтики, откуда я родом. Но боюсь, что в русской литературе существует определенное табу, и табу это — империя [Grudzinska-Gross, 2011, p. 2].

Соглашаясь с Милошем, все же хочу внести в его заключение некоторое уточнение. Бро не забыл о счетах с Кундерой даже за год до смерти. В скандальном интервью Адаму Михнику, главному редактору польской «Gazeta Wyborcza» (январь 1995 г.), он позволил себе снять патину сентиментальности с агрессии, тем самым усовершенствовав рецепт Достоевского: «Кундера — это быдло. Глупое чешское быдло» [Бродский, 1996а, с. 6–11].

Глава 18

«Перо и кисть»

Годы спустя после публикации книги интервью с Бро Соломон Волков меняется с ним местами и, сидя перед журналисткой Ириной Чайковской, повествует о знакомстве с поэтом, состоявшемся в Московской филармонии на концерте модного клавесиниста, органиста и композитора Андрея Волконского (1933–2008). Журналистка потрясена. Визит, рутинный для Волкова,[66] оказался, вопреки обстоятельствам, естественным и для Бро.

Чайковская: «Оформлять документы и прощаться он ездил в Москву, а вернувшись, не только успел завершить свои дела, проститься с друзьями, собрать вещи, но и сходить на концерт — так?»

Волков: «Я помню это ощущение очень хорошо: он появился, чтобы...»

Чайковская: «...кого-то увидеть?»

Волков: «Нет, чтобы на него посмотрели. Ему было важно впечатать себя в этот ландшафт» [Чайковская, 2011, с. 185].

Скорее всего, легенда о Бро-меломане еще не дошла до Соломона Волкова. Ведь, согласно этой легенде, Бро уже числился почетным членом Баварской академии искусств, хотя его номинация поступила от единственного лица, которым был его приятель, немецкий поэт Хайнц Пионтека (1925–2003). Однако это событие вскоре обрело помпезную рамочку, и Юрий Левинг, профессор Принстонского университета, ссылаясь на два «первоисточника»,

---

[66] В 1958 году Волков окончил класс скрипки в музыкальной школе имени Эмиля Дарзиня при Латвийской консерватории, перевелся в специальную музыкальную школу для особо одаренных детей при Консерватории имени Н.А.Римского-Корсакова. Далее окончил Ленинградскую консерваторию и аспирантуру. Я уже не говорю о его контактах с Дмитрием Шостаковичем, которые закончились созданием книги о великом композиторе.

составленные исключительно фаворитами и фаворитками Бро, посвятил теме «Бродский и живопись» пять этюдов.

Преамбула Юрия Левинга гласила так: «Современное изобразительное искусство раздражало Бродского, однако утверждать, что он его напрочь не замечал, было бы непростительным преувеличением. Формально еще при жизни в СССР он был включен в пантеон крупнейших его европейских представителей под сенью организации, основанной вскоре по окончании Второй мировой войны по аналогии с бывшей Королевской академией искусств в Мюнхене. Назло брежневскому минкульту советский гражданин Бродский был избран почетным членом Баварской академии изящных искусств в 1971 г. (Bayerische Akademie der Schönen Künste — не путать с совершенно другой организацией — Bayerische Akademie der Kunst und Wissenschaften, как неточно указано в краткой хронике жизни Бродского)» [Левинг, 2015 а].

Однако, памятуя о своей академической аффилиации, Юрий Левинг все же не забывает вставить хоть и не вполне отчетливую, но оговорку: «Несмотря на то что решение не было мотивировано заслугами Бродского в области изобразительных искусств, символическое значение данного жеста не следует недооценивать, — тем более что и сам он отнесся к выбору академиков с ироничной сентиментальностью» [Там же].

Итак, остерегаясь того, чтобы впасть в грех «недооценки», поверим в символическое значение членства Бро в Баварской академии искусств, отличной от той, которую некоторые путают «с совершенно другой организацией». Но один вопрос все же остается нерешенным. Как именно проявилась «ироническая сентиментальность» Бро?

Юрий Левинг поясняет: «Во время поездки в Армению в конце апреля 1972 г. его (Бро — А. *П.*) пригласили на обед в дом директора Ереванского физического института Артема Исааковича Алиханяна (1908–1978). <…> Бродский, хотя и был тронут приемом, аспиранту Алиханяна в машине сказал: „Меня впервые принимали как поэта, — и тут же добавил вызывающе: — Серж, передай этому своему академику, что и я академик. Меня недавно вместе с Шостаковичем избрали в Баварскую академию искусств“» [Мартиросов, 2013, с. 21].

Между тем сюжет о причастности Бро к изобразительному искусству на этом не кончается, и читатель получает новый довесок. Находясь в Италии, Бро делает *набросок* «на открытке, которую собирается (а затем передумывает) отослать Веронике Шильц: 1). Ни в одной стране мира журналы мод не принимаются так близко к сердцу, как в Италии. 2) В какой-то степени можно утверждать, что изобразительное искусство в венецианскую эпоху принимало тот факт, что человек е.... (все эти скорбящие нагие девы), тогда как литература всегда уклонялась».[67]

Нельзя не восхититься скрупулезной точностью цитат при полном соблюдении этических ограничений, предъявляемых к письменной речи данного социума. Есть и дополнительные соображения. Логика научного дискурса требует того, чтобы за случайным «наброском» последовали «серьезные штудии», и этой логике Юрий Левинг следует безупречно. Скажем, в этюде «Краска, слово, чай» он пишет следующее:

«Стихи Бродский мог сочинять по принципу создания академического рисунка, когда детальной прорисовке предшествует жесткая арматура легкого карандашного наброска. В письме к Якову Гордину (13 июня 1965 г.) Бродский изложил принципы построения художественного текста в терминах, близких классическому учебнику рисования: „Самое главное в стихах — это композиция. Не сюжет, а композиция. Это разное. <...> Скажем, вот пример: стихи о дереве. Начинаешь описывать все, что видишь, от самой земли, поднимаясь в описании к вершине дерева. Вот тебе, пожалуйста, и величие. *Нужно привыкнуть картину видеть в целом... Частностей без целого не существует*. О частностях нужно думать в последнюю очередь. О рифме — в последнюю, о метафоре — в последнюю. Метр как-то присутствует в самом начале, помимо воли, — ну и спасибо за это. Или вот прием композиции: разрыв. Ты, скажем, поёшь деву. Поёшь, поёшь, а потом — тем размером — несколько строчек о другом. И пожалуйста, никому ничего не объясняй“» [Левинг, 2015а].

Казалось бы, обучая приятеля шаблонам, Бро не касается творческой составляющей. Но такое допущение преждевременно. Замечание «Ты, скажем, поёшь деву», было сделано Бро с оглядкой на собственный опыт, кстати тоже учтенный Юрием Левингом. Речь идет об экфрасисе Бро под названием «Шляпы и лопухи». Вроде бы позднее этот шедевр был озаглавлен «Ritratto di donna», попытка словесного портрета дамы «не первой свежести». Наука сохранила несколько незабываемых строк стиха, который Бро сочинял, по собственному признанию, около десяти лет и никогда не закончил. Приведу первые две строки:

---

[67] Открытка от 4 января 1975 года (Йельский университет. Gen. MSS 613. Box 14. F. 363).

Плюс эта шляпа типа лопуха
в провинции и цвета мха.

Незаконченный опус Бро, не будем забывать, носителя титула академика, был подвергнут тщательному исследованию. Опередив всех, биограф Лосев делает попытку вычислить подлинное имя той девы «не первой свежести», то есть, как об этом пишет Левинг, «разгадать загадку» справедливо подозревая, что черты портрета здесь конкретнее, чем описание произведений искусства в таких экфрасисах Бродского, как «Подсвечник» и «На выставке Карела Виллинка».

И что ж? Общими усилиями эксперты нападают на след, аккуратно поместив его в Йельский архив вместе с черновыми набросками к стихотворению «Ritratto di donna». Юрий Левинг уточняет:

«В машинописной записи дневникового характера читаем: „‘Ритратто (Портрет Красавицы) ди Донна’ не получается, вот уже восьмой год, а как бы хотелось сочинить стишок с таким названием. Восьмой? Больше <,> наверно<е,> — и уже не помню, кого имел в виду. Нечто Ван-Донгеновское, в шляпе типа гигантского лопуха — на заднем плане пароход, дым парохода, пальмы, переход на другой язык как в другое время года, и проч. Но у меня только две строфы, и дальше ничего нет, кроме ощущения ужаса существования, и я умственно таращусь в ту сторону, но оттуда — одни крестики и нолики; больше нолики. Надо бы бросить, заняться чем попроще или совсем из другой оперы, а то никакие дела не делаются, только сигареты курятся, но почему-то увяз: коготок, локоток, вся птичка. Знаем почему: Музохизм называется“» [Йельский университет. Gen MSS 613. Box 65. F. 1581]».

Таковы факты. Но есть и выводы. Указав на «Проект авангардной по стилю домашней обложки *Горбунова и Горчакова,* выполненный рукой Бро», Юрий Левинг заключает: «*визуальная* эстетика Бро близка к эстетике таких авангардистов, как Ларионов, Брак, Малевич, Пикассо». Было бы хорошо, если бы это насыщенное заключение было поставлено в начале эссе, то есть обросло какими бы то ни было обоснованиями, чего в случае Левинга не случилось. Но не будем пренебрегать свидетельствами самого Бро. В «Набережной неисцелимых» он проясняет смысл той «визуальной эстетики», о которой писал, вернее, слагал свою легенду Юрий Левинг:

«Красота — всегда внешняя; потому что она — исключение из правил. Вот это — ее местоположение и ее исключительность — и заставляет глаз бешено вибрировать или — говоря рыцарским слогом — странствовать. Ибо красота есть место, где глаз отдыхает. Эстетическое чувство — двойник инстинкта самосохранения и надежнее этики. Главное орудие эстетики, глаз, абсолютно самостоятелен. В самостоятельности он уступает только слезе» [Левинг, 2015а].

К счастью, легендам свойственно не только наполняться горячим воздухом на манер воздушных шаров Жозефа и Жака-Этьена Монгольфье, но и терять свое воздушное наполнение. А в подтверждение моей догадки получаю записку от Саши Свиридовой: «Про Иосифа — к вашему монологу — вам в копилку: Барышников как-то рассказывал, что Бро отверг его предложение пойти в музей, предпочтя слоняться по улицам. А потом сочинил экспромт: „Отчего не звать музеем / То, на что теперь глазеем?“».[1]

Чтобы довести тему «Бродский и живопись», поднятую Юрием Левингом, до логического завершения, позволю себе комментарий самого нейтрального свойства. Петр Вайль стал автором компендиума в виде серии магнитофонных записей с голосом Бро, комментирующего собственные сочинения. Слово «компендиум», которого у Вайля нет, я использую в двух значениях: в его словарном значении от латинского compendium (сбережение, выгода) и в значении устройства к киносъемочному аппарату. Однако заголовок, предложенный Вайлем («Пересеченная местность»), возможно, продиктовал ему Владимир Даль, имея в виду местность, «изрезанную чем-либо, речками, канавами, пролесками, гребнями и пр.». Сам же Бро поместил в «Пересеченную местность» такую идею:

«У меня была идея написать вид города в разное время дня. Как у Лоррена в Эрмитаже, и Пуссен этим тоже занимался: пейзаж в разное время дня или в разное время года. Ну да, и Моне с Руанским собором, но это было потом. Я прежде всего имел в виду Лоррена, потому что Венеция — это лорреновский фантастический город у водички. Я решил сделать описание Венеции утром и Венеции вечером, ночью» [Бродский, 1995б, сс. 171–172].

Казалось бы, вдохновившись картинами трех художников, Бро уже был готов обмакнуть перо в чернильницу. Однако... в его иконостасе наметилась иерархия. Моне и Лоррен, вроде бы «вдохновили», но секретов не открыли, а Пуссен, хотя и был упомянут вскользь, захватил Бро «Четырьмя временами года».

Картины Пуссена висят в Лувре. Но читателю, который наметил визит в Лувр, чтобы вдохновиться моделями, вдохновившими Бро, не следует торопиться. И вот почему: «С сочинением „Набережной неисцелимых“ (1989) совпал выход серии документальных фильмов об опыте художников режиссера Алена Робера (Allain Jaubert). О Пуссене, который жил в Италии круглый год, было сказано, что ему удалось отразить изменения светового спектра в зависимости от времени года. Сюжет о Пуссене, который получил название „Le quattre saisons", вероятно, и вдохновил Бро. В его словесном описании Венеции есть наблюдения над световыми изменениями, правда, связанными не с четырьмя временами года, а четырьмя бликами одного дня. Ведь Бро приезжал в Венецию лишь зимой» [Пекуровская, 2017, с. 176].

А теперь, в порядке завершения, коснусь собрания эссе «On Grief and Reason», в котором есть философский очерк о функции зрительной памяти, объединяющей художника и поэта: «Строго говоря, мы помним не место, а открытку. Скажите „Лондон", и в уме, весьма вероятно, промелькнет вид Национальной галереи или Тауэрского моста с логотипом британского флага, скромно напечатанным в углу или на обороте. Скажите „Париж", и <...>

Составной город, где обретается — нет, куда возвращается — ваше подсознание, будет поэтому всегда украшен золоченым куполом; несколькими колокольнями; оперным театром а-ля Фениче в Венеции; парком с тенистыми каштанами и тополями, непостижимым в своем постромантическом просторном великолепии, как в Граце; широкой меланхоличной рекой, перекрытой как минимум шестью затейливыми мостами; парой небоскребов. В конечном счете город как таковой имеет ограниченное число вариантов» [Brodsky, 1997].

Такова преамбула, за которой следует откровение: «Ранний вечер в городе вашей памяти; вы сидите в кафе на тротуаре под склоненными каштанами. Светофор праздно мигает своим красно-янтарно-зеленым глазом над пустым перекрестком; выше, рассекаемая ласточками, платина безоблачного неба. Вкус вашего кофе или белого вина говорит вам, что вы не в Италии и не в Германии; счет сообщает, что вы и не в Швейцарии. Но все равно вы на территории Общего Рынка. <...>

У вас есть пара телефонных номеров, но вы уже набрали их дважды. Что до цели вашего паломничества — Национальный музей, справедливо славящийся итальянскими мастерами, — вы пошли туда прямо с поезда, и он закрывается в пять» [Там же]. Под *откровением* я имею в виду способ огласить, в качестве цели паломничества в незнакомый город, визит «прямо с поезда» в Национальную галерею. Как почетный член Баварской академии, Бро не мог пренебречь этим высоким долгом. Но в глубоких слоях подсознания... его могла толкать реальная увлеченность его конкурента, Бо, не только живописью, но и музыкой.

Роман с симфонической музыкой начался у Бо в ранние студенческие годы, когда подруга Галя Рубинштейн (в дружеском общении — Галя Руби) сделала Бо спутником своих регулярных посещений филармонии. От той же подруги поступил «еще один галактического размера подарок — третий этаж Зимнего дворца. Там... были вывешены французские импрессионисты, а позднее и постимпрессионисты и даже кубисты. Галя, оказывается, занималась в эрмитажном кружке у Антонины Изоргиной (1906–1969). Став впоследствии завсегдатаем эрмитажных коллекций, Бо мог созерцать полотна Марке и Дерена, „зрительно праздновать то Матисса, то Вламинка, то Брака и Пикассо“» [Бобышев, 2008, с. 265].

Были и другие источники, способствующие развитию устойчивого интереса к живописи. Вездесущий Рейн охотно выполнял роль Вергилия. Он провел Бо на промелькнувшую выставку Павла Кузнецова (1878–1968), свел его (а заодно и себя) с восходящей звездой Ильи Глазунова, а напоследок организовал совместный визит «„в подвалец на Соколе“, где колдовал „искусник и скульптор“, звезда которого, наоборот, закатывалась, чтобы возродиться „в головокружительных далях“: Париж, Аргентина, дебри амазонских джунглей» [Там же, сс. 266–267].

Многолетняя дружба с художником Яковом Виньковецким вывела Бо на новый уровень, положив начало контактов с двумя яркими личностями — иератическим художником Михаилом Матвеевичем Шварцманом («неслучайно потомком, а именно внучатым племянником философа Льва Шестова»), переписка с которым заполнила 13 страниц мемуарного текста Бо. Более впечатляющей мне представляется встреча с Игорем Тюльпановым, представленным читателю убийственным вопросом: «Что такое Тюльпанов, если даже Перуджино,Ботичелли и Микеланджело для него всего лишь „сикстинский шоколадный набор“?» Нужно ли говорить, что визит к Тюльпанову был уже предрешен?

«Художник стал выдвигать свои работы, и я онемел перед этим театром великолепий. Из пространства картин Тюльпанова Бо извлекает „магию вдруг раздвинувшегося занавеса“, распахивающего „прекрасный и таинственный мир“, наполненный многозначительными мелочами. Но как раз в этих мелочах, в очаровательных и странных вещицах не виделось никакой условности и бутафории: тщательно выписанные, они были фантастичны и в то же время гиперреальны <...> А вот цвет предметов был настолько интенсивным, что вновь напоминал об искусственном освещении, о театральных софитах и прожекторах» [Там же, с. 283–284].

Хотя Бо избавил читателя от знания подробностей, не вызывает удивления, что восторженное созерцание картин Тюльпанова переросло в сеансы, скорее занимательные, нежели утомительные. «Странное самоощущение приходило, когда художник впивался зрением в каждый миллиметр лица, стремясь через внешнее выразить сущность... Позднее, когда портрет и вся композиция были готовы, Бо запечатлел „свой опыт позирования“ в ярком эссе под названием „Трижды Тюльпанов“, напечатанном в „Континенте».

Эта артистическая позиция («впиваться зрением» в свою модель) буквально ранила Бо, пришедшего в восторг от великого единения духа поэта и духа художника. В книге «Зияние» есть стихотворение «Перо и кисть», привлекшее внимание Станислава Яржембовского — наверное, единственного читателя, которому довелось вычленить из стихотворного текста Бо это знаменательное слово hiatus (гиата) во всей его многозначной вертикали.

«С точки зрения филологического канона *гиата* — это ошибка, которой нужно по возможности избегать. Но, как это часто бывает в искусстве, ошибка в каноне может стать источником новизны. Когда-то „тройственные созвучия“ волновали Михаила Лермонтова, в наше время они стали эффективным поэтическим приемом другого замечательного русского поэта — Дмитрия Бобышева». С таким предисловием Станислав Яржембовский предлагает свое прочтение «Пера и кисти» как стихотворного посвящения творчеству (способу излечивания, то есть, «затягивания раны-стигмата» или трансформации «религиозной темы в тему художественного *творчества*» [Яржембовский, https://dbobyshev.wordpress.com/смысл-гиаты/].

«Бобышев формулирует свою тему с первых же строк стихотворения:

Возьми щепоть от Бога, и тогда-то
в честном овале, в черепном яйце
напечатлеешь, осолишь Лице
и Крест на нем проступит брусковато,
как бы ни миловиден был раскрой.

(Катрен 1) [2]

„Щепоть от Бога“ — троеперстие, сложенное для крестного знамения (в греко-русской православной традиции). Знамение как бы проявляет в человеческой личности Крест, наполняя смыслом (сущностной солью) „черепное яйцо" — благороднейший из созданных природой овалов. Церковнославянское „лице" — пример типичной для поэта лексики — возвышенной, торжественной, резко контрастирующей с современным сниженным поэтическим языком, чаще всего ищущим новизну в вульгаризмах».

Говоря о поиске «новизны в вульгаризмах», позволю себе отослать читателя к моему комментарию автоперевода Бро строк 17–20 его же юбилейного стихотворения (глава 11), сочиненного Дмитрием Бо с двухлетним опозданием после стихотворения «Перо и кисть» (1978). Напомню, что во второй строке стихотворения Бо отсылает к «черепному яйцу» в его религиозном значении («в честном овале, в черепном яйце / напечатлеешь, осолишь Лице»). Однако внедрение понятия «черепного яйца» в автоперевод стихотворения «Я входил» имеет *противоположное* осмысление, возможно взятое из юриспруденции, а точнее — из правила «черепа из яичной скорлупы» («egg shell skull rule»), согласно которому наказание за телесные травмы (в частности, повреждение черепа) не снижается, если череп жертвы был такой же хрупкий, как скорлупа яйца.

Не к этому ли понятию апеллирует Бро в своем юбилейном стихотворении 1980 года?

Предлагаю продолжить чтение стихотворения «Перо и кисть»:

Но чуть — и троеперстие разъято —
меж двух уже зияние (гиата) —
отсыновлен от большего второй,
а среднему они опорой оба.

(Катрен 2) [3]

«„Чуть" означает, что молитвенно сосредоточенное состояние крайне неустойчиво и почти мгновенно разрушается: трудно, почти невозможно удержать человеку даже „щепоть" от Бога. „Разъятие" троеперстия означает разделение божественного единства в человеческом сознании. Разъединенность, явно выраженная *троичность* Бога (вместо его неслиянной нераздельности) означает зияющую *гиату* — катастрофическую трещину или даже рану. В скобках заметим, что последняя строка наводит на мысль, что поэту не чужда католическая идея *филиокве*, что в контексте православного троеперстия звучит многообещающе экуменически» [Там же].

Как видим, Яржембовский допускает различное толкование гиаты (зияния, разъединенности) творческих устремлений поэта и художника, выстраивая параллельно разобщение между католическим и ортодоксальным христианством в толковании триединства Бога. Упомянутое здесь понятие *филиокве (лат. Filioque — «и от Сына») указывает на* разночтения между папским и греческим каноном в вопросе о том, исходит ли Святой Дух от Бога Отца или от сына.

Яржембовский продолжает: «Исцелить эту разъятость, заполнить зияющую гиату может только некое *орудие творчества*, которое и создает ту целительную среду, в которой разъятые ипостаси божественного присутствия в человеке могут вновь соединиться в своей изначальной целостности:

> Орудие художества — пароль —
> еще не выбрав — кисть или перо —
> тому свершилась перьевая проба.
> И чем иным бы выписалась кисть,
> когда б не геральдически особо
> (и только ли, как водится, до гроба)
> они перекрестились и сошлись.[4]

„Геральдическая особость“ поэзии и живописи означает их существенную отличность друг от друга, принципиальную несмешиваемость. Хотя и художник, и поэт — оба — рыцари во имя вящей славы Божьей и уже поэтому не могут не быть союзниками, но одновременно они же и соперники в понимании миссии искусства. Так что „перекрестились“ они не только „во имя Отца и Сына и Святого Духа“, но и, скрестив шпаги, сошлись для боя» [Там же].

Поэзию отъединяет от живописи некая особость геральдического кода. Ведь именно *г*еральдика была изобретена в Англии с целью сокрытия того, чем ты реально являешься. Не случайно рыцари стали носить шлемы, закрывающие лица так, чтобы их нельзя было узнать. А уникальные комбинации цветов, форм и животных, которые они рисовали на щитах, как раз и получили название «оружия».

Далее Станислав Яржембовский комментирует два катрена, в которых уникальность (особость) геральдического кода подводит нас к пониманию задачи стихотворения:

> Здесь дружная спружинила интрига
> и цветовой удар ввергает в криз:
> по склону, промуравленному вниз,
> упруго кувыркающийся тигр.[5]

«Дружная интрига» — это и есть указанная выше амбивалентность отношений поэта и художника. «„Цветовой удар“ — необычное сочетание ярко-желтого тигра (гороскопического знака художника Тюльпанова, многолетнего друга Бобышева) и пронзительно-зеленой травы промуравленного» склона горы, уводящего в бездну. Отметим превосходные аллитерации в третьей и четвертой строках предыдущей строфы»:

И — пиршество среди густых куртин,
где неподвижно безуханны игры
тюльпанов огнецветных — это Игорь
Тюльпанов у распахнутых картин.[6]

«Хотя рифма („игры“/„Игорь“) фонетически ослаблена, стих остается крепким за счет иных средств: с одной стороны, аллитерация (повтор „р“) отвлекает внимание читателя, так что он с самого начала „прохлопывает“ рифмическую неточность, а с другой стороны, внимание отвлекается неожиданной тавтологической — но вполне уместной — перекличкой „тюльпанов — Тюльпанов“. (Фонетическая тавтология при семантическом различии — опасный, но, в случае удачи, сильный прием.)»

Характерный поэтический прием — использование слова одновременно в двух его различных значениях — придает слову объемность, почти телесность. «Куртины» — это, с одной стороны, цветочные клумбы (где цветут искусственные — без запаха — «безуханные» тюльпаны), а с другой стороны, это и боевые укрепления: идет война, вскоре мы услышим пальбу. А до пальбы замечаем «отточия» — технический прием в прямом смысле и отточенное мастерство художника в переносном.

Предметов благодарственные очи
горят повсюду. Все же он один
средь замыслов — слуга и господин,
слуга и господин своих отточий.[7]

«Предметов благодарственные очи» вместе с «умильной просьбой деталей» (в следующей строфе) точно передают удивительный мир тюльпановских картин: предметы выписаны художником так, что возникает впечатление, что они благодарят своего создателя за дарованное им бытие. Однако их господин одновременно их раб: он ведь не свободен в создании их, он не может не создать их такими, какими они сами хотят создать себя его руками.

Один на сходе выверенных тайн
казнит и красит миг живой, проточный.
В подробностях древоточащей порчи
умильно просит каждая деталь
у кисти: будь и в прочном быстротечной,
выпаливая в лёт павлиньих стай,
стань пристальной, пойди, пересчитай
свинцовые зазубрины картечин.[8]

Орудие художества становится орудием уничтожения: кисть убивает жизнь и находит высшую, формальную красоту в смерти («казнит и красит»). Упадок и разложение («порча») несут в себе не серую убогость и пошлость (как того боялся К. Леонтьев); как раз наоборот, они несут в себе новую, дотоле неведомую красоту. Еще в эпоху Рембрандта стало ясно, что «упадническое» — изборожденное морщинами — лицо старика или старухи в живописном плане куда интереснее идеально правильного в своей наивной первозданности ангельского личика. Игорь Тюльпанов весьма убедительно показывает, что изъеденная ходами древоточца доска («древоточащая порча») эстетически ценнее доски свежеоструганной, точно так же как зеркало может стать предметом интереса живописца лишь в том случае, когда оно «тронуто» временем, изъедено патиной. В этом смысле «свинцовые зазубрины картечин» по-своему «украшают» павлинью стаю:

В напластованье отрешенных глаз,
в с атласом перламутровые встречи
впиши отливы, тем хмельней и терпче,
что синева по золоту пришлась.[9]

Это одна из тех поэтических строф, которые непонятны без знания контекста, и потому требует комментария. Имеется в виду картина Тюльпанова «Раковина», на которой изображен убогий умывальник, стоявший прямо в коридоре коммунальной квартиры, в которой жил Тюльпанов (даже для жутких питерских коммуналок такое было редкостью). Над умывальником — треснувшее зеркало, в нем раздробленное изображение лица (глаза «отрешенные» оттого, что они повисают как бы отдельно, вне связи с лицом, а «напластованья» — их повторения вследствие раздробленности изображения). И вот из этой грязной проржавевшей раковины, как из сказочного источника, бьет вверх материализованная красота: великолепные парчовые и шелковые ткани, золотые ювелирные изделия, драгоценные камни — убогая раковина чудесным образом превращается в «раку» — ларец для хранения святынь.

Но там, где цвет идет на свет, на трепет,
пожалуй, даже кисть дает отказ,
и только зоркое перо, кружась,
жизнь самое на тех полях затеплит.[10]

То есть в описании предметного, материального мира кисть — эффективный инструмент, хотя при этом, правда, приходится убивать исследуемый предмет (подобно тому как биологам приходится убивать живой организм, чтобы понять его устройство). Однако, когда наступает время для образной передачи содержания божественного света (традиционно Святой Дух передается в образе трепещущего голубя), перо оказывается эффективнее кисти:

Тепло касаясь, пузырьковый мыс
листу на загрунтованные степи
сквозь лона перепонок в полом стебле
передает, предписывает мысль. [11]

«„Лона перепонок“ — вполне наглядный образ. Если разрезать птичье перо вдоль, станет видно, что его полость разбита на отсеки поперечными перепонками — для жесткости, иначе бы перо легко гнулось. Мысль, исходящая свыше, проходит от павлиньего „плоского ока“ верхней части пера через полость стебля. Но не мгновенно, не со скоростью мысли, а приторможенно — за счет преодоления этих самых препон перепонок. Одновременно и трансформируясь из идеального в материальное. Прохождение мысли через эти „лона перепонок“ можно трактовать и в сугубо физиологическом смысле — как некое „непорочное зачатие“, понимаемое как материализация духовности (именно так понимали непорочное зачатие первохристиане, нынешняя грубо материалистическая трактовка возникла позже). „Лона“ с благодарностью принимают „семя“ Святого Духа, исходящего свыше. Это „мембраны“, в которых и происходит таинственный „ионный обмен“: бесформенная идея транспонируется в оформленный образ, даже в вещность. Образ усиливается и запоминается еще и благодаря внутренней рифме: „лона-перепонок». <...>

Что касается «загрунтованных степей», то их можно толковать следующим образом. Сама стихия языка как таковая — это дикая неокультуренная степь, «целина» (в духе стихотворения «Язык» Вяч. Иванова). Загрунтованная степь — это уже степь окультуренная — поднятая целина. Только на такую уже окультуренную (загрунтованную) степь и может лечь божественное слово. На дикой целине — при всем уважении к ее первозданности — ничего не вырастет. Есть и вторичное значение: лист бумаги должен быть загрунтован — как и холст для картины — то есть проклеен, иначе все написанное расползется невнятной кляксой. Опять же в этом — роль культуры, которая делает возможным артикуляцию, без чего стихийный порыв при всей своей первозданной мощи размазывается в невнятности.

«Пузырьковый мыс» — это капля чернил, образующаяся на кончике пера и заканчивающаяся — под действием сил поверхностного натяжения в расщепе пишущего пера — острием-мыском. Этот мысок, собственно говоря, и пишет, причем очень тонко — перо практически не касается бумаги, пишет сама капля чернил. Кисть же, даже самая тонкая, требует контакта с холстом, тем самым неизбежно осуществляя некоторый нажим на наше восприятие».

Навершие парит, себя наведши,
И, плоское вперяя око ввысь.
Здесь, как ни изумрудно изумись,
древнейшее становится новейшим,
расплывчато лазоревым.[12]

«„Пузырьковый мыс“ не творит автономно и самочинно, он лишь передает мысль, „предписанную“ ему свыше. Поэт, как и художник, не свободен, оба они медиумы, передаточные звенья. Но если художник подчиняет себя материальной структуре, выполняет, так сказать, заказ изображаемых им предметов, которые требуют показать себя такими, какими они сами себя видят, то поэт подчиняется инстанции, которая находится выше не только материального мира, но и его самого. Поэт структурирует то, что в себе бесструктурно, артикулирует то, что в себе бессловесно, высказывает то, что в себе безмолвно. Между прочим, „плоское око“ — из той самой павлиньей стаи, которая только что была обстреляна картечью, „вперяется“ ввысь, в родную небесную стихию — это синий кружок павлиньего пера, которое „кружится“ в двояком смысле: оно кружится, падая с неба, и затем кружится, выписывая на бумаге то, что оно увидело в этом своем падении. Так что „загрунтованные степи“ стихотворной материи рождают жизнь не сами по себе, они лишь „лоно“ для восприятия-воздействия, идущего свыше. При этом созидание свершается не холодно жестким „стальным“ пригвождением, а любовным „теплым касанием“.

...Но пусть
любой из нас заплакан и не вечен —
творим не мы — немые наши вещи
вбирают хищно опыт, вкус и пульс.[13]

На наш взгляд, предыдущая строфа — одна из самых совершенных во всей поэзии Бобышева как по глубине мысли, так и по технике ее выражения» [Там же].

А чудо ангелического слога,
и радужные звуки свежих уст,
и самобытие мазка, боюсь,
даются только за чертой итога [14]

И это «боюсь», этот страх не узнать подлинной оценки своего творчества современниками, предоставив эту миссию лишь потомкам, выражен и тут уже зачеркнут в круговой конструкции стихотворения.

«Но этот минус перекрестят в плюс
перо и кисть щепоткою от Бога». [15]

Примечания:

[1] “Why not call the sites of Muses /
What we see and find amusing?»”

[2] A pinch from God, acquire it and then
In super oval, in a cranial egg
you will imprint and salt your pious mien
And see the Cross that may have bumpy legs
no matter how flat their cut may be.

[3] One moment and the threefold is uncoupled
The two hiatuses to form a gap.
The son from father cut and set apart:
With Holy Spirit unity to start.

[4] The artwork's weapon is like its parole
Before you opt for brush or pen herewith
your test fulfills its designated role
For no matter what you'd gloss it with.
If not for its heraldic outliers
they cross themselves and to their final day
Resist each other, side by side, for aye.

[5] Then the intrigue, like friendly match, is springing.
The color shock — the point of no return:
hits down the slope — a warning bell is ringing, —
The ramping tiger promulgates his turn.

[6] A festival of flower beds — conceive!
A play with no motion, no fragrance.
Just fire-colored tulips — so, receive
Igor Tulpanov next to open canvas.

[7] The objects' gratifying orbs
are burning far and wide. His single glow
among designs — a servant and a lord,
Just lord and servant of their outflow…

[8] Alone at validated secrets' junction
Enacts and colors living, flowing bits
And each detail's imploring in conjunction
Wood-boring damage of the brush to hit:
To keep the fleeting sec in endlessness,
The peacocks' flocks to shoot in their flight,
stand close, then count, bring to light
all bullet notches of the buckshot next.

[9] In coating detached and loosened orbs
of satin that with nacre congregate,
put down the tides, the more bevvied and morbid
when blue and gold, as luck would have it, mate.

[10] But where color comes to light, to a quiver
The brush from coating may possibly defeat.
That being so, its nib, while whirling, beaver
To wake up life itself in those fields.

[11] With warmly touch, the bubble cape
Conveys to leaf, prescribes in slow tempo
the womb partitions in the hollow stem
on primed and well prepared steppe.

[12] Guiding itself, the pommel soars,
its shallow eye is glaring skywards,
the ancient turning to the newest word,
Regardless how's ыоур amazement stored,
It gets azure...

[13] ...But don't begrudge
that we're in tears, not immortal,
We don't create, but rather mindless gadgets:
Absorb with greed our taste's and pulse's portal.

[14] The miracle of the angelic meter
The rainbow sounds of poetic lines
The shimmer of the stroke that ever glitters
Is honored, sad to say, beyond the final line.

[15] But this negation will transform to nod
for brush and pen with simple pinch of God.

Глава 19

Бюст работы Годье Бржеска

В эпистолярном и проповедническом деле Бро повезло больше, чем Платону, и еще больше, чем уроженцу той страны, куда он сам благополучно переселился в 1972 году. О существовании уроженца той страны Бро снисходительно вспомнил, возможно, потому, что дата его ухода из жизни совпала с датой эмиграции самого Бро, в каком-то смысле занявшего освободившееся на Олимпе место.

«В молодости я переводил его на русский в большом количестве. Мне нравился оригинал за его юношескую свежесть и емкость текста, за разнообразие тем и стилей, за обширные культурные отсылки, тогда не доступные мне. Мне также нравился его диктум „создадим это заново", то есть нравился до тех пор, пока я не понял, что подлинной причиной для создания этого *заново* было то, что это было довольно старым и что мы, по сути, находимся в ремонтной мастерской» [Волков, 2000, с. 69], —сообщает Бро в разговоре с Соломоном Волковым, одним росчерком пера создав и уничтожив яркий и живой портрет поэта и мастера.

«*The Cantos,* тоже, — продолжает Бро, — оставили меня холодным; их главная ошибка заключалось в давно известном: в поиске красоты. Было странно, что человек, так долго проживший в Италии, *не понял* (курсив мой. — *А. П.*), что красота не может быть целью, что она всегда есть продукт других, часто совершенно тривиальных поисков» [Там же, с. 70].

Кажется, Лев Шестов, поставивший тему красоты на обсуждение в своих лучших книгах «На весах Иова» и «Афины и Иерусалим», а вопрос «Что такое красота?» поместивший в заглавие одной из глав, тоже «не понял» этого: «Раз так много прекрасных вещей, значит есть и красота, значит, постигнув сущность красоты, мы проникнем в некую вселенскую тайну, доберемся и овладеем источником, из которого течет в мир то, что мы считаем самым ценным» [Шестов, 1929, с. 203], — пишет он, привлекая авторитет Плотина. «Плотин, всецело погруженный в созерцание красоты мира, говорил: „...лучше разрешим себе непоследовательность в рассуждении и дозволим находящейся под строгим запретом чувственности проникнуть обратно в мир, только бы не отдавать этого дивного неба, божественных светил, прекрасного моря. Ибо хоть они и постигаются чувственно — без глаз ничего этого не увидишь, — ибо хотя и полагается, чтобы красота вообще была лучше, чем красота земли, неба и моря, но без этой единичной красоты мир не есть мир. Такая красота должна быть вечной и неизменной“» [Шестов, 1951, глава 43].

Я же позволю добавить к сказанному, что сочинение, которое Эзра Паунд назвал «the ragbag» и которое он создавал в течение 50 лет (с 1912 по 1962 год), вовсе не сводилось к «поиску красоты», что, кажется, ускользнуло от внимания Бро. Эзра Паунд, возможно, стремился запечатлеть фрагментарность самой жизни. А преследуя эту цель, он запечатлел судьбы участников Первой мировой войны: Ричарда Алдингтона, Анри Годье-Бржеска, Виндхама Льюиса, Эрнста Хемингуэя и Фернанда Леже; русскую революцию; Китай времен Конфуция; аграрный популизм Джефферсона и Джэксона; «просвещенный деспотизм» Леопольда II, Элевсинские мистерии, чистые линии искусства Ренессанса, ясные песни трубадуров и многое другое в том же духе.

Что могло побудить Бро к преднамеренной деструкции образа поэта?

Мастер скомпрометировал свой дар, тем самым став причиной собственного падения. Но обстоятельства падения Эзры Паунда интересуют Бро не более, чем его собственные обстоятельства интересовали Генсека. Он не только выносит приговор собрату по перу, но и посягает на его наследственную память. «Многие американские графоманы признали в Эзре Паунде мастера и мученика», — пишет он, кажется запамятовав, что в его список «графоманов» попали такие имена, как T. C. Eliot, E. E. Cummings, James Joyce, Ernst Hemingway, Allen Tate, Julien Cornell, Conrad Aiken, Amy Lowell, Katherine Anne Porter, Theodore Spencer и даже W. H. Auden.

Поместив в *презренный* список своего кумира, «заокеанского Горация» Уистена Одена, о котором он, по собственному признанию, знал все, Бро, кажется, не учел главного. Политические взгляды Паунда действительно не получили одобрения у Одена, о чем свидетельствует его высказывание в *Table Talk* Алана Ансена:

Ансен: «Вы читали последнее canto Паунда в сентябрьской „Поэзии“? Звучит достаточно мягко и здраво. Например, он говорит о том, что немцы проиграли войну, потому что им не нравилась математическая музыка».

Оден: «Кажется, вы забываете, что я вообще не одобряю политику Паунда. Я думаю, что он сумасшедший. И ему нравится этот ужасный старый зануда Конфуций. Прав был человек, сказавший: „Слава богу, только одна страна выбрала своим национальным героем невыносимо скучного человека — Китай“» (Ansen, 1990, p. 42).

Однако Оден не уставал оказывать Паунду поддержку и даже «пригрозил забрать свою работу из *Random House* (1946), когда Эзре было отказано в участии в антологии» [Ansen, 1990, p. 110]. Кроме того, Оден был одним из тех «графоманов», который выдвинул «Пизанские кантаты» (1948) на государственную премию (Bollingen Prize) как раз тогда, когда Паунд был обвинен в государственной измене. По мнению многих, присуждение этой премии спасло Эзру Паунда от смертной казни, хотя и стоило Библиотеке Конгресса потери привилегии предлагать премии от лица государства.

Сорок лет спустя, то есть как раз в тот год, когда Бро выносил свой частный приговор поэту и мастеру в «Набережной Неисцелимых» (1989), Библиотека Конгресса вновь обрела утраченные полномочия. И поэт Джеймс Мерилл, обладатель первой государственной премии, не забыл упомянуть своего именитого предшественника, Эзру Паунда: «Я очень этому рад. Дать ему премию в то время было большой щедростью. Иногда искусство поддерживает правительство, а иногда — нет. Это был солнечный луч в темной камере его помешательства».

Джеймс Мерилл нашел способ поблагодарить правительство за престижную премию 9 января 1973 года, оговорив для поэта право иногда противостоять правительству.

На право иногда противостоять правительству претендовал и Бро. Бок о бок с темой «поэт и царь» в копилке его убеждений хранилась мысль об идеальном разладе поэта и государства, даже об «отвращении» поэта к государству. И хотя эта последняя мысль прозвучала в нобелевской речи, в реальном конфликте Эзры Паунда с государством Бро занял сторону государственных обвинителей и даже посетовал на мягкость наказания.

«Что касается его страданий в госпитале Святой Елизаветы, их не стоило бы так расписывать; в глазах русского они сильно уступают девяти граммам свинца, которые его трансляции могли заслужить в ином месте» [Brodsky, 1992, p. 70], — пишет Бро, кажется упустив из виду то, что сам когда-то повторил выбор Эзры Паунда, добровольно поступив в психиатрическую клинику в надежде избежать тюремного наказания.

Обвинение, выдвинутое против Эзры Паунда правительством США, конечно, несопоставимо с тем, что привело Бро на скамью подсудимых в России. Паунд писал антисемитские речи, которые звучали в нацистской Германии, передавая их из Рима, и подстрекал своих соотечественников саботировать военные действия американского правительства. Он пытался сеять ненависть к своей стране и среди итальянцев.[68] С возмущением Бро трудно не согласиться. Но если его суд над Эзрой Паундом мог диктоваться личными убеждениями, то как объяснить его защиту Уистена Одена, обвиненного в дезертирстве правительством Великобритании?

В день начала Второй мировой войны Оден написал стихотворение («1 сентября 1939 года»), находясь в Соединенных Штатах. Его бегство из Англии в момент опасности вызвало большое волнение. Его обвинили в дезертирстве. А между тем, как писал об этом Бро, повернув ситуацию против обвинителей, Оден неоднократно предупреждал о надвигающейся опасности, которой не видели ни левые, ни правые, ни пацифисты. Но не могли ли смягчающие обстоятельства, которые Бро отыскал для оправдания дезертирства Одена, быть при желании найдены для оправдания Эзры Паунда? Ведь именно Оден способствовал его освобождению из психиатрической лечебницы, а движимый желанием понять мотивы Паунда поэт Ален Гинзберг навестил Паунда в Рапалло в октябре 1967 года и, вероятно, не был разочарован.

«Сплошной беспорядок… глупость и невежество», говорил о своих прежних воззрениях Паунд. А на обеде в ресторане «Pensione Alle Salute da Cici» в Венеции, где присутствовали, кроме Гинзберга, Петер Рассел и Михаил Рек, Эзра Паунд высказался более откровенно: «…моей самой ужасной ошибкой были глупые провинциальные антисемитские предрассудки, которые в совокупности все испортили <…> и через семьдесят лет я нахожу, что я не был сумасшедшим, но был болваном… Я должен был быть способен на более умные поступки» [Morgan, 2008, p. 340].

---

[68] Когда историк Стэнли Кутнер (*Stanley Kutner*) получил доступ к отчетам по делу Эзры Паунда в 1980 году, стало известно, что еще до установления диагноза — *нарциссистский синдром* (*narcissistic personality disorder*, NPD) — Эзра Паунд провел две недели в «Зале Ховарда», или «адской дыре», как называли камеру госпитальной тюрьмы, после чего отсидел 13 лет в отделении для умалишенных.

Как видим, не желая прикрывать свое преступление юности аберрациями рассудка, Эзра Паунд готов признать себя провинциалом и болваном, то есть повторить обвинение, закрепленное за ним американским офицером, сопровождавшим его на суд из Италии в Америку: «Он – интеллектуальный болван, вообразивший себе, что сможет решить мировые экономические проблемы, и отказавший простым смертным в способности понимать его цели и мотивы» [Там же].

Тот же офицер мог бы сказать нечто похожее о Бро, знай он ближе его мысли, например прочитав стихотворение «Декабрь во Флоренции» (1976):

> Двери вдыхают воздух и выдыхают пар; но
> ты не вернешься сюда, где, разбившись попарно,
> населенье гуляет над обмелевшим Арно,
> напоминая новых четвероногих. Двери
> хлопают, на мостовую выходят звери.
> Что-то вправду от леса имеется в атмосфере
> этого города. Это — красивый город,
> где в известном возрасте просто отводишь взор от
> человека и поднимаешь ворот.[1]

Но что могло побудить Бро к сочинению эссе об Эзре Паунде?

«Однажды в полдень в ноябре 1977 года в гостинице „Лондра“, где я находился по приглашению Biennale of Dissent (посвященном диссидентской деятельности — А.*П.*), мне позвонила Сьюзен Зонтаг, которая жила в „Гритти“ по тому же приглашению. „Джозеф, — сказала она, — что ты делаешь сегодня вечером?“ — „Ничего, — сказал я. — А что?“ — „Сегодня на площади я наткнулась на Ольгу Радж. Ты ее знаешь?“ — „Нет. Вы имеете в виду женщину Паунда?“ — „Да, — сказала Сьюзен, — она пригласила меня сегодня вечером в гости. Я боюсь идти туда одна. Ты бы пошел со мной, если у тебя нет других планов?“ У меня их не было, и я сказал: „Конечно пойду“, слишком хорошо поняв ее опасения» [Brodsky, 1992, с. 68–69].

Как видим, разговор о Паунде был спровоцирован встречей с Ольгой Радж, гражданской женой поэта. И все же. Что могло побудить Бро к описанию этой встречи ровно двенадцать лет спустя (напомню, что *Biennale of Dissent* имело место в Венеции с 15 октября по 17 ноября 1977 года)? Полагаю, что Ольга Радж могла запомниться Бро как лицо, создавшее Паунду репутацию мученика

Но есть и дополнительное соображение. Бро пишет памятник «иной», повторяя «странный памятник» Велимира Хлебникова (тема, к которой я вернусь в главе 29).

Но в какой мере эти подробности могли мотивировать Лосева, который поместил «иной памятник» Бро в рубрику «других стихов 1962 года», то есть стихов, сочиненных в Комарово во время проживания Бро на даче у академика Р. Л. Берга. Тогда же, сообщает Лосев, Бро тесно общается с Ахматовой и знакомился с новой знаковой фигурой — В. Н. Жирмунским. Не проигрывается ли здесь гоголевский сюжет с фигурой Фомы Опискина, о котором приютивший его «генерал», как и академик Берг, не знал решительно ничего. Послушаем гоголевского рассказчика:

«Я, впрочем, нарочно делал справки и кое-что узнал о прежних обстоятельствах этого достопримечательного человека. Говорили, во-первых, что он <...> где-то пострадал и уж, разумеется, „за правду“. Говорили еще, что когда-то он занимался в Москве литературою. Мудреного нет; грязное же невежество Фомы Фомича, конечно, не могло служить помехою его литературной карьере. Но достоверно известно только то, что ему чего-то не удалось и что, наконец, он принужден был поступить к генералу в качестве чтеца и мученика. Не было унижения, которого бы он не перенес из-за куска генеральского хлеба».

Маша Слоним, скорее всего, не была осведомлена о диалогах, которые мог Бро вести со скульптором во время сеансов. И сам Илья Слоним, возможно, не догадался озвучить эти диалоги для потомства, как это сделал Василий Астахов, ваявший прижизненный памятник Анне Ахматовой. Привожу их разговор:

Ахматова: *«А для чего вы лепите холку? И неужели она такая огромная?»*

Астахов: *«Это, Анна Андреевна, все устранится по ходу работы, а сейчас мне нужно для того, чтобы не потерять обозначившийся характер»,* — пробовал я слукавить, втайне надеясь сохранить и эту, примечательную в ее возрасте деталь. Но через некоторое время она повторила:

Ахматова: *«Так неужто так-таки необходима холка? Я надеюсь, что модель вполне заслуживает того, чтобы художник не на всех деталях заострял внимание».*

Астахов: «Тут уж я ничего не мог возразить. И в самом деле: модель настолько значительна и благородна, искушена во взглядах на искусство по самой высокой пробе, является эталоном простоты и чеканной строгости форм прекрасного... словом, из-за величайшего уважения к необыкновенной модели я тут же решился убрать солидное жировое образование в области седьмого шейного позвонка, называемого в народе „холкой“».

Но даже если воспоминания Астахова не привлекли внимание Бро, он не мог не помнить о том, как Ахматова благоустраивала посмертный памятник Пастернаку (1890–1960), отыскивая для него достойное место. Лидия Чуковская вспоминает некоторые подробности: «Памятник, я думаю, следует поставить либо на Волхонке (с бульвара за угол есть дом), либо против почтамта. Там, кажется, сейчас стоит Грибоедов. Но Грибоедова можно переставить; ему ведь все равно где, лишь бы в Москве» [Астахов, 1989].

И доживи Ахматова до того дня, когда вопрос о месте бюста Бро работы Слонима был поставлен на повестку дня, она вполне могла бы предложить место памятника Дзержинскому работы Григория Захарова. Допуская, что этот памятник будет снесен в 1991 году, она могла бы настоять, чтобы попридержать это место всего на пять лет. И хотя расчет Ахматовой по части продолжительности жизни Бро был бы точен, уже в 1973 году, то есть задолго до его смерти, но зато непосредственно после смерти Слонима бюст Бро был выставлен на обозрение, правда анонимно, под видом «Портрета молодого человека», чтобы потом попасть в запасники Русского музея.

На этом тема прижизненных памятников Бро вроде бы была исчерпана. Заручившись одним, он оставил позади Гоголя и сравнялся с Эзрой Паундом. Но нет. Как оказалось, все еще оставались пласты, которые предстояло перевернуть. И, окажись я в Санкт Петербурге, как это случилось с Дмитрием Бо, я могла бы засвидетельствовать... так сказать, увидеть собственными глазами то, что предстало перед ним:

«Еще при жизни наш прославленный современник был удостоен бронзового изображения: талантливая голландская скульпторша изваяла его бюст в натуральную величину и отлила его в бронзе в двух экземплярах. Один она оставила у себя, а второй был выкуплен Иосифом с помощью Михаила Барышникова, его финансового партнера по манхэттенскому ресторану „Самовар“, и передан музею Ахматовой в Фонтанном доме».

Бо продолжает:

«Я его там видел. В экспозиции ему места не нашлось — он бы сразу затмил все экспонаты, относящиеся к истинной „хозяйке“ Фонтанного дома, и его пока поместили в служебных помещениях, откуда он явно выпирал наружу. Он стоял на шкафу (подлинник, принадлежавший родителям поэта) с надписью „Библиотека И. А. Бродского“, где среди знакомых мне книг я увидел памятных Дос Пассоса и Сент-Экзюпери, которых он мне не вернул, а теперь уже — все, музейная собственность... Полированной темной бронзой бюст чеканил свой профиль, полуоборот и анфас (я его обошел) даже не с достоинством римского патриция, а именно что с величием кесаря, и я понял, что он тут будет распоряжаться по-своему».

Бо подводит итог, оставив позади собственный опыт:

«К 300-летию Петербурга стала разворачиваться кампания по установке нового памятника Бродскому на Васильевском острове, куда, как все знают, он так и не пришел умирать, вопреки своему раннему обещанию. На языке символов (а памятники именно и говорят таким языком) это будет означать не более и не менее, как признание его короной всей петербургской культуры» [Бобышев, 2008, с. 97].

И две заметки напоследок.

1. Бюсту Эзры Паунда, помещенному в прихожей Ольги Радж на полу, случилось конкурировать с местом бюста самого Бро в экспозиции музея Ахматовой, где его случайно обнаружил Бо. Вернее, так как места для Бро в самой экспозиции не нашлось, Бро пришлось довольствоваться местом на шкафу, в связи с чем возникает вопрос: доживи он до этого судьбоносного решения, быть может, он поостерегся бы от обвинений в адрес Ольги Радж, поместившей памятник Эзре Паунду там, где он был открыт для непосредственного обозрения?

2. Выбирая место для Бро в его последнем biennale, судьба снова отказала ему в благосклонности, навечно породнив с Паундом на кладбище Сан-Микеле. Оба праха оказались в непосредственной близости, и трудно сказать, кто из этих двух поэтов больше огорчен соседством, особенно если учесть, что вторым соседом Бро оказался Игорь Стравинский, автор официального гимна фашистской партии Италии «La Giovinezza», исполненного на его авторском вечере в Неаполе в 1936 году.

Примечания:

[1] The doors take in air, exhale steam; you are not meant
to be back to Arno where, like a new kind
of idle quadruped follow the river bend.

Doors bang, beast hit the slabs. And, mind,
the atmosphere of the city retains a bit
of the dark forest. It
is a beautiful city where at a certain age
one simply raises the collar to disengage
from passing humans and dulls one gaze.

[2] I put in place my monument at odds
The wicked era with my back to nod.
My lost beloved to valiantly face,
The chest like a balloon to intumesce,
And my derrière — to bend to all half-truths.
No matter what will greet me, land or gate,
No matter what I have to exculpate,
I will not change my air, my veneer.
My height and pose remain my biggest anchor.
What brought me there is fatigue and rancor...

Глава 20

«Водяной знак» или «Литофания»?

К числу экстравагантных фантазий Бро принадлежит мотив *водички*. Его Нью-Йоркская квартира на Мортон-стрит упиралась в Гудзон. Его гостиница в Лондоне была обращена к Темзе. Окрестности Бостона обретали ценность благодаря Кейп-Коду, а Венеция — благодаря «Набережной Неисцелимых». Тут же припоминается другой автор, из числа фаворитов Бро, который выбирал для себя жилье только в угловых домах. Конечно, для того любимого автора, а читатель, конечно же, догадался, что речь идет о Федоре Михайловиче Достоевском, слово «угол» могло иметь сакральный смысл. Все его творчество вышло из ощущений человека, загнанного в угол.

Но что могло привлечь Бро к воде, неизменно именуемой им с уменьшительным суффиксом? Недавно мне на глаза попалась книга Юрия Левинга под названием «Воспитание оптикой». «Воду я не люблю, — писал автор,— и скорее купаюсь, чем плаваю (когда-то в Лос-Анджелесе семантическую разницу в этих глаголах мне доходчиво объяснил Алик Жолковский, почти обидевшийся на невинный вопрос о цели его похода в бассейн), но сокровища моря так запали в душу, что я — незаметно для себя и, видимо, в силу часто срабатывающего в подобных случаях компенсаторного механизма — погрузился в исследование» [Leving, 2010].

Не думаю, что ошибусь, если скажу, что воду в перечисленных выше смыслах не любил и Бро, хотя он вряд ли мог признаться вслед за Левингом, что «скорее купается, чем плавает». Любовь к водичке не была для него связана ни с купанием, ни с плаванием и, конечно же, ни с бассейном. Тогда что это была за любовь?

> Дуя в полую дудку, что твой факир,
> я прошел сквозь строй янычар в зеленом,

чуя яйцами холод их злых секир,
как при входе в воду. И вот с соленым
вкусом этой воды во рту
я пересек черту...[69]

Если Бро привязывал рекуррентный мотив поэзии («выкинули из отчего дома») к водичке, то выходило, что отчий дом диктовал ему как любовь к водичке, так и страх перед ней. Страх, вероятно, был биологическим, инстинктивным, первичным. Что касается любви, то ей он был, скорее всего, обучен. Ведь и травматическому опыту можно обучиться. Как сын своего отца, фотографа, получившего звание морского офицера *случайно*, Бро присвоил себе любовь к водичке тоже *случайно*.

Заимствованием из морского багажа отца могло быть убеждение, что России к лицу не «двуглавый имперский орел» и, еще менее, «псевдомасонский серп и молот», а морской «имперский флаг Святого Андрея: голубой крест по диагонали на девственно белом фоне». Не следует также забывать, что к водичке восходит ритуал очищения (баптизм), через который прошел его отец-выкрест, а потом и он сам.[70]

Тогда чем могла Бро привлекать и страшить водная гладь?

«Есть что-то первородное в путешествии по воде даже на короткие расстояния. Ты узнаёшь, что тебе не следует быть там, не столько посредством глаз, ушей, носа, ротовой полости или ладоней, но посредством ног, которые странным образом действуют в качестве органов чувств. Вода отменяет принцип горизонтальности, особенно ночью, когда ее поверхность походит на тротуар. И как бы ни был прочен ее заменитель, помост, на который ступает нога, на воде ты чувствуешь себя более бдительным, чем на суше, твои чувства более сбалансированы. На воде, например, ты не позволишь себе быть рассеянным, как ты позволяешь себе на улице: ноги

---

[69] Like a snake charmer, like the Pied Piper of old,
playing my flute I passed the green janissaries,
my testes sensing their poleax's sinister cold,
as when one wades into water. And then with the brine
of seawater sharpness filling, flooding the mouth
I crossed the line.

(*Cape Cod Lullaby,* translated by Anthony Hecht.)

[70] Мать Бро рассказала Наталье Грудининой о православном крещении маленького Иосифа его нянькой. Крещение имело место в 1942 году в Череповце, куда они эвакуировались из блокадного Ленинграда.

держат тебя и твое сознание постоянно начеку, как если бы ты был чем-то вроде компаса» [Brodsky, 1992, p. 14–15].

Наблюдение за водной гладью связано у Бро с расширением шкалы зрения: вода, доступная зрению как горизонталь, вызывает восхищение. Однако вода, которую *сознание* трансформирует в вертикаль, является источником страха. Такова динамика восприятия воды в «Набережной неисцелимых». И этот страх перед вертикалью воды, присутствующий, хотя и в латентной форме, в эссе, посвященном Одену («Эти строки, короткие и горизонтальные, казались мне невероятно вертикальными»), прослеживается в эссе Марку Аврелию.

Возможно, формула «Вода отменяет принцип горизонтальности» является тропом, поскольку реально она сводится к зрительному обману, к иллюзии безопасного путешествия по воде. С другой стороны, неспособность отличить воду от тротуара происходит скорее ночью, то есть ввиду заторможенности функции зрения. А если затруднена наша способность видеть, то нельзя отличить не только воду от тротуара, но и льва от медведя и так далее, включая горизонталь от вертикали. Таковы простые правила восприятия, неотделимого от наблюдений. Но может быть, формула Бро не возникла в результате наблюдений?

«Я просто думаю, что вода есть отражение времени, и в канун каждого Нового года я на манер язычника стараюсь оказаться около воды, предпочтительно морской или океанской, чтобы наблюдать за рождением в ней нового поступления, новой чаши времени». В этом новом контексте, возможно уже наброшенном мысленно на старый, признание «Вода отменяет принцип горизонтальности» относится уже не к водичке, которая стелется, как степь или тротуар, а к воде, которая движется, как время, позволяя предметам прибиться к обозначенному месту. И на месте ожидания времени (нацеленном в будущее) остается след (прошедшего): вовсе не дева в раковине (фантазия художника), а тот «кружевной рисунок, оставленный на песке» (акт деятельности природы), на который поэт смотрит «с нежностью и благодарностью» [Там же, p. 43].

Кружевной рисунок на песке, оставляющий след на «чаше времени», откладывается в памяти Бро в ходе «мысленного эксперимента», который заключается в наложении рисунка, наблюдаемого *Здесь* и *Сейчас*, на рисунок, отложившийся в памяти. Этот «мысленный эксперимент» то ли конфликтует, то ли превозносит иерархию «слова» над «мазком», в свое время выстроенную Ахматовой: «Слово — материал гораздо более трудный, чем, например, краска.

Подумайте, в самом деле: ведь поэт работает теми же словами, какими люди зовут друг друга чай пить» [Чуковская, 1984, с. 68]. Однако так же, как «слова, какими люди зовут друг друга чай пить», не делают стихотворения, картину не делают одни лишь краски. А «картина» может быть высечена резцом на камне, своего рода кистью без краски. И для этого вида искусства греки изобрели слово «литофания», искусство оставлять след, делая *рисунок прозрачным,* образованное от *lithos* (камень) и *phanesthai* (делать видимым).

Похожий след был оставлен уходящей водой на «чаше времени» в сновидческой поэме Блока «Соловьиный сад» (6 января 1914–14 октября 1915), вызвавшей негодующий отклик Бро: «На мой взгляд, это человек и поэт во многих своих проявлениях чрезвычайно пошлый. Человек, способный написать: „Я ломаю слоистые скалы / В час отлива на илистом дне“... Ну, дальше ехать некуда!» [Волков, 2000, с. 228].[1]

Но может быть, формулу негодования Бро («Дальше ехать некуда») следует понимать буквально? Может быть, дальше этого двухстрочия его знакомство с текстом Блока не продвинулось? А между тем «Я», произносящий строки, цитируемые Бро, является не Блоком, а его лирическим героем, который наблюдает за тем, как отступающая вода отсекает (и крошит) скалы, оставляя на илистом дне свой рисунок. А читателю предлагается разгадать в этом рисунке роль времени как длительности, не скоро поддающейся описанию.

Погоняя осла, который переносит камни с морского берега к железнодорожному полотну, «Я» лирического героя Блока проходит мимо ограды волшебного сада, откуда доносится пение соловья, которое заражает его эротическими фантазиями, а в терминах Блока, «томлением». Ведь пение соловья сопровождается *видением* манящего силуэта в белом платье:

«Каждый вечер в закатном тумане
Прохожу мимо этих ворот,
И она меня, легкая, манит
И круженьем, и пеньем зовет.
И в призывном круженье и пенье
Я забытое что-то ловлю
И любить начинаю томленье,
Недоступность ограды люблю».[2]

Отсылка к «Незнакомке» (24 апреля — 7 мая 1906) говорит о соотнесенности «Соловьиного сада» с событиями, навеянными личным опытом. Вид «неприступной ограды» символизирует вид «шлагбаума», отделяющего поэта от незнакомки. При попытке годы спустя снова испытать волшебное томление герой «Соловьиного сада» не находит ни ворот, ни осла. Прошлое невозвратно. А это означает, что однонаправленное, аристотелевское время больше не работает.

Ревизию понятия времени произвел уже Хайдеггер (1889–1976), определивший настоящее («сейчас») в единстве как с прошлым («сейчас уже нет»), так и с будущим («сейчас еще нет»). Однонаправленность последовательности, если нам позволено о ней говорить, следует понимать, по Хайдеггеру, как движение не из прошлого в настоящее и будущее, а из будущего в настоящее и прошлое. Такова таинственная последовательность *значений* времени. Под термином «значение» (отсутствующим в словаре Аристотеля) Хайдеггер понимал функциональное использование времени («чтобы»), связывающее каждое «сейчас» с «ожиданием», «удержанием» и «интервалом». Введение этих дополнительных критериев позволяет толковать длительность («от и до») как *протяженность* (время — вещь?), то есть наша способность *бытия во времени*. Отсюда выводится *однонаправленность по Хайдеггеру*.

«То, чем мы были, *не прошло*, в том смысле, что мы, как это еще принято говорить, можем отбросить наше прошлое, подобно тому, как мы сбрасываем платье. *Dasein* точно так же не может избавиться от своего прошлого, как не может оно ускользнуть от своей смерти». Этому единству настоящего, будущего и прошедшего Хайдеггер дает определение *временности*. А указание на глубинное устроение времени, при котором *будущее* толкуется как „„подступание к себе", бывшее — как „возвращение к себе", а *настоящее* как „удерживание себя при", позволяет ему говорить об *экстазисах* времени, то есть о выхождении времени за пределы себя, его отстранение, или *распахнутость*, и его *горизонт*» [Хайдеггер, 2001].

Но как следует понимать это *глубинное устроение времени*? Пока это еще абстрактная модель, в которой *продолжительность* понимается как некое ненаправленное движение, дешифровка которого оставлена на произвол фантазии читателя. И даже если Хайдеггер планировал работу по описанию времени как чувственного опыта Dasein, он, возможно, не нашел нужного ключа. Однако, когда эта попытка была сделана через шесть лет после его смерти Альфредом Шютцем (1899–1959), ключ, кажется, был найден. Выяснилось, что время в чистом виде можно не только переживать, но и *слушать*, как мелодию, даже различая переходы «от того, что звучало ПРЕЖДЕ, к тому, что зазвучало СЕЙЧАС»:

«Я различаю измененное „Прежде“, которое благодаря изменению становится „Сейчас“. Однако само это „Сейчас“, едва оно было замечено мною, в тот самый момент перешло в „Прежде“ посредством изменения, которое мне подсказывает память. Но, сделав эти наблюдения, я уже вышел из сферы чистого опыта длительности. Только удерживая в памяти „Прежде“, я смог ухватить качественно иное „Сейчас“. Я „превратил в настоящее“ непосредственно следующее „Сейчас“ только потому, что позволил ему застыть, зафиксировав как *плоскость* (курсив мой — А.*П.*), как только что существовавшее „Сейчас“, качественно иное. Намеренно разрывая вечный поток (длительность — А.*П.*), я сформировал образ своего „внутреннего“ состояния из „Сейчас“, которое еще только формируется, и „Сейчас», уже сформированного.

Этот образ, сохранившийся в моей памяти посредством сравнения, показывает мне мое нынешнее «Я есть» в отличие от моего «Я был». Таким образом, если я хочу различить качественное изменение в моей сфере потока длительности, я должен как бы зафиксировать некоторые моменты в ходе своего внутреннего опыта. Мне нужно будет заметить предпоследний тон мелодии, чтобы знать, насколько звучащий теперь тон выше, ниже, сильнее, слабее или иного тембра, — словом, отличается ли он от своего предшественника. Я добиваюсь этого искусственным путем, посредством образа, который формирую в своей памяти» [Schütz, 1982, p. 34].

Но откуда автору известны изменения, переносящие его из состояния «Прежде» в состояние «Сейчас»? Может ли он утверждать, что простого наблюдения за вещами достаточно, чтобы их понять? Оказывается, может, о чем свидетельствует авторская оговорка, где акцентируются слова «память» и «сравнение». И *память,* и *сравнение* являются вехами на пути к *пониманию*, которое и является предметом всего исследования Шютца. Получается, что автор движется от еще невысказанного будущего к еще не понятому настоящему, то есть по пути, который является *областью поэзии.*

И если достойным проводником такого маршрута для Альфреда Шютца мог быть соотечественник Райнер Мария Рильке (1875–1926), мой выбор падает на моего соотечественника Дмитрия Бо и более конкретно — его стихотворение «Попытка тишины» (1969), оставившее равнодушным Валерия Шубинского, но восхитившее Станислава Яржембовского: «Звукописью он владеет виртуозно, — писал Яржембовский, — поразителен лаконизм (по четверостишию на каждого) портретов Шопена, Моцарта, Брамса и Прокофьева, и еще более поразительна попытка описать не звук даже, а тишину: „тихо, тихо пишет снег...“».

Цитирую весь текст стихотворения:

Тихо, тихо пишет снег,
пишет жизни, пишет души
по забвенью их навек
и вычеркивает тут же.
И на сером фоне стен
вновь записывая, мучит
симфонических систем —
по безмолвию — беззвучьем.
Стилизован под ампир,
тихо рушимый, прекрасен
этот белый бедный мир
в кривизне своих балясин.
Белым крапом снял он цвет,
выпил, высосал объемы,
в точку, в ноль списал, на нет —
линии, узлы, изломы.
Чертит снег, летит мелок —
в стиле нежного кубизма
он рисует эпилог
мирового катаклизма.
Тихо пишет тишиной,
оглушая мняще мнимых
той единственной ценой
истин непроизносимых.[3]

Начну с первого катрена.

Снег, падающий хлопьями, пишет свою сагу (жизней и душ, преданных забвению), после чего вычеркивает текст («чертит снег, летит мелок... и зачеркивает тут же»). Падая, снег пишет свой «текст», но он стирается следующими хлопьями или снежинками, которые вместо написанного пишут опять свой «текст», какой, по Шютцу, не может быть тем же самым, о чем ниже.

Как видим, наблюдатель (Я?) следит за длительностью снегопада, который представляется ему бесконечным потоком. А это значит, что дискретные состояния («Прежде» и «Сейчас») ему недоступны. Они будут доступны лишь тогда, когда длительность будет приостановлена либо самим наблюдателем, либо самостийно.

В этом случае можно будет сказать вслед за Шютцем: «Сделав эти наблюдения, я уже *вышел из* сферы чистого опыта длительности» [Schütz, 1982, p. 39].

Катрен второй:

Если «вышел из» позволяет по-прежнему удерживать поток, что на самом деле и происходит, то механизмом удержания становится память, которая, отменив продолжительность, уже вобрала в себя и закапсулировала поток. Но не только. Ведь снег продолжает писать. Теперь уже он пишет не на земле, где письмена переписывались, а на серой стене. Однако то, что пишет снег «Сейчас», образует новый поток, который накладывается на поток, удержанный памятью. При этом принцип тишины («по безмолвию беззвучьем») пока не нарушен и наблюдатель еще не вышел за пределы *внутреннего* наблюдения: «качества протяженности» содержатся в образах «Здесь» и «Сейчас» *лишь как качества,* как «виртуальные и непротяженные образы. Мы до сих пор не прорвались к сути материи» [Там же, p. 40].

Катрен третий:

Начинается процесс трансформации виртуальных объектов в реальные, в «белый бледный мир» за счет отмены рамок наблюдения. Здесь становится актуальным вопрос о сравнении. Что сравнивается с чем? Здесь существенно, что речь должна пойти о превращении протяженного объекта в непротяженный. Размышляя на эту тему, Бергсон выдвинул гипотезу, которую отказывается принять Шютц: «Для нас мир является данным в конечной инстанции. Мы живем в мире, и мир становится нашим опытом». (“The world presents itself as ultimately ‘given’ <...>. We live ‘in’ the world and we experience ‘the’ world”.) Соответственно, «наше тело является посредником между Я, пребывающим в чистой длительности, и внешним миром, который просто существует для каждого сознания.

Хотя наше тело является своего рода связующим звеном (образом среди других образов), оно является привилегированным образом, разделяя свойство длительности и являясь инструментом *деятельности.* А деятельное «Я», в противоположность «Я» рефлектирующего, не испытывает конфликта «между собственной длительностью и принадлежностью к внешнему миру». Однако такое рассуждение, возражает Бергсону Шютц, обходит стороной эпистемологическую проблему, не ставя вопроса о том, как «Я» обретает язык. Отвергая формулу Бергсона, Шютц предлагает следующее рассуждение: вместо того чтобы пытаться понять, как протяженный объект превращается в образ, удержанный в памяти и лишенный протяженности, Шютц намечает путь от образа, удержанного в памяти, к концепту. Релевантным становится вопрос, как мы приходим к убеждению, что «Здесь» и «Теперь», рассмотренные как образ памяти, отличается от «Прежде», понимаемого как образ памяти, к которому добавлены образы «Здесь» и «Теперь».

Катрен четвертый:

Здесь впервые наблюдение делается в прошедшем времени. Почему? Да потому, что сделан еще один шаг к пониманию. А такой шаг возможен лишь с учетом того, что события, не релевантные прежде, сейчас становятся жизненно важными. Что происходит, когда мы припоминаем какое-либо событие? Мы замечаем, что образ, который мы припомнили, существенно отличается от того, который мы реально связывали с прошлым опытом.

«Расхождение между опытом и образом памяти обусловлено необратимостью направления нашей внутренней длительности. Мы определили внутреннюю длительность как продолжающуюся многообразность, утверждая тем самым, что в каждой фазе потока к тому, что дано, должен быть добавлен еще не существующий „х“. Итак, запоминание конкретного события состоит, по существу, в воспроизведении воспоминания, вырванного из потока нашей длительности» [Schütz, 1982, pp. 44–45].

Это значит, что воспоминание одного и того же события в различные моменты сообщает нам бесконечное число точек зрения на него, не сводимых друг к другу. В момент, когда память вбирает в себя перемены, происходящие в опыте во времени, *сам опыт пропадает*. Остается лишь память о нем: наступает «эпилог мирового катаклизма».

Катрен пятый:

«Становящийся образ памяти о прошлом опыте содержит образ памяти первоначального опыта и опыт последующих моментов. <...> Но этот образ воспоминания несоизмерим с первоначальным опытом. Память предполагает два акта, связанных с поглощением опыта воспоминания о более раннем опыте. <...> Более ранний опыт рассматривается с точки зрения более позднего момента: образ воспоминания существует лишь постольку, поскольку он претерпел изменение во времени. Таким образом, наша память сохраняет не ушедшее переживание, а лишь переживание, ставшее воспоминанием. Оно подготовило память о более раннем опыте, если смотреть на него с точки зрения более позднего момента» [Там же, p. 47].

Соответственно, наша память сохраняет не опыт, а *символ* или смысл опыта. Она «тихо пишет тишиной / оглушая мняще мнимых», то есть оглушая не любым опытом, а опытом определенным: опытом «Здесь» и «Теперь». Соответственно, чтобы интерпретация такого опыта была возможна, каждое значение должно отражать *определенную точку зрения*, то есть быть купленным «той единственной ценой / истин непроизносимых».

Здесь напрашивается вопрос о связи между тем письмом, которое пишет снег в стихотворении Бо, и «сном», который Хлебников определяет через понятие «весеннего снега» и «левой Думы».

«Хлебников исходит из семантического свойства летучести, неустойчивости, мнимости (ср.: сон/сновидение и выражения типа „это было как сон", „это прошло, как во сне"). Связи между сном и левой Думой способствует определение „непрочная"—то есть левое правительство в Думе недолговечно и мнимо, подобно сну. Отношение между сном и весенним снегом не только семантическое (весенний снег—никак не образец постоянства), но также и фонетическое: СОН—СОсед СНега веСНОй. В словах „снег" и „весной" налицо те же звуки, что и в слове„сон" (ср. также: „весна"—„во сне"): то есть „сон"—сосед снега весной в фонетическом смысле. Нам снова напоминают, что все слова „двулики": один лик—фонетический (обозначаемое), другой—семантический (обозначенное)» [Лённквист, 1999].

Здесь уместно припомнить мысль Хлебникова о «фонетической жизни» слова, которую он сопоставляет с весной, порой цветения, отводя для «семантической жизни» осень, пору урожая. Из этого он делает вывод:

«Слово—живой организм, растение со своим жизненным ритмом, подвластное чередованию сезонов. Слово движется по кругу, подобно небесному телу,—иногда фонетика вращается вокруг семантики, иногда, наоборот, семантика вокруг фонетики». Итак, опять налицо главный интерес Хлебникова—к состоянию равновесия и чередованию противоположностей [Там же].

Очевидно, что Бро не мыслит в подобных категориях. Кружевной рисунок, «оставленный на песке», не соответствует текучему времени, исследуемому Альфредом Шютцем, хотя бы потому, что рисунок повторяется—в фантазии Бро—на вертикали фасадов венецианских домов.

«Вертикальное кружево венецианских фасадов — лучшая линия, которую вода оставила где-либо на твердой земле. Кроме того, нет никаких сомнений в том, что существует соответствие — если не прямая зависимость — прямоугольной формы витрин этого кружева, то есть местных построек, с анархией воды, которая отвергает понятие формы. Как будто пространство, осознающее здесь больше, чем где бы то ни было, свою неполноценность по отношению к времени, отвечает ему единственным свойством, которым время не обладает: красотой. Вот почему вода берет этот ответ, скручивает, разбивает и рвет, но в конечном итоге уносит его в целости и сохранности в Адриатическое море» [Brodsky, 1992, pp. 43–44].

Но прежде чем закрыть тему «водички», сопряженную с темой времени, попробуем выяснить назначение заголовка: *Watermark*.

Что мог Бро вкладывать в это понятие?

«Водяным знаком» принято называть рисунок, который наносится в виде дополнительного слоя различной толщины на темный фон бумаги. Скорее, чем с водой, он может быть связан с плотностью и толщиной бумаги. Однако если подумать о его действии на глаз, то водная поверхность оказывается причастной к преломлению световых лучей, эффекту отражения зеркал, амальгамам и т.д. Тот, кто внимательно читал Бро, вероятно, заметил его пристрастие к зеркальным отражениям и связанным с ними неожиданным ассоциациям, подобиям, параллелям и сравнениям, под которые он готов подвести ту или иную теорию.

Но загадка этого фантастического мира, в котором отражаются просвечивающиеся предметы, уже была описана Набоковым:

«Ни в окружающей среде, ни в наследственности я не нахожу точного инструмента, который сформировал меня, того анонимного валика, нанесшего на мою жизнь определенный сложный водяной знак, чей уникальный рисунок становится видимым только при свете лампы искусства» [Nabokov, 1947, p. 25].

Примечания:

[1] I am breaking the layered rock
When the muddy beds ebb by the clock...

[2] Every dusk at an overcast twilight
I am passing these coveted gates
Where she beckons with garment of bright–light,
chanting tunes and inviting to date.

In her summons with singing and prancing
I'm catching what vanished, and thence
I am smitten and dreaming in trancing
That remote inaccessible fence.

[3] Noiselessly creates the snow
our lives and soles, bygone
for all time. And then it slow—
ly relinquish like a pawn.
And against the walls and nests
writes again, with tuneful chord
Then confuses and torments
Silence by the lack of words.
With its beauty of Empire
Style this milky global cliff
Crumbles mutely to expire
Like the bloom of a bas–relief.
With white dots withdrew its glitz,
drank and guzzled all its clod,
to the point, it looked like pits:
No contour, no nodes.
Writes the snow, its flying chalk,
in the style of mild cubism,
Executes an epilogue:
As a mondial cataclysm.
Writes the snow with its hush
stunning those blindly–eyed
Paying generously cash
For the truths unvocalized.

Глава 21

«Похвальное слово скуке»

«Когда профессор Бродский входил в класс», делает разбег на очередную легенду Лев Лосев, цитируя студента Бро 1995 года, «Лиам Маккарти пишет мне из Амхерста: „В первый день занятий, раздавая нам список литературы, Бродский сказал: ‘Вот чему вы должны посвятить жизнь в течение следующих двух лет’...“» И дальше идет список из ста книг, начиная с самых главных: Бхагавадгиты, Махабхараты, Гильгамеша и Библии». Как видим, на этот раз Лосеву даже не пришлось фантазировать. Эту легенду подготовил для него амбиционный Бро.

Тот же студент артикулирует несколько захватывающих слов о лекции, которую Бро прочитал в колледже Дартмутс в 1989 году. «Он произнес потрясающую речь о том, как поэту скучно быть самим собой. Американская жизнь перестала его раздражать, и теперь он попытался исцелить ее душу».

Эта «потрясающая лекция» станет предметом моих размышлений. Начну с того, что Бро был приглашен для напутственного слова на выпускную церемонию Дартмутского колледжа. Приглашение это чрезвычайно почетно. Достаточно сказать, что в 1941 году с напутственным словом перед выпускниками мужской гимназии в Харроу выступил Уинстон Черчилль. В стенах Американского университета в Вашингтоне (1963) произносил свою знаменитую речь Джон Кеннеди. В 2005 году перед выпускниками Стэнфорда выступал недоучившийся студент Стив Джобс, а два года спустя почин Стэнфорда подхватил и Гарвард, пригласив на эту роль Билла Гейтса.

От приглашенных ожидалось услышать то, чего не знает ни один человек в мире: повесть о себе, о своем уникальном опыте и, главное, об уроках, извлеченных из неудач и падений. Предполагалось, что каждый студент, прослушав повесть человека, голыми руками построившего свою вселенную в миниатюре, вспомнит о ней в минуты отчаяния и неверия в себя. Билл Гейтс, например, предварил повесть о своих неудачах шутливым восклицанием: «Dad, I always told you I'd come back and get my degree».

Итак, речь перед выпускниками может обернуться суровым испытанием, конечно, если оратор, следуя традиции, начнет рассказывать о том, где и когда он спотыкался. Но Бро предпочел пренебречь традицией. «Перед началом академической процессии Иосиф снял свою твердую докторскую шапочку и, как диск фрисби, метнул ее Льву Лосеву, причем попал по лицу и разбил очки», — вспоминает студент, присутствовавший на церемонии. В названии его речи прозвучал оксюморон, заимствованный у известного автора: «Похвальное слово скуке» — «Похвальное слово глупости», Иосиф Бро — Эразм Роттердамский. Но до реализации дело не дошло.

Бро могло остановить то, что «Похвала глупости» была создана, как свидетельствовал сам Эразм, во время мучительного путешествия из Италии в Англию в 1509 году. Кроме того, Эразму мог бросить вызов английский философ Бертран Рассел (1872–1970), написавший в зрелом возрасте эссе под названием «Похвала праздности» (1932). Того и гляди в сознании Бро могло возникнуть новое уравнение: «Похвала праздности» — «Похвала скуке» (Бертран Рассел — Иосиф Бро). И одна ключевая фраза Рассела могла подтолкнуть Бро к смене модели.

«Со всей серьезностью хочу сказать, — писал Рассел, — что в современном мире очень много вреда наносит вера в добродетель труда и что путь к счастью и процветанию лежит через организованное сокращение работы» [Russell, 1932].[71]

Все, что Рассел сулил Бро для «счастья и процветания», это подмену слова «Скука» словом «Праздность». Правда, последняя могла разочаровать студенческую аудиторию, которая наивно полагала, что лектор вдохновит ее, вселив предпринимательский дух, то есть стремление соединить творческий запал и мечту. А если ни Эразм, ни Бертран Рассел, ни тем более Юлий Айхенвальд, сочинивший «Похвалу праздности» (1917) как диалог писателя с читателем, не могли послужить подспорьем для речи Бро, то кто мог помочь ему воздать похвалу скуке?

---

[71] Любопытно отметить, что за 15 лет до Рассела в Москве было опубликовано эссе под тем же названием русского философа Юлиуса Айхенвальда, чье наследие широко использовал Набоков, без упоминания его имени (см. Предисловие к моей монографии, условно названной «Что есть что в Империи N» (в работе).

«Году в 1966 — мне тогда было двадцать лет — один приятель дал мне почитать три короткие новеллы французского автора Анри де Ренье, переведенных на русский язык замечательным русским поэтом Михаилом Кузминым. Все, что было мне тогда известно о Ренье, это что он был одним из последних Парнасцев, хорошим поэтом, но не великим вершителем. Все, что я знал наизусть из Кузмина, была горстка его „Александрийских песен“ и „Городских голубей“ — плюс мне была известна его репутация большого эстета, благочестивого православного и общепризнанного гомика. Я думаю, именно в таком порядке <…>. Я не помню ни их названий, ни издателя; даже не помню их содержания. Мне представляется, что одна из этих новелл называлась „Провинциальные развлечения», но не уверен и в этом. Я мог бы перепроверить, но друг, который дал мне эти книги, умер год назад, и я этого не сделал.

Они (новеллы — А.*П.*) представляли собой нечто среднее между плутовским и детективным романами, и, по крайней мере, в одной из них, которую я называю «Провинциальными развлечениями», действие происходило в Венеции зимой, в атмосфере сумерек и опасности. Топография усугублялась наличием зеркал. Основные события происходили по другую сторону амальгамы, в каких-то заброшенных палаццо. Как и многие книги двадцатых годов, это был довольно короткий рассказ — около двух сотен страниц, не более, и его темп был энергичным. Тема была банальной: любовь и предательство. Главное: история была помещена в короткие главы, в одну или полторы страницы. Вместе с темпом вас охватывало ощущение сырых, холодных, узких улиц, через который пробираешься в вечернее время с растущим чувством опасности при поворотах налево и направо. Для человека, родившегося на моей родине, город, появившийся на этих страницах, был легко узнаваем и ощущался продолжением Петербурга в лучшую историю, не говоря уже о (лучшей — А.*П.*) широте. Однако самое важное для меня на том этапе впечатлений, когда я наткнулся на этот роман, заключалось в том, что он преподал мне важнейший урок композиции» [Brodsky, 1992, pp. 36–38].

Но какую именно новеллу де Ренье мог Бро иметь в виду? Число новелл, переведенных на русский язык Кузминым, можно сосчитать на пальцах одной руки. Но и расширив этот список, то есть включив в него переводы всех новелл де Ренье, действие которых проходило бы в Венеции, я не нашла ничего, что отдаленно напоминало бы сюжет, описанный Бро. Однако…

Однако память все же не подвела Бро. Заголовок «Провинциальное развлечение» (*Divertissement Provincial)*, вскользь им упомянутый, действительно принадлежал перу Анри де Ренье. Правда, эту новеллу никак нельзя было отнести ни к жанру плутовского, ни к жанру детективного романа. Там не было ни Венеции, ни зеркал, ни даже любовной интриги. Тогда как же объяснить эту амнезию по части жанра и сюжета? Неужели название запоминается легче? Ведь, сославшись на имя де Ренье в эссе «Набережная неисцелимых», Бро делает признание о том, что «уроки композиции» были им получены у де Ренье. Но неужели де Ренье научил его сочинять плутовские или детективные романы?

И тут уместно вспомнить об одном совпадении. Речь перед выпускниками Дартмутса сочинялась тогда же, когда создавался мемуарный том «Набережная неисцелимых». И, только осознав это совпадение, я смогла наконец набрести на след. Анри де Ренье, то ли прочитанный заново, а возможно, и впервые, подсказал Бро общую канву его будущей речи. Ведь скука как раз и является ведущим мотивом «Провинциального развлечения».

«Я знаю, что такое скука. Я окружен зыбкою и текучею средою <...>, создающей иллюзию выхода, который никуда, однако, не приводит. Внутри этой среды есть воздух. Вы думаете, что дышите им? На самом же деле он вбирает вас в себя. Он проникает в вас своими тончайшими частицами и незаметно окружает ими. Цвет его вы не можете определить, но он покрывает все предметы каким-то липким лаком. У него есть также запах. Запах этот пропитывает вашу одежду, ваше тело, ваше дыхание. Он обладает способностью навевать сон, так что вы даже не чувствуете себя несчастным. Вы не страдаете — вы скучаете. Это неопределимое состояние. Вы в плену у самого себя, и вы не ищете освободиться от этого плена! У вас нет для этого ни силы, ни мужества, пожалуй, нет даже желания. Скука довлеет себе. Раз вы вошли в ее зыбкое царство, вы уже не можете больше вырваться из него, хотя бы вас призывали самые лучшие ваши воспоминания, самые могущественные силы, самые ненасытные потребности. Скука есть скука» [Régnier, 1925, pp. 91–92], — читал Бродский у де Ренье.

Конечно, детали могли до известной степени оказаться востребованными конкретной ситуацией. Бро просвещает студентов: «Значительная часть того, что вам предстоит, будет востребована скукой». А между тем курса скуки до сих пор «не предложили ни точные, ни гуманитарные науки»... Я говорю, «востребована до известной степени», ибо мысли Анри де Ренье доносились до аудитории лишь обрывками. Какие-то наблюдения застревали в сознании (или подсознании) оратора Бро. «Я хорошо знал, что скука будет тою ценою, которою я куплю свободно избранную мною праздность, добровольную бесполезность, но я не знал, что такое скука! Я думал, что буду иметь в лице ее противника, от которого можно обороняться. Я не знал, что от ее неощутимого и клейкого просачивания нет ни защиты, ни лекарства».

Но что могло помешать Бро указать на новеллу де Ренье как на подстрочник его речи? В конце концов эту затею можно было бы ретроспективно свести к фарсу. И нельзя исключить, что этот вариант рассматривался Бро в ходе работы над «Набережной неисцелимых». И все же от упоминания новеллы де Ренье он решил воздержаться, при этом прочно усвоив тему, доминирующую у де Ренье: тему курьеза, случая.

«Случай — это не событие, а общее название всего невозможного и прекрасного. Инцидент сочетает в себе свойства инцидента и чуда, например „чудесное происшествие (или приключение)“. В происшествии в полной мере проявляется элемент исторического. Оно внезапно вторгается в монотонный, вялый, будничный ход природной жизни, оживляя ее скрытые конфликты. Аварии нельзя не ожидать, они приходят со всех сторон и нигде, они настолько часты, что невозможно найти их причину, их узнают, они шокируют, они удивляют. В отличие от события, инцидент не имеет внутренней меры времени — длительности — и исчерпывает свое содержание в каждом моменте проявления. „Вот так получилось… (и ничего не поделаешь)!“ — любая возможная интерпретация выглядит излишней. Реальность предстает как случай. Вот почему мы настаиваем: появление гоголевского персонажа — „случайность“» [Подорога, 2018, p. 38].

Сочиняя свою «Похвалу скуке», Бро буквально «вдохнул» тот яд, который едва ли не убил персонажа «Провинциального развлечения». Их опыт оказался идентичным и одновременным. «Почему вышло так, что именно в этот момент я вдруг отдал себе отчет в скуке, одолевавшей меня? Почему именно в эту минуту я осознал ее давящую меня тяжесть? И по мере того, как эта тяжесть росла, мне казалось, что у меня не хватает силы выдерживать ее. Я испытывал во всем своем теле гнетущее ощущение слабости. Мне казалось, что мои члены не принадлежат мне больше. Я оказался вдруг как будто окруженным поглощающею и обессиливающею атмосферою, как будто вдохнул яд, который заживо привел меня в состояние окоченения», — пишет протагонист де Ренье.

«Не изгонит скуку из вашей жизни даже искусство, — транслирует Бро мысли протагониста, так глубоко его поразившие. — И даже если вы шагнете в полном составе к пишущим машинкам, мольбертам и Стейнвеям, полностью от скуки вы себя не оградите <...>: вы будете быстро удушены отсутствием признания и низким заработком, ибо и то и другое хронически сопутствует искусству... Богатство тоже не избавляет вас от скуки, — продолжает диагностировать фатальный недуг непредсказуемый лектор, хотя уже вполне предсказуемо. — Сколь бы желательно это ни было, большинство из вас знает по собственному опыту, что никто так не томим скукой, как богачи, ибо деньги покупают время, а время имеет свойство повторяться. Допуская, что вы не стремитесь к бедности, — иначе вы бы не поступили в колледж, — можно ожидать, что скука вас настигнет, как только первые орудия самоудовлетворения станут вам доступны» [Brodsky, 1992, pp. 105, 106]. «Что касается бедности, скука является наиболее жестокой частью ее несчастья, и избавление от нее принимает наиболее радикальные формы: бурное восстание и наркоманию» [de Régnier, p. 107].

Но не было ли в этих словах отголосков старой мысли о браунинге? Конечно, пожелай Бро создать детективный роман, он бы непременно довел дело до убийства. Представьте, именно так поступил автор, который диктовал мысли о скуке сознанию и подсознанию Бро. В провинциальном городке П., выбранном в качестве места действия и даже не удостоенном названия, Анри де Ренье приписывает скуке два состояния: пассивное оцепенение и низменные инстинкты, вызванные деятельным состоянием. Отсюда дихотомия его персонажей. Они и преступники, и жертвы. Но это не было «Преступлением и наказанием». Какими бы дикими ни были фантазии Достоевского, он так и не смог создать ни одного человека, который мог бы совершить его преступление и навлечь на себя наказание. Автор, поразивший воображение Бро, сумел создать мир, в котором и преступление, и наказание совершалось в одном лице.

Его герой рассуждал так:

«Я вдруг стал чужим самому себе. Очень любопытное ощущение — это внезапное отделение от самого себя. Я увидел себя из очень большого отдаления, в виде миниатюрной и почти незаметной фигурки. Так вот чем я был, и стоит ли вновь становиться собою, стоит ли восстанавливать эту карликовую и далекую фигурку? Как мог бы я держаться в таком маленьком телесном пространстве теперь, когда я вкусил освобождения от себя? Я не чувствовал себя больше воплощенным и обладающим телом. Я чувствовал себя перенесенным на раздорожье всех жизней, в центр всех открывающихся перед ними возможностей, я испытывал состояние чудесного ожидания. Мне как будто принадлежала верховная власть, но моя тайная мощь не обнаруживалась никаким видимым признаком. Я говорил себе: „Я – ничто, и я доволен тем, что пребываю во всем; я вмещаю в себе все жизни, не живя вовсе, и я мог бы от человеческих жизней возвыситься до божеских простым актом своей воли“» [Там же, p. 198].

Так возвеличив себя и так уменьшив, скучающий человек де Ренье строит свою среду по собственному образу и подобию.

«Весь городок П. представляется мне одною из тех больших шкатулок с игрушками, которые дарят детям в день их рождения и которые содержат в себе домики, деревья, человечков, животных. Тетушка Шальтрэ производит на меня впечатление старой куклы, втащенной со дна шкафа захудалого провинциального магазина. Мариэта тоже кажется мне забавным уродцем. Да и все другие люди какие-то картонные плясуны! Я вижу их резкие, угловатые, бессмысленные движения манекенов и марионеток. Неуклюжие, они повинуются дерганию ниточки. Я представляю себе, как они размахивают руками, заплетаются ногами, покачивают головой в уморительном и зловещем спектакле, коего я являюсь зрителем» [Там же, p. 201].

По своему образу и подобию создает свою среду и Бро:

«Потенциально имущие, вам наскучит ваша работа, ваши друзья, ваши супруги, ваши возлюбленные, вид из вашего окна, мебель или обои в вашей комнате, ваши мысли, вы сами. Соответственно, вы попытаетесь найти пути спасения, вы сможете приняться менять места работы, жительства, знакомых, страну, климат; вы можете предаться промискуитету, алкоголю, путешествиям, урокам кулинарии, наркотикам, психоанализу. Впрочем, вы можете заняться всем этим одновременно; и на время это может помочь. До того дня, разумеется, когда вы проснетесь в своей спальне среди новой семьи и других обоев, в другом государстве и климате, с кучей счетов от вашего турагента и психоаналитика, но с тем же несвежим чувством по отношению к свету дня, льющемуся через окно <…>. Невроз и депрессия войдут в ваш лексикон» [Brodsky, 1992, pp. 107–108].

«Тогда, чтобы избавиться от этого наваждения, у меня возникает желание схватить палку и колотить направо и налево, поломать ноги, разбить бока, свихнуть руки, отбить головы, все раскрошить и обратить, наконец, в бегство назойливых фантошей, которые ведут вокруг меня хоровод и, как бесноватые, кувыркаются и прыгают на тысячу ладов, а среди них исступленно ковыляет на своих старых ногах моя тетушка Шальтрэ. Но вдруг в эту неистовую сарабанду врывается пронзительный крик. Посередине копошащихся и толкающихся марионеток, подобно гигантской игрушке, появляется большой красный автомобиль. Он яростно устремляется на марионеток. Обезумевшие от ужаса, они спасаются куда попало, но автомобиль бросается в погоню за ними, опрокидывает их, дробит под колесами, ослепляет лучами своих фонарей. Он преследует их даже в домах, куда они убегают, выламывает двери, рушит стены, обваливает крыши» [Régnier, 1925, pp. 201–202], — фантазирует за Бро де Ренье.

«Вообще, человек, всаживающий героин себе в вену, делает это главным образом по той же причине, по которой вы покупаете видео: чтобы увернуться от избыточности времени», — вторит ему на свой лад Бро. И «декадентская мечта», посетившая его в юности по следам фильма Висконти, повисает над юными выпускниками Дартмутса.

Здесь можно было бы догадаться, что идея опасности «лишнего времени», привнесенная из ниоткуда в контекст «Похвального слова скуке», является прямым заимствованием из ключевого тезиса Бертрана Рассела. Только Рассел представил свое доказательство «на полном серьезе»:

«Это мораль рабовладельческого государства, примененная в обстоятельствах, совершенно не похожих на те, в которых она возникла. <...> Возьмем иллюстрацию. Предположим, что в данный момент изготовлением булавок занято определенное количество людей. Они делают столько булавок, сколько нужно миру, работая, скажем, по восемь часов в день. Кто-то изобретает, и с его помощью то же количество рабочих может изготовить в два раза больше булавок, чем раньше. Но миру не нужно вдвое больше булавок: булавки уже настолько дешевы, что вряд ли их можно будет купить по более низкой цене. В разумном мире все, кто занимается изготовлением булавок, работали бы четыре часа вместо восьми. <...> Но в реальном мире это сочли бы деморализующим. Мужчины по-прежнему работают по восемь часов, <...> некоторые работодатели разоряются, и половина мужчин, ранее занимавшихся изготовлением булавок, выбрасывается с работы. В конце концов, <...> половина мужчин бездельничает, а половина все еще перегружена работой. Таким образом обеспечивается то, что неизбежный досуг будет причинять страдания всем вокруг, вместо того чтобы быть всеобщим источником счастья. Можно ли представить себе что-нибудь более безумное?» [Russell, 1932].

Для завершения этой главы остается определиться по номенклатурной части. Как следует назвать авторскую позицию Бро: плагиатом или художественным заимствованием? Предвижу, что поклонники Бро с негодованием отвергнут слово «плагиат».

«Плагиат, — скажут они, — это тот случай, если бы Бро переписал текст де Ренье или, скажем, Рассела, а потом под своим именем отправил в какой-нибудь журнал или на конкурс. Бро, как видим, не сделал ни того, ни другого. Скорее, вдохновившись мыслями указанных авторов, он использовал их в своей речи перед студентами». Но позвольте, отвечу я, Бро сделал куда больше, нежели тот, кто отправил бы похищенный текст других авторов «в журнал или на конкурс». Он поместил эту речь под своей фамилией в мемуарный том, напечатал этот том в престижном издательстве и, как известно, получил за этот печатный труд Нобелевскую премию. Хотелось бы знать, мог ли Анри де Ренье выставить счет Бро на одну часть этой премии, а Бертран Рассел на другую? Но и это еще не всё. Можно ли исключить такое соображение, что Бро получил Нобелевскую премию благодаря наличию в ней текстов этих выдающихся авторов?

Глава 22

«Звери святого Антония»

В моем заглавии повторяется заголовок, данный Бо изящно изданной книге его стихов, иллюстрированной Михаилом Шемякиным. Однако уже вступительная часть («Соблазн творчеством») ориентирует на искушение. Что же это за искушение? И что могло послужить ему толчком?

Визуальному контакту с Шемякиным предшествовал контакт виртуальный. В фойе консерватории, где состоялся концерт Шостаковича, была устроена выставка «уже тогда скандального» Шемякина. «На стенах висели, демонстративно раздвинув ребра, мясные туши, нарисованные грубыми мазками в манере Хаима Сутина. Они лишь намекали на будущую линию, которая, впрочем, уже была видна в его книжной графике. К ее витринам меня и потянуло» [Бобышев, 2008, с. 184–185].

Художник, которому предстояло заново перекроить то, что мы привыкли считать явью, подчинив ее своему необузданному вымыслу, уже неотступно поселился в фантазиях Бо. Шемякинские креатуры просились на бумагу, а ленинградская коммуналка, тот обод жителей, еще не помышлявших об эмиграции, уже виделась поэту храмом муз. И вот оно, это видение.

«Посреди комнаты стоит раскрытый рояль. Рядом стоит готическое кресло с прямой высокой спинкой, куда приколот листок с музыкальными знаками: „Хорал Баха. Ноты осьмнадцатого века“, читает Бо. „Подлинник“. Поодаль висит распятая на крюках баранья туша. Бока ее заветрены, кудельки жира в брюшине желтеют. Перед тушей стоит мольберт с подрамником и бугристыми слоями краски, нанесенной на подмалевку. На стенах — картины, офорты, рисунки с натюрмортами и обнаженной натурой, фотографии мастера в причудливых образах, всюду старинные или бутафорские вещи: трубка, тесак, треуголка, диковинки и бронзулетки» [Там же, с. 185].

Летят годы. Шемякин уже не «скандальный» пришелец в мир искусства, а, как у нас водится, повсесердно одаренный мастер. Не отстает и Бо, успевший покорить знатоков своим «зорким слухом», как сказал бы Мандельштам, соединив кисть с пером. В воздухе уже витает встреча двух титанов. Ведь Шемякин берется иллюстрировать стихи Бо, выбор текстов оставляя за автором.

«Предложение с благодарностью принимаю. Но чувствую и обязанность! Уже напечатанные стихи для совместного дела, мне кажется, не подходят. Я берусь сочинить совсем новый текст, специально и только для вас. Согласитесь ли вы подождать примерно полгода, ну может быть, несколько дольше? Его согласие мы скрепили рукопожатием. <...> А теперь задачу я взял себе не из легких. Что ж, это был уже чисто американский „вызов“: какой сюжет мог бы вобрать всю эту, во многом мрачную, пестроту личности художника, его окружения и его работ? Как вопрошал словесный волшебник Михаил Кузмин:

> «Где слог найду, чтоб описать прогулку,
> Шабли во льду, поджаренную булку»? [1]

А здесь вместо булки — мумии, шрамы, носы... Но и — европейское качество стиля, элегантность! А в содержании, в сюжетах — мистика, маняще-отталкивающая загадочность... И первое слово — искушение. Искушение — кого? — святого Антония, конечно, — и, конечно же, босховского, в первую очередь... Искушение — чем? — не эротическими же соблазнами (хотя ими тоже), но страхом, жаром массивной плоти и, наоборот, ее исчезающей иллюзорностью, безумием абсурда и — равным образом — логического умствования, сюром, ужасом от черного колодца в самом себе, — то есть всем, что отвлекает святого от его молитвенного подвига.

Явилось и второе слово — бестиарий, галерея фантастических зверей, полумифических чудовищ, которые овладевали мозгом не только нильского аскета, но и умами его современников. А что, если соединить обе средневековые легенды в одно? Это и будет тот текст, от которого Шемякину не отвернуться, который и будет он сам! Где же искать все эти прелестные легенды, о которых я имею лишь лоскутные, хотя и яркие клочья сведений? Конечно, в нашей прославленной библиотеке, которую я иногда и поругиваю... По серо-мраморным полированным ступеням наверх, мимо четырех панно с аллегорическими девами, картами обеих Америк, звездного неба и Арктики, мимо сменяемых листов Одибон (орнитологического) общества — какая там птичка сегодня выставлена? — и в Славянское отделение библиотеки... Вот где я оценил, наконец, сделанное Ральфом Фишером!» [Там же, с. 185].

Далее — короткий разговор с понимающим библиографом Хелен Салливан, который завершается успехом: «Мы только что получили альбом „Средневековый бестиарий", он сейчас оформляется. Это — прекрасное издание с цветными репродукциями. А подлинная рукопись находится в Публичной библиотеке в Ленинграде. Если нужно для работы, я пойду и приостановлю оформление. Держите у себя, сколько нужно.

Она ушла за книгой <...> и я улетел, словно степной краснохвостый орлан (Buteo harlani) из альбома Одибон, держа драгоценную добычу в когтях» [Там же].

И вот я уже листаю блестяще завершенную работу, начав набрасывать примерный план действий для себя. Первый шаг — библиотека во Фрайбурге, не особенно известная, но все же собранная во вкусе самого Мартина Хайдеггера. Но дошли ли у него руки до бестиариев? А вот и ответ. Снимаю с полки здоровенный том «Книги зверей». Что такое «бестиарий»? Что мне необходимо знать о бестиарии? «Это сборник цитат из книг классических авторов, таких как Плиний Старший». Листаю дальше. «Текст чисто дидактический, в каждой главе мораль, а публика монашеская» [Book of Beasts, 2020, p. 67]. Однако... К середине XIII века дидактический тон стирается. Пример в истории «Кот и ястреб». Художник, пишет комментатор, «не морализирует, а дезориентирует: пересекает знакомое со странным. Темно-синий фон, усеянный лунами и звездами, указывает на ночную сцену, но многочисленные луны не натуралистичны» [Book of Beasts, pp. 79–81].

И вот я думаю. Отказ от дидактического тона не мог спровоцировать разрыв с традицией. Скорее, он оставил традицию на заднем плане истории, дав авторам вечный выбор, который озвучивает Бо: «„Но это же не заказ, а лишь совместная работа. Однако она должна быть классной и стильной, никак не ниже того, что делает Шемякин. А не зачерпнуть ли каплю бродильного сусла, из которого берет сам художник? Это — идея... И непрозрачное 'мутнышко' было заронено в молитвенное сознание святого подвижника, — чуточка, самая малость грязи, без которой, оказывается, нет ни творчества, ни жизни как таковой... И — пошло!" Альбом из Публички оказался бесценным подспорьем, — ну просто кладезем вдохновений. Зверям, даже существующим в природе, а не только мифологическим, были там приписаны такие яркие небылицы, что они уже представляли собой не абсурд или нелепицу от незнания, а чистое художество… Сюр!»

Яркие небылицы… искушение к творчеству… Что это, если не символы с утраченными звеньями смысла: алогичные и убедительные, как колдовство и чудо. Это и зовется поэзией. Зверь необоримо притягивает жертву… Чем? Ароматом своего дыхания! Возьмем, к примеру, пантеру.

С «Пантеры» и началось у Бо колдовство. Конечно, под «пантерой» имелся в виду не биологический вид, а род зверей: то ли *Panthera leo* (львы), то ли *Panthera tigris* (тигры), а скорее *Panthera pardus* (леопарды). И колдовство, как заявлено, началось с небылиц, «убеждающих своим алогизмом». Однако алогизм может убеждать лишь в соседстве с логикой. «Каким бы ни был порядок следования существ, лев всегда первый, так как в начале текста он обозначен как Царь Зверей» [Book of Beasts, 2020, p. 7].

За пределом бестиариев пантере-льву могло быть отказано в первенстве, но никогда не в чародействе. Скажем, когда Менелай попытался освободить Одиссея, плененного морским богом Протеем, «старик не забыл чародейства: вдруг он в свирепого с гривой огромного льва обратился» [Лауэнштайн, 1996, с. 300]. В бестиариях же чародейство пантеры-отца, который «дышит в лицо своему детенышу, возвращая его к жизни», привязано к легенде, согласно которой детеныши львов рождаются мертвыми и в течение трех дней оживляются родителями, которые облизывают их и дышат на них [Book of Beasts, 2020, p. 90].

Как откликается на эту легенду Бо?

Оживление детеныша связано с возвратом к его зачатию, то есть церемониальному действу — коитусу. Соответственно, львиный род представлен не львом-отцом, а львицей, которой предстоит исторгнуть из себя мертворожденного детеныша. Но сейчас, пока ей об этом еще неизвестно, она — само монархическое величество — царица, блистающая золотом и своей пятнистой кожей, которая вбирает в себя луну и солнце. Сейчас она — смертоносный зверь, и знаком ее смертоносной свирепости служит тройной ряд зубов на обеих челюстях:

Какая чуткость, мощь! Курчав лобок, —
особенно когда он первым потом пышет…
Особенно когда не первая любовь,
но: опыт у любви любовей бывших…
И — жертва, но — допрежь и пуще — госпожа.

Царица в золоте, и наготе, и пятнах
ползущих лун и солнец, возлежа
средь ароматов невероятных,
ее дыханием струимых, средь
тропических просторов
она влечет сердец живую снедь...
Счастливцам — смерть.
Таков тигрицы норов. [2]

Мертворожденный детеныш, вынашиваемый в ее «благословенной утробе», отражает историю рождения самой матери.

«Выбранное Бобышевым название для своего бестиария отсылает к искушениям христианского отшельника — теме, которая

увлекала создателя „эвокативного метода“ (по Л. В. Пумпянскому), чей опыт Бо, кажется, впитал». И этот опыт было бы полезно пустить в дело, учитывая наш интерес к симбиозу художника и поэта, возможно, даже экфрасису. Итак, задолго до Бо средневековые бестиарии покорили Густава Флобера (1821–1880), автора драмы «Искушения святого Антония». И есть свидетельства о том, что «образ христианского отшельника сопровождал писателя почти тридцать лет. Первый вариант драмы Флобер завершил в 1849 году перед путешествием на Восток и созданием романа „Госпожа Бовари“. Эта версия была приурочена к принятию важного решения — стать писателем. Второй вариант возник в 1856 году. Он предшествовал „Саламбо“. Появление третьей версии совпало с работой над „Буваром и Пекюше“. Этот роман остался незавершенным, а изданная в 1874 году драма о святом Антонии, стала последним крупным произведением писателя» [Modina, https://doi.org/10.4000/flaubert.622].

Толчком для сочинения послужило полотно фламандского художника. «Во дворце Бальби (Генуи) Флобер впервые увидел картину Брейгеля младшего „Искушение святого Антония“ [1550–1575], под впечатлением которой у него рождается замысел одноименной драмы. При посещении Миланской библиотеки Амброзиана он уже с воодушевлением воспринимает другие произведения художника, которого называет „мой Брейгель“. Драма же о святом Антонии станет работой всей жизни писателя» [Флобер, 1995, с. 8].

Переняв опыт библейского Адама, Флобер дает зверям мифические имена. В частности, в его драме, которая осталась «наименее изученным, наименее читаемым, самым таинственным из всех его произведений» [Bruneau, 1990], «гигантский красный лев с гротескно-человечьим лицом и с тремя рядами зубов назван „мартихорой“». Вот как этот лев представляет себя в авторской фантазии: «Лоснящийся багрянец моей шкуры сливается с блеском великих песков. Я выдыхаю ноздрями ужас пустынь. Я изрыгаю чуму. Я поедаю войска, когда они забираются в глушь. Мои когти изогнуты как буравы, мои зубы зазубрены как пила, а мой закрученный хвост щетинится дротиками, которые я мечу вправо, влево, вперед, назад. Вот! Вот! Мартихора мечет иглами своего хвоста, которые разлетаются как стрелы по всем направлениям. Капли крови падают дождем, щелкая по листве» [Flaubert, 1999, p. 195].

Как если бы чудовищная мартихора была недостаточно ужасающей, Флобер вводит еще один устрашающий элемент: безумных обезьян: «Мы прыгаем с ветки на ветку, чтобы высосать яйца, и ощипываем птенцов; тогда мы надеваем себе на головы их гнезда вместо шапок. Мы норовим вырвать коровам вымя и выцарапать глаза рысям; мы гадим с вершин деревьев и не стесняемся выставлять напоказ свой позор средь бела дня. Срывая цветы, вытаптывая плоды, мутя родники, насилуя женщин, мы всем властны — силой наших мышц и яростью сердца» [Там же, р. 194].

К испытаниям ужасами Флобер добавляет испытания гурманскими яствами: «Скатерть из тонкого льна, рифленая, как повязки сфинкса, блестит волнистым блеском, на ней огромные куски кровавого мяса, большие рыбы, птицы в оперении, четвероногие звери в шкурах, фрукты почти цвета человеческого тела, а куски белого льда и сосуды из фиолетового хрусталя сверкают огнями. Антоний замечает посреди стола кабана, дымящегося каждой порой, с поджатыми лапами и полузакрытыми глазами, и мысль о том, что он может съесть это чудовищное животное, доставляет ему огромное удовольствие. Потом — вот блюда, которых он еще никогда не видел: черный фарш, золотистое желе рагу, где грибы плавают, как водяные лилии (*nénufars)* по прудам, взбитые сливки, легкие, как облака» [Ibid, р. 41].

Но и Бо, едва покинув библиотеку с томом средневековых «Бестиариев», распорядился своей «драгоценной добычей» на манер Флобера: «Я намеренно впустил в свое сознание эту безуминку, считая ее высшей, хотя и неверной опорой для художественного уменья, — примерно тем же, чем является канат у акробата. И что в результате? Мой жонглер изобразил, рискованно покачиваясь, целый ряд странных образов, рыб, насекомых, диковинных птиц и совсем уже вычурных гибридов, порожденных пастушеской фантазией древних греков. Неплохо, даже весьма „аппетитно“ было описано пожирание — с помощью бамбуковых палочек — мозга живой обезьяны, изящно приправленного соевым соусом. Вот оно, жуткое наслаждение от гротескного пира!» [Бобышев, 2008].

Мифическая обезьяна Флобера, «Кинокефал»,[72] воскресает в первых четырех катренах Бо.

---

[72] Слово «кинокефал» (греч. — κυνοκεφάλοι) дословно обозначает «собакоголовый», однако в обычном значении это слово обозначало «обезьяна», а точнее — «бабуин» или «павиан». Так, столкнувшись с этим священным египетским животным, его стали обозначать греки. Интересно, что название это закреплено и в современном научном названии бабуина (Papio cynocephalus ursinus). Первым описавшим под этим названием некий народ был Геродот.

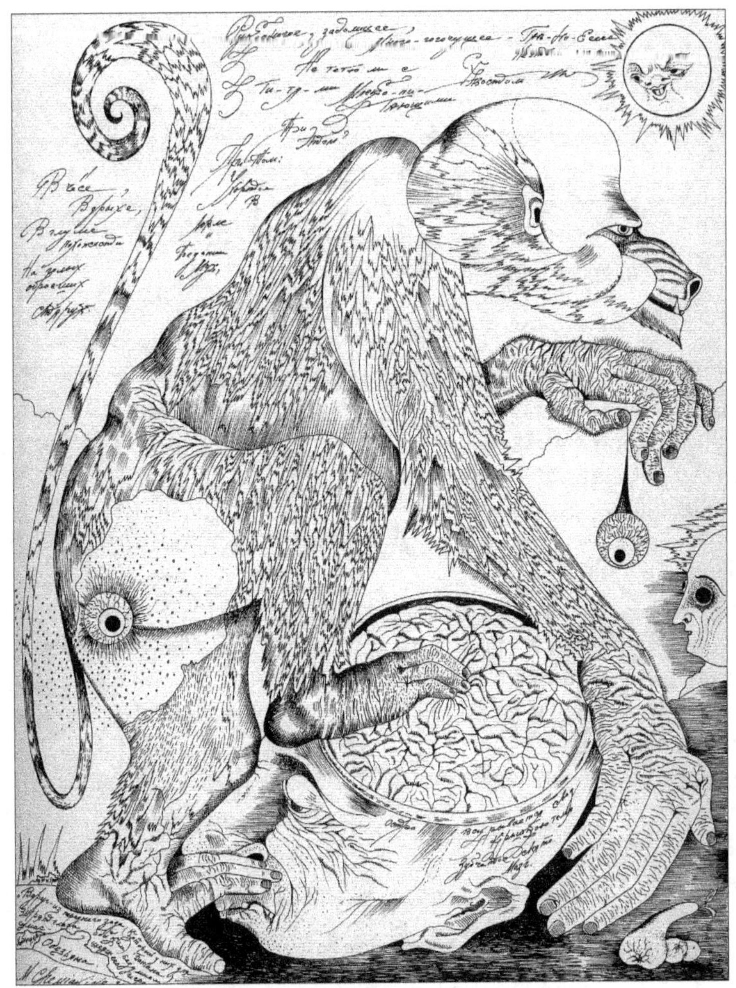

Руконогое, задолицее,
много-гогочуще-главое
нечто с хвостом,
не тетю ли с титями млекопитающими
напоминающее при этом?
При том: ухоротое в ловле
и поедании мух,
в чёсе, в дрыхе,
в глуме похожести
на голых обросших старух.
Вдруг — из переднего зада
(который у них для банана)

зырят глаза
бойким безумьем сумасшедшего игромана
(как бы шуткуя-грозя):
Нос ли откусит и выплюнет
Глаз ли пальчиком выймет
И со всхлипом всосет?
Есть, однако, на остряка острия
остроги, попадающей в лёт.[3]

Бо не соблазняется амбициями Флобера и не испытывает нас ужасами святого Антония, а вводит топику наказания поедателей обезьяньих мозгов. Некоторые утверждают, что мозги обезьяны иногда едят сырыми, сразу после или даже до того, как ее убивают. Обезьяну одурманивают. Ее кладут под стол с отверстием в центре. Обедающие видят только верхнюю часть ее головы. Череп разрезают, обнажая сырые, дрожащие мозги все еще дышащей обезьяны. Это блюдо, по некоторым сведениям, считается едва ли не самым дорогим в азиатских ресторанах, а по большей части якобы подается нелегально. Однако британская газета *The Guardian* сообщает: «…потребление приготовленных мозгов мертвых обезьян возможно в реальности, хотя вероятность этого очень мала, тогда как поедание мозгов живых обезьян — выдумка».

Но и в эту выдумку Бо вдыхает новую жизнь, переведя испытание гурманскими прелестями из категории мук святого Антония в категорию наслаждений, испытанных поедателями обезьяньих мозгов:

Вяжут подранка сладострастно гурманы, покуда-пока
стол с отверстием раздвигается,
где зажимается шея зверька
так, чтобы череп гримасничал — над,
(тело — под).
А глазки — глядят…
Остро вскрывается свод.
Крышкою темя зубчатое снято. Мозг.
И — взгляд. Мозг.
Где галактики свихнутой болью горят.
Соли щепотку — туда…
Перцем припорошить. Чуть острагону.
Рисовый уксус неплох… Но, господа,
в соевом соусе смак восторга

хватает за горло с разгону.
И бамбуковым клювом — в две щепки —
извилину взяв, не червя (не червя же),
проследить,
как в защепе она изгиляется тщетно,
и — чрево свое насладить:
урчь кишечно-харчевую и кочевряжью…[4]

«Испытания гурманскими изысками» сопричастно у Бо с метафизической темой «чувства огромности» мира, которое склонило Пастернака на сочинение стихотворения «Мне хочется домой в огромность» (1931). В то время как Пастернак рассматривал необъятность как отражение своих внутренних конфликтов, Бо интерпретирует ее через призму экзистенциального искушения, испытывая ее по флоберовской матрице искушений святого Антония. Эта идея отражена в обширном комментарии Геннадия Кацова к сборнику Бо «Ощущение простора». Кацов наметил длинный путь лексемы «черепа» от драмы Шекспира до композиции Сальвадора Дали, запечатленной в одной из семи фотографий Филиппа Хальсмана (1951). Послушаем рассуждение Кацова:

«Она (эта композиция — А. *П.*) оставлена вечности в виде фотографии: семь обнаженных гибких женских тел сплетены так, что пространства между ними образуют зияния черепа, а общий контур — сам артефакт черепа и есть. Здесь, кроме внятной эротической составляющей, прослеживается идея нескольких буддийских сект, которые используют человеческие черепа как амулет <…>. При чтении текстов Бобышева создается впечатление, что образ полого черепа необходим автору еще и для баланса по отношению к его насыщенным барочным строкам, нередко избыточным своей витальностью, энергетической живописностью поэтического кода, жизненностью, истекающей любовным соком. Словно на одной чаше весов, как и положено, торжествующий Танатос, а на другой — кипящий страстями, возбужденный Эрос» [Кацов, 2017].

Повременив с возвратом к композиции Сальвадора Дали в фотографиях Филиппа Хальсмана до комментария к стихотворению «Слон», который следует, хочу предложить иллюстрацию к тезису Кацова о витальности как поэтическом коде Бо:

…но кстати о вине
Всё серебро в Шабли, а золотишко — в Рейне:
калифорнийская лоза, она вполне…

Сама ползет в стихотворенье.
Как с нею хороши: креветок нежный хрящ
и жирных устриц слизь, что спрыснута лимоном;
с кедровым ядрышком форель: пожар хрустящ,
а мякоть — с розовым изломом.
Там пальмовы сердца секутся на куски:
где спаржи пук — Шекспир, а Пруст — ростки фасоли;
и Джойсом артишок: то иглит лепестки,
то с маринадом расфасован. [5]

О «Слоне» в «Книге зверей» дано такое описание:

«Есть животное по имени слон, у которого нет жажды коитуса. Греки думают, что слон назван так из-за огромного тела, потому

что он похож на гору, ибо по-гречески гора называется элифиос. Ни одно животное не кажется крупнее. Действительно, персы и индийцы, поставив на них деревянные башни, сражаются копьями, как со стены. <...> Более того, когда они хотят произвести детенышей, они идут на восток, недалеко от Рая, и там есть дерево, которое называется мандрагорой, и идет туда слон со своей женой, которая сначала берет с дерева, а затем дает немного своему мужу. И когда он ест, она соблазняет его и тотчас же зачинает» [Book of Beasts, 2020, p. 18].

Фантазия Бо подсказывает строки о слоне, вроде бы комментирующие описание «Книги зверей»: «Прежде чем обрюхатить слониху, слон силой вонзает свои бивни в землю, выкапывая и пожирая мощный корень мандрагоры!» Ритуал пожирания цветков мандрагоры, которые служат заменой «желания», которого, как уже отмечалось, у слонов нет, также упоминается в поэтическом тексте:

«Тяжеловесам жить: легко? — Ль!..
Но оба с домоподобною подругой
(а – башня прихребечена подпругой)
бредут, любовники, в чаду, в бреду
бок о бок
до тайного межгорья (сами горы),
к поляне сладостной, где лес курчав, —
там, бивнями бия и роясь у ручья,
он имет человечка мандрагоры.[6]

Фантазия Флобера рисует слона, который бросает вызов мифологическому повествованию:

«Белый слон, в золотой сетчатой попоне, подбегает, тряся пучком страусовых перьев, прикрепленных у него к лобной повязке. На его спине, в подушках из голубой шерсти, скрестив ноги, полузакрыв веки и покачивая головой, сидит женщина, одетая столь ослепительно, что вся сияет лучами. Толпа простирается ниц, слон подгибает колена, и царица Савская, соскальзывая по его плечу, спускается на ковры и направляется к святому Антонию» [Flaubert, 1999, p. 52].

Имя царицы Савской ассоциируется в библейском тексте с именем царя Соломона, которого она покинула, признав его мудрость и осыпав дарами. В апокрифической литературе царице Савской приписываются эротическая связь с царем Соломоном и рождение сына, а в арабской литературе есть источник, согласно которому царица отправляет к царю Соломону сватов, а на брачном пиру отрубает ему голову, тем самым проиграв историю Юдифи и Олоферна. Дальнейшее чтение драмы Флобера позволяет сделать поразительное открытие. Описание царицы Савской, представшей перед Антонием верхом на слоне, совпадает с описанием куртизанки Kuchuk Hanem, влюбившей в себя Флобера во время его двухлетнего путешествия на Восток (1849–1851). Начну с описания царицы Савской:

«Платье из золотой парчи, с оборками из жемчуга, агатов и сапфиров, на равном расстоянии одна от другой, стягивает ей талию узким корсажем, украшенным цветными нашивками, изображающими двенадцать знаков зодиака. Она в очень высоких сапожках; один из них черный и усеян серебряными звездами с полумесяцем, другой же белый, покрыт золотыми крапинками с солнцем посредине. Широкие рукава, отделанные изумрудами и птичьими перьями, позволяют видеть маленькую округлую руку в эбеновом браслете у кисти, а у ее пальцев, унизанных кольцами, ногти такие острые, что кончики их почти похожи на иглы.

Плоская золотая цепь, проходя под подбородком, подымается вдоль щек, закручивается спиралью вокруг прически, посыпанной голубым порошком, затем, опускаясь, касается плеч и прикреплена к брильянтовому скорпиону, который вытянул язычок между ее грудей. Две крупных желтоватые жемчужины оттягивают ей уши. Края ее век окрашены в черный цвет...»

Приблизившись к отшельнику, она берет его за бороду.

«Смейся же, прекрасный отшельник! Смейся! Я очень веселая, ты увидишь. Я играю на лире, я пляшу, *как пчела* (курсив мой — А.*П.*), и я знаю множество рассказов, один забавнее другого» [Ibid, pp. 52–54].

Драма «Испытания святого Антония», как, впрочем, и каждое произведение Флобера, таит в себе то, без чего Флобер не мыслил своих сочинений: «...в любом произведении искусства кроется нечто особое, присущее самой личности художника, что позволяет этому произведению пленять нас или возмущать, независимо от исполнения» [Флобер, 1984, с. 199], и далее следуют два признания: «В святом Антонии я сам был святым Антонием, и искушением это было для меня» [Флобер, с. 1995].

Признания Флобера переводят миф о царице Савской, ступившей на стеклянный пол во дворце, построенном для нее Соломоном, высоко подняв платье, в фантазию Флобера о знакомстве с Кучук-Ханем:

«На лестнице, прямо перед нами, на фоне голубого неба стоит в лучах света женщина; на ней *розовые шальвары, верхняя часть тела укрыта лишь прозрачным темно-фиолетовым газом* (курсив мой — А. *П.*).[73] Она шла из бани, ее крепкая грудь пахла свежестью и сладковатым торпентином; она полила нам руки *розовой* водой. Поднимаемся на второй этаж; налево от лестницы выбеленная известью комната: два дивана, два окна, одно с видом на горы, а другое на город. <...>

Глаза у нее черные, громадные, черные брови, широкие, красиво очерченные ноздри, крепкие плечи, пышная круглая грудь. На голове феска, увенчанная выпуклым золотым диском с маленьким зеленым камешком под изумруд посередине. <...> Черные вьющиеся непокорные пряди расчесаны на прямой пробор и заплетены в мелкие косички, сходящиеся на затылке. Один зуб наверху у нее слегка испорчен. На запястье браслет из двух золотых прутьев, закрученных один вокруг другого. Три ряда бус из полых золотых шариков. Серьги в форме чуть выпуклых золотых дисков с мелкими золотыми шариками по окружности. <...>

Кучук исполняет нам *«пчелку»*. <...> Танцуя, Кучук обнажается, оставляя лишь платочек, и делает вид, что пытается им укрыться, затем отбрасывает и платок. *Это и есть «пчелка»* (курсив мой — А. *П.*) <...> После бурных утех она засыпает с храпом, оставив свою руку в моей; слабый свет лампады, едва до нас доходивший, ложится на ее прекрасный лоб треугольничком светлого металла, само же лицо скрыто темнотой. <...> Я представил себе *Юдифь и Олоферна*, лежащих рядом. Без четверти три — пробуждение, прилив нежности» [Flaubert, 1999, pp. 92–94].

Толчком к выбору топики слона Флоберу послужила, по свидетельству Вяч. Вс. Иванова, индийская миниатюра с изображением

---

[73] Соседство розового цвета с фиолетовым составляет центральный образ в эротексте Набокова, прилежного ученика Флобера. «Розовый сад — наполненный символикой образ, <...> закрытый розовый сад — аллегория вульвы в фольклоре самых разных культур и литературных традиций <...> В каббале роза — код единства и тайны (уже в египетской культуре и Античности тайна связана с розой и закрытым садом, ср. происхождения понятия *sub rosa*. <...> Первое сексуальное переживание Гумберта в розовом саду задает, таким образом, основной для всего романа („Лолиты“ — А. *П.*) двойственный образ, в котором эротическое связано с мистическим. <...> Лиловый становится другим цветовым лейтмотивом любви и Лолиты (см. схожую звукопись ее имени с именем Лилит). Название цвета происходит от лилий, в основном белых, и лилия прямо отождествлена с девочкой» [Хетени, 2022, с. 53–54].

бога Вишну «на слоне, образованном сплетением женских фигур». По аналогии Бо мог вдохновиться Флобером с подачи Председателя Земного Шара Велимира Хлебникова, ключевой фигуры русского футуризма, часто проводившего параллели между собой и индуистским богом Вишну.

«Никто не будет отрицать...» (*V, 115–117*) писал Хлебников, указав даже, совсем в стиле Бо, точную дату (26 января 1918 г.): «...что я выдумал новое освещение. Я взял „Искушение святого Антония" Флобера и прочитал его всего, зажигая одну страницу и при ее свете прочитывая другую: множество имен, множество богов мелькнуло в сознании... и потом все эти веры, почитания, учения земного шара обратились в черный шуршащий пепел <...> (вспомним ремарку: „Пепел богов падает сверху")» [Гаспаров, 1977, с. 248].

Как видим, фантастический круг замкнулся в символизме колец: Индийская миниатюра, Флобер–Хлебников–Дали–Хальсман–Бо–Шемякин. Эта символическая связь пронизывает время, объединяя произведения художников и писателей разных культур и эпох.

В декабре 1856 — январе 1857 года Флобер опубликовал несколько эпизодов новой редакции «Искушений» в журнале *l'Artiste*, редактором которого тогда был Теофиль Готье. Что касается Бо...

«...я отправил рукопись Шемякину с таким сопровождением:

„Дорогой Миша!

<...> я подошел к концу крупной вещи в стихах, — возможно, книги или по крайней мере поэмы, — которую я задумал и обещал выполнить специально для Вас. По существу, это — галерея зверей, наподобие средневекового бестиария, в которой существа и чудовища предстают фантастическими и мифологическими свойствами, скорей чем натуральными. В то же время это собрание ужасающих образов, которые когда-либо искушали Святого Антония, но он с триумфом сопротивлялся им и преодолел их.

Именно *комбинация двух известных европейских сюжетов (мифов, легенд?) является моей сугубой новинкой,* остальное всё лишь стихотворный текст, которому Вы — судия в том смысле, что в нем предполагаются поля или даже целые листы для Ваших творческих росчерков... Возможно, я туда добавлю еще несколько страниц, но это уже детали, и книга сейчас видна вся.

Поэтому я тороплюсь послать ее на Ваш просвещенный отзыв, дабы добрым намерениям соответствовали и дела.

Искренне Ваш Дмитрий Бобышев".

Был ли немедленный ответ, я не помню... Недели, а по ожидальному времени так и — века! — протекли, прежде чем я не выдержал и позвонил Михаилу. Пока я ждал его ответа, Михаил уже был глубоко погружен в работу над иллюстрациями. Но как? Он был уже в Турине. Ведь там печатались его иллюстрации к томам Высоцкого и Юппа. Мастерская художника находится там, где ему удобно работать. Типографы время от времени появляются за его спиной. Такие моменты случаются только раз в жизни. Иллюстрации рождаются у них на глазах. „Только в Италии умеют хорошо печатать“, — поделился Миша со мной доверительно». Я же получаю уточнение. Как и книги Юппа (1986) и Высоцкого (1988), книга Бобышева была напечатана на тонированной бумаге, которая несовместима с краской.

«Я глубоко вдохнул воздух, почуяв ветер везения, раздувавший мне ноздри. Нет, насладиться его славой я бы не смог, но вот ведь что главное: наконец-то — книга! Книга выйдет...» [Бобышев, 2008].

Примечания:

[1] “Where can I find the words to describe the stroll,
Chablis on ice, a toasted roll?”

[2] What delicacy and what a vigor!
Her vulva curls,
especially emitting early rigors...
And sweating not of virgin loving pearls,
but of the history of love of former lovers.
She is — a captive, but besides
and more, she is a mistress:
The queen in gold, all nude, on every side,
with spots of creeping moons and suns, reposing,
among the scents, in provocative poses.
with her inhale that roams and prods
the tropical expanses,
attracting hearts, as living meals
For lucky ones — the dying bill.
Such are the tigress’s dances.

[3] An arm-legged, a batt-faced,
A cackling hoot with a tail,
With flabby boobs — What a show case
And a perfect fit for a tale!

To boot, he is pleased and proud
Of his ear–like gluttonous snout
That's gulping down the flies,
Scratching his itching thighs,
A snap of an old bag unclad.

Suddenly, from the front–hinder
Whereabout bananas linger
Monkey's eyes, as a crazy spieler
Stare at you like tactor or feeler.
Shall you get shaken or snigger?
Will he munch on your nose, then spit it out?
Scoop off your eye, then suck and blot?
There is, of course, a curative clout
For a jumping beast — a hunter's shot.

[4] And a guillotine... In its ensuing slot
The injured neck is tightly caught.
The skull grimaces to its full content,
The body — under - doesn't pretend.
But eyes are vigilant, for they attend...

His vault is cut and open aloof.
The crown's removed from its helpless roof.
And the brain. Its gaze. But still the brain
As galaxies burns with its boundless pain.

A pinch of salt... Spices to ration,
Like rice vinegar. And, gentlemen,
Delight your palate with acceleration
With soya sauce as an extra pigment.

And with a chopstick select a gyros,
Not a worm. Worm's zigzagging. Ouch!
But a treat that delights your paunch
And your guts to rumble like an in–tune guiro.

[5] ...but a propos the wines:
Chablis collects all silver, while gold is snatched by Rhine:
In California abundant is the vines,
That crawl into the verse like its majestic pines.

Shrimps' tender cartilage, their perfect match
To revel in, or fatty oysters splashed with lemon sap;
Then trout with pine nuts, its fiery crunch
above the delicate pink kernel—perfect snap!
There palm hearts being lanced and mingled
Asparagus with Shakespeare, and bean sprouts as Proust;
and Joyce's artichoke: its petals stocked with needles
Or soaked in marinade—all win in joust.
(*Bobyshev D.* Feeling of Enormity // Urban Life.)

[6] Is life a cinch for heavyweights?
But both the husband and his mate
(the tower is supported—don't you gaze?)
Are wandering, the lovers, in a daze,

And chick–to chick—
(the mountains themselves),
they're heading to the secret sierra,
or, rather, clearing in which the woods are dense.
And delving by the stream, the caring signora
Is offering her mate a human mandragora.

Глава 23

Читая Роберта Фроста

Свою лекцию в *College Internacional de philosophie* (1990) Бро построил на анализе стихотворения Фроста (1874–1963). А когда он представил Фроста *«устрашающим поэтом»,* аудитория, знакомая с традиционной репутацией Фроста как фермера и пасторального описателя природы, была заинтригована. Могла ли она знать, что «устрашающим поэтом» Фроста уже назвал Лионель Триллинг? Но то было на частном банкете по случаю 85-летия поэта (правда, потом этот эпизод всплыл в эссе У. Х. Одена [Оден, 2016]).

Метод самостоятельного и *построчного* прочтения стихотворного текста, выбранный Бро, традиционно считается как *отсутствие метода*,[74] хотя именно так читал стихотворные тексты Уильям Эмпсон, a massive literary figure двадцатого века. Правда, практикуя этот *метод* в лекционном зале, Бро, скорее всего, подсмотрел его не у Эмпсона, а у Одена.[75]

Он выбрал стихотворение «Войди!» («Come in!», 1943), включив его в первую часть эссе «О горе и разуме» (1994).

Привожу текст в моем переводе:

---

[74] «Уильям Эмпсон был известен своим „пристальным чтением, конечно, живым и напряженным, вдохновенным, а иногда и извращенным вниманием к отдельным местам из стихов и пьес, и я ничего не могу с этим поделать, кроме как отдать ему должное с огромной благодарностью и возвращаться к книге снова и снова, приглашая вас делать то же самое“» [Wood, 2005, p. 95–96].

[75] По свидетельству Алана Ансена, лекцию о «Виндзорских кумушках» Оден построил следующим образом: он проиграл девять грампластинок с записью «Фальстафа» Верди, сопровождая исполнение кратким изложением сюжета [Ansen, 1990].

К опушке леса приблизился — чу!
Слышу пенье дрозда-пичуги
В меркнущем свете сумерек,
В лесу уже стало темно.
Слишком темно чтобы птица могла
Точным взмахом крыла
Ночлег устроить себе, но ей на пенье
Все же хватало уменья.
Свет заходящего солнца
На западе таял, на донце
Оставив лучик единый
Для песни дрозда лебединой.
Высоко меж стройных колонн
В темноте заливался он,
Как если бы звал войти,
Горе разделить в пути.
Но нет, я на звезд немоту
Поглядеть пришел. В темноту
Не вошел бы, будь приглашен,
Но приглашения был лишен.
[Brodsky, 1997, pp. 227–228].[76]

[76] Привожу оригинал:

As I came to the edge of the woods,
Thrush music — hark!
Now if it was dusk outside,
Inside it was dark.
Too dark in the woods for a bird
By sleight of wing
To better its perch for the night,
Though it still could sing.
The last of the light of the sun
That had died in the west
Still lived for one song more
In a thrush's breast.
Far in the pillared dark
Thrush music went—
Almost like a call to come in
To the dark and lament.
But no, I was out for stars:
I would not come in.
I meant not even if asked,
And I hadn't been.

«Птица, как известно, есть чаще всего бард, так как, по сути, оба поют», — начал Бро «экспозицию», тем самым обозначив двойной план прочтения, позволяющий сместить акцент с «я» поэта на «я» певчего дрозда и обратно. Наличие этого двойного плана могло позволить ему интерпретировать строку «слышу пенье дрозда — чу!» («thrush music — hark») как дуэт, исполненный и птицей, и поэтом. Однако такой интерпретации препятствует элемент внезапности, заключенный в самом «чу!» («hark!»). Поэт слышит пение, о котором не подозревал раньше, что исключает его идентификацию с дроздом.

Здесь уместно вспомнить, что идентификация поэта с птицей, являясь неизменным мотивом Мандельштама, соединяет пение (свист) птицы с желанием и риском скорого конца, заключенных в возможности «А мог бы...»:

> А мог бы жизнь просвистать скворцом,
> Заесть ореховым пирогом...
> Да, видно, нельзя никак.[1]

Тогда зачем могла понадобиться Бро такая аналогия? В преддверии возврата к этому вопросу замечу, что в экспозиции аналогия лишь декларируется. О ней Бро вспомнит, как будет показано, лишь в комментарии к третьей строфе, с тем чтобы от нее отказаться в четвертой. Вольность, как признак стиля, заявлена уже в экспозиции:

«Темный лес» есть *selva oscura,* с которого Данте начал свое путешествие по «Аду»,[77] замечает Бро, предложив пояснение: «Начиная с четырнадцатого века от леса исходил сильный запах, и то, куда этот запах завел автора „Божественной комедии“, вам, вероятно, известно. В любом случае, когда поэт двадцатого века начинает стихотворение с того, что оказывается на опушке (edge) леса,

---

[77] Земную жизнь пройдя до половины,
Я очутился в сумрачном лесу,
Утратив правый путь во тьме долины.
Каков он был, о, как произнесу,
Тот дикий лес, дремучий и грозящий,
Чей давний ужас в памяти несу!
Так горек он, что смерть едва ль не слаще.
Но, благо в нем обретши навсегда,
Скажу про все, что видел в этой чаще.
(Ад, песнь 1, строки 1–9)

есть основание предположить, что там имеется элемент опасности» [Бродский. Там же].

Но Данте не был первым поэтом, предложившим ассоциацию *selva oscura* (темный лес) с адом.[78] Я делаю это уточнение на случай, если читатель поддастся на расхожее мнение, что стихи Бро труднодоступны для понимания ввиду его широкого интеллектуального багажа, как бы неподъемного для рядового читателя. Держа в поле зрения это расхожее мнение, предлагаю пометить пунктиром тот путь, которым Бро пренебрег, но без которого понимание стихотворения Фроста вряд ли возможно. Этот путь следует начать с «Оды жаворонку» (*«Ode to a Skylark»)* Перси Шелли (1753–1844), возможно навеянной «Одой соловью» (*«Ode to a Nightingale»*) Джона Китса (1795–1821) [Mackie, 1906, p. 29].

Вопрос о преференциях связан с опознанием текста, с которым, скорее всего, ведет диалог Роберт Фрост. В целях опознания привожу два катрена Шелли в моем переводе:

«Фиолетово-бледный
Тает, как твой полет,
Контур звезды победной
Светившей ночь напролет.
Ты невидим, но я слышу твой пронзительный восторг.
Из той серебряной сферы
Стрелы летят на пари
Сужая себя в стратосфере
Ясной белой зари».
Пока мы едва видим, мы чувствуем, что она есть.[79]

---

[78] Этот образ встречается уже в шестой песне Энеиды Вергилия.

[79] Привожу оригинал:

The pale purple even
Melts around thy flight;
Like a star of Heaven
In the broad daylight.
Thou art unseen, but yet I hear thy shrill delight.
Keen as are the arrows
Of that silver sphere
Whose intense lamp narrows
In the white dawn clear,
Until we hardly see, we feel that it is there.

Как и Шелли, Фрост сочиняет стихотворение по следам собственных наблюдений за птицей и ее голосовым регистром, реагирующим на смену световой гаммы, связанной с заходом солнца и наступлением ночи. Как и Шелли, Фрост отождествляет птицу с фигурой поэта (взмывающей вверх, всегда в одиночестве, всегда поющей и всегда, выбившись из сил, падающей вниз, прячась от ненужных глаз). Отсылая читателя к превосходному анализу «Оды к жаворонку», сделанному Уильямом Эмпсоном, не могу удержаться от заключительной цитаты в моем переводе:

«Но к этому взгляду на птицу как на символ духовной жизни, считающий ее борющейся и умирающей, прививается другой взгляд, который видит ее за пределами человеческих ограничений; как свободную от боли и пресыщения, которые следуют за смертным экстазом, и действительно бессмертную, как соловей. <…> Песня ее, таким образом, становится чем-то абсолютным, фундаментальным, вневременным и лежащим в основе всей земной гармонии. <…>

Такая красота никогда не может быть полностью познана человеком с его ограничениями, и по мере того, как ее становится больше, она должна становиться менее заметной. Когда сфера сужается при дневном свете, это походит на сужение радужной оболочки века поэта, находящегося в экстазе романтической оценки, на то ослабление темпорального рассудка в самом акте признания вечной и абсолютной красоты, которую Шелли в другом месте сравнивал с угасанием красно-горячего угля. <…> Жаворонок восходит к своему радостному дню так же, как угасает день общей земли, и, чтобы завершить возврат, помутневший рассудок, «потерянный» от видения природной красоты, может затем снова воскреснуть посредством интеллектуального понимания всего этого» [Empson, 1930, p. 188].

Продолжая комментировать стихотворение Фроста, Бро цитирует вторую строфу.

Слишком темно, чтобы птица могла
Точным взмахом крыла
Ночлег устроить себе, но ей на пенье
Все же хватило уменья.

«Что, по-вашему, здесь происходит? — задается Бро вопросом, на который сам же дает ответ: — Простодушный читатель из британцев, или с континента, или даже истинный американец ответил бы, что это о птичке, поющей вечером, и что напев приятный. Интересно, что он был бы в некотором смысле прав, ибо именно на правоте такого рода покоится репутация Фроста».[80] А между тем эта строфа отличается особой мрачностью. Бродский берется утверждать, что стихотворение содержит что-то фатальное, «возможно самоубийство. Или если не самоубийство, то, скажем, смерть. А если не обязательно смерть, тогда — по крайней мере в этой строфе — мысль о загробной жизни» [Brodsky, 1997, p. 230].

Мне неизвестно, как строки о темном лесе (selva oscura) мог понять «британец или континентальный житель», но «истинный американец и невинный читатель» (в данном случае психолог и когнитивный лингвист Георг Лакофф) читает эти отрывки (из Данте и Фроста) в контексте условных метафор типа «Жизнь — это путешествие» и «Знание — это видение»:

«„Дорога жизни“ вызывает в памяти царство жизни и царство путешествий, поэтому их связывает традиционная метафора „ЖИЗНЬ — ЭТО ПУТЕШЕСТВИЕ“. „Я очутился в сумрачном лесу“ говорит нам о том, что в темноте тропы не видно, то есть указывает на поле зрения и, соответственно, традиционную метафору: ЗНАНИЕ ЕСТЬ ВИДЕНИЕ, как следует из выражений типа „я вижу, к чему вы клоните“, „его высказывания неясны“, „пассаж неясен“ и т.д. Из всего этого следует, что говорящий не знает, какие жизненные цели преследовать, то есть у него нет направления в жизни, для выражения этого употребляется не что иное, как система условной метафоры <...>. Другим не менее известным случаем использования традиционной системы метафор является случай с Робертом Фростом» [Lakoff, 1992, pp. 284–285].

На этом месте я позволю себе прервать размышления автора, чтобы вернуться к ним в контексте, в котором «истинно американский невинный читатель» вносит лепту в утонченное понимание текста Фроста. Но что в приведенной выше строфе приводит Бро к заключению о ее особой мрачности? На чем строит он свои «наблюдения»? Считаю уместным напомнить об общей убежденности Бро в том, что чтение стиха не должно выходить за пределы того, что сказано в стихе. Эта мысль отчетливо прозвучала в его эссе о Гарди: «...если жизнь автора дает ключ к его сочинениям, как то утверждает расхожая мудрость, тогда, в случае с Гарди, возникает

[80] Бро настаивает, ссылаясь на Одена, что европеец любит природу иначе, чем американец. Он смотрит на дерево в контексте культурных ассоциаций, тогда как американец встречает дерево как равный равного. Оден пишет о Фросте следующее: «Природа не друг или враг для этого поэта и не театральная декорация для человеческой драмы: природа — это ужасающий автопортрет поэта» [Brodsky, 1997, p. 226].

вопрос: к каким сочинениям? <...> Короче говоря, поэта следует рассматривать только через призму его стихов — и никакую другую» [Brodsky, 1997, p. 315].

Но в какой мере сам Бро держался этого правила? В каких словах второй строфы мог он уловить особую мрачность, включая мысль о *самоубийстве*, а если не о самоубийстве, то о смерти, а если не о смерти, то о загробной жизни? Неужели своим чутким ухом он мог проникнуть в подтекст, закрытый для любого другого читателя? И мы были бы принуждены принять такое объяснение, если бы не нарушили запрет самого Бро, обратившись к источникам за пределами поэтического текста. В частности, одним из общих мест биографии Фроста является тот факт, что, начиная с 1934 года, поэта преследовала одна смерть за другой. В 1934 году от послеродовой горячки (*puerperal fever*) умерла его дочь Marjorie, в 1938 году умерла от сердечной недостаточности (*heart failure*) его любимая жена, и в 1940 году покончил жизнь самоубийством его сын Кэрол.

Аналогичным образом прочтение Бро второй строфы стиха как мысли о загробной жизни могло быть навеяно литературными аллюзиями, в которых имя Фроста ставилось рядом с именем Данте. Самому Бро принадлежит лишь рассуждение, еще дальше уводящее нас от фростовского текста: «Говоря яснее, загробная жизнь для Фроста мрачнее, чем для Данте. Спрашивается почему, и ответ: либо потому, что он не верит во все эти истории, либо причисляет себя к проклятым. Не в его власти улучшить свое конечное положение, и я осмелюсь сказать, что „взмах крыла можно рассматривать как отсылку к соборованию“» [Бродский, 1997, p. 231],[81] — пишет или, вернее, фантазирует Бро, проясняя свою мысль комментарием к четвертой строфе.

Но что могло заставить его перескочить со второй строфы к четвертой? Казалось бы, в третьей строфе можно найти оправдание мрачному сценарию, который он представил в комментарии ко второй строфе. Ведь в третьем катрене мы узнаём, что песня дрозда — его последняя песня:

> Свет заходящего солнца
> На западе таял, на донце

[81] Следует отметить терминологическое несоответствие между соборованием (или *«unction»* в переводе на английский) и «последним обрядом» (*viaticum*) в английском языке. Последствия несоответствия будут рассмотрены ниже.

Оставив лучик единый
Для песни дрозда лебединой.

Как же читает эти строки Бро?

«И в третьей строфе вы слышите барда поющим: слышите саму песню, последнюю песню. Это чрезвычайно экспансивный жест. Посмотрите, как каждое слово здесь ожидает следующего. „Свет“ — цезура, „заходящего“ — цезура, „солнца“ — конец строки, то есть большая цезура. „Таял“ — цезура, „на западе“. Наша птица / бард прослеживает последний луч света к его исчезающему источнику. Вы почти слышите в этой строчке старый добрый мотив „Шенандоа“, песни похода на Запад» [Там же, p. 231].

Обратим внимание на это наречие «почти», определяющее глагол «слышать». Бро уверяет читателя, что тот «почти слышит» мотив «Шенандоа». Эта отсылка к «почти слышит» была бы допустима, если бы текст был озвучен или хотя бы процитирован, чего Бро не делает. Есть и дополнительный момент, оставленный Бро без внимания. Гелиоцентрический цикл засвидетельствован у Фроста не бардом и не дроздом, как это видится Бро, а Богом из машины (*deus ex machina*): взойдя на востоке, солнечный шар исчезает на западе. Что касается «мотива „Шенандоа“» («истории похода на запад»), то именно тот факт, что баллада могла быть известна Фросту, ей не могло найтись места в данном контексте. В «Шенандоа» нет речи о смерти.

Не свободен от неточностей и комментарий к четвертой строфе:

Высоко меж стройных колонн
В темноте заливался он,
Как если бы звал войти,
Горе разделить в пути.

«Ключевое слово здесь, конечно, „колонна“: оно наводит на мысль об интерьере собора — во всяком случае, церкви. Другими словами, наш дрозд влетает в лес, и вы слышите его музыку оттуда, „Как если бы звал войти, / Горе разделить в пути“. Если угодно, вы можете заменить „lament“ („горевать“) на „repent“ („каяться»): результат будет практически тот же.

Здесь описывается один из вариантов, который наш старый певец мог бы выбрать в этот вечер, но этого выбора он не сделал. Дрозд в конечном счете выбрал «взмах крыла» (то есть «соборование» в русском тексте и «last rights» (viaticum) в английском — А. *П.*).

Он устраивается для ночлега; он принимает свою судьбу, ибо сожаление есть приятие. Здесь можно было бы погрузиться в лабиринт богословских тонкостей — по природе своей Фрост был протестантом и т.д. Я бы от этого воздержался, ибо позиция стоика в равной мере подходит как верующим, так и агностикам; при занятии поэзией она практически неизбежна. В целом отсылки (особенно религиозные) не стоит сужать до выводов» [Там же].

Построив свое толкование песни барда-дрозда на религиозной символике (с отсылкой к таинству «соборования» через «покаяние»), Бро воздерживается от погружения «в лабиринт богословских тонкостей». Однако разобрался ли он в этом «лабиринте» сам? Судя по переводу слова «соборование» на английский язык как «last rights» (viaticum), взятому им из словаря католического христианства, он не видит разницы между этими таинствами. А между тем, если в православном христианстве под *соборованием* понимается молитва о прощении грехов (включая *забытые* грехи) и о выздоровлении, то в католическом христианстве под «last rights» понимается подготовка к смерти как к последнему пути через покаяние.

А так как *соборование,* совершаемое несколькими священниками *соборно,* не является синонимом покаяния (покаяние есть молитва о прощении так называемых смертных грехов — убийства, аборта, прелюбодеяния и т.д.), перевод этот требует особого комментария, которым Бродский пренебрег. Но даже если опустить вопрос о неточности перевода, «взмах крыла» нельзя толковать как «соборование» хотя бы потому, что роль прощающего грехи не может выполняться тем, кто просит о прощении. Разве что эту роль взял на себя сам Бро.

Бро завершает чтение стихотворения «Войди» мыслью, что оно является постскриптумом к «Божественной комедии» и должно пониматься отчетливо следующим образом: «Двадцать строк стихотворения составляют как бы перевод заглавия. Боюсь, в этом переводе выражение „входить“ означает „умереть“» [Там же, p. 234]. Но не слишком ли поспешно это утверждение? Хотя имя Фроста прочно привязано к имени Данте со времени публикации Джорджем Монтиро работы под названием «Robert Frost and the New England Renaissance» (1988), сам Фрост, кажется, не приветствовал интерпретации своих произведений в инфернальном ключе Данте. Поэтому не стоит пренебрегать тем, что заголовок «Войди!» означает «шаг через порог», «пересечение границы» и выбор, с этим связанный. За порогом остался и лирический герой, как это следует из последней строфы стихотворения:

Но нет, я на звезд немоту
Поглядеть пришел. В темноту
Не вошел бы, будь приглашен,
Но приглашенья того был лишен.

Как Бро предлагает понимать эти последние строки? Учти он отказ барда (а здесь речь идет именно о барде) от гипотетического приглашения войти в темноту (принять смерть?), мог ли Бро настаивать на инфернальном решении Данте, якобы выбранным Фростом? Как же примиряет Бро свои не стыкующиеся догадки? «Слишком много шутливой запальчивости в этих строках», — пишет он, практически аннулируя свои ранние наблюдения. А между тем, его спонтанному заключению противоречит обстоятельный вывод Джоржа Монтиро. В комментарии к поэме Фроста «Невыбранная дорога» («The Road not Taken», 1916), он со всей обстоятельностью доказал, что центральной в поэзии Фроста является тема развилки.

Соглашаясь с выводом Джоржа Монтиро, скульптор Георг Лундин (George Lundeen) поместил текст поэмы «Невыбранная дорога» на стенд, подле которого стоял в полный рост им созданный монумент Фроста (1996). Более того, с толкованием Монтиро и Лундина связано еще одно знаменательное событие. Представляя кандидатуру Фроста по случаю получения им профессорского места в Эмхерстком колледже (Amherst College), его тогдашний президент, Александер Майклджон (Aleksander Mejklejohn) положил начало репутации Фроста как «провозвестника невыбранных дорог», прочитав перед аудиторией именно эту поэму.

Последняя строфа поэмы звучит так:

Я буду рассказывать, вздыхая,
Где-то годы назад считая,
Две лесные дороги расходятся, и я
Выбрал ту, по которой исхожено меньше ярдов.
И в этом заключалась вся разница.
[Monteiro, 1988, p. 44].[82]

---

[82] Перевод мой. Привожу оригинал:
I shall be telling this with a sigh
Somewhere ages and ages hence:
Two roads diverge in a wood, and I
I took the one less travelled by
And that had made all the difference.

И именно последние строки цитирует Лаков (George Lakoff) в прерванном мной размышлении, после чего он продолжает:

«Поскольку язык Фроста часто не сигнализирует о том, что стихотворение следует воспринимать метафорически, некомпетентные учителя английского языка иногда интерпретируют Фроста так, как если бы он был поэтом-натуралистом, непосредственно описывающим сцены природы. <...> В их прочтении этот отрывок может быть прочитан не метафорически, как рассказ о путешествии, в котором человек встречает перекресток. В самом тексте нет ничего, что могло бы вызвать метафорическую интерпретацию. Но поскольку речь идет о путях и перекрестках, контекст говорит о путешествии. Это приводит в действие систему условных метафор, <...> в которых долгосрочные целенаправленные действия понимаются как путешествия, а далее, по сравнению с жизнью и карьерой, могут пониматься и как путешествие одного человека <...>. Стихотворение принято воспринимать как рассказ о жизни и выборе жизненных целей, хотя его можно трактовать как рассказ либо о карьере и ее пути, либо как о длительной целенаправленной деятельности» [Lakoff, 1992, pp. 284–285].

А роль Данте в поэзии Фроста требует отдельного разговора в контексте птичьих метафор, о которых проницательно писал Осип Мандельштам.

Примечания:

[1] I could have whistled through life like a thrush,
with the pecan pie to gobble up in a rush.
But, ostensibly, there's no way I could.

Глава 24
«Bard is a Bird»

Ассоциация певчей птицы с бардом, которую Бро отмечает, читая стихотворение Фроста «Войди!», не вызывает удивления. «Поющий бард» подразумевает метафору «певчей птицы». Но ассоциацию птицы с именем Данте нельзя назвать очевидной. Скорее, ее навеял Мандельштам, который выделил птичью тему у Данте в «Разговоре о Данте»:

«Дантевские сравнения никогда не бывают описательны, то есть чисто изобразительны. Они всегда преследуют конкретную задачу: дать внутренний образ структуры или тяги. Возьмем обширнейшую группу „птичьих" сравнений — все эти тянущиеся караваны то журавлей, то грачей, то классические военные фаланги ласточек, то не способные к латинскому строю — анархически беспорядочное воронье — эта группа развернутых сравнений всегда соответствует инстинкту паломничества, путешествии, колонизации, переселения» [Мандельштам, 1971, с. 377].

Наблюдение Мандельштама о характере дантевских (птичьих) метафор соотносится с его страстью к пернатым, которая отражена в кличке «птицелов», закрепленной за ним друзьями,[83] возможно, с легкой руки Валентина Катаева. Зная об этой страсти, хотя, скорее всего, не из воспоминаний Катаева, а из уст Ахматовой или из мемуарного тома Чуковского, Бро создал свой вариант «Щегла» (1936) Мандельштама, с сохранением оригинальной стилистики. Начну с текста Мандельштама:

[83] «Забыл сказать, что у птицелова всю жизнь была страсть к птицам, а потом к рыбкам. Его комната в Одессе была заставлена клетками с птицами, пух и шелуха птичьего корма летали по комнате, наполненной птичьими криками» [Катаев, 2005, с. 433].

Мой щегол, я голову закину, —
Поглядим на мир вдвоем.
Зимний день, колючий, как мякина,
Так ли жестк в зрачке твоем?
Хвостик лодкой, — перья черно-желты,
Ниже клюва в краску влит,
Сознаешь ли, до чего щегол ты,
До чего ты щегловит?
Что за воздух у него в надлобье —
Черн и красен, желт и бел!
В обе стороны он в оба смотрит — в обе! —
Не посмотрит — улетел![1]

Уже первые две строки экспозиции требуют предварительных знаний. «Мой щегол» говорит об идентификации барда с птицей. Фраза «голову закину» указывает на то, что щегол вьет себе гнездо высоко на дереве. В известном смысле это касается «я» поэта. Но как этот жест применим к Данте? Что значит это наречие «вдвоем»? Для Мандельштама этот вопрос лежит в сфере эрудиции, которую Данте называет «клавишной прогулкой» по кругозору античности, то есть обширной областью цитаций, напоминающих неумолкаемость *цикады,* которая, прыгая, издает звуки.

Конечно, тут уместно пояснение, предложенное Мандельштамом: «Я хочу сказать, что композиция складывается не за счет накопления частностей, а вследствие того, что одна за другой деталь отрывается от вещи, уходит от нее, выпархивает, отщепляется от системы, уходит в новое функциональное пространство или измерение <...>. Самих вещей мы не замечаем, но зато весьма чувствительны к их положению» [Мандельштам, 1971, с. 386].

Но как это «выпархивание» соотносится с «холодным зимним днем», отражающимся в «жестком» зрачке щегла? Нет ли здесь намека на одну особенность самого Данте: на его страх перед прямыми ответами?

«Inferno, песнь XVI. Разговор ведется с чисто тюремной страстностью. Во что бы то ни стало использовать крошечное свидание. Вопрошают трое именитых флорентийцев. О чем? Конечно, о Флоренции. У них колени трясутся от нетерпения, и они боятся услышать правду. Ответ получается лапидарный и жестокий — в форме выкрика. При этом у самого Данте после отчаянного усилия дергается подбородок и запрокидывается голова» [Там же, с. 385–386].

Но разве привычкой, волнуясь, запрокидывать голову, которой Мандельштам наделил и Данте, и щегла, не обладал он сам? И разве «страх перед прямыми ответами», приписанный Данте, не знал за собой Мандельштам? Но тогда почему для аналогии с Данте Мандельштам выбрал не тех птиц, которые встречаются в «Божественной комедии» (не журавля, не грача, не ласточку), а именно щегла? Что общего у Данте со щеглом?

Желая «опровергнуть отвратительную легенду о безусловно тусклой окрашенности или пресловутой шпенглеровской коричневости Данте», Мандельштам заимствует краски из миниатюры, найденной им в коллекции перуджинского музея: «Одежда Данте — *ярко-голубая (adzura chiara)*. Борода у Вергилия длинная и волосы — серые. Тога тоже серая; плащик — *розовый*, горы — обнаженные, серые». Но и эти краски не исчерпывают палитры Данте. В цветовых гаммах Гериона и/или ростовщиков, выставивших напоказ фамильные гербы, Мандельштам находит те оттенки цветового спектра, которые делают щегла щеголем. В оперении щегла известно сочетание пяти цветов: черного, белого, красного, желтого и коричневого.

Судя по тому, что цветовая палитра занимает в стихотворении Мандельштама шесть строк, она является структурным элементом, заканчиваясь указанием на особое зрение Данте (щегла): способность выражать свое присутствие тем, чтобы одновременно смотреть «в оба» (двумя глазами) и «в обе» стороны: «Иногда Данте умеет так описывать явление, что от него ровным счетом ничего не остается. Для этого он пользуется приемом, который мне хотелось бы назвать гераклитовой метафорой, с такой силой подчеркивающей текучесть явления и такими росчерками перечеркивающей его, что прямому созерцанию, после того, как дело метафоры сделано, по сути, уже нечем поживиться» [Мандельштам, 1971, с. 368]. И этой же мыслью о перечеркнутой текучести («Не посмотрит — улетел») завершается его стихотворение.

Как видим, чтобы опровергнуть миф о «шпенглеровской коричневости Данте», Мандельштам повторяет путешествие в музей Перуджии, хотя мог бы направить свою мысль на цветовую палитру «птицы-фантома», которая, подобно Мандельштаму и Данте, выражала свое присутствие тем же, то есть смотря сразу «в обе» стороны.

Послушаем Валерия Подорогу: «Птица-фантом. Но главное <...> даже не в этом совпадении внешних черт и не в странной манере одеваться, несколько птичьей или, по свидетельству современников, совершенно фантастической и безвкусной». Светские выходы Гоголя не отличались изысканностью. Как замечали наблюдательные шутники, в их числе и Набоков, Гоголь «часто придает своим тельняшкам» брюшное оперение, «нарушая единство цветовой гаммы, изъяны которой не могут быть скрыты кроем. А потом гоголевская походка, прихрамывающая и волочащая, как раненую птицу, косой „смятый кулак" всей фигуры» [Подорога, 2018, с. 174].

Как было замечено, Бро написал вдогонку Мандельштаму свой вариант послания *певчему щеглу,* включив его в цикл стихов «Декабрь во Флоренции» (1976). Стихотворение было приурочено к сорокалетию создания «Щегла» Мандельштамом, а также к местам рождения и смерти Данте (соответственно, Флоренции — Равенны). Привожу релевантную главу:

> В пыльной кофейне глаз в полумраке кепки
> привыкает к нимфам, плафонам, к амурам, к лепке;
> ощущая нехватку в терцинах, в клетке
> дряхлый щегол выводит свои коленца.
> Солнечный луч, разбившийся о дворец, о
> купол собора, в котором лежит Лоренцо,
> проникает сквозь штору и согревает вены
> грязного мрамора, кадку с цветком вербены,
> и щегол разливается в центре проволочной Равенны.[84]

Приняв на веру формулу «bard is a bird», Бро делает заявку на свою причастность к «Божественной комедии», сочинив свой опус в терцинах (terza rima), подобно Данте. И его заявление об их (terza rima) «нехватке», скорее всего, следует понимать как сравнение его девяти частей (по три терцины каждая) с несметным их количеством (более тридцати тысяч) у Данте. Однако следов непосредственного чтения «Божественной комедии» в стихотворении Бро

---

[84] In a dusty cafe, in the shade of your cap,
eyes pick up frescoes, nymphs, cupids on their way up,
in a cage, making up for the sour terza-rima crop,
a seedy goldfinch juggles his sharp cadenza.
A chance ray of sunlight splattering the palazzo
and the sacristy where lies Lorenzo
pierces thick blinds and titillates the veinous
filthy marble, rubs of snow-white verbena;
and the bird belts out in his wired Ravenna.
(перевод на английский Георга Клайна).

нет. Нет и другого, о чем ниже. Скорее, есть непосредственное впечатление от монумента Данте в Равенне и следы его знакомства с эссе Мандельштама «Разговор с Данте».

Центральной фигурой поэмы Бро является клетка — заменитель дантевского вольера, создающая особую атмосферу, контрастирующую с мраком «пыльного» кафе и скрывающую архитектурные излишества (его былую роскошь). Но что это за атмосфера? Хотя Данте не использует слова «клетка», к нему восходят две метафоры — «ящик тюремного резонатора» и «автобиографическая виолончель». Клетка и есть та самая «шкатулка» или, вернее, тюрьма (il cascere), а «Божественная комедия» есть не что иное, как «автобиографическая виолончель»: «XXXIII песнь — Ад, где повествуется об умерших от голода Уголино и трех его сыновьях, умерщвленных в тюремной башне архиепископом Пизы Руджери, представлена в оболочке тембра виолончели, толстой и тяжелой, как прогорклый, отравленный мед» [Мандельштам, 1971, с. 369].

«Виолончель» для Мандельштама — это эмоциональный фон, передающий состояние опального поэта: «В мире не существует силы, которая могла бы ускорить движение меда, текущего из наклоненной склянки. Поэтому виолончель могла сложиться и оформиться только тогда, когда европейский анализ времени достиг достаточных успехов, когда были преодолены бездумные солнечные часы и бывший наблюдатель теневой палочки, передвигающейся по римским цифрам на песке, превратился в страстного соучастника дифференциальной муки, в страстотерпца бесконечно малых. Виолончель задерживает звук, как бы она ни спешила. Спросите у Брамса — он это знает. Спросите у Данте — он это слышал» [Там же, с. 379].

Но что слышал Данте из «тюремной коробки», а точнее, в чем заключается «речевая и акустическая работа» поэта, помещенного в клетку? Мандельштам подмечает в тексте Данте обилие слуховых образов: «бродячих анекдотов, кошмаров», «гротескную буффонаду», заикающуюся, шепелявую и гнусавую речь, «губную» и «зубную музыку». Можно было бы предположить, что вся эта «акустическая работа» подпадает под то, что Бро передает в строке: «дряхлый щегол выводит свои коленца», если бы мысль об откидывании «коленец» не была уже заявлена Хлебниковым и Крученых в конце стихотворения «Стилизация Горация» (глава 29 данной книги). Однако, в отличие от кубофутуристов, для которых откалывание коленец «полушариями» является вызовом, в контексте мандельштамовского Данте речь идет об оксюмороне (прелести «недовоспитанного» человека):

«Нужно быть слепым кротом для того, чтобы не заметить, что на всем протяжении *Divina Commedia* Данте не умеет себя вести, не знает, как ступать, что сказать, как поклониться. <...>. Внутреннее беспокойство и тяжелая, смутная неловкость, сопровождающая на каждом шагу неуверенного в себе, как бы недовоспитанного, не умеющего применить свой внутренний опыт и объективизировать его в этикет, измученного и загнанного человека, — они-то и придают поэме всю прелесть, всю драматичность» [Там же, с. 372].

Клетка со щеглом, помещенная в пространство пыльного кафе, соседствует у Бро с пространством великолепного дворца и купола собора, в котором лежит Лоренце Медичи. Если бы Данте увидел это великолепие рядом со своей могилой, он бы возмутился. Но к счастью, этого великолепия он не видит. Луч «проникает сквозь штору и согревает вены / грязного мрамора», разумеется, того мрамора, из которого сделан памятник Данте. Послушаем Мандельштама:

«Стихи Данта сформированы и расцвечены именно геологически. Их материальная структура бесконечно важнее пресловутой скульптурности. Представьте себе монумент из гранита или мрамора, который в своей символической тенденции направлен не на воображение коня или всадника, но на раскрытие внутренней структуры самого же мрамора или гранита. Другими словами, вообразите памятник из гранита, воздвигнутый в честь гранита и якобы для раскрытия его идеи, — таким образом, вы получите довольно ясное понятие о том, как соотносится у Данта форма и содержание» [Там же, с. 374].

Если Бро услышал мысль Мандельштама о том, что монумент из гранита или мрамора раскрывает «внутреннюю структуру самого же мрамора и гранита», он вряд ли истолковал ее буквально. А поняв ее как троп, он перенес принцип фигурального мышления и на последнюю строку стихотворения: «...и щегол разливается в центре проволочной Равенны». Что означает глагол «разливается»? Если отказаться от толкования глагола в прямом значении: как «поет сладко, как соловей» (как можно «петь сладко», будучи окруженным проволокой?), — то остается предположить значение переносное: а именно, «разливается» может означать «разоряется», «нарывается», «скандалит». Во всяком случае, так мог бы истолковать его Мандельштам.

«Понятие скандала в литературе гораздо старше Достоевского, только в тринадцатом веке и у Данте оно было гораздо сильнее.

Данте нарывается, напарывается на опасную и нежелательную встречу с Фаринатой совершенно так же, как проходимцы Достоевского наталкивались на своих мучителей — в самом неподходящем месте» [Там же, с. 371].

Предположительно, встреча с Фаринатой, взятая у Данте, была подменена в фантазии Бро соседством с Лоренцо ди Медичи.

Но мог ли сам Бро согласиться с таким толкованием своего стихотворения? В лучшем случае он мог бы приписать свое согласие *работе подсознания,* как он сделал в диалоге с Валентиной Полухиной. На вопрос переводчика Джорджа Клейна о том, что означает в его стихотворении «клетка», Бро дал уклончивый ответ: памятник Данте, с его столбами и цепями, напоминает клетку. Трудно поверить, что памятник, окруженный низкими столбиками с декоративной цепью, соответствующей традиционному способу ограждения памятников, мог вызвать у него такие ассоциации.

Как видим, формула «bard is a bird», заимствованная Бро у Данте, оказалась ему не совсем впору, ибо она, как и «монумент из гранита и мрамора», о котором пишет Мандельштам, НЕ раскрывает «внутреннюю структуру самого же мрамора и гранита». Очевидно, Бро не научился слышать Данте так, как его научился слышать Мандельштам: через «созревание кларнета и тромбона, <…> превращение виолы в скрипку и удлинение вентиля валторны». Слух Бро не воспринимал «того, как вокруг лютни и торбы образуется туманное ядро будущего гомогенного трехчасового оркестра» [Там же, с. 369].

Конечно, мое наблюдение требует пояснения. И пояснением, которое следует, послужит для меня анализ стихотворение Бо из сборника «Зияния» под заголовком «Трое». На первый взгляд, все, что связывает Бо с Данте, — это одиннадцать терцин, не имеющих ни конкретного адресата, ни единой сюжетной линии. А это зияние потребует построчного прочтения без забегания вперед и без отставаний. Итак, начнем.

В первых двух терцинах нам предложена экспозиция. Она безглагольна, то есть грамматически состоит из назывных предложений, а в жанровом отношении это зарисовка или, точнее, живописный этюд идиллического пейзажа, который не нуждается в действии, а стало быть, не знает отсчета времени. Но есть и предупреждение: «все притворно, все приторно здесь»:

«Неба гладкого белоголубость,
Муравьев глянцевая взвесь,

олеандра нарядная глупость
и цикады откуда невесть
выводимая в небо рулада,
все притворно, все приторно здесь».[2]

В третьей терцине — завязка, выраженная глаголом настоящего времени. На фоне безмятежного неба, блестящих спинок снующих муравьев и нарядных олеандров стоят «три могучих дуба», вроде бы завершающих идиллическую картину. Но есть и напоминание о том, что предупреждение остается в силе. *Притворная* (и *приторная*) идиллия сулит разладом: возможным разладом.

Здесь нам на помощь снова приходит Данте, причем снова Данте в прочтении Мандельштама. А еще точнее, нам предстоит взглянуть на идиллическую картину еще раз, но уже с позиции, как бы странно это ни прозвучало, дантевского «Ада». У Данте в качестве завязки, тоже выраженной в настоящем времени, есть предупреждение, настраивающее на страх: «В полном отрыве от будущего и прошлого настоящее спрягается как чистый страх, как опасность» [Мандельштам, 1971, с. 370].

Но параллель не полная. Настоящее время означает всего лишь *намек* о разладе. Ведь каждую идиллию подстерегает разлад, разлад в будущем. Правда, в тексте Бо разлад введен не в будущем времени, как можно было бы ожидать, но в прошедшем.

«Лишь три дуба не вносят разлада
С этой местностью. Вклешился плющ
в сердце первому дубу. «Не надо!» —
этим жестом из лиственных гущ
выдирает он черную зелень.
Словно барс, его груз — сердце рвущ». [3]

Здесь речь идет о «первом дубе», сердце которого уже повержено чьей-то стрелой. Так ненавязчиво вводится дантевская тема страха и страдания. «Затем, как мощная туба, врывается прошедшее время в вопросе Фаринаты: „Chi fur li maggior tui?“ „Кто были твои предки?“» [Там же, с. 370].

Первое дерево атаковано плющом, предки которого… Суровость атаки может быть воспринята при сравнении. Атака плюща на дуб столь же беспощадна, как атака барса на горного козла. Замечу, что географически происходящее имеет место в горах Кавказа. И не случайно «мощной тубой» в тексте Бо оказывается восклицание «Не надо!». Кому принадлежит это восклицание, пожалуй, даже мольба?

Читая Данте, Мандельштам делает наблюдение: введенным в описание голосом (у Данте — голосом Фаринаты) является «крайне типичное для Inferno малое дантевское arioso умоляющего типа»: «О, тосканец, путешествующий живьем по огненному городу и разговаривающий столь красноречиво! Не откажись остановиться на минуту... По говору твоему я опознал гражданина из той благородной области, которой я — увы! — был слишком в тягость».

Но и мы за этим «Не надо!» готовы опознать «ариозо умоляющего типа»: голос поэта (Бо?), который не желает допустить того, что произошло с первым дубом. Прошедшее не должно ворваться в настоящее! Заметим, что терцина 5 удерживает прошедшее время, тем самым фокусируясь на сопротивлении первого дуба. Однако в терцине 6 судьбу первого дуба разделяет и второй. Прошедшее переходит в настоящее, грозя погибелью второму дубу:

«Но атлет из могучих расселин
На врага оголил твердый сук.
Только мощью он не беспределен.
Основанье второго вокруг
охватила кривая колонна
и до хруста кольцом смертных дуг» .[4]

Как видим, атмосфера страха нагнетается. И снова в голову приходит сравнение с Данте, мандельштамовское сравнение, то есть: «Представить себе дантевскую поэму вытянутым в одну линию рассказом или даже голосом — абсолютно неверно. Задолго до Баха и в то время, когда еще не строили больших монументальных органов, но лишь очень скромные эмбриональные прообразы будущего чудища, когда ведущим инструментом была еще цитра, аккомпанирующая голосу, Алигьери построил в словесном пространстве бесконечно могучий орган и уже наслаждался всеми его мыслимыми регистрами и раздувал меха, и ревел, и ворковал во все трубы» [Там же, с. 373].

Подобный орган, хотя и меньших размеров, построил для себя и Бо. А если ограничиться чтением стихотворения «Трое», то здесь наслоение импровизационных форм, принципиально отличающее органную музыку, выразилось неожиданным введением текста Вергилия. Ключевым является слово «кольцо», которое «сокрушает борца неуклонно.

И у петель в плену и колец
змиеборец — у Лаокоона
взял он позу себе и конец.
И сошел его счет со столетий
на года. Но еще есть борец».[5]

«Эту драматическую картину я увидел на грузинском кладбище в горах (оттуда и „каменный крест“), когда мне было лет 6–7, и запомнил на всю жизнь. Я показал ее в развитии — первому дубу, на которого только что напал плющ, предстоит судьба второго, борющегося, но уже сдающегося. А второму — судьба третьего, уже высохшего. Но третий самой своей смертью побеждает врага, потому что плющ лишается питания и сам начинает сохнуть! Такова моя притча о трех кунаках-побратимах», — писал Бо в частном письме.

Полагаю, что мысль о Лаокооне пришла позже, уже после чтения источника, то есть «Энеиды» Вергилия, и постижения недостающего контекста, который, напоминаю, органично вошел в замысел стихотворения. Оставленный ахейцами у стен Трои конь не вызывал большого подозрения у жителей, исключая Лаокоона, который сбегает «с крепостной вершины, гневом пылая. Издали он уж кричит: „О несчастные! Что за безумство! / Верите вы, что уплыли враги! Да разве данайцев / Дар без коварства бывает?“ <...>

Так он сказал, и копье огромное с мощною силой / В круглое чрево коня, в его деревянные связи / Ринул. Воткнулось копье, задрожав, содрогнулося чрево <...>

Вдруг с Тенедоса — рассказывать страшно! — по тихому морю / Быстро скользят две змеи, извиваясь большими кругами, / И равномерно плывут, к берегам направляяся нашим. <...>

Мы без кровинки в лице разбежались. Уверенным ходом / К Лаокоону они стремятся; хватают в объятья / Змеи сначала двоих его сыновей малолетних. / Страшным укусом своим пожирая детей злополучных. / К ним он на помощь спешит с оружием; змеи хватают / Тут и его самого и огромными вяжут узлами. / Дважды обвивши ему середину тела и дважды / Шею чешуйной спиной, высоко головами вздыбились» [Вергилий, 1965].

Это вторжение античного образца беспрецедентного злодейства вроде бы предрекает судьбу всех трех могучих дубов. Однако уже в девятой терцине намечается слом. Оказывается, что «душегуб»-«плющ», практически осиливший могучих дубов, почему-то «не ликует». Почему? Не потому ли, что, осилив третий дуб, он все же не победил его?

«Да, но высосан досуха третий!
Отчего же его душегуб
Не ликует, и хищные плети
Свисли? Свет ему, что ли, не люб?
Обессилел, вознесшись, убийца,
Победителем стал мертвый дуб.
Стихотворение заканчивается акколадой куначеству:
Честь и гибель — вот участь любимца,
кавалера тех доблестных мест,
где куначество не истребится
Никогда. Вот вам каменный крест «.[6]
(1963)

Мандельштам тоже славословит Данте. Но там нет соревновательной нотки: «Вникая по мере сил в структуру *Divina Commedia*, я прихожу к выводу, что вся поэма представляет собой одну единственную, единую и недобитую строфу. Вернее, не строфу — а кристаллографическую фигуру, то есть тело. Она есть строжайшее стереометрическое тело, одно сплошное развитие кристаллографической темы» [Мандельштам, 1971, с. 376].

Оставив читателю задачу выяснить название этого тела, я заканчиваю эту главу указанием на то, что в стихотворении Бо этим стереометрическим телом является «присяга куначеству». Как же присяга может быть стереометрической? А вот как. Стихотворение о трех могучих дубах не есть лишь фантазия о биологическом царстве. В жизни Бо эта фантазия была проиграна неоднократно, начиная с ранней юности.

Породнившись с Анатолием Найманом и Евгением Рейном, как и Бо, студентами Технологического института, друзья стали выпускать многотиражку под названием «Культура». И что же? Стараниями Якова Лернера, позднее одного из организаторов травли Бро, газета была закрыта, а авторы жестоко наказаны. Но было ли истреблено куначество?

Примечания:

[1] My goldfinch, I'll raise my head to yonder.
Of the world we'll jointly ponder:
Winter day, as scratchy, as the chaff.
Is it to your pupil just as tough?

Boat–like tail with feathers, black and yellow,
Are infused under your mandible with bellows.
Do you sense, my goldfinch, little dandy,
How colorful your plume is, how trendy.
What a pigment is above your forehead:
Next to yellow white, jet–black and red.
To both sides he moves his eyes in twain.
If he does not move, he's gone away!

[2] Silky sky with its unbroken blueness,
Busy ants with their shimmering spines,
Oleander, both stylish and brainless
And cicadas from chestnuts or pines:
The roulade run across the blue yonder
All pretense like some sugary brine.

[3] Only three oak trees cause no discord
With the area. But Ivy has cleaved
To the heart of the first oak. 'O, Lord'! —
With this gesture the thicket of leaves
Tears out its coal black verdure
Like a leopard, its bite not endured.

[4] But the athlete from under the cleft
It's a hard branch exposed to the foe.
Yet its power is as good as what's left.
Base of second is circled with claws
And its crooked and tortuous bunch
Made a ring of mortal arches to crunch.

[5] firmly clings to the warrior, and soon
Taken captive by circles and rings,
Snake combatant gets from Laocoon
Dying posture with hands' final swing.
And his life span diminished from hundreds
to just years. Yet one fighter still clings.»

[6] Yes, sucked dry was the third in the clashes!
But his killer ... Why didn't he rejoice
Why his hunting, raptorial lashes
Swished? His life's no longer a joy?

Moving upwards, the killer lost juices,
Let the conqueror be the dead oak.»
The poem ends with an accolade to the camaraderie:
"Death and honor — the fate of a cherished,
Nobleman of a place with a view
Of a bond that will not ever perish.
Never. Here's a stone cross for you."

Глава 25

Задушенный свитком имен

Если, читая этот заголовок, кто-то подумает о том, что длинные свитки имен могут быть удушающими, такой читатель будет прав лишь наполовину. Ведь ему предстоит еще решить вопрос: удушающими для кого?

«Бродский перенес в прозу многое из своего поэтического арсенала: та же насыщенность и то же ускорение мысли; аналогичные приемы композиции; те же культурные отсылки. Так, в „Набережной неисцелимых" под музыку Вивальди, Моцарта, Гайдна и Стравинского Бро любуется творениями Беллини, Тьеполо и Тициана, размышляет о своих любимых поэтах от Данте и Вергилия до Сабы, Одена и Мандельштама. Писатели Акутагава Рюноске, Фрэнсис Бэкон и Анри де Ренье тоже приглашены на этот эстетический пир. А чего стоит „помолвка Венеции и Александрии", откуда были доставлены мощи святого Марка? Или библейские аллюзии: ветхозаветный Иосиф и Иосиф Обручник?»

С этим необъятным синодиком именитых покойников познакомила меня Валентина Полухина, интервьюировавшая меня несколько лет назад. Я тут же вспомнила отчет Игоря Померанцева о разговоре с Бро по случаю 350-летия со дня смерти Джона Донна (1572–1632). В память врезалось такое признание:

«Как бы объяснить русскому человеку, что такое Донн? Я бы сказал так: стилистически это такая комбинация Ломоносова, Державина, и я бы еще добавил Григория Сковороду с его речением из какого-то стихотворения, перевода псалма, что ли: „Не лезь в коперниковы сферы, воззри в духовные пещеры", или „душевные пещеры", что даже лучше. С той лишь разницей, что Донн был более крупным поэтом, боюсь, чем все трое, вместе взятые» [Померанцев, 1995, с. 15].

А ведь этим коллажем из Ломоносова, Державина и Сковороды Бро отнюдь не исчерпал свой запас знаний о поэзии Донна. В том же интервью он высказал соображения, вполне заслуживающие размышления. «Дело в том, что вся русская поэзия по преимуществу строфична, то есть оперирует в чрезвычайно простых строфических единицах — это станс, четверостишие. В то время как у Донна я обнаружил куда более интересную и захватывающую структуру. Там необычайно сложные строфические построения. Мне это было интересно, и я этому научился. В общем, вольно или невольно, я принялся заниматься тем же, но это не в порядке соперничества, а в порядке, скорее, ученичества. Это, собственно, главный урок» [Там же, с. 15].

Урок, полученный Бро у Донна, заинтриговал А. В. Нестерова, предложившего дополнительный комментарий к этой теме.

«Специфика донновской организации поэтического текста заключалась в том, что все стихотворение строилось на сквозном образе-метафоре, „раскручивающем" стихотворение как пружина, вовлекая все новые и новые ряды ассоциаций, работающих на магистральную тему-образ стихотворения. Эта тема-образ часто была заявлена в названии стихотворения (при этом следует помнить, что нередко мы имеем дело не с авторскими названиями, а с теми, что даны составителем посмертно вышедшего сборника), концентрируя смыслы. Через ряд ветвящихся вспомогательных сравнений, обычно неожиданно-ярких, поэт двигался к некому парадоксальному выводу-резюме» [Нестеров, 2012].

Нестеров продолжает:

«„Стратегия", применяемая Донном вновь и вновь во множестве стихотворений, состоит в том, чтобы, оттолкнувшись от некоего постулирования ситуации за счет разработки новых и новых смыслообразующих сравнений, увести читателя в сторону, — а затем, совершив этот „обходной маневр", выйти „в тыл" этой посылке — и „разгромить ее", перевернув все смыслы, переставив ситуацию „с ног на голову" и представив ее совершенно новой и неожиданной» [Там же].

А в качестве примера успешного ученичества Бро у Донна Нестеров приводит «весьма точный» перевод Бро стихотворения Донна «Блоха» («The Flee»). Но насколько точным может быть «*весьма точный*» перевод и можно ли считать *весьма точными* переводы Бро, которым Андрей Сергеев предложил следующее описание: Бро переводит лишь начальные строки стихотворения, после чего фантазирует нечто свое.

Делая свой *весьма точный* перевод, Бро мог воспользоваться любым популярным англоязычным источником, где фабульная линия

«Блохи» Донна сводилась к мысли о том, что, выпив кровь возлюбленных, блоха соединяет их, скрепив их союз своей кровью, тем самым избежав обвинения в грехе кровосмесительства. Этой мысли Донн посвящает не много не мало девять строк своего опуса:

Mark but this flea, and mark in this,
How little that which thou deny'st me is;
It suck'd me first, and now sucks thee,
And in this flea our two bloods mingled be;
Thou know'st that this cannot be said
A sinne, nor shame, nor losse of maidenhead,
Yet this enjoys before it woo,
And pampered swells with one blood made of two,
And this, alas, is more than we would do.

Однако выяснилось, что, соблюдая метод *весьма точного* перевода, Бро смог заключить девять английских строк в пространство одной строфы русскоязычного текста:

Кровь поровну пила она из нас:
Твоя с моей в ней смешаны сейчас.
Но этого ведь мы не назовем
Грехом, потерей девственности, злом.[1]

А едва фабульная линия стихотворения Донна была озвучена, Бро мог уже пуститься в вольное сочинительство, развивая тему «вечного сна» блохи и вытекающие из него пикантные подробности:

Блоха, от крови смешанной пьяна,
Пред вечным сном насытилась сполна;
Достигла больше нашего она.
Узри же в ней три жизни и почти
Ее вниманьем. Ибо в ней почти
Нет, больше чем женаты ты и я.
И ложе нам, и храм блоха сия
Нас связывают крепче алтаря
Живые стены цвета янтаря.
Щелчком ты можешь оборвать мой вздох.
Но не простит самоубийства Бог.
И святотатственно убийство трех.

Ах, все же стал твой ноготь палачом,
В крови невинной обагренным. В чем
Вообще блоха повинною была?
В той капле, что случайно отпила?..
Но раз ты шепчешь, гордость затая,
Что, дескать, не ослабла мощь моя,
Не будь к моим претензиям глуха:
Ты меньше потеряешь от греха,
Чем выпила убитая блоха.[85]

В конце разговора с Полухиной я все же не удержалась от нравоучительной ремарки: «Имена авторов — наиудобнейшая ширма для демонстрации эрудиции без эрудиции, мысли без мысли, наблюдательности без наблюдательности. Автор узнается не по репутации, а по его уникальному слогу и слову, о которые спотыкаешься и удерживаешь навсегда в памяти». Однако прошло несколько лет, прежде чем я смогла убедиться, что моя формула лишь только коснулась сути вопроса. Ведь суть вопроса заключалась... Предлагаю послушать Лакана:

«Никто до меня, кажется, не придавал ни малейшего значения тому факту, что в первых книгах Фрейда, основных книгах о сновидениях, о том, что называется психопатологией повседневной жизни, о шутках, мы находим один общий фактор, и он вытекает из спотыканий о слова, из пробелов в речи, игры слов, каламбуров,

---

85 Привожу оригинал Донна:

Oh stay, three lives in one flea spare,
Where wee almost, yea more then maryed are,
This flea is you and I, and this
Our marriage bed, and mariage temple is;
Though parents grudge, and you, w'are met,
And cloistered in these living walls of Jet.
Though use make you apt to kill mee,
Let not to that, selfe murder added bee,
And sacrillege, three sinnes in killing three.
Cruel and sudden, hast thou since
Purpled thy nail, in blood of innocence?
Wherein could this flea guilty be,
Except in that drop which it sucked from thee?
Yet thou triumph'st, and say'st that thou
Find'st not thy self, nor me the weaker now;
'Tis true; then learn how false, fears be:
Just so much honor, when thou yield'st to me,
Will waste, as this flea's death took life from thee.

двусмысленностей. <…> Фрейд описывает сновидение как некий узел, ассоциативную сеть анализируемых глагольных форм, которые пересекаются как таковые не в силу того смысла, который они обозначают, а благодаря определенной омонимии. Когда вы встречаете *одно слово* (курсив мой — А. *П.*) на пересечении трех идей, связанных с предметом, вы замечаете, что важно именно это слово, а не что-либо другое. Когда вы нашли слово, вокруг которого концентрируется наибольшее количество нитей *mycellium,* вы понимаете, что это и есть скрытый центр тяжести рассматриваемого желания. Это слово, <…> узловая точка, где дискурс образует дыру» [Lacan, 2008, p. 27–28].

Но может ли читатель, не знакомый с психоанализом, обнаружить в тексте этот центр тяжести, эту узловую точку, которая образует дыру? Оказывается, может. Во всяком случае, об этой возможности свидетельствует эксперимент английского профессора И. А. Ричардса, автора канонического и уникального учебника поэзии. Поставив перед собой задачу избежать каких-либо суждений о поэзии на основании традиционно сложившейся репутации поэтов, Ричардс выбрал для обсуждения 13 текстов, обозначив их римскими номерами I, II, III и т.д., тем самым не раскрывая имен авторов студентам.

Свой выбор Ричардс снабдил аннотацией:

«Вне контроля этого довольно загадочного, традиционного понятия „авторитета" поэты с установившейся репутацией очень быстро и неожиданно могут поменять свои позиции в общем одобрении. Эта мысль, если мы продолжим ее, довольно тревожна, потому что она неизбежно приводит нас к очень серьезному сомнению в качестве чтения, которое мы обычно приписываем авторам, чей ранг и репутация официально установлены. Не может быть никаких сомнений в том, что, когда мы знаем, что читаем Мильтона или Шелли, большая часть нашего одобрения и восхищения относится не к поэзии, а к идолу» [Richards, 1929, p. 315–316].

За аннотацией следует комментарий с дополнительными инструкциями. Суждение о качестве поэтического текста следует делать исключительно с учетом задач, которые ставит перед собой поэтический текст:

«Язык — и в первую очередь язык в том виде, в каком он используется в поэзии, — выполняет не одну, а несколько задач одновременно, и мы неправильно поймем большинство трудностей критики, если не поймем этого момента и не примем во внимание различия между этими функциями. <…> Ясно, что большинство человеческих высказываний и почти всю членораздельную речь целесообразно рассматривать с учетом четырех функций. Назовем их Смыслом, Чувством, Тоном и Намерением» [Там же, р. 180–181].

Детальное понимание этих функций оставлено на усмотрение читателей, задача которых, по мнению Ричардса, состоит в том, чтобы суметь их идентифицировать и четко разграничивать. А если функции подчинены замыслу автора, то Чувство или Тон могут быть рассмотрены в контексте Значения [Там же, р. 185].

С другой стороны, «Чувство (а иногда и Тон) могут подчинить себе Смысл и воздействовать на читателя другим способом, что еще более актуально в поэзии. <…> В этом случае поэтические высказывания делаются не ради самих себя, а для того, чтобы вызвать чувства. Следовательно, оспаривать их истинность или сомневаться в том, заслуживают ли они серьезного внимания как утверждения, претендующие на истинность, значит ошибаться в их функции. Дело в том, что многие, если не большинство, утверждений в поэзии являются средствами манипулирования и выражения чувств и отношений, а не доктриной любого типа» [Там же, р. 186].

Поэтическое высказывание чаще всего подчиняется эмоциональным целям, пишет Ричардс.

«Поэт может делать высказывания искаженно: он может делать утверждения, логически не имеющие ничего общего с рассматриваемым предметом; <…> он может допускать логическую бессмыслицу, быть настолько тривиальным или настолько глупым, логически, насколько это вообще возможно; все в интересах других функций языка (для выражения чувства или регулировки тона) или для выполнения других своих намерений. Если его успех в достижении этих других целей оправдывается, ни один читатель <…> не может обоснованно сказать что-либо против» [Там же, р. 187–188].

Иными словами, поэт может экспериментировать со Смыслом и даже совершенно разрушить его во имя выражения тех или иных настроений и чувств или насаждения того или иного Тона и т.д.

«Делает он это, конечно, на свой страх и риск; его другие цели должны быть действительно достойными, и он должен добиться определенной дистанции от читателя; но свобода, безусловно, принадлежит ему, и ни один внимательный читатель не станет сомневаться в этом или отрицать это. <…> В большинстве стихов смысл так же важен, как и все остальное; это так же тонко и так же зависит от синтаксиса, как и в прозе; это главный инструмент поэта для достижения других целей, когда смысл не является целью. Контроль поэта над нашими мыслями обычно является его главным средством контроля над нашими чувствами, и в огромном большинстве случаев мы упускаем почти все самое ценное, если неверно истолковываем смысл» [Там же, p. 190].

Пожалуй, никого не удивит, что «Смысл» и «Чувство» так связаны между собой, что задача их разделения является достаточно трудной, а порой даже опасной, хотя «попытка их разъединения может способствовать пониманию причин разного рода недоразумений и разработке „образовательных методов“, способствующих их более редкому распространению. „Ведь иногда не только Смысл может зависеть от Чувства, но и Чувство может зависеть от Смысла. При этом, говоря о Чувстве, вызываемом Словом в том или ином стихотворении, не следует путать его с Чувством, которое это слово может вызвать в других контекстах“» [Там же, p. 209–210].

Хотя «ни одно слово не несет в себе фиксированного чувства независимо от контекста», Ричардс делает различие между словами, вызывающими чувства, доминирующие в данном контексте, и словами более податливой природы. А поскольку большинство ошибок в восприятии значений происходит из-за нашей неспособности соблюдать это различие, Ричардс выбрал тексты, где это неразличение может вызвать наибольшее число ошибок.

Для иллюстрации принципа Ричардса я решила сфокусироваться на тексте Джона Донна под названием «Священный сонет № 7», анонимно представленный под номером 3, ограничив выбор комментариями респондентов, обозначенных под номерами 3–12, 3–31, 3–41.

Привожу текст сонета в переводе Дмитрия Бо:

У выпуклой земли на каждой грани
По Ангелу с трубой: поют, поют;
Встает и воскресает мертвый люд,
И души входят в плоти через раны.
Закон и беззаконие тирана,
Война ли, случай старость или труд,
Убили их, и вас, кто правит суд,
Кто Бога созерцает невозбранно.
Всех упокой, но и оплакать всех
Здесь, в этой жизни разреши мне, Боже, —
Там будет не отмыть весь общий грех,
А мне ль не ведать, чья в нем доля больше.

Здесь покаяния дай. Во мне оно
Твоею Кровью преосуществлено![86]

Первый респондент (3–12) задается вопросом о значении слова «Там» в строке «*Там* будет не отмыть весь общий грех». Терпя неудачу с пониманием этого слова в общем контексте стихотворения, он негативно оценивает поэтический текст: «Там» не связано с остальной частью стихотворения. Да и вся фраза крайне загадочна: «Там будет не отмыть весь общий грех» едва ли вяжется с торжественным, религиозным тоном произведения. Ричардс отвечает респонденту следующим образом:

«Похоже, что для объяснения вопроса „Где 'там'?“ требуется нечто большее, чем удивительное незнание элементов христианской религии». Можно представить в качестве допустимой гипотезы парализующее влияние антирелигиозной реакции. На то, что респондент не учел этого влияния, по-видимому, указывает его установка на контекст» [Там же, p. 44–45].

Конечно, слово «там» относится к разряду слов более податливого характера, и его значение следует и не следует искать в контексте стихотворения, которым является Страшный суд. Ангелы трубят в свои трубы при его приближении. Текст отсылает читателя к библейскому источнику: «Ангелы в конце века соберут избранных от четырех ветров, от края неба до края неба» (Мф. 24: 31), и Бог будет судить тех воскресших из мертвых и оставшихся в живых до воскресения. Все это можно прочитать в тексте, последние строки которого сведены к притче о том, что, умирая, верующий католик

---

[86] Привожу оригинал:

At the round earth's imagined corners blow
Your trumpets, angels, and arise, arise
From death, you numberless infinities
Of souls, and to your scattered bodies go;
All whom the flood did, and fire shall o'erthrow,
All whom war, dearth, age, agues, tyrannies,
Despair, law, chance hath slain, and you, whose eyes
Shall behold God, and never taste death's woe.
But let them sleep, Lord, and me mourn a space;
For, if above all these my sins abound,
'Tis late to ask abundance of Thy grace,
When we are there. Here on this lowly ground,
Teach me how to repent, for that's as good
As if Thou hadst seal'd my pardon, with Thy blood.

[Richards, 1929, p. 42].

приходит к Богу безгрешным, так как Господь очищает его грехи Своей кровью. Но упражнения Лойолы предписывают не только воспроизведение евангельских рассказов, но и их эмоциональную оценку.

Какую эмоциональную оценку мог иметь в виду Донн? Какие чувства помещает он в этот текст? Для ответа на данный вопрос предлагаю в качестве *адаптируемого* слова или узловой точки, пользуясь терминологией Лакана, выбрать глагол «судить», который не произносится в заключительных строках стихотворения. «Страшный суд» представлен поэтом через его конфликт между католицизмом и протестантизмом, то есть с учетом того, что только католическая экзегеза трактует покаяние как суд, тогда как в протестантизме покаяние означает «меру исцеления». Почему это так?

Не потому ли, что Джон Донн (1572–1631) родился католиком в протестантской Англии? Его мать была внучатой племянницей сэра Томаса Мора, а жена — католичка Энн Мор — его племянницей. И неизвестно, как бы сложились судьба Джона Донна, если бы он не был рукоположен в англиканские священники, оставив после себя 160 проповедей, принесших ему известность.

Как видим, правильно найденный центр тяжести нарратива определяет вектор интерпретации. И хотя нам предстоит в этом убедиться на примерах других текстов, я предлагаю закончить эту главу некоторым уточнением. Центром тяжести нарратива может быть не только слово, но и фраза, что подтверждается прочтением стихотворения Одена «Musée des Beaux Arts» (1938). Привожу текст (сохраняя отсутствие рифмы) с небольшим сокращением:

Насчет страданий они никогда не ошибались
Старые Мастера: как хорошо они понимали
Его человеческую сущность; как это так происходит
Что пока кто-то другой ест, открывает окно или
просто тупо идет <…>
Например, в «Икаре» Брейгеля: как все отступает,
Ничуть не торопясь, после катастрофы; пахарь может
быть, слышал всплеск, позабытый крик,
Несчастье его не коснулось, ведь солнце сияло,
Как положено, ныряя на белых ногах в зеленую
Воду; и дорогое, изящное судно, которое, вероятно, увидело
Поразительное нечто: мальчик, падающий с неба,
Нашел, где приземлиться, и спокойно поплыл дальше.

[Auden, 1977, p. 179].

В фокус второй части стихотворения попадает картина Брейгеля «Пейзаж с падением Икара» (*Royal Museums of Fine Arts in Brussels*). На холсте изображен «всплеск и отчаянный крик» тонущего Икара, и рассказчик сожалеет о том, что этого несчастья никто не замечает. Но то, чего на картине Брейгеля не замечает никто, включая рассказчика, заметил переводчик Одена, передав этот всплеск через словесное описание: «Нелепо дрыгающие над водой ноги тонущего Икара — крошечная деталь, которую не сразу и заметишь в пейзаже, — она ретроспективно подкреплена отсутствующей на холсте драмой падения» [Кружков, 2011].

Совершенно очевидно, что переводчик не составил себе за труд постоять перед картиной Брейгеля. Но видел ли эту картину сам Оден? И в какой мере текст его стихотворения приглашает такую постановку вопроса? Ведь приведенная выше оценка стихотворения была сделана с акцентом на вторую его часть. Но если перенести акцент на первую часть, которая начинается словами «Насчет страданий они никогда не ошибались / Старые Мастера», стихотворение может быть (и было) прочитано иначе:

«Но тогда примером чего является Икар? Страданий? Ну, полета, навыков и неудач; „катастрофы" и того, „как все отворачивается" от нее. Неудача трогательна даже у Брейгеля, так что история кажется не о чванстве и высокомерии, а о падении и исчезновении, разбитом и фатальном человеческом честолюбии, даже незамеченном. Подразумевается, сколько Икаров мы не видим каждый день?

Стихотворение Одена не является утверждением того, что старые мастера никогда не ошибались в отношении страданий и их человеческой сути. Такова гипербола, поэтическая часть, если хотите, убедительная ложь. Дело в том, что [старые мастера] были не настолько не правы, как нам хотелось бы, даже как нужно, чтобы они были [не правы], — вот истина, которую скажут нам музы, если мы готовы их слушать» [Wood, 2005, p. 63].

Примечания:

[1] She drank blood equally from us:
Your blood and mine are mixed in it at once.
But we won't call this, will we,
Sin, loss of virginity, or evil.

Глава 26

«Prix Nobel? Oui, ma Belle»

На форуме в Хантер-колледже в Нью-Йорке Бо заговорил о двух событиях, разделенных временной вехой в 17 лет: о Нобелевских премиях, присужденных Солженицыну (1970) и Бро (1987). Он начал с наблюдения, что, «хотя все геройства, злодеяния и затяжные мерзости эпохи, включая ГУЛАГ, стали для каждого из них персональным опытом», Бро остался к ним равнодушен. Такова несовместимость их биографий. И ожидание несовместимости их репутаций могло оказаться вполне оправданным, если бы богиня Клио рассудила по справедливости, чего не случилось.

«Премия Солженицына» пришлась на то время, когда «не только трагедийный архипелаг, но и весь катастрофический материк новой русской истории стал темой и содержанием русского романиста. Тем не менее... И в западной, и в эмигрантской прессе прокатился какой-то холодок... Прозаик-лауреат начал впадать в немилость... В мировой публицистике наметились попытки дегероизации писателя, едва ли не скоординированная кампания, сходная с волной клеветы, обрушившейся на него в советской прессе десятилетием раньше. Параллельно этому (или даже в связи с этим) происходило стремительное восхождение другого нашего лауреата» [Бобышев, 2003].

Эту ситуацию Бо переносит на немецкую почву. «Однажды Гёте, говоря с Эккерманом о Шиллере, заметил, что в пору его молодой славы Германия разделилась на две, чуть ли не до драки враждебные партии: одна за Шиллера, а другая за него, Гёте — „вместо того, чтобы радоваться, что у Германии есть два таких молодца, как мы оба“» [Бобышев, 2008, с. 69–70]. Однако сравнение таких равновеликих поэтов, как Гёте и Шиллер, вряд ли объясняет расхождение оценок, послуживших основанием для вручения Нобелевских премий двум соотечественникам Бо. И еще меньше это сравнение приложимо к репутациям героев нашей истории — Бо и Бро. Ведь Бро, как это хорошо понимает Бо, получил Нобелевскую премию не за свой поэтический талант:

«Нобелевская премия 1987 года сделала его фигуру культовой для российских эмигрантов, и дело было не в совершенстве стихов, а в сокрушительной несомненности его успеха. Ведь не ради поэзии наши соотечественники пересекали таможни и океаны, а для того, чтоб, робея в малоизвестных условиях, читая на малознакомом языке „книги по специальности", одолеть свою робость и провинциальность, выжить, устроить детей и утвердить себя. Пример Бродского был нужен, был вдохновляющ» [Бобышев, 1996].

Всецело соглашаясь с оценкой Бо, я хочу сосредоточиться на том, чего Бо не коснулся: на содержании нобелевской лекции Бро. И начну с указания, что ироничный стишок, вынесенный в заголовок, был выбран мной для демонстрации фрейдовского понимания шутки как защитного механизма. Для меня шутка Бро есть свидетельство восприятия нобелевской награды как пустякового события. Но парадокс заключается в том, что, как бы ни старался он построить свою нобелевскую лекцию на научной основе, все его старания напоминают грубо сколоченный шарж, рядом с которым шутка, вынесенная в заголовок, представляется шедевром.

Традиционно Нобелевский комитет дает двойное обоснование своему решению. Одно предназначено для широкой публики, а второе адресовано лично получателю, предлагая ему нечто вроде тезисов для сочинения нобелевской речи. В частности, Солженицын озвучил в нобелевской речи (1970) тезис о «моральной силе традиций русской литературы», а Чеслав Милош (1980) подчеркнул «незащищенность человека в мире». Когда очередь дошла до Бро, Нобелевский комитет поставил ему в заслугу «ясность мысли и поэтическую интенсивность». И ожидалось, что его нобелевская речь будет демонстрацией этой идеи. Но вопрос о том, ясно ли мыслит Бро, не всегда решался в оптимистическом ключе.

Первым, у кого эта «ясность» вызвала сомнения, был Владимир Набоков, указавший на «отсутствие словесной дисциплины и общую многословность» стиля Бро. Но биограф Бро Лосев сделал попытку отстоять своего персонажа, взяв за образец именно нобелевскую речь, до знакомства с которой Набоков не дожил: «В отличие от мозаического стиля большинства его эссе, где сталкивались отдельные мысли и импрессионистические наблюдения, заставляя воображение читателя работать в направлении с воображения автора, в нобелевской лекции есть две отчетливо сформулированные темы, и они развиваются последовательно, хотя Бродский и предупреждает слушателей, что это только „ряд замечаний — возможно, нестройных, сбивчивых и способных озадачить бессвязностью"» [Лосев, 2006, с. 254].

В оговорке Бро о «нестройных» и «сбивчивых» замечаниях могла быть доля кокетства, ибо за два года до его нобелевской речи в Мюнхене вышла книга под названием «Воскресение Маяковского», автор которой Юрий Карабчиевский (1938–1992) объявил Бро продолжателем традиции, начатой Маяковским: «Это совершенно новый поэт, столь же очевидно новый для нашего времени, каким для своего явился Маяковский. Маяковский обозначил тенденцию, Бродский — утвердил результат. Только Бродский, в отличие от Маяковского, занимает не одно, а сразу несколько мест, потому что некому сегодня занять остальные. Бродский не только не в пример образованней, он еще и гораздо умней Маяковского. Что же касается его мастерства, то оно абсолютно. Бродский не обнажает приема, не фиксирует на нем внимание читателя, но использует весь запас поэтических средств с хозяйской, порой снисходительной уверенностью» и так далее [Карабчиевский, 1985].

В оценке Карабчиевского определенно был задор и вызов. Но повторное прочтение приоткрывало нечто непредвиденное. Карабчиевский не писал энкомиума Бро, размеренно вливая в каждую бочку меда маленькую ложечку дегтя. И чем дальше двигался читатель по тексту Карабчиевского, тем больше дегтя ему предстояло обнаружить.

«Силу Бродского постоянно ощущаешь при чтении, однако читательская наша душа, жаждущая сотворчества и очищения, стремится остаться один на один не с продиктованным, а со свободным словом, с тем образом, который это слово вызвало. И мы вновь и вновь перечитываем стих, пытаясь вызвать этот образ к жизни, и кажется, каждый раз вызываем, и все-таки каждый раз остаемся ни с чем. Нас обманывает исходно заданный уровень, который есть уровень разговора — но не уровень чувства и ощущения.

Есть нечто унизительное в этом чтении. Состояние — как после раута в высшем свете. То же стыдливо-лестное чувство приобщенности неизвестно к чему, то же нервное и физическое утомление, та же эмоциональная пустота. Трудно поверить, что после того, как так много, умно и красиво сказано, — так и не сказано ничего... провозглашенная им бесконечность лишь снаружи кажется таковой. Взятая на вкус, на поверку чувством, она обнаруживает явную ограниченность. Да это и признается порой в открытую» [Там же].

Далее следует цитата:

> Жить в эпоху свершений, имея возвышенный нрав,
> к сожалению, трудно. Красавице платье задрав,
> видишь то, что искал, а не новые дивные дивы.
> И не то чтобы здесь Лобачевского твердо блюдут,
> но раздвинутый мир должен где-то сужаться, и тут —
> тут конец перспективы.[1]

Если Лосев придерживался, в его толковании нобелевской речи Бро, оценок Нобелевского комитета, то есть, подчеркивал «интенсивность поэтической мысли», сам Бро, не иначе как удерживая в памяти критику Карабчиевского, строил свою речь как ответ на брошенный ему упрек в «эмоциональной пустоте».

«Замысел поэта осуществляется в искривленном и бесконечном пространстве потому, что структура стихотворения требует *конденсации мысли,* разумеется, в пределах того или иного жанра. Но поэт может отказаться от жанра, который накладывает на него ограничения. Возьмем, к примеру, лирику, от которой мне пришлось отказаться. Лирика является *прикладным жанром,* а точнее, средством для достижения целей, к поэзии не имеющих отношения. Ведь не случайно Ахматова так противилась тому, чтобы ее считали лирическим поэтом» [Brodsky, 1986].[87]

Не буду гадать, что сам Бро мог иметь в виду, определяя поэзию как прикладной жанр. Но если под «лирической поэзией» он понимал то, чего ждал (и не дождался) от его поэзии Карабчиевский, то ему, вероятно, пришлось бы отказаться от ориентации на римских поэтов — и в частности, на Горация. Ведь Гораций как раз считался лирическим поэтом, хотя отстаивал господство мысли над чувствами. А если припомнить одно из немногих лирических стихов в том стиле, от которого Бро, по собственному признанию, отказался, оно никак не является ни «прикладным жанром», ни «средством для достижения целей, к поэзии отношения не имеющих». Привожу текст в моем переводе:

---

[87] Мысль о том, что Ахматова считала лирику прикладным жанром, вероятно, соответствовала в фантазии Бро вычеркиванию его настойчивых напоминаний об Ахматовой как авторе любовной лирики.

Была бы ты здесь, родная, я точно знаю,
Сидели бы мы на диване, почти вплотную.
Платочек бы был твоим, а слезы — моими.
Последовательность можно было бы выбрать иную.
Была бы ты здесь, родная, меня обнимая,
Сидели бы в автомобиле, скорость меняя.
К иным берегам бы неслись, покрывая пылью
Настоящего прошлое, как память былью.
Была бы ты здесь, родная, тебе внимая,
Забыл бы я астрономию, не понимая,
Где Луна, а где звезды, что засыпают рассеянно
Сначала на небе, а потом и в водном бассейне?
И сколько стоит набрать твой номер: успей-ка!
Неужели полтинник или еще копейка?
Была бы ты здесь, попавшись в мои тенета,
Сидела б у меня на крыльце, на моей планете.
Где солнце заходит поздно, орет детвора. И чайки
Умирают в гавани, отделяясь от стайки.[88]

Нобелевской речи был предпослан заголовок «Лица необщее выраженье» (*«Uncommon Visage»*), которому сопутствовало пояснение: «Великий Баратынский, говоря о своей Музе, охарактеризовал ее как обладающую „лица необщим выраженьем“». В приобретении этого *необщего выражения* и состоит, видимо, смысл индивиду-

[88] Перевод на русский мой. Вот оригинал:
I wish you were here, dear, I wish you were here.
I wish you sat on the sofa and I sat near.
the handkerchief could be yours, the tear could be mine, chin-bound.
Though it could be, of course, the other way around.
I wish you were here, dear, I wish you were here.
I wish we were in my car, and you'd shift the gear.
we'd find ourselves elsewhere, on an unknown shore.
Or else we'd repair to where we've been before.
I wish you were here, dear, I wish you were here.
I wish I knew no astronomy when stars appear,
when the moon skims the water that sighs and shifts in its slumber.
I wish it were still a quarter to dial your number.
I wish you were here, dear, in this hemisphere,
as I sit on the porch sipping a beer.
It's evening, the sun is setting;
boys shout and gulls are crying.

ального существования, ибо к *необщности* этой мы подготовлены уже как бы генетически.[89]

Бро поясняет: «Для человека частного и частность эту всю жизнь какой-либо общественной роли предпочитавшего, для человека, зашедшего в предпочтении этом довольно далеко — и в частности, от родины, ибо лучше быть последним, — оказаться внезапно на этой трибуне — большая неловкость и испытание» [Brodsky, 1996, p. 44].

Но кем был этот человек, «всю жизнь» предпочитавший свою «частность» «общественной роли» и сделавший выбор между «последним неудачником в демократии» и «мучеником или властителем дум в деспотии»? Неужели им был тот человек, который, оказавшись внезапно на этой трибуне, почувствовал «большую неловкость и испытание»? Похоже, что этим человеком оказался великий сочинитель небылиц барон Мюнхгаузен на пути к становлению персонажем своей литературной биографии.

Мне скажут, что барон Мюнхгаузен вряд ли когда-либо чувствовал «неловкость и испытание». Охотно соглашусь. Автор «Приключений барона Мюнхгаузена» Рудольф Эрих Распе (1736–1794) ни словом не обмолвился в 1785 году о «неловкости и испытании» своего героя. Боюсь, что такое знание было ему недоступно. Однако с тех пор человечество сделало ряд гигантских шагов по части психологии. Сегодня даже рядовой читатель способен диагностировать «неловкость и испытание» не только у любого рядового читателя, но даже у некоторых авторов.

Таково положение вещей, определившее судьбу пламенной речи Бро об открытиях в области памяти. А судьба его речи была такова, что его неловкость и испытание были настолько очевидны, что они передались даже слушателям. Конечно, его слушателями были не переписчики бумаг, забежавшие в бар на шкалик Bloody Mary, даже не домохозяйки, привыкшие держать чашку с кофе, оттопырив мизинец, и, наконец, не завсегдатаи кафе «Бродячая собака», кстати, закончившего существование в Петербурге в 1915 году, а цвет ученого мира Европы и Америки.

---

[89] И здесь Бро, кажется, не согрешил против истины, учитывая его стихотворение «Памяти Баратынскому» (1961), где есть такие строки:

> Ну, вот и кончились года,
> затем и прожитые вами,
> Чтоб наши чувства иногда
> Мы звали вашими словами.

Что же приготовил для них, сражаясь с неловкостью и испытанием, поэт Иосиф Бро?

«Память есть замена хвоста, навсегда утраченного в счастливом процессе эволюции. Она направляет наши движения, включая миграцию. Если не учитывать этого, в каждом процессе припоминания есть нечто атавистическое хотя бы потому, что процесс этот не линеен. Кроме того, чем больше мы помним, тем ближе мы к смерти. А поскольку это так, то хорошо, что память запинается. Еще чаще она сжимается, виляет в разные стороны, как и хвост. И таким должен быть рассказ, даже рискуя оказаться незначительным и скучным. В конце концов, скука есть наиболее частое в жизни явление.

Но даже если автор обладает высшей способностью повторить на бумаге неуловимые движения своего ума, попытка воспроизвести хвост во всей красоте его спирали по-прежнему обречена, ибо эволюция не прошла без последствий. Перспектива лет выпрямила предметы до их полного уничтожения. Ничто не может их возвратить, даже слова, написанные от руки с их закругленными литерами. Такая попытка обречена еще больше, если этот хвост остался где-то в России» [Brodsky, 1996, p. 30].

Как видим, от внимания Бро не ускользнул тот факт, что со времен барона Мюнхгаузена наука шагнула далеко вперед. А взяв за образец ключевую мысль о «перспективе лет», которая «выпрямила хвосты до их полного уничтожения», предлагаю подвергнуть эту мысль проверке, в связи с чем припомнить слова, когда-то написанные от руки, но впоследствии воспроизведенные типографскими литерами в эпическом произведении под названием «Приключения Алисы в Стране чудес» (1865).

Центральной в этой повсесердно любимой сказке, как и в нобелевской речи нашего лауреата, оказалась тема хвоста, ставшая едва ли не хрестоматийной. Для тех из вас, кто не успел дочитать указанную сказку до третьей главы, позволю напомнить следующее.

Когда мышь согласилась рассказать Алисе печальную историю своей жизни, она начала с преамбулы: «Моя история длинна и печальна!» Но Алиса, которая еще не успела разобраться в гомофонах, приняла слово СКАЗКА (tale) за ХВОСТ (tail) и поняла преамбулу как «Мой длинный и печальный хвост!». И что же? Ей пришлось расплачиваться за последствия. Все время, пока длилось повествование, Алиса удерживала в памяти образ хвоста, как о том предсказывал Бро. И хвост, оставшийся в памяти Алисы, сохранился до наших дней.

Вот он:

Фьюри сказал мыши
в ответ на то, что услышал:
«Рассудит нас юстиция,
ну а судьи позицию
Я взять на себя не прочь».
Но мышь его гонит прочь.
Не хочет без присяжных
Предстать в делах сутяжных.
Но старый Фьюри, как пророк,
В делах присяжных знает прок.
И мышь пугает он главой:
«Плати, девица, головой».[90]

"Fury said to
a mouse, That
he met in the
house, 'Let
us both go
to law: *I*
will prose-
cute *you*.—
Come, I'll
take no de-
nial: We
must have
the trial;
For really
this morn-
ing I've
nothing
to do.'
Said the
mouse to
the cur,
'Such a
trial, dear
sir. With
no jury
or judge,
would
be wast-
ing our
breath.'
'I'll be
judge,
I'll be
jury,'
said
cun-
ning
old
Fury;
'I'll
try
the
whole
cause,
and
con-
demn
you to
death'."

Конечно, поучительным в этой истории является тот факт, что умение видеть текст в виде хвоста подхватили поэты, а Гийом Аполлинер даже придумал для этого новое имя — каллиграммы. Так что вопрос о хвостах повис в воздухе еще до рождения Бро.

Сам же Бро, отличавшийся, как известно, большой взыскательностью к литературным текстам, счел свою нобелевскую речь похвальной.

---

[90] Перевод мой. Привожу оригинал:

Fury said to a mouse,
that he met in the house,
"Let us both go to law:
I will prosecute you —
Come, I'll take no denial;
We must have a trial:
For really this morning
I've nothing to do."
Said the mouse to the cur,
"Such a trial, dear Sir,
with no jury or judge,
would be wasting our breath."
"I'll be judge, I'll be jury,"
Said cunning old Fury: "I'll try the whole cause,
and condemn you to death."

[Lewis Carroll, 1982].

«Вы довольны своей речью?» — поступил к нему вопрос интервьюера Феликса Медведева.

«Как сказать? Вроде бы да», — ответил Бро.

«А что представляла собой ваша нобелевская лекция?» — поступил новый вопрос, в ответе на который Бро не удержался от скромной ремарки:

«О лекции в двух словах не скажешь. Если вы ее не читали, мои нью-йоркские друзья помогут вам приобрести полный текст» [Медведев, 1988].

Но вернемся в Стокгольм.

Лосев демонстрирует свое адвокатское мастерство, кажется вспомнив свою раннюю оценку нобелевской речи как высшего достижения писательской карьеры Бро. «То, что говорил Бро в небольшом зале Шведской академии, было, пользуясь его излюбленным выражением, „против шерсти" многим слушателям, и это чувствовалось в вежливом, но скептическом тоне вопросов и реплик, прозвучавших после лекции» [Лосев, 2006, с. 256].

Упоминание о «вежливом, но скептическом тоне вопросов и реплик, прозвучавших после лекции», напомнило мне разговор Бро с Фрицем Раддалем, который касался...

Раддаль: «Меня поражает то, что вы сказали в речи, произнесенной на церемонии вручения вам Нобелевской премии: „Всякая новая эстетическая реальность усиливает в человеке его нравственное сознание в целом. Ибо эстетика — мать этики..." <...> Это сравнение эстетики и этики мне кажется чрезвычайно спорным».

Бро: «Нет, это справедливо и верно. Ошибочно как раз обратное, а это как раз верно».

Раддаль: «Но были же и образованные диктаторы».

Бро: «Приведите, пожалуйста, пример».

Раддаль: «Муссолини».

Бро: «Муссолини не был эстетом».

Раддаль: «Но он не был и невеждой, он знал Петрарку, Данте, Д'Аннунцио, ценил Караваджо и де Кирико. Он вовсе не был малограмотен».

Бро: «Для меня — был».

Раддаль: «Может, моя аргументация слишком банальна и звучит слишком по-немецки; однако многие нацисты любили Вагнера или Бетховена, читали Гёльдерлина или Гёте, играли на фортепьяно. Они были убийцы, но убийцы достаточно культурные в эстетическом смысле» [Раддаль, 1989].

И все же вежливый скептицизм шведской аудитории и таких журналистов, как Фриц Раддаль, отступает перед суровой реакцией британских коллег Бро. Я воздержусь от перечисления имен, тем более что эту работу уже проделала Валентина Полухина в обзоре под названием «Литературное восприятие Бродского в Англии» [Polukhina, 1989]. Правда, трезвых оценок у нее не получилось, возможно, потому, что факты упорно не укладывались в ее ожидания. И ей вряд ли помогли попытки строить вопросы так, чтобы не разочароваться в ответах:

«Вы думаете, англичане, не знающие русского языка, в состоянии оценить по достоинству Бро как мыслителя на основании его эссе и переведенных стихотворений?» — спрашивает она очередного коллегу, используя в качестве вектора этот недвусмысленный намек о том, что в негативных оценках таится ключ к невежеству оценивающего.

«Что касается эссе — безусловно *в состоянии*. Мне кажется, что, как правило, они оценивают их не очень высоко, — отвечает интервьюируемый автор. — Тут играет некоторую роль мода — для англичан моего поколения такие эссе, какие писал Бродский, старомодны, особенно стилистически. Литераторы здесь позволяли себе такую манеру до войны, но подобное теперь не практикуется. Категория „мыслитель" для нас очень подозрительна, особенно когда речь идет о мужчине не первой молодости. <...> Встречается у него и просто дурной вкус, как, например, в эссе об Азии. Для англичан непростительно, что Бродский отзывается исключительно о самых возвышенных фигурах прошлого и настоящего; это у нас считается снобизмом».

«Как вы оцениваете его английские стихи?» — продолжает свой опрос Валентина Полухина, обращаясь к Даниэлю Уэйсберту.

«На мой взгляд, они весьма беспомощны, даже возмутительны, в том смысле, что он вводит рифмы, которые всерьез в серьезном контексте не воспринимаются. Он пытался расширить границы применения женской рифмы в английской поэзии, но в результате его произведения начинали звучать, как У. Ш. Гилберт[91] или Огден Нэш[92]».

---

[91] Уильям Швенк Гилберт (1836–1911) — английский поэт, известный главным образом как автор текстов к популярным опереттам композитора Артура Салливана.

[92] Огден Нэш (1902–1971) — американский поэт-юморист, чьи стихи отличались особенно вычурными и забавными рифмами.

Правда, поистине сокрушительные оценки поступили не от авторов, выбранных Валентиной Полухиной для эксклюзивных интервью, а от тех авторов, которые высказывали свои оценки, не ожидая приглашений. В частности, прочитав английскую версию «Урании», первый британский поэт Кристофер Рид опубликовал в «Лондонском книжном обозрении»[93] за декабрь 1988 года статью под оглушительным заголовком «Великая американская катастрофа» [Reid, 1988, p. 17–18]. Заглавие не предвещало ничего хорошего. Речь там шла о «плохом знании» английской грамматики, «интеллектуальной нетерпеливости» и манере «выражать спорные мнения в напыщенном, безапелляционном тоне».

Такой оценки и такого тона Бро еще не приходилось слышать от самых суровых своих критиков. И опровержение не заставило себя долго ждать. Оно появилось в разделе «писем» газеты *London Review of Books* и было подписано Ann Kjellberg. Как защитница Бро, корреспондентка, кажется, вознамерилась указать Риду на его законное место. Но как поставить на место первого поэта Британии? Можно ли бросить ему вызов в режиме конфронтации? Очевидно, нет. И Анн Кйелберг решила отменить на время враждебную риторику, предложив взамен документальный отчет о своей роли в публикации «Урании».

А когда пришло время выполнить ту роль, которую она вознамерилась выполнять, она отважилась на осторожное заявление:

«Если необходимо слегка согнуть и растянуть английский язык, чтобы освободить место для высококонденсированных и изобилующих нюансами форм, находящихся в распоряжении у русского писателя, — тех форм, которые отражают его чувствительность к темам или образам, — то это направление нам нужно только приветствовать в языке, которому грозит уснуть в обветшалой мебели его правил. Если господину Риду трудно переварить присутствие в литературе абсурда, беспокойства и бесчувственности, то я с дрожью думаю, сколько наших современных мастеров слова должны будут быть исключены из пантеона».

Оговорив право «согнуть и растянуть» английский язык и для себя, что заметно даже в переводе, Анн Кйелберг позволила себе одно умолчание, а именно свой личный интерес в защите репутации Бро. Ведь Анн Кйелберг является администратором и попечителем наследия Иосифа Бро, а также секретарем и казначеем Мемо-

[93] Читателя, которому неизвестны беспрецедентные нападки Бро на это обозрение, отсылаю к началу главы 27 «Коллекционный экземпляр».

риального стипендиального фонда. Надо полагать, для ревностного исполнения своих обязанностей знание поэзии, тем более в ее иностранном варианте, оказывается факультативным.

Конечно, *умолчание,* которое позволила себе Анн Киелберг, могло бы поставить под сомнение ее полное бескорыстие в оценке Бро, если бы в подобного рода бескорыстии не были заподозрены великие философы, начиная с Канта и Шопенгауэра:

«„Бескорыстно“ — старое слово, воспетое Кантом и Шопенгауэром. Но как отделаться от привычки, ставшей в течение миллионов лет существования человечества нашей второй природой? Путем сознательного, то есть на корысти же вспоенного, мышления? Разве не ясно, что тут самообман неизбежен? Корысть возьмет свое да еще заставит считать себя бескорыстной — самой истиной. Значит, одно из двух: либо помощь придет *извне,* как дар от „случая“, придет от „события“, либо нужно отказаться навсегда от какого-нибудь иного знания, кроме такого, которое в самой своей сущности определяется узко практическими целями. Правда, возможно еще такое допущение: знание не только не может, но и не хочет, не должно быть бескорыстным. То есть возможно, что существу бескорыстному, то есть такому, которому ничего не надо либо потому, что у него все есть, либо потому, что оно абсолютно ко всему равнодушно, вовсе и не свойственно иметь знание» [Шестов, 1951, «Корысти»).

Но может быть, намек на корысть здесь вовсе не уместен? Может быть, здесь дело лишь в амнезии, тоже предусмотренной Шестовым в оправдание Анн Киелберг? Конечно, тут придется поверить Шестову на слово, так как решать, «когда нужно, а когда не нужно требовать доказательств», оказалось некому.

«Что доказать тут ничего нельзя — это факт. Когда человек рождается на свет — это я уже не от Платона узнал, — с неба слетает ангел и прикасается указательным пальцем к его верхней губе, и тогда он сразу забывает все, что знал в прежней жизни. На верхней губе человека и след остается от пальца ангела. Если это действительно так, если ангел нарочно слетает с неба, чтоб человек забыл о своей прежней жизни, — как возможно это доказать? Угадать еще можно. Допустимо тоже, что иной раз ангел недостаточно добросовестно выполнит свои обязанности, и человек, хоть и забудет подробности своей прошлой жизни, но по крайней мере сохранит воспоминание, что он однажды уже жил какой-то жизнью» [Шестов, 1951, «Анамнезис»].

Вдогонку Риду появилась рецензия на посмертный поэтический сборник Бро «So Forth» (1996) и собрание эссе «On Grief and Reason»

(1996). Рецензия, подписанная именем Крейга Рейна, была напечатана в культурном приложении английской газеты «Файнэншл Таймс» от 16 ноября 1996 года (примерно десять месяцев спустя после смерти Бро), а ее заголовок, «Репутация, подверженная инфляции» тоже не предвещал энкомиума.

Валентина Полухина поспешила обвинить автора в «грубости и невежестве». Но в чем именно мог покоробить вкусы Полухиной почтенный англичанин, профессор Оксфордского университета и редактор отдела поэзии издательства «Фарбер & Фарбер»?

Конечно, негативные оценки, предъявленные Рейном Бро, типа: «болтливое отсутствие ясности» *(the chatty lack of lucidity),* «высокомерие и банальность как мыслителя» (*arrogance and banality as a thinker*) «чудовищное многословие» (*monstrous verbosity*), «недостаток ясности и его потрясающая прокладка» (*garrulous lack of clarity and his prodigious lining*),[94] — можно было бы назвать грубыми, будь они лишены основания. В голову приходят негативные, но вполне обоснованные оценки Рэндалом Джарреллом (1914–1965) поэтики Одена.

«Вот образец его письма — фрагмент эссе „Смена убеждений и риторики в поэзии Одена“: „Оно (изменение. — *Г. Ш.*) было неизбежным результатом развития его риторики, шедшей на поводу его поэзии и его мысли, которые становились все более абстрактными, все более публичными, прозаичными. Риторические механизмы его поэтики давали ему иллюзию, что с помощью этого квазинаучного способа можно анимировать любой, даже мертвый, материал и сделать его риторически пригодным. <...> Оден хотел, чтобы его поэзия была строго организованной, логичной, ортодоксальной, внятной и т.д. Следуя в этом направлении, он настолько быстро развивал риторический метод поэтического выражения, что тем самым полностью разрушил свои лирические способности“» [Шульпяков, 2000].

Конечно, критика Одена Джарреллом могла быть высказана в более мягких тонах. Но коль скоро она была обоснованной, никому не приходило в голову обсуждать стиль критика. Никому, кроме Валентины Полухиной, которая не поспешила обосновывать собственные обвинения. Говоря о «грубой» риторике Рейна, она не нашла ничего более убедительного, чем сказать следующее: «Он не заметил аллюзий к Ахматовой и Гейне в стихотворении

---

[94] Но от цитации самого главного обвинения Бро Валентина все же воздержалась. Рэйн назвал Бро «посредственностью мирового масштаба».

„Я входил, вместо дикого зверя, в клетку“. Он оставил без внимания ссылки на „тени Овидия и Данте“. Он не прочитал книг об Ахматовой Анатолия Наймана и Лидии Чуковской».

Как видим, уничтожив Оксфордского профессора блеском своей провинциальной эрудиции, Валентина Полухина могла торжествовать победу, доказав невежество Рейна за пределом всякого сомнения. Но нет. Лаврам победительницы она предпочла более эффективный шаг. Она обвинила его в «грубости». Вообще, слова «грубый», «шокирующий», «ужасающий», «оскорбительный» вошли в лексикон русскоязычных адвокатов Бро для обозначения любой попытки разобраться в путанице, которую оставил после себя их протеже. Например, чувства Соломона Волкова были буквально покороблены рецензией Джона Кутзее, южноафриканского писателя, ныне живущего в Австралии и на тот момент будущего лауреата Нобелевской премии по литературе. Причем остракизму был подвержен не только журнал, в котором была напечатала рецензия (*The New York Review of Books*), но и его главный редактор Роберт Сильвер.

«Сильвер принимал активное участие в редактировании его эссе, и Бро шел ему в этом навстречу»,—предваряет свою инвективу Соломон Волков, кажется перепутав, кто кому идет навстречу, тот ли, кто переписывает текст незадачливого автора, или сам незадачливый автор, текст которого был доведен до кондиции стараниями профессионального редактора. «Но я считаю,—продолжает Волков,—что Бродский перед смертью получил от Сильвера удар такой силы, какой бы никогда не получил от Максимова или Страуса. Нельзя себе представить, чтобы у них был бы издан недоброжелательный отзыв о Бродском <…> Когда я его прочел, я ужаснулся—настолько он был оскорбителен. И Бродский, который, в общем, стоически относился к таким вещам, в этом случае был глубоко обижен. Это было, по выражению Бродского, „подловатенько“ со стороны Кутзее, тем более что в этом сборнике Бродский хорошо отзывался об его писаниях» [Чайковская, 2011, с. 12].

Но что именно покоробило Волкова и обидело Бро: «негативная» ли рецензия Джона Кутзее, отклонившего аванс Бро в виде лестного отзыва о его эссе о Стивене Спендере, или дерзость Роберта Сильвера, отказавшегося табуировать «негативную рецензию» (метод, практикуемый фондом Бро)?

Попробую сразу же реабилитировать Роберта Сильвера, отослав читателя, а следом и Соломона Волкова, к публикациям *The New York Review of Books* за все годы пребывания Бро в Соединенных Штатах. С неутомимым упорством господин Сильвер публиковал фантазии Бро несмотря на то, что подавляющей читательской оценкой трудов Бро оставалась одна звезда, а в периоды наивысшего успеха Бро был удостоен двух звезд. Что же касается Джона Кутзее, осмелюсь предположить, что Соломон Волков все же не взял на себя труда прочитать его рецензию. Иначе он был бы обязан признать сбалансированность позиции автора и осторожность, с какой Кутзее критикует Бро.

Ограничусь лишь одним пассажем, в котором Кутзее берется разобраться в позиции Бро о метафизической сущности языка. По Бро, не поэт владеет языком, а язык владеет поэтом, ибо слово поэта строится по метрической системе. В частности, строки Фроста «No memory of having starred / Atones for later disregard / Or keeps the end from being hard» («Никакая память о славе не искупит позднейшего равнодушия и не облегчит падения») должны, утверждает Бро, циркулировать в голове читателя на манер кровообращения и тем самым толкать его к цели, которой является эволюция.

Но как мы будем понимать строки Фроста, если, сохранив ту же метрическую систему, мы поменяем актанты: "Memory of having starred / Atones for later disregard / Or keeps the end from being hard" («Память о славе искупает позднейшее равнодушие и облегчает падение»)? Мысль о смене актантов принадлежит уже Кутзее, «оскорбителю Бро и Волкова», который пишет: «Должны ли эти строки по праву войти, как утверждает Бро, в кровь нации? Нет, не должны, так как они являются ложными. Но чтобы показать, как и почему они являются ложными, нам нужно привлечь поэтику с ее историческими параметрами, способными объяснить, почему оригинал Фроста, появившись в определенный момент истории, определил для себя место во времени („преобразовал время"), в то время как альтернативный вариант, пародия, этого сделать не смог. Такая поэтика должна будет использовать просодию и семантику исторически оправданным образом» [Coetzee, 1996, с. 4].

На этой ноте я уже была готова завершить настоящую главу, как вдруг мне на глаза попалась статья под названием «Еще раз об английском Бродском». Как оказалось, автор статьи, датский славист Джон Кюст защитил кандидатскую диссертацию на тему «Двуязычие Бродского: практика и предыстория» (2004). «Я намерен сначала, — пишет он в Предисловии, — провести анализ статьи Рейна, показав основные составные элементы его критики и его принципиальный взгляд на проблему поэтических сочинений на неродном языке. Далее я сопоставлю позицию Крейга Рейна с тем, как рассматривали наличие английских текстов в творчестве сам Бродский и его сторонники в этом вопросе — в частности, биограф Бродского Валентина Полухина» [Кюст, 2000, с. 298–299].

Попробую разобраться в обещанном анализе.

«Рейн совершает сразу несколько преступлений» — и в частности, предает «плюрализм англосаксонской традиции», защищающей Иосифа Бродского, «представителя национального меньшинства», от... насмешек. «Рейн не только с позиции коренного англосаксонского населения Великобритании высмеивает эмигранта — представителя национального меньшинства, но также разрешает себе говорить о правильном и неправильном языке в литературе. Значит, он берет на себя строго нормативный дискурс. Если учесть плюрализм, лежащий в основе англосаксонской традиции политкорректности, Рэйн, следовательно, совершает сразу несколько преступлений» [Там же, с. 299].

Для начала хотелось бы напомнить господину Кюсту, что, причислив Бро к классу национальных меньшинств, он наносит своему подзащитному чудовищное оскорбление, ибо его подзащитный был глубоко убежден, что он родился в одной супердержаве и стал гражданином другой. Но Кюст и сам хорошо это знает. Ведь понятие «национального меньшинства» не закрепляется исключительно за Бро. Оно некоторым образом перекочевывает к Рейну, правда, в его нетривиальном значении. Рейн ставит себя на место мальчика в толпе в известной сказке Андерсена «Новое платье короля», тем самым попадая в «меньшинство», правда, не в «национальное меньшинство», как Бро, но в меньшинство в своем «истеблишменте». Но и Бро не долго остается в классе «национальных меньшинств». Как нобелевский лауреат, он попадает в новое «меньшинство», снова в нетривиальном, но новом смысле, тем самым уравниваясь с Рейном.

Что же дальше?

«В своей роли мальчика из сказки Андерсена, то есть меньшинства в истеблишменте, Рейн берется доказать наготу короля — лауреата Нобелевской премии. Он видит неуклюжесть и неясность английского слога; повторяющееся употребление ненужных слов-паразитов типа „on the whole", „to say the least", режущие английское ухо разговорные и жаргонные выражения. В целом он видит стилистическую неуверенность и проблемы с рифмой: стилистические и синтаксические уступки, которые Бродский позволяет себе ради создания, а в автопереводах — воссоздания рифмы. Здесь Рейн указывает на слабость уха Бродского по отношению к качеству определенных английских гласных» [Там же, с. 300].

Так в чем же, позволю себе задать вопрос профессору Кюсту, заключаются «преступления» Рейна? Пока мы только слышим приватное мнение одного коллеги о другом. Но Кюсту, как видно, хочется оставаться в зале суда, пусть даже этот зал пустует. Игра в войну — дело мужское, и Кюст вынимает лук и направляет стрелы по метафорическим мишеням. Он целится в «тоталитарность дискурсивного начала», затем в «право англичан на английский язык вообще», но почему-то мишени оказываются незатронутыми. Убедившись в тщетности своей затеи, он складывает стрелы в колчан и делает последний рывок.

«Признав справедливость принципиальной позиции Крэйга Рейна, что только коренное население англосаксонского мира вправе судить о полноценности английских текстов Бро, Полухина рассылает вопросник сорока выдающимся англоязычным поэтам и русистам-переводчикам с просьбой подтвердить или опровергнуть позицию Рейна. Половина опрошенных ответила положительно, уверив Полухину, что Бро — замечательный английский поэт. Однако от второй половины ответ не поступил. На основании этих данных Полухина пришла к выводу, что 50% опрошенных <...> считают Бро хорошим английским поэтом, в то время как другая половина опрошенных побоялась ответить на вопросник, опасаясь потенциального гнева влиятельнейшего в издательских кругах Рейна» [Там же, с. 300–301].

Меня подмывает задать Валентине Полухиной встречный вопрос. Не могли ли полученные ею данные опроса быть интерпретированы несколько иначе: половина опрошенных, утверждавших, что Бро — великий английский поэт, могла сделать этот выбор, опасаясь реакции Валентины Полухиной, не скрывающей своей принадлежности к литературному истеблишменту поклонников Бро? И не могла ли другая половина уклониться от ответа, соблюдая известный принцип: молчание — знак согласия? То есть согласия с Крейгом Рейном.

Как бы то ни было, лично у Бро остались от нобелевской церемонии самые романтические воспоминания. 1 сентября 1990 года он выбрал один из залов, ангажированных для нобелевских торжеств, чтобы обменяться кольцами с Марией Соццани (по матери — Берсеневой-Трубецкой).

Примечания:

[1] To live in the age of achievements, while having a lofty nature
Is haplessly tough. When a beauty's robe you venture
To hoist, you find what you opted for, and not an eternal wonder.
It is not that they try to succeed Lobachevsky in candor,
But the orb should narrow somewhere its abode.
And that's the end of all odds.

Глава 27

«Коллекционный экземпляр»

Чувствительность к славе не полагается выпячивать. Бро это хорошо знает и часто размышляет о цене, которую ему придется заплатить за привилегию «быть знаменитым». Однако, несмотря на недавнюю операцию на сердце в январе, к марту 1987 года он уже снова оказался в центре внимания как увлеченный лектор. Только за июнь он посетил Гамбург, Западный Берлин и Венецию, сделал остановку в Падуе и Париже, а затем вернулся в Нью-Йорк, только чтобы начать осенний сезон еще одной поездкой в Париж, затем в Лондон, а затем перелетом в Монреаль. К декабрю он уже читал лекцию изгнанным писателям, а затем, одетый в смокинг, принял Нобелевскую премию от короля Карла XVI Густава.

Но и на этом его программа на 1987 год еще не выполнена. Он спешит обратно в Нью-Йорк для встречи с печально известным жестким мэром Эдвардом Кочем, заготовив для встречи с ним «импровизированное» двустишие:

> Sir, you are tough, and I am tough.
> But who will write whose epitaph? —

которое впоследствии украсило вагоны Нью-Йорка. Примерно тогда же Бро пробует себя в эссеистике, а накопив изрядное количество эссе, издает том под названием *On Grief and Reason*. Однако его «горе» и «разум» оказываются востребованными главным образом университетской публикой. Но он хочет большего, объясняя свой узкий круг читателей лишь демографией:

«На сегодняшний день на читателя приходится слишком много авторов. Если взрослый человек помышлял о книгах или авторах, которых ему предстояло прочесть, еще несколько десятилетий назад он ограничивался лишь тридцатью или сорока именами, то сегодня эти имена исчисляются тысячами. Сегодня мы входим в книжную лавку, как и в магазин пластинок. Чтобы прослушать все эти группы и каждого музыканта в отдельности, не хватит жизни <...>. На любой улице любого города в мире, днем или ночью, людей, которые о тебе не слышали, больше, чем тех, кто о тебе слышал» [Brodsky, 1997, p. 28].

Но как стать писателем, известным «на любой улице любого города»? Нужен, конечно же, случай. И случай предстал. На первой странице британской газеты Бро замечает почтовую марку, выпущенную в Советском Союзе, с изображением британского подданного и советского шпиона Гарольда Адриана Рассела Филби, то есть Кима Филби. Детективная история с запоминающимся названием, как размышляет Бро, могла бы привести его имя на «любую улицу». Правда, детективным жанром он еще не овладел. Но стихи тоже были написаны впервые.

И вот перед нами эссе с захватывающим заголовком: «Коллекционный экземпляр» (1991).[95] Эссе многослойно, с горизонтальной нитью, направляющей сюжет для всех читателей, и с вертикальным измерением, которое погружает его в скрытый колодец более глубокого смысла, зарезервированный для тех, кто способен его расшифровать. Однако даже устойчивое горизонтальное повествование иногда неожиданно погружается в вертикаль. Представьте себе: эссе начинается со смелой атаки на британскую газету, выполненной в давно забытом стиле уличных торговцев:

«Вы можете отличить зеркало от таблоида? Вот вам один из таких случаев скромного штрейкбрехерского происхождения. На самом деле, это — литературная газета под названием „Лондонское книжное обозрение“ (ЛКО), которая начала свое существование несколько лет назад, когда (Лондонское же — А. *П.*) „Время“ и его „Литературное приложение“ объявили забастовку на несколько месяцев. Чтобы не оставить публику без литературных новостей и преимуществ либерального мнения, появилось „Лондонское книжное обозрение“ и, вероятно, стало процветать. И когда в конце концов „Время“ и его „Литературное приложение“ возобновили свою деятельность, ЛКО оставалось на плаву — доказательство не столько различий читательского вкуса, сколько стремительно растущей демографии» [Там же, p. 151].

Казалось бы, сообщение о «штрейкбрехерском», «либеральном» и во всех отношениях «скромном» происхождении британ-

[95] В некоторых источниках эссе датируется 1993 годом.

ской газеты не сулит хорошего начала для детектива. А между тем он будет повторен, как рефрен [Там же, p. 165] в продолжение всей детективной истории. С какой целью? Напомню, что атака на газету принадлежит к пласту нарратива с пометой «для посвященных». А посвященным должно быть известно, что в этой самой газете был напечатан каверзный памфлет Кристофера Рида.

Бро, вероятно, рассуждал так: уважаемая газета никогда не позволит даже такому влиятельному профессору, как Рид, оклеветать на своих страницах нобелевского лауреата. И если бы газета действительно пошла на такой шаг, она бы сбалансировала восприятие читателей, опубликовав статью, опровергающую позицию Рида, как это еще сделает «Звезда». Но невысказанные мысли, как, вероятно, надеялся Бро (и он не ошибся), чаще всего не достигают читателя. К тому же Бро, кажется, полагал (и тут как раз ошибся), что апеллирует к всеобщей ненависти к шпионам.

«При всем богатстве мысли здесь царит всего лишь одна эмоция. Все пятьдесят главок эссе проникнуты отвращением к хорошо воспитанному англичанину, который частично по наивности, частично из цинизма стал „предателем“ — и это самое худшее, чем может быть человек. Конечно, литература от эмоций выигрывает. И конечно, пройдохи вроде Филби заслуживают презрения. Но культивирующий свои эмоции, особенно негативные, сужает собственный кругозор. Почему даже самые добропорядочные читатели всегда настолько охотно отождествляют себя со шпионами? Почему в тайных перебежчиках из одного лагеря в другой все их современники с таким восторгом видят собственное отражение? Человеку, который еще ленинградским школьником по секрету от всех с особой симпатией относился к англосаксонскому миру, в который ему впоследствии, после публичного конфликта, суждено было попасть, подобные вопросы должны были представляться животрепещущими» [Верхейл, 1998, с. 31–32].[96]

Вопросы Кейса Верхейла, голландского филолога, известного своей острой литературной критикой, который также упомянул многословие Бро и его желание блеснуть знанием языка [Там же, с. 32], потребуют указания множества имен. Но я ограничусь лишь двумя. Имя Грэма Грина (1904–1991), писателя и репортера времен Второй мировой войны, работавшего на британскую разведку вместе с Ки-

[96] Автор подчеркивает неразработанность существенного мотива эссе Бро, а также многословие и стремление блеснуть знанием языка [Верхейл, 1998, с. 32].

мом Филби, привлекло Бенджамина Килборна, практикующего психоаналитика и соредактора журнала *Culture and Human Nature*.

Интерес Килборна к Грину был примерно того же свойства, что и интерес Фрейда к Моисею или Достоевскому или, скажем, интерес Лакана к Эдгару По. Он внимательно изучает «психодинамику» мотивов автора, который сделал шпионаж своим предпочтительным жанром, а Кима Филби — своим любимым персонажем. Грэм Грин, автор повести «Третий человек», гордится, что может понять всегда неуловимого и загадочного Филби. Известно, что Грин отважно защищал Филби в Англии, хотя, возможно, эта защита стоила Грину рыцарского звания и Нобелевской премии. Но в действительности, полагает Килборн, «у Филби было еще больше масок, чем Грин изначально предполагал. В то время как Грин считал Филби двойным агентом, работавшим на КГБ, он на самом деле мог быть тройным агентом, работавшим на англичан» [Kilborne, 2001].

Хотя обе эти личности — Ким Филби и Грэм Грин — не избежали детских травм, их общность психоаналитик скорее видит в «прихотливом воображении», понимаемом как способность сводить серьезные, а порой и ужасающие переживания к пустякам, а пустяки возводить в события грандиозной важности. «Мне нравились бомбардировки. Было замечательно просыпаться и знать, что ты все еще жив, и слышать звук выбитого стекла в ночи… Во время затемнения можно было видеть звезды, сейчас это абсолютно невозможно в городе».

Так пишет Грин. Так мог написать и Ким Филби, и, возможно, Бро. Прихотливое воображение толкает Грина на сочинение таких произведений, как «Третий человек», герой которого, Гарри Лайм, совмещает в себе черты двух узнаваемых личностей: самого автора и Кима Филби. И объединяет этих двух персонажей единственное опасение. Они боятся выглядеть так, как того ожидают другие. Не таким ли было главное опасение Иосифа Бро? Но то, что сопричастно этому опасению, а именно фантазии о сокрытии себя (ибо кто такой шпион, если не «Человек-невидимка»), возможно, не кажется очевидными ни у Филби, ни у Бро.

Не берусь утверждать, что Бро читал «Человека-невидимку» Герберта Уэллса (1866–1946), но он вряд ли мог избежать просмотра триумфального фильма Александра Захарова «Человек-невидимка» (1985). И стимулом к сочинению эссе о Киме Филби следует считать вовсе не марку на первой странице «Лондонского книжного обозрения», как о том поведал Бро, а тот досадный факт, что Филби опередил его в известности. Ведь именно о Филби, а не о Бро, были написаны романы и сняты фильмы (роман Иэна Макьюэна «Невиновный» *(«The Innocent»,* 1990), телевизионная мини-серия «*Tinker Tailor Soldier Spy*» (1979), фильм по роману Доротеи Беннетт «Человек-загадка» (1977). Список может быть продолжен.

А за год до публикации сборника, в который вошла детективная сага о Филби, Бро стал свидетелем эпохального успеха стихотворения Одена «Похоронный блюз» («Остановите все часы»), прозвучавшего в фильме «Четыре свадьбы и одни похороны» (1994). Более того, десять стихотворений Одена под названием «Расскажи мне правду про любовь» были тут же изданы тиражом 275 тысяч экземпляров и незамедлительно распроданы. Не иначе как памятуя о триумфе Одена, Бро оснастил свое эссе режиссерскими указаниями и снабдил наиболее драматические места визуальными и акустическими решениями.

Перед нами сценарий «документального фильма» об исчезновении начальника Кима Филби — Александра Орлова. А «документом» является мемуарный том самого Орлова (подлинное имя Л. Л. Фельдбин), напечатанное в популярном русскоязычном журнале «Время и мы» с предисловием главного редактора журнала Виктора Перельмана [Orlov, 1983].[97]

Однако, судя по дате выхода эссе Бро (1991), автор, скорее всего, ознакомился с главами книги, изданными в «Московских новостях» и в журнале «Огонек» в 1991 году. И при всем том, что в своем сценарии Бро обещает отразить *реальные события,* в нем присутствует изрядная доля вымысла, который считаю нужным сопоставить с фактами:

«Бренчание гитары, звук выстрела, доносящийся с плохо освещенной аллеи. Это Испания перед концом гражданской войны.[98]

---

[97] «Эта книга о том, как действовал лично Сталин <...> как предводитель советской тайной полиции и самый зловещий инквизитор двадцатого века: Нерон, Торквемада, Макиавелли, Гиммлер да и сам Гитлер, — кто все они рядом со Сталиным, с его жестокостью, — нет, не с жестокостью, а со „сладостью мщения“, в которой он исповедовался перед уничтоженным им Каменевым» [Орлов, 1983, с. 5] — писал в Предисловии Перельман.

[98] «В Испанию я прибыл в сентябре 1936 года и оставался там до 12 июля 1938 года. <...> На тех должностях, что я занимал в ОГПУ-НКВД, мне удалось собрать, а затем и вывезти из СССР совершенно секретные сведения: о преступлениях Сталина, совершенных им, чтобы удержать в своих руках власть, о процессах, организованных им против вождей революции, и о его отношениях с людьми, чью гибель он подготовил. Я записывал указания, устно даваемые Сталиным на кремлевских совещаниях; его указания следователям» [Орлов, 1983, с. 8–9].

Этой ночью Орлов был вызван каким-то чиновником из Москвы, находящимся на судне, бросившем якорь в Барселоне. Как глава советской разведки в Испании, Орлов отчитывается лишь непосредственно перед секретариатом Сталина». Предчувствуя засаду, он хватает жену, «спускается вниз на лифте, говорит посыльному в холле вызвать ему такси. Нарезка. Рваная панорама Пиренеев, рев двух двигателей самолета. Нарезка».[99]

«На следующее утро в Париже: звуки аккордеона, панорама, скажем, площади Согласия. Нарезка. Офис в советском посольстве на Рю де Варен. Сталинские усы над распахнутой дверцей сейфа Мослера; полосатые запястья манжетов с запонками наполняют сумку французскими банкнотами и файлами. Нарезка. Затемнение».[100]

В акте исчезновения Орлова *close-ups* отсутствуют. Но если внимательно вглядеться в темноту, то начинает проступать письмо. «Письмо адресовано товарищу Сталину, и в нем говорится нечто вроде того, что он, Орлов, порывает все связи с безбожным коммунизмом и его ненавистной криминальной системой, что он с женой выбрал свободу и, если хоть один волосок упадет с голов тех, кто остался в тисках системы, он, Орлов, разгласит *urbi et orbi* все их грязные екреты. Письмо запечатывается в конверт с адресом офиса *Le Mond* или, возможно, *Figaro*. Как бы то ни было, адрес парижский.

---

[99] «В августе 1937 года я получил телеграмму от Слуцкого, начальника Иностранного управления НКВД, где сообщалось, что секретные службы Франко и гитлеровской Германии разработали планы моего похищения из Испании, чтобы выпытать у меня сведения о помощи, оказываемой испанцам Советским Союзом. <...> Этот случай меня насторожил. <...> Наконец, 9 июля 1938 года я получил телеграмму Ежова <...> Мне предписывалось выехать в Антверпен, и 14 июля подняться на борт советского судна „Свирь". <...> При этом прибыть туда я должен был в машине парижского посольства, в сопровождении Бирюкова, генерального консула во Франции, который „может пригодиться в качестве посредника в связи с предстоящим важным заданием". Телеграмма была длинной и мудреной. <...> Но было ясно, что „Свирь" станет моей плавучей тюрьмой. Я телеграфировал ответ: „Прибуду в Антверпен в назначенный день"» [Орлов, 1983, с. 9–12].

[100] «Мы сели в ночной экспресс и утром 13 июля прибыли в Париж. Я чувствовал себя так, словно сошел с тонущего корабля, — неожиданно, без подготовленного плана, без надежды спастись. Я знал, что НКВД располагает во Франции густой агентурной сетью и в течение сорока восьми часов агенты Ежова нападут на мой след. Значит, из Франции следовало выбираться как можно скорее» [Орлов, 1983, с. 12].

Затем перо снова обмакивается в чернильницу: новое письмо. Это адресовано Льву Троцкому, и текст его примерно такой: я, нижеподписавшийся, русский купец, только что спасший свою жизнь, сбежав через Сибирь и Японию. Находясь в Москве, в гостинице, я подслушал, чисто случайно, разговор в соседней комнате. Речь шла о покушении на вашу жизнь, и через щель в двери мне даже удалось разглядеть вашего будущего убийцу. Он молод, высок и прекрасно говорит по-испански. Я счел своим долгом вас предупредить. Письмо подписано псевдонимом, но Дон Левин, ученый и биограф Троцкого, без тени сомнения определил авторство Орлова, и, если я не ошибаюсь, ученый получил у Орлова личное подтверждение. На письме был штемпель Нагасаки и адрес на нем был *Mexico City*. Оно тоже, однако, попадает в местный таблоид (*La Prensa Latina? El Paso?*). Так как Троцкий еще не оправился от второго покушения на свою жизнь (в течение которой его американский министр был убит будущей звездой мировой величины, художником-монументалистом Дэвидом Альфаро Сикейросом, известным своими революционными фресками, при содействии Пабло Неруды, известного поэта и будущего лауреата Нобелевской премии), он по привычке направляет все угрозы и предупреждения, им полученные, в прессу» [Brodsky, 1997, p. 169–170].[101]

Спешу заметить, что сведений о письме Троцкому в мемуарах Орлова нет. А если Бро мог предпочесть приписать Орлову действия, которых тот не совершал, хотелось бы знать — зачем? Конечно, было бы глупо ожидать объяснения истинных мотивов от

[101] По прибытии в Канаду Орлов написал письмо Сталину с копией Ежову. В нем он высказал свои мысли о режиме. Но главной целью было спасение жизни матерей. А так как взывать к милосердию тирана было бесполезно, он пригрозил ему тем, что опубликует все, что ему было о нем известно, и приложил к письму перечень его преступлений. «Кроме того, я предостерег его: если даже я буду убит его агентурой, историю его преступлений немедленно опубликует мой адвокат. Хорошо зная Сталина, я был уверен, что он примет мои предупреждения всерьез. Я вступил в игру, опасную для себя и нашей семьи. Но я был убежден, что Сталин отложит свою месть до тех пор, пока не достигнет наверняка поставленной им цели: похитить меня и заставить отдать мои тайные записки. Он постарается, конечно, в полной мере удовлетворить свою жажду мести, но только после того, как убедится, что его преступления останутся нераскрытыми. 13 августа 1938 года, ровно через месяц после исчезновения из Испании, я прибыл в Соединенные Штаты с дипломатической визой, выданной мне главой американского представительства в Оттаве» [Орлов, 1983, с. 14–15].

автора. Однако всякий раз, когда автор решается разгласить свои мотивы (чаще всего ложные), у читателя появляется шанс узнать больше, чем просто мотивы.

«Я не эксперт по шпионажу, не поклонник этого жанра и никогда ими не был ни в свои тридцать, ни в свои пятьдесят; и скажу почему. Во-первых, потому что шпионская тема предлагает хороший сюжет, но редко — удобоваримую прозу», — пишет Бро.

Как видим, его привлекают сюжет и новаторство в создании «удобоваримой прозы», доселе не встречавшейся в детективном жанре. Но какие нераскрытые сюжеты еще таятся в этом жанре? Рассуждения о раздвоении личности шпиона [Там же, p. 153–154]: о британцах, похороненных на русской земле, или, скажем, о шпионах, изображенных на почтовых марках. Решив восполнить этот пробел, Бро отвел авторскому комментарию ни много ни мало пять глав повествования, в центр поместив свои домыслы о мотивах. Мотивах шпионской деятельности? Как бы не так. Интерес автора повернут к тайным мотивам лиц, пустивших в производство почтовую марку с изображением британца Кима Филби.

Предположения о скрытых мотивах, по-видимому, могут возникнуть еще до того, как сами мотивы сформируются. «Кто бы ни заказал издать марку, вне сомнения, делал заявку на нечто большее. Решение должно было быть принято в священных залах Кремля, ибо Министерство иностранных дел воинственно возражало бы против этого, не говоря уже о Министерстве финансов. Вы же не будете кусать руку, которая вас кормит? Или?» [Там же].

Оставив это рассуждение на полпути, Бро переключает свои подозрения на КГБ: «И все же, при всей отвратительной алчности КГБ, за этой маркой чувствуется рука определенной личности, начальника отдела или, возможно, его заместителя, или, скажем, скромного следователя, которому эта идея пришла в голову» [Там же, p. 159]. Но в конце концов не забыты заслуги самого Килби. Как-никак «он шпионил для Советского Союза добрую четверть века. Другую четверть века просто жил в Советском Союзе, где тоже не бил баклуши. В довершение всего он там умер и был похоронен на русской земле. Марка, по сути, является копией его могилы. Не надо также списывать со счетов такой расклад, что он был доволен тем, как с ним посмертно обошлись его хозяева: он был достаточно глуп, а секретность является очагом тщеславия. Он, возможно, даже одобрил проект, если не стал его инициатором» [Там же, p. 160].

Но нет ли здесь попытки Бро примерить судьбу Филби на свою собственную? Ведь мысль, что кому-то придет в голову утвердить почтовую марку с портретом Бро, вряд ли была исключена из рассмотрения. Кому же, если не Бро, предстоит решать вопрос мундира? И чем скорее, тем лучше.

«А теперь я чувствую укоры совести. Я вижу его похороненным в том же пиджаке и галстуке, в которых он изображен на марке, в том же маскировочном костюме — или то была форменная одежда? В смерти, как в жизни. Он мог оставить некоторые инструкции, касающиеся возможного исхода, хотя у него могло и не быть полной уверенности в том, что им будут следовать. Были ли они выполнены? И чего же он хотел на своей надгробной плите? Быть может, строк из английской поэзии? Чего-то вроде „И смерть не будет властвовать здесь“? Или он предпочитает формальное: „Тайный агент советской разведки Ким Филби (1912–1988)“? И хотел ли он, чтобы это было набрано кириллицей?» [Там же, p. 156].

Казалось бы, персонажу Филби отведена роль подставного лица для размышлений Бро о своей посмертной жизни. Но вымысел совпал с реальностью. Бро тоже оставил инструкции, «касающиеся этого события», беспокоясь о том, чтобы они были выполнены. И инструкции Бро, как ни странно, совпали с теми, которые продиктовали ему фантазии о Филби. Сейчас нам точно известно, какие слова Бро хотел выгравировать на своем «надгробном камне». А так как он, как и Филби, был похоронен на чужой земле, открытым мог бы оставаться вопрос: хотел ли он, чтобы его последняя воля была выгравирована «кириллицей»? Если бы не хотел, этого, вероятно не случилось бы.

И я не удивлюсь, если под маской ненависти к шпионам скрывался целый ряд соображений, делающих личность Филби привлекательной для Бро. Знал ли он о беседах Филби с Гитлером и Сталиным? Читал ли он о влиянии Филби на такую личность, как Черчиль?

«В неопубликованных мемуарах Филби пишет о своей детской тяге к вымышленным землям и картам. Он нарисовал целую серию воображаемых стран со сложными береговыми линиями и с невероятным образом расположенными холмами. „Моя бабушка критиковала меня за то, что я все их называл ‘Холм подзорной трубы’“. Эти карты позволили Филби поверить в то, что он может создавать ландшафт, придумывать для себя окружающую обстановку и определять свое место в фантазийном мире, поскольку он не мог этого делать в реальности» [Kilborne, 2001].

Привычка оглядываться на себя как будто укрепила Бро в мысли, что его суд над Филби продиктован жизненным опытом. «Прежде чем мы всерьез приступим к развлекательной части, дорогой читатель, позвольте мне сказать следующее: „Есть разница между пользой задним числом и тем, чтобы прожить достаточно долго, чтобы различить орла и решку“ [Brodsky, 1997, p. 164]. Этой разнице Бро посвящает отдельную главу, которая заканчивается заверением: „I should bill the following as fantasy. Well, it isn't“ („Я должен приписать последующее фантазиям. Но это не так“). Далее следует „правдивая история“». Вернее, так. Правдивой эта история была до тех пор, пока ее автором был мемуарист Александр Орлов. Но едва она обернулась стряпней о трех советских шпионах (Рудольфе Абеле, Вилли Фишере и их начальнике Александре Орлове), в ход был пущен еще один мемуар.

Но не будем забегать вперед.

«Затемнение. Время для кредитов. Десять лет назад в русском эмигрантском издательстве во Франции была напечатана книга под названием „A Hunter Upside Down“. Заглавие предполагает одну из тех мультипликационных задачек, рассчитанных на поиск спрятанных фигурок: охотников, кроликов, фермеров, птиц и так далее. Автора звали Виктор Хенкин. Он был корешем Вилли Фишера, и в книге, претендующей на то, чтобы быть автобиографией, описывается история о Фишере & Абеле. Когда американский издатель пытался получить контракт на ее публикацию, он столкнулся с непробиваемой стеной, касающейся авторских прав. Французскому и немецкому изданию сопутствовали мини-скандалы по поводу обличений в плагиате. Дело было передано в суд, и, насколько мне известно, Хенкин проиграл. Сейчас он работает на мюнхенском радио Свобода, которое ведет передачи на Россию — почти оборотная сторона той работы, где он вещал по-французски бессчетное число лет по московскому радио. А может быть, он уже на пенсии. Не заслуживает доверия, вероятно, параноик... Живет прошлым, раздражителен» [Там же, p. 171–172].[102]

Для начала Бро переименовал Кирилла Хенкина в Виктора Хенкина, автора книги «Охотник вверх ногами» (кстати, переведенной Бро на английский язык так же неточно, как «Провинциальное развлечение» Анри де Ренье было им переведено на русский). В обоих случаях неточности реально способствовали тому, чтобы пиратство самого Бро осталось неопознанным.

---

[102] Книга Хенкина представляется мне достойным мемуаром, как, впрочем, и мемуарная книга Александра Орлова.

Помимо неточностей, тем же целям могли служить и инсинуации: мемуарный том Хенкина никогда не публиковался «в русском эмигрантском издательстве во Франции». Первое издание было осуществлено «Посевом» во Франкфурте-на-Майне (1980) со вступительной статьей Александра Зиновьева, а второе — издательством «Terra», опубликовавшим мемуар Хенкина в год написания Бро эссе «Коллекционный экземпляр» (1991).[103] Читателю, возможно, будет полезно также узнать, что издательству «Terra» предстояло еще опубликовать в 1993 году «Провинциальные развлечения» Анри де Ренье под общей редакцией Михаила Кузмина, А. Смирнова и Федора Соллогуба.

Получается, что Бро дискредитирует Хенкина за его добровольное участие в гражданской войне, восторженно описанной Хемингуэем («Пятая колонна» и «Испанский репортаж»), Жан-Поль Сартром («Стена»), Джорджем Оруэллом («Памяти Каталонии»). Хотелось бы знать, известно ли ему было то, что бок о бок с этими авторами в Испании воевал Энтони Бёрджесс Вилсон, друг Одена и автор романа «Clockwork Orange», и даже кумир Бро Оден.

В интервью на «Радио Свобода» Хенкин описывает свой испанский опыт с завидной откровенностью:

Интервьюер: «Коснемся испанского периода вашей биографии. Итак, парижский студент становится бойцом интербригады и воюет на стороне коммунистов...»

Хенкин: «Моей „командировке" в Испанию предшествовал целый ряд интересных и неординарных событий, начало которым было положено в Париже. В юные годы я воспринял мир в готовом виде сквозь призму взглядов и желаний моей матери, русской дворянки, урожденной Нелидовой. Эти взгляды складывались из представлений о том, что дворянство и интеллигенция находятся в неоплатном долгу перед многострадальным народом, во главе которого стоял мудрейший из мудрых — товарищ Сталин. Мы должны были защищать Советский Союз всеми доступными нам средствами. Мы должны были противиться всяким интервенционистским и прочим потугам Запада. А еще лучше, если мятущийся аристократ облечет свои взгляды в какую-то конкретную деятель-

---

[103] Напомню, что в 1991 году вышли главы книги Александра Орлова «Преступления Сталина». А если учесть нюансы, описанные выше, и новые нюансы, о которых речь пойдет ниже, эти мемуары как раз и могли послужить Бро анонимным подстрочником к сочинению эссе о Филби.

ность и запишется, например, в „Союз студентов-коммунистов". Вот я и записался».

Интервьюер: «Это была своего рода неофициальная вербовка спецслужбы СССР, не так ли?»

Хенкин: «Конечно. Вы меня спросили: как я мог поехать в Испанию? Да очень просто: я не мог не поехать в Испанию! Мне было двадцать лет, я был студентом университета, я верил в марксизм, как в Евангелие, я презирал поднимавшийся тогда в Германии фашизм».

Интервьюер: «А кто был вашим начальником в Испании?»

Хенкин: «Непосредственным — ближайший друг Эфрона и бывший любовник Марины Цветаевой Константин Родзевич. А главным над всеми нами был Александр Орлов, он же — «Швед», он же резидент НКВД в Испании».

Интервьюер: «Это тот самый Александр Орлов, который в 1938 году ушел на Запад и пригрозил Сталину разоблачением советских тайных операций, если органы тронут его семью? Орлов, проживший в Штатах пятнадцать лет, прежде чем американские власти узнали, что в их стране находится высокопоставленный офицер советский разведки?»

Хенкин: «Он самый. Но — всё по порядку. Когда началась гражданская война в Испании, я жил в Париже, учился в университете и считал себя коммунистом. Как и многие другие, я рвался воевать против фашистов. На вербовочном пункте, устроенном французской компартией в доме профсоюза металлистов на улице Матюрен Моро, 7, со мной не стали даже разговаривать, как только узнали, что я советский гражданин. Выехав из СССР в 1923 году и давно живя на положении эмигрантов, наша семья не сменила советские паспорта. И вот теперь из-за этого я не мог попасть на фронт, мог оказаться „за бортом истории"! Рекомендацию дал Сергей Эфрон».

Еще одно интервью с Кириллом Хенкиным, которое мне удалось найти, дискредитирует наговоры, вымышленные Бро:

«Моим собеседником был писатель и публицист Кирилл Хенкин. Он сделал все, чтобы не стать советским разведчиком, но был рядом с ними — с Александром Орловым, Сергеем Эфроном, Константином Родзевичем, Гучковой, Вили Фишером. Стал свидетелем жизни русского Парижа и участником подлинной, еще во многом скрытой, истории 20-го века», — заключает свою беседу с Хенкиным интервьюер Михаил Соколов. Что же тогда могло побудить Бро несправедливо дискредитировать автора, которого он, скорее всего, даже не знал? Надеюсь, ответ на этот вопрос читатель вскорости сделает сам: «увлекательный сюжет» о шпионах был *заимствован из мемуарного тома Кирилла Хенкина едва ли не вербатим.*

Читатель, конечно же, понимает, что мы уже давно движемся по вертикальной оси детективного романа и режиссерского сценария, сочиненного нобелевским лауреатом. А теперь пришла пора заглянуть в ту часть вертикали, куда, кажется, не было допущено ни одно лицо, сколь бы доверенным оно ни было. Речь пойдет о настойчивом умолчании, возможно застрявшем глубоко в авторском подсознании.

Ким Филби (третий после Гая Бёрджесса и Доналда Маклейна) был завербован советской разведкой, будучи студентом Кембриджа.

Все они были привилегированными студентами и друзьями Уистена Хью Одена, очарованными марксистской пропагандой. Все поддерживали связь после окончания учебы, и так случилось, что, когда Маклейна разоблачили, Ким Филби послал Бёрджесса с миссией предупредить друга. А 25 мая 1951 года и Бёрджесс, и Маклейн уже были в Москве, оставив свои правительственные должности и комфортабельные лондонские квартиры. Допрос Маклейна в ФБР был назначен на 28 мая.

«Но при чем здесь Оден?» — спросите вы. Именно этот вопрос интересовал сотрудников ФБР. За день до побега Бёрджесс оставил телефонное сообщение Одену, находившемуся в мае 1951 года в гостях у поэта Спендера. Оден на сообщение Бёрджесса не ответил. Известно, что Бёрджесс планировал встретиться с Оденом на даче Одена в Искии. Но и там Одена не оказалось. Едва мы переключаем внимание с Хенкина на Одена, начинает раскрываться еще один интригующий слой истории. В интервью Алану Ансену (март 1947 года) Оден делает такое признание:

«На самом деле я никогда не был коммунистом, хотя одно время был более или менее на грани. Поездка в Испанию открыла мне глаза на многое...» [Оден, 2003, с. 29]. Но в какой мере справедливо это признание? Напомню, что Оден отправился в Испанию (где был назначен на работу в отдел пропаганды) в 1937 году. Пробыв там семь недель, он вернулся в Англию, где написал поэму «Spain», которую не включил в собрание сочинений. Его контакты с Бёрджессом и Маклейном не прерывались до 1951 года.

Но как удалось Одену оставаться вне подозрения в течение этих 14 лет? Вопрос этот не был поднят профессиональными исследователями. А Оден, кажется, тщательно избегал разговоров о коммунистическом прошлом, хотя однажды, во время застольного разговора, все же сделал неожиданное признание: «Во время войны меня разыскал сотрудник ФБР, чтобы провести расследование. Некоторые люди думали, что я шпион. Сотрудник ФБР сказал: „Вы скандинав, не так ли?“ Они, очевидно, думали, что я прибыл туда с подводной лодки. На деле он был очень мил. Он сказал: „Я заметил, что вы вошли в ресторан с книгой, и у меня упало сердце. Я думал, вы там застрянете надолго“. Я говорю: „Почему же вы не зашли?“ — „Я не хотел вас смущать“» [Ansen, 1990, p. 11].

Но и это признание не было лишено изобретательности, ибо важная деталь, которая могла бы способствовать пониманию того, что могло вызвать интерес ФБР к персоне Одена, была опущена: «С мая по июль 1945 года Оден был в Германии, представляя US Strategic Bombing Survey, официально интервьюируя штатских людей на предмет психологического влияния на них бомбежки» [Там же, p. 105]. Исследование стратегических бомбардировок США было важной инициативой, направленной на оценку последствий бомбардировок союзников для гражданского населения Германии во время Второй мировой войны.

Но почему Оден решил принять участие в опросе жителей Германии, пострадавших от взрывов? Не могло ли за этим стоять желание скрыться от ФБР на европейском континенте? Побег из Нью-Йорка в Европу повторился в 1948 году под несколькими труднообъяснимыми предлогами: «Мы с Честером планируем книгу о путешествиях по Англии с такими темами, как встречи в барах с людьми, говорящими с местным акцентом. И еще одно: мы сочиняем либретто о Берлиозе. Нью-Йорк — очень плохое место для молодых людей, которые не сформировали своих привычек. И я нахожу эту ностальгию, это нежелание уезжать из Нью-Йорка — я замечаю это и в Честере — очень тревожными. Молодежь должна жить в маленьких городах. Американцы должны жить в Европе».

На следующий день они отбыли в Европу на пароходе «Королева Мария» [Там же, p. 98].

Но вернемся к событиям 1951 года. В то время как ФБР вознамерилось допросить друга двух шпионов, нашедших убежище в Советском Союзе, Оден находился в Милане, где, как впоследствии передавалось по BBC, был занят тем, что «ставил английское произношение участникам хора Ла Скала», ибо вместе с Честером Кальманом он написал либретто для оперы Стравинского «The Rake's

Progress», основанной на восьми картинах и принтах Уильяма Хогарта (1733–1735). А так как Одену удалось избежать допроса, его дело было закрыто за отсутствием улик.[104]

Но считал ли сам Оден, что дело было закрыто? Ведь если он был завербован советской разведкой в студенческие годы, как его приятели: Филби, Бёрджесс и Маклейн, то его строки из Памяти Йейтса "pardoned Kipling and his views, / and will pardon Paul Claudel, / pardons him for writing well"[105] можно интерпретировать как покаянные.

И все-таки хотелось бы понять, что побудило Бро затронуть чувствительную тему шпионажа, если в него был вовлечен его кумир и двойник? Упоминание Одена в его рассказе разрушило бы всю концепцию: у него бы отпало желание обличать шпионов с таким упоением. Так что, устранив Одена, Бро вроде бы решал для себя важную проблему. Но так ли это? Ведь писательский процесс не подчинен рациональным авторским решениям. На этой посылке построена философия Уайтхеда, Хайдеггера, Дерриды и любого автора, который понимает, что языку свойственно как высвечивать, так и затемнять смысл. Нам же остается только размышлять, бесконечно просеивая эти слои смысла.

Допустим, это так. Говорю я себе. Но все же хотелось бы знать, в какой мере Оден, провозглашенный двойник Бо, занимал авторские мысли во время сочинения детектива? Попробуем вернуться к одной декларации: «Я не эксперт по шпионажу, не поклонник этого жанра и никогда им не был ни в свои тридцать, ни в свои пятьдесят; и скажу почему. Во-первых, шпионская тема предлагает хороший сюжет, но редко — удобоваримую прозу».

Не является ли она скрытым признанием о мотивах?

Автор вторгся в неизвестную ему сферу. Он выбрал жанр, в котором не был ни экспертом, ни даже поклонником. Зачем? Ну, первая мысль, которая приходит на ум, возвращает нас к Одену. Зимой 1936/1937 года он дважды писал ревью на детективные истории для *Daily Telegraph*, а десятилетие спустя Оден возобновил интерес к детективному жанру. В частности, «его эссе „Виновный священник" появилось в журнале *Harper's Magazine* в мае 1948 года» [Там же, p. 111].

---

[104] Дело Одена вызвало повторную огласку уже после смерти Бро, когда в 2007 году были опубликованы документы MI-5 с вовлечением имени Одена.

[105] Перевод в главе 11.

И даже если обращение Бро к жанру детектива было вызвано желанием подражать Одену, его объяснение («хороший сюжет», плохо написанный, может стать «удобоваримой прозой») вроде бы уводит нас от этого подозрения. Но не надолго. Ведь то эссе, которое Бро именовал «хорошим сюжетом», было на самом деле сочинено другим автором. Конечно, за пиратский поступок предусмотрено наказание, если, конечно, у автора не было к тому высоких мотивов. Но как раз такие мотивы у Бро были, причем продиктованы они были не кем иным, как Оденом: время прощает тех, кто писал хорошо. Оно простило Киплинга и Клоделя. Простило Одена. Почему бы ему не простить и Бро?

И последний вопрос. Почему эссе Бро было названо «Коллекционный экземпляр», когда имелась в виду всего лишь «почтовая марка»? Неужели только для эффекта загадочности? Но разве это название не отвлекает от заявленной темы? Конечно, «заявленная тема» только тогда может быть названа «темой», если в нее введены разного рода отвлечения. Кто из авторов не отвлекается от заявленной им темы? А это значит, что тот факт, что понятие «Коллекционный экземпляр» шире понятия «почтовой марки», может быть снят со счетов. Но с другой стороны... Хотя предметом коллекционирования может стать любая вещь: книга, диковина, научный курьез, рисунок, партитура, бабочка, то есть решительно все, что находится в коллекции знаменитости, под вопросом остается судьба артефакта, созданного в голове знаменитости. Но почему бы и ему не стать предметом коллекционирования?

Глава 28

«Мимо» у Бро и «мимо» у Бо

Грамматически «мимо» может быть как наречием, определяющим глаголы движения, так и предлогом, предшествующим существительному. Однако в обоих случаях «мимо» может передавать действие без конечной цели и целенаправленное действие. В качестве иллюстрации к первой ситуации можно привести строку из стихотворения Пушкина «Жених» («он пролетел, как вихрь»). Такое значение представляется мне центральным в стихотворении Бро «Пилигримы» (1958). Пилигримы движутся без обозначенной цели:

Мимо ристалищ, капищ,
мимо храмов и баров,
мимо шикарных кладбищ,
мимо больших базаров,
мира и горя мимо,
мимо Мекки и Рима...[106]

Кроме того, здесь есть любопытный аспект. Шестикратно повторенное «мимо» выполняет одну из функций, о которой вскользь упомянул Эйхенбаум в статье «Проблемы киностилистики», а Юрий Цивьян развил в работе под названием «Движение „на“ и движение „мимо“ в раннем кино» [Цивьян, 1986]. Признак «мимо», пишет он,

---

[106] Привожу эти стихи в переводе Андрея Кнеллера:

Past temples, arenas,
Past taverns and churches,
Past markets and regal
Graveyards, emerging,
Past peace and past woe,
Past Mecca and Rome...

«определяет ось движения относительно зрителя» и, хотя «не несет самостоятельной нагрузки», зависит от изначальной установки режиссера. В частности, предваряя тему об установке режиссера на «переход от пространства экрана к пространству зала», Цивьян цитирует клип, который проигрывался «перед началом киносеансов во Франции времен Первой мировой войны»:

«Перед глазами зрителя на экране проходили боевые сцены, картины тяжелых ранений, эвакуация пострадавшего, его помещение в госпиталь, уход за ним. Потом вдруг на экране появлялся один только светлый прямоугольник, вверху которого копошилась какая-то козявочка. Эта козявочка начинала расти, и тогда можно было разглядеть сестру милосердия, шедшую издали прямо на зрителей. Фигура сестры все близилась, росла; теперь видно было, что в ее руках — кружка для сбора пожертвований. Но вот фигура сестры-сборщицы выросла до нормальных размеров, и в этот момент экран темнел, зрительный зал освещался, и перед публикой появлялась живая сестра-оригинал, послужившая моделью для съемки. Эта сестра с кружкой направлялась по рядам зрителей, и ответом на остроумный, симпатичный трюк обыкновенно являлся щедрый сбор пожертвований» [Там же, с. 126].

Этот кинематографический трюк в некотором смысле подразумевается в «Пилигримах». Что же это за трюк? Пилигримы идут, оставляя позади себя объекты, замеченные не ими, а лирическим героем и, конечно же, читателем, реакция которого продиктована установкой режиссера, в нашем случае автора. И не будь этой установки, было бы трудно объяснить, почему толкователи стихотворения Бро приписывали некие возвышенные цели пилигримам, двигающимся неизвестно куда. Это не скитальцы, идущие поклониться своему Богу, полагали они, а именно искатели: искатели приключений, великих идей и свершений.

В качестве грубой апроксимации позволю себе привести текст Цивьяна, иллюстрирующий роль экранной плоскости в комплексе рецептивных переживаний определенного круга. Речь идет о фильме «Выборгская сторона» Г. Козинцева и Л. Трауберга (1939), повествующем о «национализации Государственного банка сразу после революции». Пример Юрия Цивьяна взят из мемуаров Нины Берберовой, отцу которой, в силу случайных обстоятельств, привелось играть роль директора банка. Мемуаристка описывает свое восприятие отца, зная, что ему в реальной жизни предстоит оказаться в роли расстрелянного директора банка. Цивьян цитирует мемуаристку:

«Арест директора банка вызвал на экране и в зале яростные крики: „Бей его! Дай ему в зубы! Кроши врагов рабочего класса!“ Мой отец в последний момент успел вылить банку чернил на открытую страницу гроссбуха, доказав, что до последнего вздоха он будет вредить делу. <...> Его повели к выходу. В воротах Госбанка ему дали минуту, чтобы остановиться, взглянуть на Екатерининский канал, на петербургское небо, мутившееся дождем, и прямо на меня, сидящую в парижском зале. Глаза наши встретились. Его увели под конвоем. И больше я его никогда не видела» [Там же, с. 133–134].

Выбранный мной контекст предлагает вопрос. Есть ли в тексте Бро основание для вписания в движение пилигримов возвышенных целей? Таким основанием для Бро мог быть диалог с Шекспиром, достигнутый введением в качестве эпиграфа строки из 27-го сонета:

Мои мечты и чувства в сотый раз
идут к тебе дорогой пилигримов.[107]

Однако заявленный диалог с Шекспиром остался в рамках авторского желания или, точнее, надежды, что его читатель не удосужится прочитать весь сонет и узнать, что «паломничество» лирического героя, навеянное бессонницей, является актом мысли. И если у героя есть цель, она состоит в том, чтобы, не сделав ни шага по земле, соединиться с возлюбленным, которого рядом нет. Не случайно сонет завершается строками: «Мне от любви покоя не найти. / И днем и ночью я всегда в пути!»[108]

Что касается Бо, его «мимо», как и «мимо» Шекспира, преследует четко обозначенную цель. Это *мимо* трижды повторено в «Вещественной комедии», которая начинается словами:

Ласточкой промчи, перо,
мимо страшного зеро,
мимо яблочка пустого,
мимо бездны Льва Шестова.

---

[107] Привожу оригинал:
For then my thoughts–from far where I abide —
Intend a zealous pilgrimage to thee...

[108] Lo! thus, by day my limbs, by night my mind,
For thee, and for myself, no quiet find.

Надо нам пройти сквозь нуль, —
так он мысль свою загнул, —
надо, чтобы свет забрезжил,
тьмы побольше, побезбрежней...[1]

Уже в этих первых строках имеется тайный ключ к тому, что значит пройти «мимо бездны» Шестова, ибо бездна Шестова такова, что «мимо» нее пройти нельзя, не заглянув в нее. А заглянув, ты уже безвозвратно вступил на путь Шестова. В этом смысле «мимо» бездны Шестова прошел Ибсен (1828–1906), сочинивший пьесу «Когда мы, мертвые, пробуждаемся». Но сценарий мог быть перенаправлен: возможно, сам Шестов (1866–1938) пройдя «мимо» бездны Ибсена, пробудился к философии, оставив для потомков ключик, который мог бы подобрать и Бро на правах «Ахматовской сироты». Ведь у бездны Шестова, как стало известно, было женское имя: Варвара Малахиева-Мирович. Но ключик оказался востребован не Бро, а другим «Ахматовским сиротой», Дмитрием Бо, который еще застал Шестова живым и мог бы проводить его, как он проводил Ахматову, будь он постарше.

Во второй строфе Бо пишет о задаче, которую ему предстояло решить, сочиняя «Вещественную комедию». Оказывается, «пройти мимо бездны Шестова» означало для него свести знакомство со «страшным зеро», с «пустым яблочком» и даже породнить свет с тьмой, то есть создать космогоническую картину *рождения* мира. Но как могла родиться в голове Бо эта шальная мысль? Ведь Шестов не диктовал ему «Вещественной комедии». Не могла же она привидеться ему во сне? Оказывается, она возникла именно во сне. И в самом необычном сне, который Бо описывает крупными мазками:

«Однажды во сне передо мной развернулась космогоническая картина, — было, видимо, как у Гоголя, „далеко во все концы света“, и мне стал ясен Путь и Смысл всеохватного Миротворения и моя причастность к нему в явившемся сновидении. Это было 5 марта 1972 года, в день смутных годовщин. Я тогда снимал комнату на Невском в доме у Аничкова моста с боковым видом на проспект. Всю ночь мой мозг пронизывали бесчисленные сюжеты, скрученные, словно спирали, я не успевал их прочитывать, они наступали небесным фронтом и уносились, как тучи при западном ветре. Я проснулся в умственном изнурении, затем опять заснул глубочайшим сном и на следующее утро какая-то сила выхватила меня из постели и бросила к письменному столу. Я стал, торопясь, записывать то, что еще оставалось в памяти от исчезающих сюжетов. Это пошли большие поэмы: „Вещественная комедия", „Медитации" и, наконец, „Стигматы". Ими я завершил на высокой ноте то, что было написано ранее, придумал замечательное название книги — „Сияния", но, вспомнив об эмигрантском сборнике стихов Зинаиды Гиппиус с таким же заглавием, наспех заменил „С" на „З" — „Зияния» — и переправил рукопись в Париж.

Книга вышла за несколько месяцев до моего появления в Нью-Йорке — я вырвался тогда из железобетонного тупика, в который зашла моя жизнь на родине, чтобы, очертя голову, ринуться в неизвестность. Наталья Горбаневская, моя добрая подруга и сестра по перу, перед выпуском книги послала подборки стихов в основные русскоязычные журналы на Западе. Юрий Иваск приветствовал книгу в «Русской мысли»» [Бобышев, 2023].

Что же мог записать Бо, освободившись от своего сна? Каковы могли быть эти «исчезающие сюжеты»? Ими могли быть обрывки мысли о бесконечности, прерванные воспоминанием о прогулках в Таврическом саду («Тавриге»). Именно в этом саду, где снуют в листве кленов синицы, а Бо, изловчившись, удается поймать того журавля в небе, который и стал мечтой, подсказанной ему Львом Шестовым. Не будем забывать, что, говоря о философии, Шестов имел в виду исключительно литературу. Ведь философию, по его убеждению, следует изучать не по учебникам, а по опыту великих сочинителей. Так, во всяком случае, изучал философию он сам:

«Задача философии — вырваться, хотя бы отчасти, при жизни от жизни. И подобно тому, как человек с плачем родится на свет или с криком пробуждается от мучительного, кошмарного сна, так и переход к смерти от жизни должен, по-видимому, сопровождаться бессмысленным, отчаянным усилием, адекватным выражением которого будет тоже бессмысленный, отчаянный крик или безумное рыдание. Я думаю, что такого рода „пробуждения" знали многие философы. И даже пытались об этом рассказать. И художники немало об этом говорили — вспомните Эсхила, Софокла, Данте, Шекспира — в наши дни Достоевского и Толстого. Но говорили, конечно, „словами". А „слово" обладает загадочной силой пропускать через себя только то, что годится для жизни. Слово было для жизни и изобретено: чтоб скрывать от людей тайну вечного и приковывать их внимание к тому, что происходит здесь, на земле» [Шестов, 1951, глава 32].

Вот оно, это слово, ловящее и скрывающее «исчезающие сюжеты», все еще поясняющее себе задачу «Вещественной комедии».

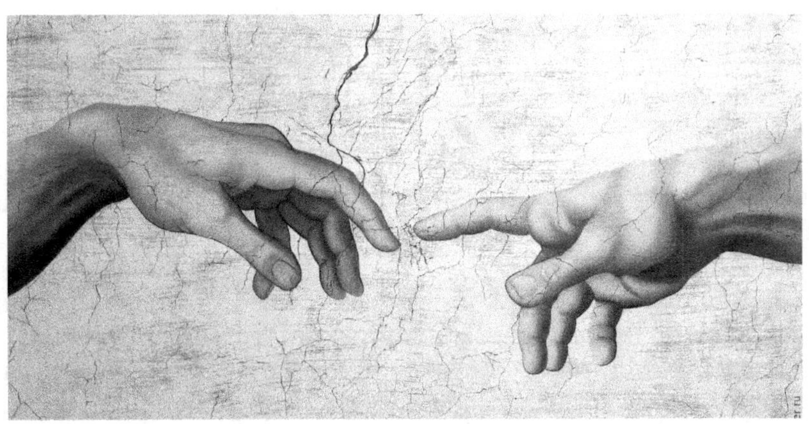

С бесконечностью во лбу
долго ль оправдать судьбу
(локон рос надлобным ворсом
вдоль лежащей цифры восемь)?
Оправдать: не ждать рассвет,
но бурить x — y — z.
(Ординату новым Дантам
в глубь земли направить дайте!)
А судьба, являя ритм,
в повтореньях нас творит:
оторвавшийся от книги,
помню, я гулял в Тавриге.
Помню воздух, полный птах,
помню мой случайный взмах
и — как горсть запретной доли —
ласточку в моей ладони.
Сколько високосных лет
(кость виска слышна здесь, нет?)
избегал я этой темы,
что впивалась в темя, в темень
терниями. Мозг мой вспух,
но продолжить должен дух
ласточкин прелестный космос
вниз, в материю и косность.
И не хватит ли стращать
преисподней? Клен стрельчат,
но в развилках вижу: вектор
вниз направлен каждой веткой… [2]

В этом месте пролога отвлеченный философический сюжет ломается, приоткрывая завесу на замысел всей поэмы. Речь пойдет о *со-творении* мира из Хаоса, то есть, конечно же, о том, что мир был сотворен многократно и многократно рождался заново в голове творцов. Его творил Микеланджело, когда писал «Рождение Адама». Однако в его фантазии безвольный указательный палец человека тянется к указательному пальцу Бога, но единения не происходит. Почему?

Есть много объяснений, ни одно из которых не содержит главного вопроса, сформулированного Львом Шестовым, хотя знания того, стоял ли он перед картиной, у нас нет: Почему, «сорвавши яблоко с дерева познания добра и зла, человек не спас, как бы, казалось, должно было быть, а погубил себя навсегда? <...> Какая тонкость и изощренность ума, какая культурность нужна для того, чтобы подойти к такому роковому вопросу! И сейчас даже ученейшие люди отмахиваются от таких мучительных проблем, чувствуя, что не только разрешить, но даже постичь их во всей их глубине и сложности человеку не дано или почти не дано. Можно сказать больше: несмотря на то что Библия в течение веков была настольной книгой европейского человечества и что каждое ее слово считалось священным, наиболее образованные и мыслящие люди не понимали и не понимают сказания о грехопадении. И сейчас никто из нас не понимает, органически не способен понять кроющейся в нем загадки.

Почему дерево познания есть дерево смерти, а дерево жизни не дает познания? Ведь весь опыт наш доказывает противоположное. Познание оберегает жизнь, делает для человека — слабого, ничем естественно не защищенного животного — возможным борьбу с другими опасными для него животными. Познание — источник силы и могущества нашего... Казалось бы, так!

И вот мы не понимаем сказания о грехопадении — как же могли понять его, да еще «выдумать» невежественные, грубые пастухи? Ясно: не могли они ни понять, ни выдумать его. <...> Откуда же оно пришло к ним? И если оно пришло «естественным» путем, то почему же мы и теперь не можем разгадать его таинственного смысла? Отчего оно даже тем, кто считает Библию откровенной книгой, кажется не то что ложным, а лишенным всякого смысла? Не может быть, твердит наш разум, наше все «духовное» существо, чтобы от познания пришла смерть. Ведь это значило бы, что освободиться от смерти можно, только освободившись от познания, потеряв способность отличать добро от зла?! <...> Богословы, даже такие, как блаженный Августин, боялись этой тайны, и вместо того, чтобы читать то, что написано было в Библии, то есть что человек стал смертным потому, что вкусил плод от дерева познания, читали, что человек стал смертным потому, что ослушался Бога» [Там же].

Возможно, памятуя о вопросе Шестова, Бо погружается в фантазии мечтателя, сотворившего мир, в котором указательные пальцы Адама и Бога соединяются. Память Бо, безусловно, удерживает имя Данте, подсказавшего ему название: не «поэма», а «комедия». Сохранилось в памяти Бо и собственное стихотворение, закончившееся требовательным вопросом:

Поэзия была, как волшебство.
Поэты слыли чем-то вроде солнец,
слепительно влюблялись, кто в кого:
в прекрасных незнакомок, в тьму поклонниц,
в Любашу Менделееву, увы...
При том — глядели в Слово, как в колодец.
Живой водою брызгались, волхвы.
Злом любовались — всласть. И всё ж неплохо
посеребрили век. А мы? А вы?
По нам ли будет названа эпоха? [3]

Однако творцом, на имени которого остановил свой выбор Бо, был не он сам и даже не Данте, а «химик и лабораторный схимник» Менделеев,

чей холодный лобный свод
догадался, как кроссворд,
на одном листке-буклете
всё расположить на свете.

Всю материальность он
пооктавно ввел в канон.
Подготовил он творенье
к одухотворенью в пенье

и занес для жизни впредь
в нотный стан всю твердь, всю смерть,
мол, сыграть теперь сумейте
на вселенском инструменте! [4]

И хотя «октавный» принцип подсказал Менделееву его предшественник, британский химик John Newlends (1837–1898), не снискавший признания ни в собственном отечестве, ни за его пределами, важнейшим в поэме Бо является принцип, возвращающий нас к началу пролога:

Что же ты не мчишь, перо,
в это страшное зеро,
в глубь неслыханного зова
из развернутого крова,
в неизведанное слово? [5]

Принцип объявлен лишь в третьей части поэмы:

Вещество, являя ритм,
нас самих само творит.
Не второе ли зарыто
сердце в глыбе монолита? <...>
Вниз пойдем, взмывая вверх!
и до следующих вех,
между скалами зажатых,
Кальций — первый наш вожатый. [6]

Неудивительно, что за этим *принципом* стоит пульсирующий вопрос Шестова, убежденного в том, что человек сделан «из того же материала, что камни, растения и животные. Не задать такой вопрос казалось немыслимо. Ведь и Бог должен был бы так спросить. И ответ берется оттуда же, откуда пришел вопрос: то есть из обычного, ординарного, будничного опыта» [Там же, гл. XVI].

Кальцию, символу жизни и регулятору смерти, выпала первостепенная роль в поэме Бо. Кальций — это Вергилий, проводник Данте по миру, то есть загробному миру. Кальций контролирует свертывание крови, сокращение мышц, секреции гормонов в теле человека и животных. Без Кальция нет водного баланса у растений. А этимология Кальция от *calx* (известь) подсказывает его присутствие в составе силикатов (гранита и мрамора), а также в процессе превращения известкового молока в известковую воду:

призракам скульптурных форм.
Кальций — цель, и Кальций — фон
и процесс, который начат,

чтобы плотность опрозрачить.
Так, поэтов корифей,
листьям, скалам пел Орфей,
чтобы адресом и целью
стало все творенье в целом.
Ландыш, ласточка, вода,
ветер, ветвь, иголка льда,
человек с сумой потертой,
подберезовик, тетерка —
каждый к песне мог припасть,
ощутив себя как часть
крохотная сообразно
колоссальнейшего братства. [7]

Орфей оказался в «Вещественной поэме» как легендарный герой, которому удалось «пройти мимо бездны Шестова» в означенном выше смысле. Получив золотую лиру от Аполлона, он отправился вместе с Аргонавтами в Колхиду на поиск волшебного золотого руна, которое охранялось драконом, имеющим несколько голов. Чтобы усыпить все головы дракона, Орфей придумал колыбельную, которая позволила аргонавтам перенести руно на свой корабль. Вернувшись, Орфей описал это путешествие в нескольких поэмах, включая «The Argonautica». И хотя авторство Орфея оспаривается современными толкователями, из легенды слова не выкинешь.

Легендой можно было бы назвать и сон, позволивший Бо записать разрозненные сюжеты «Вещественной комедии». История происхождения «Периодической таблицы элементов» тоже связана со сном. «Таблица привиделась Менделееву во сне», — писал в мемуарах друг Менделеева геолог Александр Александрович Иностранцев, утверждая, что слышал историю из уст самого Менделеева:

«Я увидел во сне таблицу, в которой элементы были расположены по мере необходимости. Я проснулся и сразу же записал данные на листе бумаги и снова заснул. И только в одном месте потребовалась затем правка».

Конечно, Менделеев не увидел во сне таблицу в том виде, в каком ее описал Иностранцев, как Бо не увидел во сне текста своей «Вещественной комедии». Но из этого вовсе не следует, что ни тот, ни другой не получили таинственного импульса во сне. Вспомним Фрейда, назвавшего сновидения «королевской дорогой, ведущей в бессознательное». И дорога эта позволяет, писал Фрейд, приблизиться к пониманию самых сокровенных, недоступных сознанию фантазий. Он сравнил сон с ребусом, который мы должны разгадать. И Менделеев, и Бо разгадали этот ребус, каждый создав новую вселенную.

Любопытно, что как Менделеев, так и Бо, не могли не встретить на своем пути толкователей, которые, не умея войти в созданный ими новый мир, ничего не нашли более убедительного, нежели обвинить этих творцов в тривиальности. Мне попалась в руки рецензия Владимира Лапенкова, экономиста, который определил тривиальность Бо в цифровом выражении, одновременно выдвинув на авансцену гениального Бро:

«Бродский *единственный,* кто *может претендовать* (здесь и далее курсив мой — *А.П.*) на место *первого* поэта и классика литературы *второй* половины *XX века.* И не в последнюю очередь — благодаря своему универсализму: он и лирик и трагик, ироник и сатирик, бард, метафизик, аристократ, хулиган… как говорится, — „наше всё". Хотя в каждой отдельной области, в любом жанре были (и есть) поэты, не уступающие и даже превосходящие его в неафишируемом братском соревновании по глубине прокопанных шурфов и в исчерпании темы».

Зная толк в вычислениях и прогнозах, Лапенков предложил свой логический вывод о том, что Бро *«может претендовать»* на получение титула классика, оставив Бо на задворках. Правда, он забыл о том, что *претендовать* на титул, уже дарованный, есть всего лишь способ удержать в руках синицу. Не претендуя на то, чтобы вырвать из рук Лапенкова заслуженную синицу, все же решаюсь озвучить свое наблюдение. Лапенков не является единственным поклонником Бро, который готов приписать Бро достоинства, которые по праву принадлежали и принадлежат Бо.

В голову приходит еще одно рассуждение Дениса Ахапкина, который, прочитав стихотворение Бро «С точки зрения воздуха…» (1975–1976), пришел к убеждению, что наблюдение «с высоты» является «одним из излюбленных приемов» Бро [Ахапкин, 2009]. Однако его не смутил тот факт, что Бро использует «точку зрения воздуха» лишь *умозрительно*. Его позиция («с высоты») исключает восхождение вверх (он мог находиться у себя в кабинете, в ресторане, на пляже, в постели и т.д.), и, соответственно, в стихотворении нет того чувства переполняющей эйфории, неизбежного при восхождении. Возникает подозрение, что «излюбленный прием» Бро был всего лишь заимствованием у того же «конкурирующего» автора:

«Свой первый в Америке день рождения я отметил на макушке одной из двух башен-близнецов Торгового центра в Нью-Йорке. Выпукло блестела черная гавань, в которую вливались ночные воды

Гудзона. Глубоко внизу ползли фантомные светлячки автомобилей. Освещенная солнцем Статуя Свободы казалась с такой высоты просто кукольной. Запанибрата с мерцающим мегаполисом, я высосал через соломинку свой коктейль, а вкусную вишню выкатил из бокала и съел. Косточку, помня ранний рассказ Юрия Олеши, я долго держал за щекой» [Бобышев, 2008, с. 3].

Стоя на смотровой площадке Эйфелевой башни, Бо обретает новый и неожиданный дар — деталь, о которой раньше не подозревал: указатель «расстояния до мировых столиц с точностью до километра. Ленинград был отмечен в стороне Монмартровского холма, как раз за белым собором Святого Сердца, и я мысленно пролетел 2168 километров, причем последние восемь из них резанули мне душу своей почти ощутимой конкретностью. „Хоть пешком“, сказал я себе сквозь внезапные слезы» [Там же].

И далее, в усыпальнице Петропавловского собора, где он оказался в 1998 году в толпе репортеров, судьба подкинула Бо новый дар, полученный благодаря знакомству с двумя верхолазами — отцом и сыном.

«Сговорились. И вот я уже выбираюсь из люка золоченого черепа Исаакия. Ясный день, сильный ветер, безумная эвфория. Я чувствую себя помолодевшим Фаустом, парящим над прошлым... В возбуждении высотой и ветром, я вспоминаю о другой наивысшей точке, на которую я годом раньше... А вспомнил я телебашню в Торонто, куда мы поднялись вместе с Галей Руби во время съезда североамериканских славистов. Это было действительно самое высокое строение в мире, и там наверху находился ресторан: светлое канадское пиво и сносная пицца непреложно доказали нам, что мечты сбываются» [Там же, с. 4].

И справедливо сказать, что, только глядя с высоты, поэт мог придумать для мемуарного текста такое экзотическое заглавие: «ЧеловекоТекст».

«Даже здесь, в заглавии, Дмитрий Бобышев проявляет свойственную ему оригинальность мышления, закладывая глубоко концептуальный подтекст. „ЧеловекоТекст» — это высвобождение памяти из напластований времени, это попытка дотянуться до прошлого из далекого настоящего, когда и состав тела, и даже состав сознания мало чем напоминают того человека, которым он был в детстве или в юности. За одну биологическую жизнь человек насыщенно проживает сразу несколько полновесных, полнокровных жизней. Отдельная жизнь — это и детство, и юность, и взросление, и постижение мира через женщину.

«ЧеловекоТекст» Бобышева — это и воспоминания «постороннего», поскольку в процессе жизни человек сам для себя становится посторонним — по отношению к тому индивидууму, которым он был десять, двадцать лет назад. Это священная война памяти против необратимых изменений внутри и вокруг человека. Может быть, поэтому и возникает такое плотное единение человека и текста» [Карпенко, 2014].

В том же *(умозрительном)* ключе а-ля Владимир Лапенков и Денис Ахапкин Лосев повествует об интимном знакомстве Бро с творчеством Льва Шестова. В частности, в «Опыте литературной биографии» Лосев упоминает о родстве Бро с Шестовым восемь раз, не представив ни одного убедительного аргумента.

Начну с заявления: «О Шестове, которого он прочитал от корки до корки, Бродский говорит: „Меня интересует в первую очередь писатель-стилист, который целиком вышел из Достоевского“» [Лосев, 2006, с. 174]. Поверив на слово, что корки, заготовленные для него Львом Шестовым, не причинили ему дискомфорта, задержусь на мысли Лосева о том, что Шестов интересует Бро «в первую очередь» как «стилист». Хотелось бы знать, какой стиль перенял Бро у Шестова? Учитывая время жизни философа, у Бро был обширный выбор: символизм, акмеизм, футуризм, сюрреализм, магический реализм, натурализм. Или я что-то упустила? Однако уже в следующей сентенции Лосев зачеркивает мысль о Шестове-стилисте:

«Шестов был любимым русским *мыслителем* Бродского. Скорее всего, он начал читать его в „Современных записках“ библиотеки С. Шульца, а, начиная с середины шестидесятых, у него дома появились книги Шестова в репринтных изданиях „YMCA Press“. Свой экземпляр „Sola fide“ он перед отъездом из России подарил мне. На Западе общая любовь к Шестову определила дружбу Бродского с двумя замечательными писателями — поляком Чеславом Милошем и мексиканцем Октавии Пасом» [Там же, с. 305].

Что же следует из этого фрагмента? Два вывода: (1) Лосев допускает, что книги, которые появились у Бро на полке, были им прочитаны «от корки до корки». И (2) Дружба с писателями, на которых оказал влияние Шестов (а влияние на Милоша было безусловным), позволяет Бро утверждать, что он испытал непосредственное влияние Шестова на себе.

Читаем дальше: «А вот страстная эссеистика Шестова, которой Бродский увлекался, стилистически мало напоминает то, что он сам делал в этом жанре. Сюжет и пафос Шестова всегда остаются в рамках его интеллектуальной темы, тогда как для Бродского жизнь идей неотделима от жизни вообще — от быта, от истории, от телесного и душевного существования автора» [Там же, с. 247].

Тут можно поздравить Лосева с исключительной изобретательностью. Сказать, что «пафос Шестова всегда остается в рамках его интеллектуальной темы», означает признать, что не держал в руках даже самой популярной брошюры о Шестове. Ибо нет такого печатного текста, который бы не начинался и не кончался словами: «Шестов критикует познающий разум за его стремление полностью охватить познаваемый мир». Что касается Бро, то трудно найти второго такого человека, не говоря уже о поэтах, который бы ставил разум и интеллект превыше всего. Другое дело, что ни того, ни другого у Бро не было в достатке, что попытаюсь продемонстрировать на целом ряде его текстов, начиная с эссе о Марке Аврелии. И если бы формат позволял мне поместить перед моим прочтением указанного эссе эпиграф, я бы поместила туда четвертую цитату Лосева:

«Когда Бродский говорил, что в формировании его взгляда на мир французские экзистенциалисты не сыграли никакой роли, и тут же добавлял, что Шестов помог ему артикулировать собственные идеи (Интервью 2000, с. 204–205), он, скорее всего, просто хотел сказать, что не штудировал Сартра». [Там же, с. 306].

Остается гадать, что именно называл Бро «собственными идеями»? Казалось бы, в выборе Марка Аврелия Бро осуществил мечту Платона: прославить правителя-философа. Но Бро, скорее всего, вспомнил о Марке Аврелии, читая Одена: «Этот ужасный старый Марк Аврелий. Греков, казалось, вообще не волновал вопрос существования, а для христиан он так важен. Вот почему так трудно ответить на вопрос: во что верили греки?» [Ansen, 1990, p. 84].

Но при чем здесь греки? Как мог эрудированный Оден представить себе римского императора греком? Возможно, он вспомнил об исчезновении классической греческой культуры с падением афинской демократии? Ведь Аристотель, Платон и Сократ были убеждены, что именно тогда для греков наступил период римского владычества. К тому же эти события описал в «Пармениде» Хайдеггер, оказавший на Одена огромное влияние:

«Римский falsum соотносится с imperium и imperial, означает „властное повеление, имперское владычество". <...> Понятое таким образом, оно является сущностной основой господства, а не только его следствием и тем более не одной лишь формой его осуществления. В этом смысле ветхозаветный Бог — это Бог „повелевающий": „ты должен", ты „не должен" — таковы его слова. Это долженствование начертано на скрижалях закона. У греков никакой бог не является повелевающим: он только показывает, указывает <…> В сущностную сферу „повеления“ входит римское право „ius“ <…> Повеление есть сущностная основа господства и по-римски понятого „быть правым“ и „иметь право“» [Хайдеггер, 2009, с. 93–94].

Понимание римского права как насилия (и варварства), к которому Хайдеггер пришел в ходе размышлений над проблемами существования и веры, могло стать контекстом для мысли Одена о том, что греков (римского полиса) «вообще не волновал вопрос существования». Но что могло подтолкнуть Бро вступить в диалог с Марком Аврелием в терминах, обозначенных Оденом (в терминах «существования» и «христианской веры»). Полагаю, что любая попытка разобраться в этом вопросе потребует обращения к тем антиномиям, о которых размышлял близкий каждому поэту экзистенциальный мыслитель Лев Шестов.

Однако комментарий Одена ввиду его краткости вряд ли мог дать Бро ясное представление о том, что именно он мог иметь в виду, решившись поименовать римлянина греком. А если Бро поставил перед собой амбициозную цель «докопаться до истины», он уже попал в плен антиномий, обозначенных Шестовым, который писал, что «для человека искание истины всегда было погоней за общеобязательными суждениями. Человеку было мало обладать истиной. Он хотел иного — как ему казалось, „лучшего: чтоб его истина была истиной для всех“» [Шестов, 1929].

Предлагаю обратить внимание на то, что, рассуждая о поиске истины «человеком», Шестов не имеет в виду всечеловека, то есть того «мы», от лица которого начинает свой разговор с Марком Аврелием Бро: «В то время как античный мир существует для нас, мы для античного мира не существуем. Никогда не существовали. Никогда не будем существовать», — пишет Бро, отсылая к *античности* как к своего рода затонувшей Атлантиде. Что касается современного мира, то он, неведомый античности, все же способен даровать ей существование. А это значит, что и «мы» сегодняшнего дня являемся своего рода античным миром для тех будущих «мы», о которых уже сказано, что «мы» для них «не существуем. Никогда не существовали. Никогда не будем существовать».

Знаменательно, что это трижды повторенное «никогда» отрицает существование, изначально представленное как *общеобязательная* истина. Но что это за истина? Представляется, что речь идет о существовании, которое в умах одних толкователей является жизнью, а в умах других — ее отсутствием, смертью. Как внимательный читатель Платона, Шестов заметил, что Сократ не уверен, является ли жизнь смертью или, наоборот, смерть жизнью.

«Мудрейшие из людей еще до древнейших времен живут в таком загадочном безумии незнания. Только посредственные люди знают, что такое жизнь и что такое смерть» [Там же, с. 27].

Но минует ли Бро это «загадочное безумие»? Напомню, что, как автор пилигримов, он считал, что можно обойти эту проблему (пройти «мимо»). Однако, достигнув зрелого возраста, он не мог не поверить в несовместимость жизни и смерти. И он испытывает Аврелия, помещая его в гипотетический, но вполне предсказуемый сценарий. Если рассматривать смерть как сон, то хотелось бы знать, как наши потомки будут оценивать *существование* нас, наследников мира античности?

Не так ли рассуждает Марк Аврелий, проснувшись в нашем настоящем, то есть в том сегодня, из которого ведет с ним беседу Бро? Ведь, едва открыв глаза, он с ужасом обозревает архитектурный ландшафт XX века, безликий, если исключить из него «конную статую», редкий реквизит, сохранившийся с древних времен. А стоя перед конной статуей, император видит (должен видеть) то, чему его учили с детства. А чему его учили с детства? Не тому ли, в чем непреклонно уверен сам Бро?

Для античного человека, — внимает подсказке Бро Марк Аврелий, — конная статуя символизирует превосходство всадника, его принадлежность к так называемому эквестриальному классу. На языке того времени конный, скорее всего, «означает высокостоящий, высокорожденный. Другими словами, понятие equus (конь) в дополнение к своей функции удержания на себе всадника указывает и на его высокий статус».

Но Марка Аврелия учили совсем другому. Римский орден конных всадников, возникший еще в 501 году до н.э., принадлежал как раз к низшему из двух аристократических классов, не к патрициям, а к кавалерии. Не потому ли «конная статуя», даже получив иной статус со времени правления императора Августина, продолжала символизировать не высокое рождение всадника, а, скорее, военные заслуги.[109]

Однако Бро остается непоколебим в своей эрудиции: ведь о всадниках Британского королевского дома и этикете конной статуарности античный мир осведомлен не был. А между тем, если конь

[109] У Бродского нет упоминания о том, что в честь военных заслуг Марка Аврелия была посмертно воздвигнута 26-метровая колонна.

«поднимает два копыта вверх над всадником, это означает, что его всадник погиб в бою. Если все четыре копыта покоятся на постаменте, это означает, что всадник умер в своей постели. Если одна нога поднята в воздух, это значит, <...> он умер от ранения в бою» [Brodsky, 1997, p. 268].

Веру в этикет конной статуарности Бро хранит как минимум со времени сочинения стихотворения «В окрестностях Александрии» (1982). Уже тогда ему было известно о судьбе всадника, чей конь опирается всеми четырьмя копытами о постамент:

Повсюду некто на скакуне;
все копыта — на пьедестале.
Всадники, стало быть, просто дали дуба
на собственной простыне.[8]

А то, что «известно» из книг, может быть подтверждено и на личном опыте. И Бро не забывает остановиться перед памятником Марку Аврелию, как указано, проезжая «мимо»:

«Впервые я увидел бронзового всадника из окна такси лет двадцать назад. Что-то конное было уже в воздухе, так как великий освободитель обычно изображен оседлавшим коня, поднявшего два копыта вверх. Погиб ли он в бою? Я не помню». Таксист «указал на огромный каскад мраморных ступеней, теперь находящийся перед нами, и я <...> тут же увидел ярко освещенные уши лошади, бородатую голову и выступающую руку» [Там же, p. 271].

Но незамеченным при этом остается едва ли не самое очевидное: застывшие в воздухе конечности коня, указывающие, согласно ритуальной статуарности, достоверно известной Бро, смерть на поле брани. Но то-то и оно, что Марк Аврелий умер от инфекционного недуга, отшатнувшего от него единственного сына и наследника. Как же поступает Бро, возможно заметив эту нестыковку? Он оговаривается, что не помнит причины смерти императора. Правда, в другом месте он снимает эту оговорку, указав на известную деталь: Марк Аврелий умер на теперешней австрийской земле (недалеко от Вены).

Конечно, не сошлись Бро на аберрацию памяти, то есть вспомни он, где и как умер Марк Аврелий, пришлось бы признать абсурдным предание о конной статуарности, а стало быть, переписать несколько страниц складно состряпанной преамбулы. А пожелай он рассмотреть более критично этот миф, он бы вспомнил также о том, что конная статуя русского императора Николая Первого работы П. К. Клодта считалась техническим чудом как раз на том основании, что конь был поставлен на две точки опоры. И будь ритуал, расписанный Бро, достоверным фактом, он означал бы для всадника почетную смерть на поле брани. Однако смерть Николая Первого никак не вписывалась в этот прогноз. По одной легенде, император принял яд из-за поражения в Крымской кампании, по другой же — умер от гриппа.

Итак, глядя на всадника, два копыта которого застыли в воздухе, Бро не готов признать за Марком Аврелием титул полководца. Ведь он не может вспомнить причин смерти императора. И далее, заметив «бородатую голову» всадника, он не вспомнил про римский обычай, введенный императором Августом Октавианом, изображать философов с бородой. Что же получается? Бро смотрит на бороду Марка Аврелия, но разыгрывает латинскую поговорку: «Вижу бороду, но не вижу философа» («Barbem video, sed philosophum non video»). Так разрешается дилемма: «Кому памятник? Философу? Императору? Тому и другому? Ни тому, ни другому?» [Там же, p. 278]. Очевидно, что не полководцу и не философу. Тогда кому же, если не писателю? И здесь, по всей видимости, память подсказывает Бро беглую оценку Одена, адресованную «этому ужасному старому Марку Аврелию»:

«Ты написал целую книгу ([Аврелий, 2017]. — *А. П.*), — упрекает он императора, — чтобы держать в узде свою душу и обирать себя (делая пригодным? — *А. П.*) для ежедневного опыта. Но преследовал ли ты мораль, Цезарь? Не мог ли твой *огромный аппетит* к бесконечному толкать тебя к моментам самоанализа, ибо ты считаешь себя фрагментом, каким бы он ни был крошечным, полноты Вселенной — и Вселенная, ты сам говорил, постоянно меняется. Так кого ты держал в узде, Маркус? Чью мораль ты испытывал и, насколько мне известно, смог доказать? Поэтому неудивительно, что ты принял как должное тот факт, что ты сейчас оказался среди варваров; неудивительно, что ты гораздо меньше боялся их, чем себя, — так как ты боялся себя гораздо больше, чем боялся смерти. <...>

Но тебе также известно, что ни одному человеку не удалось завладеть своим будущим — или, если на то пошло, своим прошлым. Все, что он теряет, умирая, это день, когда это происходит — оставшуюся часть дня, если быть точным — а в глазах Времени — еще меньше <...>. Ты был островом, Цезарь, или, по крайней мере, твоя этика была островом в изначальном и — прости за выражение — *postmordial* океане свободных атомов. И твоя статуя помечает то место на карте истории этого вида, где этот остров когда-то стоял, необитаем, перед своим погружением. Перед тем как захлестнуть тебя с головой, волны доктрины и веры — доктрины стоиков и веры христиан — считали тебя своей собственной Атлантидой» [Brodsky, 1997, p. 290–291].

Трудно указать на источник, подсказавший Бро толкование судьбы императора в контексте судьбы Атлантиды. Традиционно все интерпретации этой темы восходят к Платону, а точнее, к двум его диалогам: «Тимею» и «Критию». Однако, согласно Платону, остров не только не был «необитаем» перед погружением в воду, но представлял собой чудо техники и изобилия природных богатств [Платон, 1971, с. 678]. А погружение Атлантиды в воду было, согласно Платону, проклятием Зевса, причине которого в тексте «Крития» уделено лишь несколько строк: «Но когда унаследованная от бога доля ослабла <...> и возобладал человеческий нрав, тогда они оказались не в состоянии далее выносить свое богатство и утратили благопристойность. Для того, кто умеет видеть, они являли собой постыдное зрелище, ибо промотали самую прекрасную из своих ценностей; но неспособным усмотреть, в чем состоит истинно счастливая жизнь, они казались прекраснее и счастливее всего как раз тогда, когда в них кипели безудержная жадность и сила.

И вот Зевс, бог богов, блюдущий законы <...> решил наложить на него кару» [Там же, с. 560].

Правда, на вступительном слове к речи Зевса текст Платона обрывается. А если Бро позаимствовал у Платона лишь общее место о потонувшей Атлантиде, не зная, за что конкретно Зевс наложил кару на жителей острова, сравнение судьбы Марка Аврелия с судьбой Атлантиды является лишь поэтическим вымыслом. Поэтому не будет большой погрешностью предположить, что «данью» Марку Аврелию в эссе Бро был тот приговор, который произнес императору Уистан Оден в застольном разговоре с Аланом Ансеном.

Примечания:

[1] Like a swallow, fly, my hero
past the devastating zero,
past an apple's empty drift,
Lev Shestov's sinister rift.
Zero must be stabbed and fractured
Shestov's thought to bend in rapture,
Urging brightness of the dawn,
Darkness of a boundless lawn.

[2] With infinitude, I said
Trying to explain my fate
(Curls were growing on my head
Lying flat like number eight).

Justify, don't wait to see,
Drill a hole in x—y—z.
(In the depths of earth by action
Match new Dantes' with inflections)!
As for fate, its rhythmic way
In recurrence holds its sway.
Once I put aside Jane Eyre
To Tavriga took the air.

Musing on the airspace,
Wandering my normal pace,
I laid hold with a random swing
A flamingo by the wing.

An abundance of leap years
(did you spot how leaps appear?)
I escape that very issue
That is puncturing my tissue

By its thorns. My brain distends.
But the spirit takes the trend
the flamingo's universe
To reduce and bring to earth

Isn't time to stop to scare
With the Hades? A maple spears,
Through its forks I see the ground:
every branch is pointing down...

[3] The poetry was seen as magic vision.
The Poets were admired like the suns,
He dated one, his friend was courting others,
the stunning strangers, their countless fans,
Lyubasha Mendeleev,' but alas...
Word they regarded as a boundless well.
To living water they vouchsafed a pass,

Applauded evil, in the evil dwelled.
Yet still they varnished globe with silver cast.
And we? And you? Will be the epoch titled after us?

[4] whose inquiring frontal vault
placed into a smart crossword,
on one leaflet, black and white,
cosmic things and turned the light.

Things appeared, wave by wave
On the basis of octaves
Each in its authentic tone:
One could write them and intone.

His design or what he meant
Was the total firmament
Be performed by global band.
(The blueprint was simply grand!)

[5] Why do you delay, my hero,
Why don't delve into this zero,
Into depths of a secret plea
from the open out lee
into words announced with glee?

[6] "Substance in creative pace
Mimics man (such is the case)
Burying as its vital part,
Monolith's second heart. <...>
Let's descend by soaring up!
Alongside the next milestones
sandwiched in between the stones,
Calcium, our guide that's apt."

[7] "Calcium is the means and goal
Of the sculptor's protocol".
and the process that is started,
to make density transparent.
Orpheus, the Avatar
Sang to leaves, to rocks, to stars.
The entire world, he claimed

As his address and his aim.
Lily, swallow, water, mice,
wind, the needle of the ice,
Human soul, a faded grass,
Christmas candle and black grouse —
all could divvy up the song,
All could really belong
As a tiny part and fraction
Of the cosmic kinships' action.

[8] Near and far one rides on a steed;
all hooves are placed on a stand.
The riders, hence, simply pulled a stunt
on their own bedsheet.

Глава 29
«Aere perennius»

Заглавием последней поэмы Бро «Aere perennius» служит строка из оды Горация «Éxegí monuméntum. Прочнее меди. Ad Melpomenem».[110] Возникает вопрос: примкнул ли Бро к Горациевской традиции воздвижения монументов наряду с такими именами, как Ломоносов (1711–1765), Сумароков (1717–1777), Державин (1743–1816), Пушкин (1799–1837), Фет (1820–1892), Брюсов (1873–1924), Ахматова (1889–1966), Маяковский (1893–1930)? Если судить по «Римским элегиям» (1981), где есть такие строки:

> Я не воздвиг уходящей к тучам
> каменной вещи для их острастки.
> О своем — и о любом — грядущем
> я узнал у буквы, у черной краски,[1]

ответ должен быть отрицательным. Однако стихотворение «В центре Рима. Пьяцца Маттеи» (1981), сочиненное в том же году, ставит это отрицание под сомнение:

> Я счастлив в этой колыбели
> Муз, Права, Граций,
> где Назо и Вергилий пели,
> вещал Гораций. [2]

---

[110] I've raised a monument to outlast bronze, / Whose heights no dynasty's pyramid can exceed, / Which neither North Wind's bluster nor the gnaw / Of rain, nor countless years in slow stampede / Nor flight of eras can level to the ground. («Оды», III, 30, 1, transl. by A. Z. Foreman.)

Однако в литературе было отмечено, что имя «Гораций», рифмующееся в «Пьяцца Маттеи» со словом «граций», было заимствовано Бро из раннего стихотворения Константина Батюшкова (1787–1855) «Мечта» (1802–1803): «В забвенье сладостном, меж нимф и нежных граций, / Певец веселия, Гораций». И хотя имя Батюшкова было упомянуто Бро дважды (в послесловии к сборнику стихов Ю. Кублановского «С последним солнцем» (Париж, 1983) и в разговоре с Соломоном Волковым [Волков, 2000], ни стихотворение «Мечта», ни, что еще важнее, 30-я ода Батюшкова «К Мельпомене» («Подражания Горацию»), послужившая, как представляется мне, подтекстом к «Aere perennius», не были им упомянуты.

И это неупоминание можно было бы отнести к общей тенденции замалчивания имени Батюшкова ввиду закрепившегося за ним диагноза душевно больного поэта. А до того дня, когда Батюшков будет рассмотрен исследователями без скидки на его недуг, Бро не дожил. Не дожил он и до того дня, когда возникло понимание жанровой неоднородности текста Батюшкова (которая наблюдается и в «Aere perennius» Бро). О ней заговорил сначала Борис Орехов [Орехов, 2013, с. 157–171] и далее, более обстоятельно, Павел Успенский [Успенский, 2014, с. 24–25].

Успенскому довелось разгадать две последние (и ключевые) строки оды Батюшкова:

> Венера мне сестра, и ты — моя сестрица,
> А Кесарь мой — святой косарь.

Прелюдом к разгадке послужило свидетельство, найденное Успенским в архивах директора Вологодской гимназии о последних днях Батюшкова. «„Подражание Горацию“ было сочинено Батюшковым в 1852 году по просьбе его племянницы, для ее альбома», — прочитал Успенский. А это значит, размышляет он, что в жанр оды вкрапляется и жанр альбомной лирики. Но и мысль о многожанровости «оды» Батюшкова, ведущая к пониманию загадочного образа «святого косаря» или «Кесаря», возникает в контексте анализа документов:

«Прежде всего, что в данном контексте значит слово „косарь“? Речь здесь идет не о человеке, а о предмете. См. у Даля: „Косарь также большой, тяжелый нож, для щепленья лучины, рубки костей, который нередко делается из обломка косы“ (Даль 1905: 440). Такое прочтение базируется на сохранившемся автопереводе стихотворения на французский язык <...>: „Venus est ma soeur, vous êtes ma soeur, et vous César, vous êtes mon très saint coutelas“ [Венера моя сестра, вы моя сестра и вы, Цезарь, вы мой <очень> святой кинжал]» [Там же, с. 24–25].

Таким образом, мы имеем дело с «фонетической игрой лексем „Кесарь“ и „косарь“, которая, хотя и может быть интерпретирована как „смерть от руки кесаря“, все же, поясняет Успенский, встраивается в длинный ряд ономастических игр в литературе первой половины XIX в. в шуточных и домашних текстах. „Наиболее близкие аналоги находятся в письмах П. А. Вяземского: ‘Я не дам шиллинга за всего вашего Шеллинга...’ (письмо А. И. Тургеневу, 20 августа 1833 г.)“ [Там же]. Вполне возможно, что с оглядкой на ономастические игры предшественников Александр Введенский создает идеальную рифму для „телеги“ и „элегии“: „Так сочинялась мной элегия / о том, как ехал на телеге я“»[111]

«Aere perennius», как и ода Батюшкова, поражает жанровым разнообразием, несмотря на отсутствие в ней комбинации жанров памятника и альбомной лирики. Однако в глаза бросается другое. Батюшков возродил ритмический рисунок Горация, о котором красноречиво писал М. Л. Гаспаров. Каждая строка горациевской оды начинается с восходящего ритма («движения голоса от безударного гласного к ударному», а заканчивается, согласно Гаспарову, «двумя ударными, для удобства дыхания разделенными одним безударным». С некоторыми оговорками их можно назвать, по-гаспаровски же, «нисходящим ритмом».

Такова строфа «Подражания Горацию» Батюшкова:

Не знаю смерти я. И все мои творенья,
От тлена убежав, в печати будут жить:
Не Аполлон, но я кую сей цепи звенья,
В которую могу вселенну заключить.[3]

А так как в каждой строке Горация рисунок повторяется по заданной схеме, можно сказать, слегка переиначив Гаспарова: «Каждая (строка — *А. П.*) строго симметрична, ударные и безударные слоги располагаются с зеркальным тождеством по обе стороны цезуры, восходящий ритм уравновешивается нисходящим ритмом, за приливом следует отлив.

---

[111] «Как сказал И. Бахтерев во вступительной статье „Об Александре Введенском“ (М.: 2011, с. 325), этот эпиграф был строкой из его стихотворения „Почему я не зверь“ 1927 г.» [Введенский, 1993, с. 68].

«Вот „алкеева строфа“ — любимый размер Горация: алкеев 11-сложный стих перемежается с алкеевым 10-сложным стихом. Тот факт, что стих разделен на „оды“ и „эподы“ (само слово „ода“ означает по-гречески „песня“, а „эпода“ — „припев“), не был забыт ни Горацием, ни Батюшковым. О Батюшкове можно сказать, вторя Гаспарову [Гаспаров, 1970, с. 12], что жанром „памятника у него является горациевская ода, а жанром альбомной лирики (припева) служит эпода“».

Далее, структура стиха Батюшкова и Бро, как и структура горациевского стиха, нацелена на эффект зачина. «Концовка в них скромна и неприметна настолько, что порой стихотворение кажется оборванным на совершенно случайном месте. Самое энергичное, самое запоминающееся место в стихотворении — начало. И когда читаешь оды Горация, то трудно отделаться от впечатления, что в уме поэта эти великолепные зачины слагались раньше всех других строк» [Гаспаров, 1996, с. 22].

Чтобы проверить эту мысль на примере зачина и концовки стихотворения Бро, цитирую текст «Aere perennius», нумеруя строки для удобства последующего чтения:

1. Приключилась на твердую **вещь напасть**:
2. будто лишних дней **циферблата пасть**
3. отрыгнула назад, до **бровей сыта**
4. крупным будущим, чтобы **считать до ста**.
5. И вокруг твердой вещи **чужие ей**
6. встали кодлом, базаря **«Ржавей живей»**
7. и «Даешь песок, чтобы в **гроб хромать**,
8. если ты из кости или **камня, мать**».
9. Отвечала вещь, на **слова скупа**:
10. «Не замай меня, лишних **дней толпа**!
11. Гнуть свинцовый дрын или **кровли жесть** —
12. не рукой под черную **юбку лезть**.
13. А тот камень-кость, гвоздь **моей красы** —
14. он скучает по вам с **мезозоя, псы**.
15. От него в веках борозда **длинней**,
16. чем у вас с вечной жизнью **с кадилом в ней**.[4]

Здесь же следует заметить, что и Батюшкова, и Бро привлекает у Горация топика *образности,* а пользуясь словарем Гаспарова, «удивительная *вещественность,* конкретность, наглядность» [Там же, с. 17] образов. Но то, что понимает под «твердой вещью» Бро, не подпадает под определения вещественности у Горация, ибо Гораций пользуется метафорами, которые мы считаем мертвыми: например, он сравнивает падение республики с «тонущим кораблем», а фразу «от начала до конца обеда» он подменяет выражением «от яиц и до яблок», в то время как Бро…

Рядом с текстом Батюшкова, позволяющим подключить «Aere perennius» к горациевской традиции, в стихотворении задействован ряд других жанров, скажем, жанра так называемой *неклассической оды*. В частности, среди близких к Бро поэтов этот жанр мог быть заимствован из «Памятника» (1829) Баратынского. Цитирую текст:

Мой дар убог и голос мой не громок,
Но я живу, и на земле мое
Кому-нибудь любезно бытие:
Его найдет далеекий мой потомок
В моих стихах: как знать? душа моя
Окажется с душой его в сношенье,
И как нашел я друга в поколенье,
Читателя найду в потомстве я.[5]

Но Бро не откликается на зов Баратынского, возможно, потому, что отклик уже поступил непосредственно от Мандельштама,[112] а опосредованно от Ходасевича (1886–1939), вступившего (случайно или намеренно) в цифровую перекличку с Баратынским (1829–1928).

Цитирую текст Ходасевича:
Во мне конец, во мне начало.
Мной совершённое так мало!
Но всё ж я прочное звено:
Мне это счастие дано.

[112] «Читая стихотворение Баратынского, я испытываю то чувство, как если бы в мои руки попала такая бутылка. Океан пришел ей на помощь всей своей огромной стихией — помог выполнить ее предназначение, и чувство провиденциального охватывает нашедшего. В бросании мореходом бутылки в волны и в посылке стихотворения Баратынского есть два одинаково отчетливо выраженных момента. Письмо, равно как и стихотворение, ни к кому в частности не адресованы. Тем не менее оба имеют адресата: письмо — того, кто случайно заметит бутылку в песке, стихотворение — «читателя в потомстве». Хотел бы я знать, кто из тех, кому попадутся в глаза названные строки, не вздрогнет радостной и жуткой дрожью, какая бывает, когда вас вдруг окликнут по имени» [Мандельштам, 1971, с. 235].

В России новой, но великой
Поставят идол мой двуликий.
На перекрестке двух дорог,
Где время, ветер и песок. [6]

Интертекстуальные связи «Aere perennius» с Ходасевичем уже отмечены в литературе. В частности, поместив троп Ходасевича («я прочное звено») в контекст ямбического размера стихотворения, А. А. Фокин вывел синонимию между ямбом Ходасевича и «твердой вещью» Бро на том основании, что «в теории литературы ямб относится к твердым формам стиха» [Фокин, 2016].[113] Гораздо продуктивнее представляется мне мысль Андрея Ранчина об «изоморфности мира (вещи) и текста» Бро [Ранчин, 2001, с. 15].[114]

Мысль Ранчина естественно вписывается в рассуждения о вещи Мартина Хайдеггера:

«Jorum» — сосуд. И что делает его вещью, так это способность удерживать его объем. Это означает, что *jorum* приспособлен стоять самостоятельно. И хотя его способность стоять сама по себе обусловлена тем, как он сделан гончаром или стеклодувом, сущность jorum'а как вещи заключается в другом. «Jorum» — это «содержащий» сосуд. Когда в него наливают вино или воду, жидкость заменяет вытесненный воздух. Но определение «содержащий» имеет два значения, которые взаимосвязаны. Jorum содержит эту жидкость, но сущность jorum, как вмещающего сосуда, заключается в понятии подношения.

«Предложить jorum — значит представить его содержание, — пишет Хайдеггер, обращаясь к значению слова „вещь“ как обозначения собрания. Древневерхненемецкое слово „Ding“ (вещь) означает собрание людей, подобное древнерусскому „вече“ (национальное собрание для обсуждения спорных вопросов). Соответственно, древнегерманские слова „вещь“ и „собрание“ становятся наименованиями положения дел, обозначая то, что непосредственно касается человека и о чем идет речь». Это то, что римляне называют словом *res*; значение по-гречески: говорить о чем-то, совещаться об этом; *res publica* означает не государство, а то, что явно касается всех в нации, „захватывает“ их и потому становится предме-

113 Но «памятник» был уподоблен «каменной вещи» уже в римских элегиях (1981), в то время как знакомство Бро с поэзией Ходасевича состоялось в 1982 году.

114 В качестве примера Ранчин цитирует строку из цикла «Мексиканский дивертисмент» (1975): «Сад густ, как тесно набранное „Ж“».

том общественного обсуждения. Именно потому, что *res* означает что-то, что касается нас, могут появиться фразы *res adversae* (несчастье — А.*П.*), *res secundae* (счастье — А.*П.*)» [Heidegger, 1987].

Отношение вещи и слова представляется центральным в декларациях ОБЭРИУ:

«Достоянием искусства становится конкретный предмет, очищенный от литературной и бытовой шелухи. В поэзии этот объект выражается столкновением словесных значений с точностью механики. Вы как будто начинаете возражать, что это не тот предмет, который вы видите в жизни. Подойдите ближе и коснитесь его пальцами. Посмотрите на предмет невооруженным глазом, и вы впервые увидите его очищенным от старой литературной позолоты. Может быть, вы будете возражать, что наши сюжеты „нереальны“ и „нелогичны“? <...> Расширяем значение предмета, слова и действия».

ОБЭРИУ понимают под *вещью* главным образом *предмет* (приспособление) или то, что мы воспринимаем, а не то, чем вещь является сама по себе в своей материальности. Об этом напомнил нам Густав Шпет: «В самом деле, вещь — это реальный предмет, а предмет — идеальная вещь. Но именно эти завершающие эпитеты — реальный и идеальный — указывают на направление, в котором их надо различать. Всякая реально существующая вещь, реальный человек, реальное имущество, действие и т.д. есть вещь. Объекты — это возможности, их существование идеально. <...> Очевидно — злоупотребление терминами в метафизике, когда „идеальная вещь“, возможная, мыслимая, объявляется „реальной“ вещью. Осуществление идеального, как было сказано, есть сложный процесс, раскрывающий смысл, содержание — перевод в эмпирическое, единственно реальное бытие — а не пустая ипостась, то есть с объективной стороны — выращивание капусты в облаках, со стороны функций — причмокивание» [Шпет, 2007].

Но что мог иметь в виду Бро, начав свое стихотворение строкой: «Приключилась на твердую *вещь* напасть?» Что могло иметься в виду под «вещью» и какая напасть могла «приключиться» с ней? Стихотворение было написано примерно за полгода до смерти. И это вызывает важную ассоциацию. Незадолго до смерти и оглядываясь на свой путь в поэзии, Оден написал стихотворение «День Благодарения» (1973). Если повернуть время вспять, то можно припомнить, что семь лет спустя после предсмертного стихотворения Одена Бро написал стихотворение «Я входил вместо дикого зверя в клетку» (1980), в котором благодарил жизнь за все невзгоды (или псевдоневзгоды — см. главу 10), выпавшие на его долю.

Но диктует ли мысль о прощании с жизнью новую тематику в «Aere perennius»? Во вступительном слове к работе, посвященной Одену, Григорий Кружков отмечает мистическое совпадение. «В 1939 году в возрасте тридцати двух лет Оден переехал в США. В 1972 году в таком же тридцатидвухлетнем возрасте <...> перебрался в Новый Свет Иосиф Бродский» [Кружков, 2011, с. 7–8].

Возможно, это мистическое совпадение породило целый ряд совпадений, сознательно инициированных Бро. В частности, *«благодарность»*, высказанная им в юбилейном стихотворении 1980 года, полемична относительно *«благодарности»* Одена, хотя и была помещена лишь в заключительных строках, рифмуясь со словом *«солидарность»* и соседствуя, по смежности, со словом *«горе»*.

Что сказать мне о жизни? Что оказалась длинной.
Только с *горем* я чувствую солидарность.
Но пока мне рот не забили глиной,
из него раздаваться будет лишь благодарность.[115]

Возможно, выражая благодарность за причиненное «горе», Бро мог надеяться, что эта топика будет понята как неотъемлемое свойство *поэтического* текста (когда поэзия использует топику горя, в нее должна быть вплетена нота благодарности). Однако Оден, у которого Бро мог заимствовать этот оксюморон, мог подсмотреть его у сэра Джона Фальстафа, героя трех пьес Шекспира и, конечно же, последней и неоконченной оперы Верди.

Будучи заворожен способностью Фальстафа обращать превратности жизни (горе и страдания) в дары судьбы, достойные благодарности, Оден заметил, что инструментом, помогающим Фальстафу следовать этому правилу, было острословие, которым с лихвой был наделен сам Оден, а следом за ним и Бро. «I am not only witty in myself, but the cause that wit is in other men» («Я не только остроумен сам, но и являюсь причиной остроумия других» — [Шульпяков, 2000, с. 10].

Как Фальстаф и самопровозглашенный Фальстаф-Оден, Бро не только не избегает топики страдания для своего поэтического «я», но порой даже выпячивает ее, одновременно капсулируя страдание в облатку фальстафовского притворства. Уже в «Горбунове и Горчакове» топика страданий была возведена в высокую степень и в то же время редуцирована до фарсового действа. Гораздо убеди-

[115] См. перевод в начале главы 10.

тельнее эта задача была решена Бро в юбилейном стихотворении, где строка о *солидарности с горем* была заменена двумя строками фальстафовского толка:

> Разбитые яйца остаются, как горестная нота,
> Хотя вид омлета вызывает у меня лишь рвоту.

Эти строки вряд ли были сочинены Бро с мыслью о Фальстафе. Быть может, он просто не мог найти рифмы к «благодарность/*солидарность»* в английском языке. Да и Оден, кажется, отказался от упоминания о Фальстафе в своем предсмертном стихотворении. Он предпочел перечислить поэтов, вдохновивших его на творчество. В его список вошли нетрадиционные поэты (Томас Харди и Роберт Фрост), позже выбранные для анализа Бро. Затем упомянуты Йейтс, Грейз, Брехт, Кьёркегор, Уильямс и Льюис, а в конце списка значатся Гораций («пчелиный Король») и «любитель камней» Гёте [Auden, 1977].[116]

Вот эти стихи в переводе Григория Кружкова:

> Кто мне наставником стал?
> Первый — тибурский певец,
> пасечник мудрый *Гораций*.
> *Гёте* — второй; камнелюб,
> опровергавший Ньютона, —
> кто из них прав, не сужу.
> Всем вам хвалу приношу;
> Что бы я смог написать,
> Что бы я делал без вас?
> [Кружков, 2011, с. 7].

Привожу те же строки в моем переводе:

> Теперь, в свои зрелые годы
> на пейзаж, что вышел из моды
> гляжу и прельщаюсь природой.

---

[116] Привожу оригинал: «Now, as I mellow in years / and home in a bountiful landscape, / Nature allures me again. / Who are the tutors I need? / Well, Horace, adroitest of makers, bee king in Tivoli, and / Goethe devoted to stones, who guessed that — he never could prove it — / Newton led Science astray. / Fondly I ponder you all: / without You I couldn't have managed / even my weakest of lines».

Кто наставлять меня станет?
Первый — Гораций, умнейший в том стане,
пчелиный Король, в Тиволи познавший танец,
Далее — Гёте, камней любитель,
у Ньютона отнявший обитель
науки — кто прав был — не мне судить их.
Безмерно им всем благодарен;
сочинить без этого дара
не мог бы и строчки из самых бездарных.

Обращение Одена к Горацию и Гёте не случайно именно в конце пути, то есть когда его со всех сторон обвиняли в старческом бессилии. Но почему Гораций назван «пчелиным королем»? Оден восхищался вербальной архитектурой Горация, достойно оцененной Мандельштамом и, возможно, следом за ними Набоковым. Но Одену довелось разглядеть в подтексте од Горация дизайн города Рима, чего не увидел Мандельштам. Оден даже планировал написать, на пару с Честером Кальманом, путеводитель по Англии, поместив туда *пчелиный улей* из баров и их обитателей, говорящих на местных диалектах. При этом сам Гораций, сравнивая себя с пчелой, мог иметь в виду лишь скромное трудолюбие

Как она, с трудом величайшим, сладкий
Мед с цветов берет ароматных, так же
Средь тибурских рощ я слагаю скромно
Трудные песни.

(Перевод Н. Гинцбурга)[117]

Что касается аттестации Гёте как «любителя камней», ее можно объяснить его страстью к геологии и созданию коллекции камней, как это традиционно считается. Но Одена пленила скорее экстравагантная сторона личности Гёте. Этому, кажется, поспособствовал Алан Ансен.

Ансен: «Я надеюсь, что вы ограничитесь тем, что каждый день будете колоть себя перочинным ножом, как Гёте».

---

[117] Привожу оригинал:

As a bee, who collects the sweet and fragrant honey
From the Tiburian groves, with pain and strain,
I compose, with reserve and timidity
Difficult songs.

Оден *(улыбается)*: «В Гёте есть многое из того, что мне очень не нравится, но иногда я узнаю себя в нем» [Ansen, 1990, p. 13].

Но что мог иметь в виду Оден, ассоциируя себя с безумцем, ежедневно колющим себя перочинным ножом? Думаю, вопрос этот следовало бы адресовать к Рюдигеру Зафранскому, автору тома под названием «Гёте: жизнь как произведение искусства», или, на худой конец, его переводчику Дэвиду Долленмейеру. Но случилось так, что на периферии моей памяти всплыла рецензия на роман Зафранского, выполненная... Сейчас эта рецензия лежит передо мной. Ее автор Фердинанд Маунт (Ferdinand Mount), экс-редактор журнала *The Times Literary Supplement,* пишет следующее:

«Господин Глейзер из Штютцербаха гордился своим портретом маслом в натуральную величину, который висел над его обеденным столом. Тучный купец был еще более горд тем, что хвастался им перед молодым герцогом Саксен-Веймарским и его новым тайным советником Иоганном Вольфгангом Гёте. Когда Глейзер вышел из комнаты, тайный советник взял нож, вырезал лицо из холста и просунул в дыру собственную голову. С его напудренным париком, горящими черными глазами, выпуклым лбом и изрытыми оспой щеками Гёте, должно быть, представлял собой ужасающее зрелище».

Ознакомься Бро с этим источником, он мог бы построить эффектную защиту Одена (и себя) от упреков в старческом бессилии, доказав, что экстравагантность (как, впрочем, и безумие) не ведает старения. Но увы! Этого источника он знать не мог, прежде всего, потому, что сам оригинал книги Зафранского, не говоря уже о переводах и рецензиях, появился лет двадцать спустя после смерти Бро. Так что ему пришлось ограничиться довольно бесцветным замечанием: «Таким людям, как он (У. Х. Оден — А. *П.*), не приходит в голову, что стареющий поэт имеет право писать хуже — если он действительно пишет хуже» [Brodsky, 1997, p. 19].

Теперь позволю себе сделать новый шаг в сторону «Aere perennius». Напасть, которая приключилась с «твердой вещью» — это, скорее всего, мысль о приближении смертного часа. И в этом контексте формула Бро «мысль опережает время» работает безотказно. Строки 2, 3 и 4 фиксируют момент, когда стрелка часов будет продолжать двигаться вперед, отсчитывая часы и дни, которым поэт уже не сможет найти применение. Может ли этот момент быть тем участком пути, который повернет будущее в настоящее?

В эссе, адресованном Марку Аврелию, этот вопрос получил утвердительный ответ: «...ни одному человеку не удалось заполучить свое будущее — или, если на то пошло, свое прошлое. Все, что он теряет, умирая, — это день, когда это происходит, остаток дня, если быть точным, — и даже меньше, если смотреть глазами Времени» [Там же].

Но имеем ли мы дело с потерянным днем или даже его частью в «Aere perennius»? Ведь там время идет вспять, то есть по маршруту, обозначенному ОБЕРИУ:

2. будто лишних дней циферблата пасть
3. отрыгнула назад, до бровей сыта
4. крупным будущим, чтобы считать до ста.

Но прежде чем задаться вопросом о том, как ОБЭРИУ толковали обращение времени вспять, позволю себе вернуться к комментарию Марины Бобрик к детскому стиху Мандельштама «Пароходик». Под заголовком «Время и часы» там привлечен новый контекст («Полночь в Москве. Роскошно буддийское лето...», Мандельштам, 1931, с. 175):

Я подтяну бутылочную гирьку
Кухонных крупно скачущих часов.
Уж до чего шероховато время,
А все-таки люблю за хвост его ловить:
Ведь в беге собственном оно не виновато,
Да, кажется, чуть-чуть жуликовато. [7]

«Непричастность времени к бегу» и, соответственно, его «жуликоватость», а в другом контексте «незаконность» у Мандельштама и «скачкообразность» у Бро перекликается, как это представляется мне, с пониманием времени ОБЕРИУ.

Хармс, например, настаивал на том, что у человечества нет оснований считать число 8 большим, чем число 7. Ведь если представить натуральный ряд как бесконечный ряд (положительных и отрицательных чисел), то в центре двух векторов будет нуль или ноль. Из этого следует, во-первых, что «учение о бесконечности будет учением о нуле, а во-вторых, что символом ноля будет круг, который, по мысли Хармса, становится самой совершенной фигурой, ибо она является местом точек на кривой линии.

Послушаем автора:

«Это наше особое условие — считать одно число больше другого, и на его основании мы располагаем числа, создавая солнечный ряд.

То, что выдумано нами, — это не числа, а порядок («Нуль-ноль», 1931). Таким образом, отсчет времени в согласии с солнечным рядом есть произвольное действо. И произвол происходит оттого, что самая значимая цифра солнечного ряда, «ноль», то есть круг, позволяет производить счет в любом направлении и с любой точки» [Jacquard, 1991, p. 109–118].

Но Бро не ограничился числовой «выдумкой» ОБЭРИУ (подсчетом времени, двигающегося вспять). Продолжим чтение:

5. И вокруг твердой вещи чужие ей
6. встали кодлом, базаря «Ржавей живей»
7. и «Даешь песок, чтобы в гроб хромать,
8. если ты из кости или камня, мать».

В тексте под названием «Измерение вещей» («La Measure des Chooses», 1929) Хармс предложил модель понимания реальности как *материала* для измерения границ творческой личности [Там же, p. 103] или, точнее, пределов творчества. И этот предел должен быть измерен инструментом под названием… «сабля» (слово, внезапно вырвавшееся из уст Ляполянова, персонажа «La Measure des Chooses», возможно, по аналогии со словом «косарь», озвученным «сумасшедшим» Батюшковым).

«Оформление мира — поэзия — есть на самом деле разрушительный акт страшной силы: субъект должен превратить предмет в пыль, то есть превратить его в сумму мельчайших единиц, чтобы впоследствии объединить его в единое целое. Все, что существует вне нас, перестало быть в нас самих. Мы больше не похожи на мир вокруг нас. Мир влетает нам в рот в виде отдельных кусков: камня, смолы, стекла, железа, дерева и т.д.» [Там же].

В сознании ОБЭРИУ мир вокруг них и их внутренний мир отъединены. Единство может быть достигнуто при условии полного уничтожения отдельных предметов и измельчения их в порошок посредством сабли. Вероятно, представляя себя твердой вещью, объектом, которому грозит разрушение (его хотят согнуть), Бро предупреждает о последствиях.

Цитирую оба текста.

Текст Хармса:

Менять ли тело иль оружие?
рубить врага иль строить дом?

Иль с девы сдернуть с дуба кружево
и саблю в грудь вонзить потом. [Там же, р. 93].

Текст Бро:

9. Отвечала вещь, на слова скупа:
10. «Не замай меня, лишних дней толпа!
11. Гнуть свинцовый дрын или кровли жесть —
12. не рукой под черную юбку лезть».

Здесь уместна ремарка, справедливая только для русского оригинала с указанием на «руку», способную по-разному манипулировать с юбкой. Диалог Бро с ОБЭРИУ неоднозначен из-за отрицания («не») в строке 12. Смысл будет разным в зависимости от того, относится ли «не» к существительному «рука» (отсутствует в английском переводе) или к глаголу «лезть». Для однозначного прочтения необходим контекст, который существует, увы, не в тексте Бро, а в идиолекте ОБЭРИУ — точнее, в рассказе Игоря Бахтерева под названием «Коловорот» («инструмент для сверления дыр»).

Цитирую рассказ:
«Выхожу на Литейный, где много лет жил. Приближаюсь к Невскому. И представляете, странность: шагает за мной средних лет брюнетка, <...> Что бы, вы думали, произошло? <...> эта, простите за грубость, шароманка сразу остановилась, сразу залезла самой себе, простите за откровенность, под юбку, хотите — верьте, хотите — нет, немного повозилась и вытащила, из того места, небольшого размера топорик. Ну скажите, пожалуйста, зачем обыкновенной брюнетке держать при себе опасный для жизни другого человека предмет? Не знаете. Я же сразу догадался и потому хвать ее по правой щеке, хвать — по левой. Так что она сразу присела и, не вызывая внимания окружающих, успокоилась. А топорик хорош, такой в хозяйстве обязательно пригодится. Сколько лет прошло, а, как видите, не забыл» [Ванна Архимеда, 1991, с. 426–427].

Здесь, конечно же, важен деструктивный акт, необходимый поэту для защиты своей целостности. Он сокрушительнее, чем акт осквернения девичьей чистоты. И хотя «твердая вещь» могла бы быть истолкована как фаллический символ [Пустогаров. «Бродский и пошлость. Aere perennius»], однако мысль о бессилии произвольна, ибо в тексте утверждается как раз обратное:

13. А тот камень-кость, гвоздь моей красы —
14. он скучает по вам с мезозоя, псы.
15. От него в веках борозда длинней,
16. чем у вас с вечной жизнью с кадилом в ней.

Текст Хармса снабжен приложением, комментирующим партитуру сабленосцев, способных «измерить мир» с необходимой точностью: «Этот краткий список очень интересен, так как Ломоносов, Гоголь, Козьма Прутков, Вильям Блейк, Гёте и, конечно, Хлебников считаются способными „измерить мир“» [Jacquard, 1991, p. 94].

Создания *подобной* «партитуры» не избежал и Бро. Однако, взяв в качестве модели Одена, он воздал благодарность Томасу Харди и Роберту Фросту, посвятил стихотворение Джоржу Элиоту, почтил Горация вместе с Назоном и Вергилием в «Пьяцца Маттео» и отдельно Горация в «Aere Perennius». Но одной именной ссылкой к памятнику, которую особо выделили ОБЭРИУ, Бро пренебрег. Я имею в виду сочинение двух кубофутуристов во главе с Велимиром Хлебниковым под названием «Футуристическое подражание Горацию».

Цитирую текст:...уткнувши голову в лохань
я думал: кто умрет прекраснѣй?
не надо мнѣ цвѣточных бань
на потолкѣ зари чуть гаснущей
про всѣх забудет человѣчество
придя в будетлянскія страны
лишь мнѣ за мое молодечество
поставят памятник странный:
не будет видно головы
ни выраженія предсмертнаго блаженства
ни даже рук — увы! —
а лишь на полушаріях колѣнца...
[Хлебников, Крученых, 2021, с. 297–311]. [8]

«О чем стихи? В первой строфе начертана своеобразно-вычурная картина: лирический герой уткнул голову в лохань. Сосуд, по-видимому, наполнен водой, поскольку герой размышляет о самоубийстве. Мысль направлена на красивую смерть („кто умрет прекрасней“) вследствие самопотопления в лохани, противопоставленную таким „романтическим“ суицидальным атрибутам, как изобилие цветов („цветочных бань“) или закат солнца („зари чуть гаснущей“).

Во второй строфе лирический герой представляет себе, что за описанное выше „молодечество“ — за самоубийство головой вниз в лохани — ему будет поставлен памятник. В заключительной строфе следует описание желанного памятника, сначала *ex negativo*, с указанием, чего не будет видно — ни головы, ни выражения лица, ни рук; описание собственно памятника содержит последняя строка: из превратившегося в полушария сосуда видны всего лишь „коленца“».

«Концептуальное ядро стихотворения заключается в противопоставлении смерти (как бренности) и бессмертия (как продолжения жизни в человеческой памяти). В соответствии с этим концептом композиция стихотворения сводится к следующей формуле: за представлением собственной смерти в первой строфе следует ожидание бессмертия во второй строфе; в третьей строфе намечен образ памятника, являющийся одновременно символом бессмертия и отображением (обстоятельств) смерти.

Как толковать образ памятника? Как представляется, Крученых и Хлебников сознательно продолжают отечественную державинско-пушкинскую традицию подражаний оде Горация „Exegi monumentum aere perennius...“ (Carmina III, 30). Они активизируют основанный данной одой „топос увековечения“ („Verewigungstopos“) [Шруба, 2021, с. 469–470] бессмертной славы поэта. Следует выяснить, какую функцию несет это достаточно парадоксальное обращение к литературной традиции у подчеркнуто антитрадиционалистически настроенных кубофутуристов» [Там же, с. 297–311].

Но есть и другой подход, требующий выхода за пределы стихотворного текста.

«Свою смерть видел в деталях. За 9 лет до нее напечатал странный стих „Памятник“. Ни точек, ни запятых. Тряси — не тряси башкой, мы ничего бы не поняли, если бы он не умер как раз в деревенской бане, куда местные жители, ему, умиравшему, несли и несли цветы. Более того, и умер на заре, как предсказал, и на могиле ему, спустя 40 лет, действительно встал „странный“ памятник. Каменная баба из скифского кургана, которой было полторы тысячи лет. Вот его „невеста“ — один из центральных образов его поэзии; у него есть даже поэма — „Каменная баба“. А у древних эти бабы каменные, фантастика — символы вечной цикличности и взаимоперехода жизни и смерти... Словно сами древние советовались с ним...» [Недошивин В. «Доски судьбы Велимира Хлебникова». 2016, с. 338].

Конечно, обладай я знанием того, что усадило Бро за сочинение Aere perennius, я могла бы предложить версию за пределом стихотворного текста, как это сделал Вячеслав Недошивин. Но такого знания у меня нет, в связи с чем мне придется, вторя Манфреду Шрубе, задаться неблагодарным вопросом: о чем стихотворение? Размышляя об этом в контексте «Памятника» Хлебникова, я вроде бы нашла между этими двумя сочинителями единое звено, а именно: страх от мысли, что, едва они перешагнут порог жизни, читатели о них забудут. Но если Бро готов бросить вызов читателям, обвиняя их в неспособности понять гения, то Хлебников довольствуется надеждой, что его «странный памятник» наконец будет принят, не взирая на странность:

Про всѣх забудет человѣчество,
придя в будетлянскія страны
лишь мнѣ за мое молодечество
поставят памятник странный.

«Странный памятник» Хлебникова — залог его бессмертия. А его странность, скорее всего, заключается в символическом снижении Летейских вод до... Хотелось бы сказать до «Ванны Архимеда», заявленной Хармсом 1 октября 1929 года. Но так как Хлебников до этой даты не дожил, порядок событий мог быть обратным, а именно не Хлебников учел опыт Хармса, а, наоборот, Хармс писал свой шедевр, памятуя о «памятнике» Хлебникова, где сказано, что погружение в ванну требует прыжка вниз головой и «с высоты»:

Тут Махмет подпрыгнул. «Мама!» —
крикнул мокрый Архимед.
С высоты огромной прямо
в ванну шлепнулся Махмет. [9]

Но почему сам Хлебников решил для погружения в ванну выбрать прыжок вниз головой? Ноги, которые отказываются держать тело при жизни, должны попасть в памятник такими, какими они были в активные годы. А в активные годы поэт Хлебников на манер Данте занимался тем, что «выделывал коленца». Но позвольте, память подсказывает строку Бро «дряхлый щегол выводит свои коленца» (в моем переводе — «a seedy goldfinch juggles his sharp cadenza» (глава 23), сочиненную перед памятником Данте в Равенне. Неужели эту строку подсказал Бро Хлебников?

И тут проницательный читатель не упустит случая поймать меня на слове. «Значит, поправка, сделанная Валентине Мордерер в главах 3 и 9, то есть отрицание непосредственного знакомства Бро с поэзией Хлебникова, теряет силу?» Наоборот, отвечаю я. Моя поправка лишь обретает силу, если указать на важную аналогию. Подобно тому как путь от «Aere perennius» к Горацию потребовал знания «Подражания Горацию» Батюшкова, путь к Хлебникову не обошелся без внедрения стихотворения Бо «Будетлянин», которое цитирую:

Что-то лепечет листва верховая —
это ночной Велимир, колоброд,
так выдыхает свои волхованья…
Так, что изнанкой навыворот — рот!
Чуешь, и чувству такому не веришь,
но по вершинам идет налегке
наш коренной председатель и дервиш.
Только стихи шевелятся в мешке.
В них разливаются чудью озерной
меря да кривичи с весью лесной.
То неразвернут язык, то разорван —
странно опасный, чудной, озорной.
Вместе — не каждым листком или словом —
общей листвою древлян и древес,
ясенной мазью и маслом еловым
скулы черёмит, шалит, куролес.
Как из ручейного бучила — вычур,
свирь саранчёвую, птицын чирик —
прямо живьем, целиком закавычил
пращура — в свой беловой черновик.
Но не дремуч — лишь юродив и странен;
так и велит повернуть и не ждать
бывший на нашей земле будетлянин:
В путь, сквозь былое, за будущим — вспять!
Общее дело листвы — облетанье…
Страшно сказать, но земля всё родней;
всё обитаемей в ней стала тайна:
труд сокровенных и сладких корней.[10]

Моя отсылка к Бо, конечно же, требует пояснения, которое предлагаю, начав с рифмы. В стихотворении «Будетлянин» есть несколько типов рифм, которые повторяют принцип рифмообразования Хлебникова. В рифме Хлебникова «колоброд» — «рот» просвечивают сразу два принципа: во-первых, рифмующееся слово является частью рифмуемого, а во-вторых, в рифме присутствует фонетический двойник звонкого и глухого согласного «Д» и «Т».

Здесь задействована предпосылка заумного языка, согласно которой «первая согласная простого слова управляет всем словом». Иллюстрируя этот принцип, Хлебников составил «длинные ряды слов на „Т“» (означающих смерть, недвижность, немоту) и «слов на „Д“» (выражающих жизнь, движение, полнозвучие) (Лённквист).

И хотя слова «рот» в тексте Хлебникова нет, для его толкования припасено правило будетлянина: каждое слово «начинено» множеством семантических ядер. В частности, «рот» имеет свою изнанку: «навыворот». Строка Бо «Так, что изнанкой навыворот — рот» как раз и содержит как минимум два семантических ядра: «рот»/«колоброд» и «рот» «навыворот». Этот изнаночный принцип подхвачен Бро, который сначала рифмует «напасть» с «пасть» и «хромать» с «мать», после чего выворачивает пасть («отрыгнула назад»), повторяя принцип рифмования «навыворот рот».

В третьем катрене Бо использует хлебниковский «закон качелей», то есть смену принципа отрицания на принцип утверждения (знак «да» меняется на знак «нет»). В частности, устанавливается равенство «меря да кривичи» = «веси лесной», после чего введено свойство неоднородности, несовместимости крайностей: их язык и «неразвернут», и «разорван». Тот же принцип использован Бро. Выражение «Ржавей живей» призывает к торопливому переходу к смерти, в то время как следующая реплика «Даешь песок, чтобы в гроб хромать» предлагает «разорванный смысл», вводящий действие с опозданием.

Закон качелей, смена «да» на «нет» был усвоен Хлебниковым с безупречной точностью. На волоске от смерти и в надежде на ее продолжение он станет свидетелем череды опозданий. «Опоздают в Санталово деньги, медикаменты, продукты, собранные друзьями, не дойдет американский паек АРА, простоит пустой спецпалата в больнице, приготовленная по приказу самого Троцкого, и не успеет, увы, литерный поезд, которому велено было забрать его в Москву. Гении иначе и не уходят — человечество всегда опаздывает — отстает от них...» [Недошивин В. «Доски судьбы Велимира Хлебникова». 2016, с. 338].

Прошу рассматривать мое пояснение как вызов и призыв к более детальному разысканию.

Примечания:

[1] I did not erect a *raising–to–ether*
Stony thing for fright and dread.
About my future or anyone's either
I learned from the letters, black and red.

[2] I am delighted in this rocker
Of Muses, Rights, and Graces' Chorus.
Where Naso climbed onto the rocks and
His lyric rhymes broadcasted Horace.

[3] I know no death, and all my sound verse
will resurrect in print, escaping from decline,
Not as Apollo, I can fashion lines
That will enclose the total universe.

[4] It befell one time to a hard thing a bout
As if excess days on a sundial's snout
Belched back, having enough and up to here
With big future that counts to one with zeros.
And around the hard thing, foreign and waddling,
Mustered a gang, that yelped "Skedaddle!"
And "Shake a leg and limp into your casket
With your bone & stone you may hump a gasket!"
But the hard thing replied with a skimpy word
Don't come near me, you, excess days' horde!
Bending lead or iron or a roofing tin
Is not like brushing a young chick's skin.
And my "bone & stone" or my glory's clock
From Jurassic days will avenge you, dogs.
Through the years my grooves get far more intense
Than immortal life with your burning censer.

[5] My gift is lame, my voice is rather still
but I exist and on the planet, still
My presence can emotions sway
Of someone close in time: And far away
Descendant will enjoy my poems and my soul
will be with his in close relations,

and just as I enticed my generation,
The future readers'd hear my poems toll.

[6] I am the end and the genesis.
I pride myself with little gnosis.
Yet I'm a link as strong as granite,.
To me this happiness was granted.
When new and great in Russia cuddle
They'll build for me a two–faced idol,
Just as a junction of two hands
Where time runs into wind and sand.

[7] I'll tighten up the flagon weights
Of kitchen clocks that go postal.
On no occasion time will wait
Unless I catch it by the tail:
not its fault that it is fretful:
Its roguishness is not regretful.

[8] With my skull buried in the hod
I thought: ‘will any death delight me?
Why do I need a floral clod
On sunrise roof that's fading slightly.
The mortals call to mind no one
When join the land of Budetlyan,
Except for blooming youth of mine
They will erect a weird shrine.
The head will not be put on sight,
no hint of dying bliss or vapor,
no sign of hands — but to delight —
In hemispheres one's cutting capers.

[9] Then Makhmet leaped down: “Mammy!” —
cried the soaked Archimedes.
From his height, not wet or clammy,
Plopped into the bath Makhmet.

[10] Babbling something, the top foliage
that's Velimir, derelict, vagabond
Puffs his magnificent verse as a pledge
Invaginating his maw from its bond!

That's what you feel, but distrust your rendition:
Is it so likely to mount the peaks?
But our dervish is gravid with mission:
Carrying verse in his large fanny pack,
Mixing and spilling the wonder of lakes
Over the tribes: their villages, woodland
Tongue kept unfolded or torn into flakes,
Dangerous, strangely mischievous, mood-long.
"Jointly, not just with the leaves or word lines —
All foliage of the Drevlyans and trees:
Ointment of ash-trees, of spruces and pines
Blackens your cheekbones with mischiefs and grease.
Like from a flowing stream, our master
Echoes the locusts and birds' chirping craft,
Quoting alive and depicting in a clusters
In the white copy, the hallmark of drafts.
Being not dense, being simply a stranger;
'Turn, go backward, don't wait' he conveys.
Future of space caretaker and ranger
Measuring past by the future — both ways!
Destine of foliage is just to whither.
Land is more precious. That's not a moot
For it is sheltering, summoning hither
Secret of hidden, ambrosial roots".

Глава 30

«Бизнес или досуг?»

16 июля умер британский поэт Стивен Спендер, на похороны которого Бро летит из Нью-Йорка, и вдогонку пишет эссе, последнее в сборнике «О горе и разуме». Со Стивеном связано для Бро начало эмигрантского периода, то есть начало карьеры, которая 23 года спустя принесет ему всемирную славу. «Спустя двадцать три года короткий обмен с эмиграционным чиновником в аэропорту Хитроу: „Дело или досуг?“ — „Как вы назовете похороны?“ Он машет мне рукой, чтобы я проходил» [Brodsky, 1997, p. 459].

Знакомство Бро со Спенсером и с Оденом, друзьями с сорокалетним стажем, ознаменовало зигзаг его звездного восхождения. А между тем Уистану оставалось жить еще один год в день их встречи в 1972 году, а Стивену Спендеру было предоставлено несколько шансов: Международный фестиваль поэзии в Лондоне, совместные чтения в Атланте, вечернее мероприятие в кинотеатре в Милане и несколько обедов в *Cafe Royal* во время случайных визитов Бро в Лондон.

Амбициозный Бро поспешил возвести обоих поэтов в ранг «титанов мысли»,[118] то есть переподарил им титул, дарованный поэтам, оставленным в России. «Никто не знал литературу и историю лучше, чем эти люди, никто не писал по-русски лучше, чем эти люди, никто не презирал наше время глубже, чем они» [Brodsky, 1986, p. 29], — писал он, вероятно запамятовав о своей аффилиации с новой «духовной семьей» и новыми «титанами мысли». Но эта новая аффилиация скоро перестала быть апогеем ценностей, будучи низведенной до «социальной организации».

---

[118] «То, что я осознаю сейчас и буду осознавать до конца своих дней, — это их непревзойденный ум, равных которому я еще не встречал» [Brodsky, 1997, p. 470].

«Язык и, надо думать, литература принадлежат к вещам более древним, более неизбежным, и более стойким, нежели любая социальная организация» [Brodsky, 1997, p. 47], говорил Бро с Нобелевского подиума, не обременив себя вопросом, какой язык и какую социальную организацию он испытывал на прочность. Иоганн Готфрид Гердер (1744–1803), автор эссе о происхождении языка, мог легкомысленно предположить почти три столетия назад, что, хотя язык и был изобретен человеком, социальная организация была унаследована от животных. Подозреваю, что сидящие в Нобелевском зале гости поддержали в этом вопросе Гердера, а не Бро.

Покидая Россию, Бро стал сражаться за титул, способный обеспечить ему комфортное восхождение в «духовную семью» западных интеллектуалов. Оптимальным титулом он, вероятно, считал титул жертвы режима, активизации которого требовало подключение трех титанов: еврейской общины; прогрессивной интеллигенции и элитарных имен России. Рычагом кампании первого слоя был национальный признак (Бро преследуют как еврея); тезисом кампании второго и третьего слоев были, соответственно, аргументы о таланте («исключительном, великом, величайшем, гениальном») и требования снисхождения по молодости лет.

Как заметил Дмитрий Бо, «эффектно сработали все три, создав образ мученика, гения и героя — в одном лице».

Но может быть, само понятие «духовной семьи» оказалось с годами пересмотренным? «Жизнь, она как цитата, как только ты выучил ее наизусть, она принадлежит тебе в той же мере, что и автору» [Там же, p. 463], — писал Бро в своем последнем эссе. И если это высказывание следует понимать так, что поэт сблизился с британцами потому, что они оценили его поэтический багаж, то и здесь остается место для уточнения. Ни Оден, ни Спендер, как уже было отмечено, не знали поэзии Бро. Но и Бро мало интересовали сочинения Стивена Спендера:

«Единственный раз, когда я говорил со Стивеном о его работе, боюсь признаться, был днем, когда был напечатан его „Храм“.[119] К тому времени, признаюсь, романы перестали быть моим предпо-

[119] В романе, попавшем в историю как «Bildungsroman», описан гомосексуальный опыт Спендера: его знакомство с Оденом и Кристофером Ишервудом сначала в Оксфорде, а затем и в Германии. Визит в Германию (1929) Спенсер разбивает на два периода, приурочив второй визит к 1932 году, к приходу к власти нацистов. Посвящение фотографу Герберту Листу, вероятно, следует читать с поправкой на политическую ситуацию.

чтительным чтением, и я бы никогда не заговорил с ним об этом вообще, если бы его книга не была посвящена Герберту Листу, великому немецкому фотографу, в племянницу которого я был однажды влюблен. Заметив посвящение, я бегу к нему с книгой в зубах — кажется, это было в Лондоне. „Смотрите, мы *родственники* (курсив мой. — *А. П.*)“, — объявляю я торжественно, он слабо улыбнулся и сказал, что мир тесен, а Европа — в особенности» [Там же, p. 471].

Как видим, британцу Стивену Спендеру не нужно было прилагать больших стараний, чтобы попасть в *родственники* к Бро. Скорее всего, он, как и Оден, не подозревал об этой аффилиации. А между тем, даже держа в руках автобиографический роман Спендера, Бро не пошел дальше посвящения Герберту Листу. Сам он дает этому объяснение: «Я всегда думал, автобиография — противоречие в терминах. Она маскирует больше, чем показывает. <…> И я вижу автора книги скорее во второстепенных персонажах, чем в его герое» [Там же, p. 472].

Но в какой мере мысль Бро о том, что автобиография «маскирует больше, чем показывает», применима к мемуарному опыту самого Бро?

«Я только что покинул Россию и двигался в Штаты через Лондон, где меня пригласили участвовать в Международном фестивале поэзии. У меня не было настоящего паспорта, только американская транзитная виза в огромном конверте, выданном мне в американском консульстве в Вене. Помимо естественной тревоги, ожидание было крайне неудобно для меня из-за Уистана Одена, который прилетел со мной на одном самолете из Вены. По мере того как таможенники сражались с моим конвертом, я видел, как он ходил отчаянно за барьером в состоянии растущего раздражения. Время от времени он пытался поговорить с тем или иным из них, но от него отмахивались. Он знал, что я никого не знал в Лондоне, и он не мог оставить меня одного. Я чувствовал себя ужасно хотя бы потому, что он был вдвое старше меня» [Там же, p. 459–460].

Полагаю, что любой, кто прошел по этому маршруту, согласится со мной, что Бро описывает довольно гротескную ситуацию. Неизвестного беженца из России сопровождает в Вене Уистан Оден («один из величайших поэтов XX века» в аттестации Бро). В руках у беженца — почетное приглашение Карла Осборна, организатора Международного фестиваля поэзии. Далее, смертельно озабоченный тем, что у этого беженца «нет друзей в Лондоне», Оден собственноручно берет на себя почетную миссию добыть ему, человеку без гражданства, британскую визу. И все эти усилия Оден предпринимает за год до собственной смерти. При этом беженец получает услуги Уистана Одена в кредит. Почему?

Бро забыл упомянуть еще одного участника, в равной степени обеспокоенного его благополучием, Карла Проффера, который проделал долгий путь из Мичигана в Вену, чтобы Бро не чувствовал себя одиноко. Согласно легенде, Проффер представил Бро Одену, который так поверил в его талант, что сравнил Бро с талантом Вознесенского, чью «Параболу» он только что перевел. Но так как сравнением с Вознесенским Бро был вряд ли польщен, эта часть саги миновала его нарратив.

Взамен этому в трактат Бро попал трактат об эпитетах.

«Выбор эпитетов говорит многое о человеке <...> Одена я считал блестящим, решительным, глубоко трагичным и остроумным <...>. Спендер казался мне более лиричным и амбициозным в своих образах» [Там же, p. 469].

Но одно дело казался, а другое... Спендер был... И тут в ход пущен эпитет, до него адресованный Ахматовой. Спендер был *непредсказуем* и вот в каком смысле:

«Если отложить в сторону мои воображаемые понятия (близость, духовная семья и т.д.), мы прекрасно ладили. Частично это было благодаря совершенной *непредсказуемости* его ума. В обществе людей он был ужасно забавен, и не столько ради них, сколько из-за органической неспособности быть банальным. Чья-то мысль срывалась с его губ только для того, чтобы быть полностью уничтоженной в конце предложения» [Там же, p. 473].

Казалось бы, мысль о непредсказуемости является достойной мыслью для заключительного слова эпилога. Но Бро не готов проститься со Стивеном Спенсером на этой ноте. Он продолжает: «...он был просто скромным по природе. Эта добродетель, полагаю, тоже была навеяна поэзией (métier). Если ты не родился с органическим дефектом, поэзия <...> научает тебя смирению. <...> И сомнение станет твоей второй натурой. Ты можешь быть на какое-то время очарован собственными сочинениями, конечно, при условии, что твои сверстники ничего не стоят, но, если еще в студенческие годы ты встречаешь Уистана Одена, твое очарование собой долго не продержится» [Там же, p. 473].

Источник *добродетелей* Спендера, пишет Бро, следует искать в его принадлежности к цеху поэтов, а цех поэта учит поэта смирению, которое побуждает к тому, чтобы усомниться в собственном таланте. Но не далеко ли Бро зашел в своем философствовании? На этой ноте он мог вспомнить, что ему самому никогда не приходилось сомневаться в собственном таланте. Как же выходит Бро из этого тупика? Способность сомневаться в себе далеко не безусловна. Если тебя окружают никчемные поэты, с сомнением можно повременить. Отказаться можно и от смирения. Но если ты с молодых лет обретаешь такого друга, как Оден, ты *обречен* на *вечное сомнение и смирение.*

Таков расклад последнего эссе Бро. *Сомнение* и *смирение* есть не личное достижение поэта, а символический капитал, обретенный благодаря близости к поэтам, отмеченным признанием. Но именно тогда, когда иного вывода вроде бы сделать было невозможно, Бро открывает ту часть себя, которая прикрывалась высокомерием и гордыней. «Я вижу, как ко мне подступает прошлое, и не знаю, должен ли я действительно бороться с этим. Он (Спендер — А.*П.*) умер 16 июля, а сегодня 5 августа. Тем не менее я не могу думать о нем в этом коротком интервале» [Там же, p. 472]. Но если расширить этот интервал, можно, кажется, начать писать эпитафию Бро.

Бро умер в ночь с 27 на 28 января 1996 года, то есть через полгода после смерти Стивена Спендера. А это значит, что за полгода до собственной смерти он летит в Лондон, чтобы попрощаться с поэтом, которого, скорее всего, считал второстепенным. Почему? Он летит на собственные похороны. А присутствие на собственных похоронах не обсуждается. И все, что происходит с ним в Лондоне, преисполнено особого смысла. «Из всех людей его смерть ожидалась меньше всего», — произносит жена Спендера при встрече с Бро, хотя смерть в возрасте 86 лет нельзя считать такой уж неожиданной. Скорее, эти слова могла произнести жена Бро.

Гроб Спендера открывают по русскому обычаю, специально для того, чтобы Бро имел шанс попрощаться. «Спасибо за все. Передай привет Уистану и родителям. Прощай». Бро произносит эти слова беззвучно и тут же слышит ответ: «Кто простится с тобой на твоей могиле?» 22 года назад Бро произнес какие-то слова прощания перед гробом Уистана Одена. Что он сказал ему, никто не знает. Теперь очередь за Уистаном. Неужели время не может двигаться вспять хотя бы в мыслях?

«Затем начинается служба. Она так же прекрасна, как и любая служба такого рода. Окно позади алтаря выходит на залитое солнцем кладбище. Гайдн и Шуберт. А когда квартет переходит в крещендо, я вижу в боковое окно лифт со строителями, подымающимися на сотый этаж соседнего высотного здания. Такого рода вещь, кажется мне, Стивен заметил бы, а потом рассказал об этом. И во время всей службы в моей голове продолжают вертеться совсем неуместные строки из стихотворения Уистана о Моцарте:

> Рождение празднуют того, таков обычай,
> Кто легкой не искал себе добычи,
> К другим шедеврам дюжины прибавил,
> С кузиной запирался для забавы,
> Был похоронен в тусклый день, как нищий,
> Мы равного ему уже не сыщем...»
>
> [Там же, p. 482–483].[120]

Эти строки Уистана, быть может неуместные на похоронах Спендера, Бро слышит повторенными на собственных похоронах. И он уверен, что Уистон это сделает. Ведь не мог же Оден их забыть, если его двойник, Бродский, их по-прежнему помнит.

«Леди Р. здоровается и замечает, что на всех похоронах каждый думает неизбежно о собственных, согласен ли я? Я говорю, нет <...>. Эта мысль, добавляю я, стирается, когда возникает в реальной жизни. „Я имела в виду, что люди подспудно желают прожить столь же долго, как и человек, который только что умер“, — находчиво отвечает Леди Р. Я соглашаюсь с выводом и двигаюсь к выходу» [Там же, p. 483].

Но не пора ли Уистану запомнить мысли самого Бро?

«Человек — это наши воспоминания о нем. То, что мы называем жизнью, есть в конечном счете одеяло, сшитое из лоскутков чужих воспоминаний. Со смертью швы расходятся, и человек остается со случайными, не связанными между собой фрагментами».

---

[120] Перевод мой. Привожу оригинал:

> How seemly, then, to celebrate the birth
> Of one who did no harm to our poor earth,
> Created masterpieces by the dozen,
> Indulged with toilet-humor with his cousin,
> And had a pauper's funerals in the rain,
> The like of whom we shall not see again.

Глава 31

Эпилог

«Вечером в субботу 27 января 1996 года он набил свой видавший виды портфель рукописями и книгами, чтобы завтра взять с собой в Саут-Хедли. В понедельник начинался осенний семестр. Пожелав жене спокойной ночи, <...> он поднялся к себе в кабинет. Там она и обнаружила его утром — на полу. Он был полностью одет. На письменном столе рядом с очками лежала раскрытая книга — двуязычное издание греческих эпиграмм. В вестернах, любимых им за „мгновенную справедливость", о такой смерти говорят одобрительно: „He died with his boots on" („Умер в сапогах")» [Лосев, 2006, с. 283].

Эти строки Лосев поместил в начало главы под названием «Смерть», завершив ею свою легенду о Бро или, говоря языком самого Лосева, опыт литературной биографии. Этот «опыт» тут же был подхвачен, перепечатан и увенчан гипотезами, суждениями, догадками и заключениями. И то, что блеснуло Полярной звездой этой легенды (ее циносурой, как сказали бы в англоязычном мире), было «двуязычное издание греческих эпиграмм» — жанра, с которого Бро начал и, как выясняется, которым закончил свою поэтическую карьеру.

Валентина Полухина запротоколировала это событие, включив эпиграммы в состав «случайных стихотворений». «Сейчас в моем архиве более 300 случайных стихотворений, из которых 202 написаны по-русски, а 101 по-английски». Включенной в этот архив оказалась коллекция «литературных масок», которые пригодились Бродскому для отождествления себя с классическими героями (римскими поэтами и государственными деятелями: Гораций, Овидий, Катулл, Марк Аврелий и др.), а также с героями Аттического мифологического цикла (естественно, греков: Тесея, Одиссея и др.). И все же двуязычный сборник греческих эпиграмм стоит особняком как фантазийный компаньон. Но почему «фантазийный»? Да потому что именно этот сборник неизменно оказывался в руках Бродского во время воображаемых путешествий:

«На выходные приехал в Ришон-ле-Цион. Сижу здесь и листаю сборник „Греческая эпиграмма", и вижу такую:

Родом критянин, Бротах из Гортины, в земле здесь лежу я.
Прибыл сюда не за тем, а по торговым делам.

Вот, выписал несколько понравившихся эпиграмм во время ленивого листания:

Ворон ночной на людей своим карканьем смерть накликает:
Если ж поет Демофил, дохнет и ворон ночной (Никарх).
Все киликийцы — прескверные люди; среди киликийцев.
Только Кинир лишь хорош; но — киликиец и он!» (Demodocus).

А ведь в Израиле Бро никогда не был. Скорее всего, листал он греческие эпиграммы и совершал путешествие в Сишон-де-Дион, сидя за тем же письменным столом. При таком раскладе он мог бы листать и 15-томную «Палатинскую антологию». Но она не была двуязычной, и в ней, возможно, не было эпиграмм, которые напомнили бы Бро о реальных событиях в его жизни.

Например, читая эпиграмму

Лгут на тебя, будто ты волоса себе красишь, Никилла, —
Черными, как они есть, куплены в лавке они (Лукиллий),

Бро мог бы вспомнить о конфузе, который произошел с ним на Одесской киностудии. Но о нем вспомнила Маша Слоним, эпиграммы, скорее всего, не читавшая:

«Одесская студия пригласила его сниматься в роли комиссара Рабиновича. У него где-то даже сохранилась фотография в форме <…> с проб к фильму о войне: „Поезд в далекий август" (1971) <…> Честно говоря, я не видела комиссарских проб, хотя он рассказывал, что какой-то костюм (нациста — А.*П.*) ему тоже примеряли. Но потом из Москвы пришел приказ — срочно его удалить. А Иосифа уже побрили, потому что комиссар Рабинович, прототип его героя, был лысым. Ну вот, поматросили и бросили — а он уже бритый! Но дали с собой в обратный путь рыжий парик, потому что он возмутился: „Как я теперь буду вообще?"

Получился метатекст — рыжий в рыжем» [Левинг, 2020].

Досужее чтение эпиграмм, хотя и сослужило Бро добрую службу, сделав его автором элегических двустиший, все же не научило его соблюдать принцип уникальности, о чем с готовностью сообщил читателям Сергей Довлатов:

«Двадцать пять лет назад вышел сборник Гальчинского. Четыре стихотворения в ней были переведены Иосифом Бродским. Мне попалась эта книга. Встретив Бродского, я попросил у него автограф. Джозеф вынул ручку и задумался. Затем он сочинил экспромт:

Двести польских вирш полет
Дарит Сержу виршеплет.

Я был польщен. Короткое изящное стихотворение было создано на моих глазах. В тот же вечер я посещаю Наймана и показываю ему свою книгу с надписью Бродского. Затем Найман вынимает свою копию. На его первой странице я прочитал:

Двести польских вирш полет
Дарит Толе виршеплет.

У Жени Рейна, в свою очередь, была копия с многозначительной надписью:

Двести польских вирш полет
Дарит Жене виршеплет».

Конечно, не все довлатовские истории о Бро-эпиграммисте отражают нарушение принципа единичности. Некоторые, наоборот, этот принцип выпячивают:

«Однажды мы были втроем: Рейн, Бродский и я. И Рейн сказал: „Точность — великая сила. Педантической точностью славились Зощенко, Блок, Заболоцкий. При нашей единственной встрече Заболоцкий сказал мне: ‘Женя, ты знаешь, как я победил советскую власть? Я победил ее своей точностью!’“

Бродский прервал его: „Он имел в виду, что провел шестнадцать лет от звонка до звонка?!“»

А вот еще одна история из этого числа, рассказанная Довлатовым:

«Однажды я приехал к Бродскому с фокстерьером Глашей. Он попросил меня прийти в 10:00. На пороге Иосиф сказал:

„Вы появились ровно в десять, что нормально. Но как ваша собака ухитрилась не опоздать?!"»

Как совладелец нью-йоркского ресторана «Самовар» Бро внес свою лепту, сочинив рифмованное меню: «Пельмени в размене», «Винегрет для Вань и Грет» и т.д. — и рифмованную рекламу:

Зима! Что делать нам в Нью-Йорке?
Он холоднее, чем луна.
Возьмем себе чуть-чуть икорки
И водочки на ароматной корке...
Погреемся у Каплана. [1]

Как видим, не все эпиграммы Бродского носили фантазийный характер, отражая места, в которых он не бывал, и события, в которых не участвовал. Однако те эпиграммы, которые производились в отрыве от письменного стола, не отличались краткостью и не писались элегическим дистихом. Такого рода эпиграммой Бро увековечил свой визит в сопровождении дамы к миланскому слависту Фаусту Мальковатти. К сожалению, все, что сохранилось в моей памяти, это мой перевод на английский:

In the plush casa Malcovati, ouch,
one thing tormented me: the couch.
While I adapt to 'Piazza del Palazzo',
The girl, my younger Roman oppo—Lo
Was quite content with a del Popolo.

Вообще-то, жанр эпиграммы, требующий краткости и остроты слога, позволяет сочинителю высказывать свои сокровенные желания, прикрываясь ироническими отступлениями. И для таких отступлений автор даже может использовать множественную мишень. Скажем, сокровенное желание быть похороненным на кладбище Сан-Микеле Бро сопровождает ироническим посвящением переводчику Андрею Сергееву. Привожу заключительные строки:

Хотя бесчувственному телу
Равно повсюду истлевать,
Лишенное родимой глины,
Оно в аллювии долины
Ломбардской гнить не прочь, — понеже
Всё тот же грунт и черви те же.

Стравинский спит на Сан-Микеле,
Сняв исторический берет...
Да что! Вблизи ли, вдалеке ли
А Вашей памятью согрет.
размах ее имперский чуя,
Гашу в Венеции свечу я
И спать ложусь. [2]

Но я не оговорилась, указав на множественную мишень как способ прикрытия сокровенного желания. Проницательный читатель наверняка заметил, что в первых двух строках дословно повторяется текст стихотворения Пушкина «И хоть бесчувственному телу равно повсюду истлевать». Однако и этой мишенью горизонт иронических отступлений не ограничивается. Ведь Бро цитирует Пушкина с подачи Набокова, который выразил свое равнодушие к месту захоронения, поручив толкование пушкинского стихотворения своему непутевому герою Тимофею Пнину.

Полагаю, что сокровенное желание Бро услышали его наследники, сделав попытку похоронить его на острове Сан-Микеле между упомянутым им Стравинским и неупомянутым Дягилевым. Но православное духовенство, поддержанное духовенством католическим, проявило глухоту к желанию поэта. И поиск приюта для Бро увенчался местом на протестантском кладбище. И все было бы превосходно, не узурпируй соседнего участка обычно придирчивый Эзра Паунд, на этот раз не озвучивший списка нежелательных соседей, в который Бро непременно бы вошел. Но это уже другая история.

Теперь предлагаю вернуться к изданию греческих эпиграмм, которые, видится мне, лежали на столе Бро не случайно. Во-первых, к грекам вела известная автоэпитафия поэта, написанная в 1977 году в ознаменование пятой годовщины пребывания в Америке:

Мне нечего сказать ни греку, ни варягу.
Зане не знаю я, в какую землю лягу.
Скрипи, скрипи, перо! переводи бумагу. [3]

Не будем забывать, что греческое слово «epigramma», происходящее от «epi» — «над» и «grapho» — «пишу», переводится буквально как «надпись». Но надпись к чему? Тут-то и следует то волшебное яйцо, в котором заключалась неприкосновенная игла, сохраняющая жизнь Кащея. Эпиграммами в Греции назывались надписи, высекаемые на надгробии. И если перед смертью Бро штудировал двуязычное собрание греческих эпиграмм, то не было бы ошибкой предположить, что именно *там* он искал подходящего текста для собственного надгробия. А говоря «там», я подчеркиваю факт двуязычия. Ведь на обороте памятника Бро выбита надпись по-латыни: «Letum non omnia finit» (строка из элегии древнеримского поэта Секста Аврелия Проперция), и ее перевод: *«Со смертью не всё кончается»*.

И не приди смерть так неожиданно, надгробие на памятнике могло быть украшено еще и текстом по-гречески. Но увы, наследникам не оставалось ничего другого, кроме как использовать шрифты (кириллицу и латиницу), которые Бро застолбил в своем эссе о Киме Филби. Как видим, надгробие получилось импровизированным, что открывает для меня перспективу открыть Пандорову шкатулку импровизаций. Если бы мне было предложено написать текст для надгробия Иосифа Бро, я бы воспользовалась лишь кириллицей и написала так: «Здесь покоится прах поэта, который родился в России, умер в Америке, был похоронен в Италии, получил Нобелевскую премию в Швеции, писал прозу на чужом языке, пользовался протекцией именитых патронов, а корни этики искал в эстетике».

Правда, меня опередил более талантливый автор, предложивший потомству эпитафию в форме эпиграммы, то есть в стиле самого Бро. С удовольствием цитирую ее:

> Как будто инкунабулы старинной
> Держу в руках тяжелый фолиант:
> Иосиф Бродский, спору нет — талант,
> Но почему всё так невыносимо длинно?[4]

Но самой пространной эпитафией почтил Бро его соперник Дмитрий Бо, озаглавивший ее: ВОСЛЕД УХОДЯЩЕМУ. «Но почему „Уходящему“?» — спрашиваю я себя. Разве эпитафии пишутся человеку, который еще не ушел? И все же Бо не ошибся в заголовке. День 28 января не начался у него с намерения написать эпитафию, хотя и начался провиденчески с концертного зала, где исполнялся вокальный цикл Шуберта «Зимний путь».

«Заключая весь цикл „Песней шарманщика“, этот голос, казалось, прикоснулся к самому сердцу. Я вернулся домой и нашел на телефонном ответчике весть из Нью-Йорка: „Умер Бродский“. Я понял: зимний путник — это он, начавший свое странствие в самый разгар ледяной ленинградской весны и закончивший его теперь, между двумя нью-йоркскими снегопадами.

Эмиграция была лишь репетицией смерти, теперь он переходит иную границу. Но проделанная его отсутствием дыра сначала в российском, а затем и в американском пейзаже не зарастает. Наоборот, вопреки его собственным предсказаниям, значение потери увеличивается по законам перевернутого времени. Когда-то самый молодой, он не был одинок, входя в братство поэтов ахматовского окружения. Их скопом Ахматова называла (может быть, иронически) „волшебный хор", но к каждому относилась всерьез и подарила всем по стихотворению-„розе". Бродскому она посвятила „Последнюю". Этого одного бы хватило, чтобы остаться посмертно на полях примечаний к собраниям ее сочинений...» [Бобышев, 1996].

Примечания:

[1] What winter offers in New York?
It's colder there than in a morgue.
Let's get ourselves some caviar
And vodka in a little jar
To get shaped up in *Samovar.*

[2] Albeit for the expired body
No matter where to decay:
In the alluvium of muddy
Ravine deprived of native clay
Lombardian, — I'll rot with bliss
In matching soil, with worms to kiss.
On San Michele sleeps, bereft
Of his historical beret...
Stravinsky. Whether far or near
Your voice I regularly hear
In Venice. And with nightly «hey»
I hit the hay.

Для сравнения приведу автоэпиграмму (автоэпитафию) Эфроса: «Calls out sadly albatross: Here bites the dust Efros»; «Под камнем сим и наг, и бос / не Иисус Христос, а А. Эфрос». «Lies garment—free under the scree / 'Not I. Christos, but A. Efros».

[3] What can I tell Varangians or Greeks:
Where will I rest, in which green belt or creek?
Scratch, scratch, my pen… Creak, creak!

[4] An incunabulum, old and heavy book
Held in my hands or kept in a cozy nook.
Akh, Joseph Brodsky is for sure talent,
If not for long, he would be worth a talent.

Список литературы

Аврелий, Марк. Размышления императора. // Серия: «Мудрость древних». М.: Amrita–Rus Publishing, 2017.

Амурский, Виталий // Континент. 1990. № 62.

Анна Ахматова: pro et contra. //Антология. Т. 1. СПб., 2001.

Архипов, Никита. Речь навсегда. Интервью с Жаком Лаканом для журнала Панорама. 2016. 16 сентября.

Астахов, Василий. Анна Ахматова и В. Астахов. Воспоминания скульптора // Нева. 1989. № 3.

Ахапкин, Денис. Определенность и неопределенность и подтекст в поэзии Бродского. Сборник статей к 60-летию Георгия Ахилловича Левинтона. // СПб., 2008.

Ахапкин, Денис. Бродский после России. // СПб.: Звезда, 2009.

Ахматова, Анна, Записные книжки. 1958–1966. // Russian State Archive of Literature and Art. Moscow; Torino: Giulio Einaudi editore, 1996.

Баратынский, Евгений. Последний поэт. // Из коллекции «Сумерки». М., 1842.

Безродный, Михаил. Соловьев поединок. //М.: НЛО, 1997. № 27.

Безродный, Михаил. Бессонница, Гомер, Тугие паруса. Материалы к комментарию // Stengazeta.net. 2006. 2 апреля.

Бобрик, Марина. Летняя сказка. Стихотворение Осипа Мандельштама «Пароходик с петухами» // Wiener Slavischer Almanach. 2021. № 87. сс. 35–86.

Бобышев, Дмитрий. Филомела. https://dbobyshev.wordpress.com/филомела/.

Бобышев, Дмитрий. Вслед уходящему // Новый журнал. 1996. № 205.

Бобышев, Дмитрий. Автопортрет в лицах. HomoText. Кн. 2. // М.: Время, 2008.

Бобышев, Дмитрий. Тот Самый Бобышев. // Эмигрантская лира, № 42 Льеж, Бельгия. 2023.

Бобышев, Дмитрий. Выступление на научной конференции «Akhmatova's Orphans», Принстон: Princeton University, 3–5 мая 2024 года: https://magazines.gorky.media/nj/2024/316/ob-ahmatovskih-sirotah.html

Брамм, Анн-Мари. Mosaic // A Journal for the Comparative Study of Literature and Ideas. 1974. № VIII/1.

Бродский, Иосиф. Письмо к Брежневу. Brodsky, Carl Proffer // Russian Literature Triquarterly. 1972. № 4.

Бродский, Иосиф. Интервью Джаилу Хэнлону / пер. Павла Каминского // The Iowa Review. 1978. № 4.

Бродский, Иосиф. Интервью с Евой Берч и Дэвидом Чином // Columbia. A Magazine of Poetry & Prose. 1980. Весна–лето.

Бродский, Иосиф. Часть речи. // New York: Farrar, Straus & Giroux, 1981.

Бродский, Иосиф. Скорбная муза / пер. на рус. А. Колосов // Юность. 1989. Июнь.

Бродский, Иосиф. Об одном стихотворении (вместо предисловия) // Цветаева М. Стихотворения и поэмы: в 5 т. Нью Йорк: Руссика, 1980–1983.

Бродский, Иосиф. Бегство от предсказуемости (интервью с Хелен Бенедикт) / пер. Наталии Строиловой // Антиохийское обозрение. 1985. № 1.

Бродский, Иосиф. Почему Милан Кундера несправедлив к Достоевскому? // Континент. 1986а. № 50.

Бродский, Иосиф. Трофейное / пер. А. Сумеркина // Иностранная литература. 1986б. № 1.

Бродский, Иосиф. Интервью с Giovanni Buttafava // L'Expresso. 1987а. № 6 (December).

Бродский, Иосиф. Урания. // Ардис, 1987б.

Бродский, Иосиф. Интервью с Ф.Медведевым // Огонек. 1988. № 31.

Бродский, Иосиф. Погоня за реальностью (интервью с Милошем) /пер. Галины Палагуты под ред. Виктора Куллэ. 1990. https://magazines.gorky.media/slo/2001/2/pogonya-za-realnostyu.html.

Бродский, Иосиф. Форма времени. Стихи, эссе, пьесы: в 2 т. / сост. В. И. Уфлянд. Т. 2. // Минск: Эридан, 1992.

Бродский, Иосиф. Интервью Михнику // Magazin (Dodatek do «Gazety Wyborczej»). 1995а. № 3 (99).

Бродский, Иосиф. Пересеченная местность. Путешествия с комментариями / сост. и послесл. Петра Вайля. // М.: Независимая газета, 1995б.

Бродский, Иосиф. Беседа с Петром Вайлем // Бродский И. Рождественские стихи. Рождество: точка отсчета. 2-е изд. доп. М., 1996а.

Бродский, Иосиф. Представление // Митин журнал. 1996б. Вып. 53.

Бродский, Иосиф. Поклониться тени // Звезда. 1997. № 1.

Бродский, Иосиф. «Писатель — одинокий путешественник...» (Письмо в «Нью-Йорк Таймс») // Звезда. 2000. № 5.

Бродский, Иосиф. Сочинения. Т. 7. // СПб.: Изд-во Пушкинского фонда, 2001.

Бродский, Иосиф. Проблемы поэтики. Сборник научных трудов и материалов. // М.: Новое литературное обозрение, 2012.

Буттафава, Джованни. L'Expresso. 1987. Декабрь.

Ванна Архимеда. Избранные произведения участников литературной группы ОБЕРИУ. // Л.: Художественная литература, 1991.

Васильева, Г. М. В поисках жанра. Начало романа: «Возвращение доктора Фауста в прозе Миндалина» // Культура и текст. 2015. № 2 (20).

Введенский А. И. // Полное собрание сочинений: в 2 т. Т. 2. М., 1993.

Венцлова, Т. О последних трех месяцах Бродского в Советском Союзе // НЛО. 2011. № 6.

Вергилий. Гибель Лаокоона / пер А. В Артюшкова // Хрестоматия по античной литературе: в 2 т. Т. 2. М.: Просвещение, 1965.

Верхейл, Кейс. Спуститься ниже мира живых // Иосиф Бродский: творчество, личность, судьба. Итоги трех конференций // Звезда. 1998. № 4.

Виньковецкая, Диана. Единицы времени // Звезда. 2008. № 3.

Волков, Соломон. Диалоги с Иосифом Бродским / вступ. ст. Я. А. Гордина. // М.: Независимая газета, 2000.

Волков, Соломон. Культура и власть (интервью с Ириной Чайковской) // Чайка. 2011. № 14.

Вроон, Рональд. Велимир Хлебников. «Кузнечик», или Искусство словесной двусмысленности // Культура русского модернизма. Статьи, эссе и публикации / под ред. Рональда Вроона и Джона Е. Мальмстеда. // М.: Наука, Oriental Literature Publishers, 1993.

Вульф, А. Н. Дневник А. Н. Вульфа 1828–1831 гг. / под ред. М. Л. Гофмана // Пушкин и его современники. 1915. Вып. XXI–XXII.

Гаспаров, Михаил. Квинт Гораций Флакс. Оды. Эпосы. Сатиры, Послания. // М.: Художественная литература, 1970.

Гаспаров, Михаил. Считалка богов. О пьесе Хлебникова «Боги» // Избранные труды. Т. 2: О стихах. М., 1977.

Гаспаров, Михаил. Чтения по истории и теории культуры. Вып. 17. // М., 1996.

Герштейн, Эмма. Мемуары. М.: Inapress, 1998.

Глазунова, Ольга. Иосиф Бродский: «Американский дневник. О стихотворениях, написанных в эмиграции». //СПб.: Нестор-История, 2005.

Гоголь, Николай. Вий // Миргород. Ч. 2. Сочинения Гоголя. Т. 5. // СПб.: Издание А. Ф. Маркса, 1901.

Гордин, Яков. Перекличка во мраке. Иосиф Бродский и его собеседники. // СПб, Изд-во «Пушкинского фонда», 2000.

Григорьев, Алекс. Репортаж «Голоса Америки». // 2022. 18 апреля.

Домбровский, Юрий. «И я бы мог...» // Домбровский Ю. // Собрание сочинений: в 6 т. Т. 1. // М.: Terra, 1992а.

Домбровский, Юрий. Собрание сочинений: в 6 т. Т. 3. // М.: Terra, 1992б.

Достоевский, Федор. Братья Карамазовы // Достоевский, Федор. Собрание сочинений: в 12 т. Т. 12. // СПб.: Издание Маркса, 1895.

Евтушенко, Е. Бродский — главная драма моей жизни. URL: https://dandorfman.livejournal.com/1050590.html.

Ерохина, И. В. Проблема недостоверных материалов: случай Ахматовой. К 130-летию со дня рождения Анны Ахматовой». // Тула: Тульский государственный университет. 2019. Т. 21. № 3.

Жданов, А. А. «О журналах «Звезда» и «Ленинград». Из решения Центрального Комитета ВКП(б) от 14 августа 1946 года».

Жолковский, Александр, Панова, Лада. «Больше, чем мастер». Поэтика и прагматика антисталинский эпиграммы Мандельштама // Звезда. 2020. № 9.

Зонтаг, Сьюзен. Сознание, прикованное к плоти. Дневники и записные книжки 1964–1980. // М.: Ad Marginem, 2014.

Иванов, Георгий. Собрание сочинений: в 3 т. Т. 3. // М.: Согласие, 1994.

Ивановский, И. Анна Ахматова // Воспоминания об Анне Ахматовой / сост. В. Я. Виленкин, В. А. Черных. // М.: Советский писатель, 1991.

Иллг, Ежи. Интервью с Бродским. Zachodnie widzenie Wschodu (*A Western View of the East*). // Tygodnik Powszechny. 1988. № 6. Перевод с польского Валентины Кулагиной-Ярцевой.

Камю, Альбер. Миф о Сизифе. // М.: Азбука-Классика, 2007.

Карабчиевский, Юрий. Воскресение Маяковского. // Мюнхен: Страна и мир, 1985.

Карпенко, Александр. Дмитрий Бобышев «ЧеловекоТекст». // Калифорния: Изд-во Чарльза Шлака, 2014.

Карпенко, Александр. Дмитрий Бобышев. Петербургские небожители и другие поэмы. // New York: Liberty Publishing House, 2020.

Катаев, Валентин. Мовизм. Т. 2. // М.: Вагриус, 2005.

Кацов, Геннадий. Но двух песчинок не хватало // Эмигрантская лира. 2017. № 4 (20).

Кобринский А. А. Даниил Хармс. // М.: ЖЗЛ, 2009.

Коржавин, Наум. Генезис «стиля опережающей гениальности», или Миф о великом Бродском // Континент. // Париж, 2002. № 113.

Кружков, Г. Уистен Хью Оден. Стихи и эссе // Иностранная литература. 2011. № 7.

Кружков, Григорий. «Н» и «Б» сидели на трубе. Об одном «отверженном» стихотворении Одена (Бродский, Оден и Йейтс) // Новый мир. 2013. № 5.

Кузмин, Михаил. Тихий страж. Бабушкина шкатулка // Кузмин, Михаил. Собрание сочинений: в 9 т. Т. 6. // Беркли, 1986.

Кулле, Виктор. Журнал Игоря Панина. URL: http://igor-panin.livejournal.com/109437.html.

Кюст, Йон. Еще раз об английском Бродском. Иосиф Бродский и мир. Метафизика, античность, современность. // СПб.: Звезда, 2000.

Лауэнштайн, Д. Элевсинские мистерии / пер. с нем. И. Федоровой. // М.: Энигма, 1996.

Левинг, Юрий. Иосиф Бродский и живопись // Журнал «Звезда», 2015а. № 5.

Левинг, Юрий. На подступах к визуальной эстетике Иосифа Бродского. Пять заметок об авангарде // Новое литературное обозрение. 2015б. Март.

Левинг, Юрий. Бродский с прелестями, слабостями и гениальностью. К 80-летию Иосифа Бродского (интервью с Машей Слоним) // Colta.ru. 2020. 25 мая.

Левинтон, Г. А. Сукцессивность поэтической речи у Бродского и Якобсона. К истории одного доклада. / Тыняновский сборник. Вып. 13: XII–XIV Тыняновские чтения. Исследования. Материалы. // М.: Водолей, 2009.

Лекманов, Олег. Сталинская «ода». Стихотворение Мандельштама «Когда б я уголь взял для высшей похвалы…» на фоне политической сталинианы 1937 года // Новый мир. 2015. № 3.

Лекманов, Олег. Осип Мандельштам. Биография в портретах / Лекманов О. Книга об акмеизме и другие работы: сборник. // Томск: Водолей, 2020.

Лённквист, Барбара. Мироздание в слове. Поэтика Велимира Хлебникова. СПб.: Академический проект, 1999.

Лимонов, Эдуард. Несколько ядовитых замечаний о феномене И. А. Бродского // Almanac Mulet A. Edition «Vivrisme», Paris, 1984a.

Лимонов, Эдуард. Поэт-Бухгалтер, Несколько ядовитых наблюдений о феномене И. А. Бродского. // Almanac Mulet A, Edition «Vivrisme», Paris, 1984б.

Лимонов, Эдуард. Книга мертвых. // М.: Лимбус, 2001.

Липавский, Леонид. Разговоры // Логос. 1993. № 4.

Лосев, Лев. Иосиф Бродский. Опыт литературной биографии. // М.: Молодая гвардия, 2006.

Лотман, Юрий. Анализ поэтического текста: Структура стиха. О поэтах и поэзии. // СПб., 1972.

Лурье, Самуил. Изломанный аршин. Трактат с приложениями. // СПб.: Пушкинский фонд, 2012.

Мандельштам, Н.Я. Италия. Воспоминания / подгот. текста Ю. Л. Фрейдина; прим. А. А. Морозова. // М.: Согласие, 1999.

Мандельштам, Осип. Разговор с Дантом // Мандельштам, Осип. Собрание сочинений: в 3 т. Т. 2. // New York: Inter–Language Library Associates, 1971.

Мандельштам, Осип. О собеседнике // Мандельштам, Осип. Собрание сочинений: в 3 т. Т. 2. // New York: Inter–Language Library Associates, 1971.

Мандельштам, Осип. Ребяческий империализм (Шум времени) // Мандельштам Осип. Собрание сочинений: в 3 т. Т. 2. // Washington: Inter–Language Literary Association, 1971.

Мандельштам, Осип. Собрание сочинений: в 4 т. // М.: Арт-Бизнес-Центр, 1993.

Марголис, Катя. Алфавит Иосифа Бродского. Вестник Европы номер 57, 2021,

Мартиросов, Сергей. Иосиф Бродский в Армении // Творцы и я: сборник статей. Canada, 2013. URL: http://samlib.ru/m/martirosow_s/iosif.shtml.

Медведев, Феликс. Человека всегда можно спасти // Огонек. 1988. № 9 (31).

Мей, Джулиан. Поэты за круглым столом / пер. Людмилы Бурмистровой // P. N. Review. 1988. № 4.

Милош, Чеслав. Порабощенный разум / пер. с польск., предисл. и прим. Владимира Британишского.// СПб.: Алетейя, 2003.

Минчин, Александр. Лев Наврозов / Двадцать интервью. // М.: Изограф; Эксмо-пресс, 2001.

Михайлова, О., Снегирева, Т. Тайна Анны Ахматовой: слово и образ. //Екатеринбург: Уральский федеральный институт, 2021.

Михник, Адам. Письмо к российскому другу // Приложение к газете «Vyborczaj». 1995. № 3.

Мищенко, Е. Абсурд жизни и абсурд смерти в стихотворении И. Бродского «Представление». Мортальность в литературе и культуре: сборник научных трудов. // М.: НЛО, 2015.

Морев, Глеб. «Грехи молодости» сквозь призму лет и мнений // Журнал «Понедельник». // Вильнюс, 1997.

Мосс, М. Общая теория магии. // Нью-Йорк: Нортон, 1975.

Набоков, В.В. Избранные письма 1940–1977 / под ред. Дм. Набокова и Mattew G. Brucoli. // New York: Harcourt Brace Jovanovich Co., 1989.

Найман, Анатолий. Рассказы о Анне Ахматовой. // М.: Художественная литература, 1989.

Найман, Анатолий. Ритм руки. // М.: Вагриус, 2000.

Недошивин, В. Часовщик человечества, или «Доски судьбы» Велимира Хлебникова. В: Адреса любви: Дома и домочадцы русской литературы. Москва, Петербург, Париж: АСТ, 2016.

Недошивин, В. «Ворованный воздух», или Поводырь слепых. В: Адреса любви. Дома и домочадцы русской литературы. Москва, Петербург, Париж: АСТ, 2016.

Недошивин, В. «Неутоленный стон», или Тайна вождя и Ахматовой. В: Адреса любви. Дома и домочадцы русской литературы. Москва, Петербург, Париж. АСТ, 2016.

Недошивин, В. Прогулки по Серебряному веку. М.: АСТ: Астрель: Полиграфиздат, 2010.

Немировский, Игорь. Творчество Пушкина и проблема публичного поведения поэта. // СПб.: Изд. дом «Гиперион», 2003.

Нестеров, Антон. Джон Донн и формирование поэтики Бродского: за пределами «Большой элегии» // Иосиф Бродский и мир. Метафизика / ред. А. А. Фатеев. //СПб.: Алетейя, 2012.

Оден, Уистан Хью. Чтение. Письмо. Эссе о литературе / пер. А. Курта, Н. Усовой, Б. Дубина. // М.: Изд-во Ольги Морозовой, 2016.

Омолеский, Мэтью. Союзник палачей: Пушкин, Бродский и глубокие корни русского шовинизма // The American Spectator. USA News and Politics. 2022. 13 мая.

Орехов Б. «Не Аполлон, но я кую сей цепи звенья…»: Поздние стихи Батюшкова в свете корпусных данных. Сборник научных статей / отв. ред. В. А. Плунгян, Л. Л. Шестакова. // М.: Азбуковник, 2013.

Орлов, Александр (Лев Фельдбин). Тайная история сталинских преступлений // Тель Авив. Время и мы. 1983. № 45.

Панова, Лада. «Форель разбивает лед» (1927). Диалектика Любви. Статья 6. Кузмин-легалист. 2010а.

Панова, Лада. Экфрасис с последствиями (Михаил Кузмин, Георгий Иванов, Анна Ахматова). В публикации объединены две статьи: «Портрет с последствиями» Михаила Кузмина: ребус с ключом // Русская литература. 2010б. № 4 и «Экфрасис с последствиями (Михаил Кузмин, Георгий Иванов, Анна Ахматова)» // От Кибирова до Пушкина. К 60-летию Н. А. Богомолова / сост. О. А. Лекманов, А. В. Лавров. М.: НЛО, 2010б.

Панфилов, А. Ю. Поэтическое завещание Пушкина. URL: www.stihi.ru/2009/06/04/5340.

Панфилов, А. Ю. Curing the réchaud. Bulgakov and Mandelstam. /URL: http://www.proza.ru/2009/02/09/246.

Панфилов, А. Ю. Е. А. Баратынский. Г. Уэллс и А. Кристи. URL: http://www.stihi.ru/2012/06/21/6273.

Паскаль, Блез. Письма к провинциалу (1656–1657) / пер. с фр. О. И. Хома. К. Port-Royal, 1997.

Пекуровская, Ася. Непредсказуемый Бродский. // СПб.: Алетейя, 2017.

Петрушанская, Е. Музыкальное «Представление» Бродского // Старое литературное обозрение. 2001. № 2.

Платон. Федон / Платон. Сочинения: в 3 т. Т. 2. // М.: Мысль, 1970.

Платон. Сочинения: в 3 т. Т. 3. Ч. 1. // М.: Мысль, 1971.

Плюханова, М. Б. Проблема пародийности рифмы./ Вторые Тыняновские чтения. // Рига: Зинатне, 1986.

Подорога, Валерий. Time after. Auschwitz and the Gulag: Thinking Absolute Evil. // M: Edition 000. Ripol Classic Group of Companies, 2017.

Подорога, В. А. Mimesis. Nature — morte. The Structure of Gogol's Works and Literature. // M.: Ripol Classic, 2018.

Подрабинек, Александр. Карательная медицина. // Нью Йорк: Хроника, 1979.

Полухина, В. П. Больше самого себя. О Бродском. // Томск, 2009.

Полухина, В. П. Эвтерпа и Клио Иосифа Бродского: Хронология жизни и творчества И. А. Бродского / сост. В. П. Полухина. // Томск, 2012.

Полухина, В., Лосев, Л. Хронология жизни и творчества Бродского. // М., 2006.

Померанцев, И. Бродский И. «Хлеб поэзии в век разброда». Запись интервью, переданного по «Радио Свобода» в 1981 г. // Арион. Журнал поэзии. 1995. № 3.

Пропп, Владимир. Морфология волшебной сказки. Исторические корни волшебной сказки. // СПб.: Питер, 1921.

Проффер-Тисли, Эллендеа. Бродский среди нас / пер. Виктора Голышева. // М.: АСТ; Corpus, 2015.

Пурин, Алексей. Смысл и заумь. Воспоминания о Евтерпе. Статьи и эссе. Литературный альманах. Вып. 9. // СПб.: Звезда, 1996.

Пустогаров, Андрей. «Бродский и пошлость. Aere perennius» // Live journal.

Пушкин, А.С. Полное собрание сочинений: в 10 т. Т. 3. // М.: Изд-во Академии наук, 1957.

Пятковский А.П. Пушкин в кремлевском дворце // Russian Antiquity. № 27.

Раддаль, Фриц. Il Giormale dell'Arte / пер. с итал. Ирины Челышевой. // Torino, Italy, 1989.

Ранчин А.М. «На пиру Мнемозины»: Интертексты Иосифа Бродского. // М.: НЛО, 2001.

Рильке, Райнер Мария. Орфей. Эвридика. Гермес / пер. с нем. Алексея Пурина // Звезда. 2000. № 12.

Рыковцева, Елена. Евтушенко: Исповедь или нападение на Бродского // Радио Свобода, 23 октября 2013 года.

Самосский, Лукиан. Избранная проза / пер. К.В. Тревер. // М.: Правда, 1991.

Свиридова, Александра. В облаке стеклянной пыли // New York: Clouds of the Glass Dust. 2020.

Сергеев, Андрей. Omnibus. Роман, рассказы, воспоминания, стихи. // М.: НЛО, 2013.

Сергеева, Людмила. Интервью Майе Пешковой. // Эхо Москвы. 2010. 22 мая.

Сергеева, Людмила. Об Анне Андреевне Ахматовой. Воспоминания с комментариями // Знамя. 2015. № 7.

Соловьев, В. Евтушенко — 80 // Русский базар. 2012. № 29 (900).

Топоров, В.Н. Об одном индивидуальном варианте автоинтертекстуальности: случай Пастернака (о резонантном пространстве литературы) // Пастернаковские чтения. Вып. 2. // М.: Наследие, 1998.

Успенский, Павел. Размышление о «Подражании Горацию» К.Н. Батюшкова (так ли безумно стихотворение поэта? // Slavica Revalensia. 2014. Vol. I. № 14.

Успенский, Павел, Файнберг, Вероника. К русской речи: Идиоматика и семантика поэтического языка Осипа Мандельштама. // М.: НЛО, 2020.

Флобер, Густав. О литературе, искусстве, писательском труде. Письма. Статьи: в 2 т. Т. 1. // М.: Художественная литература, 1984.

Флобер, Густав. Путешествие на Восток. Путевые заметки. // М.: Восточная литература, РАН, 1995.

Фокин А. А. Заметки для памятника (о стихотворении И. Бродского «Aere perennius») // Славянские чтения. 2016. № 8 (14). URL: http://krishnahouse.narod.ru/zam.html.

Фрейденберг, О. М. Миф и литература античности. // М., 1978.

Фрейденберг, О. М. Fragment 1. Sappho / intr. N. V. Braginsky // New Circle. 1992. № 2.

Фрост, Роберт Сто воротничков. //М.: Изд-во иностранной литературы, 1962.

Хайдеггер, М. Основные проблемы феноменологии. //СПб.: Высшая религиозно-философская школа, 2001.

Хайдеггер, М. Парменид / пер. с нем. А. П. Шурбелева. //СПб.: Владимир Даль, 2009.

Хетени, Жужа. Сдвиги. Узоры прозы Набокова. Бостон; // СПб.: Academic Studies Press, 2022.

Хлебников, Велемир. «Крымское». Из сборника «Степь отпоет». // М.: Рипол Классик, 2016.

Хлебников, Велемир, Крученых, Алексей. Футуристическое подражание Горацию // Литературный факт. 2021. № 1 (19).

Ходасевич, Владислав. Избранная проза: в 2 т. Т. 1. Белый коридор / под общ. ред. Иосифа Бродского. // Нью-Йорк: Silver Age Publishing, 1980.

Цивьян, Юрий. Движение «на» и движение «мимо» в раннем кино // Тыняновский сборник. Третьи Тыняновские чтения. // Рига: Зинатне, 1986.

Чайковская, Ирина. Соломон Волков: культура и власть (интервью) // Чайка. 2011. № 13 (192).

Чуковская, Лидия. Записки об Анне Ахматовой. Т. 1 (1938–1941). // Париж: YMCA-PRESS, 1984.

Чуковский, Корней. «Мастер» Осип Мандельштам и его время. // М., 1995.

Шарымова, Наталия. New York Plus. URL: https://youtu.be/z34n0-BJhks.

Шестов, Лев. На весах Иова / под науч. ред. А. В. Ахутина. // М.: Юрайт, 1929.

Шестов, Лев. Афины и Иерусалим (Cur Deus homo). // Париж: YMCA-PRESS, 1951.

Шишкин, Михаил. «Молчание наотмашь». О будущем русской культуры // Радио Свобода. 2023. 30 сентября.

Шмаков, Г.Г. Mixail Kuzmin i Richard Wagner. Studies in the Life and Work of Mixail Kuzmin / ed. by John Malmstad. // Wien: Wiener Slavistischer Almanach. Sonderband 24, 1989.

Шпет, Густав. Искусство как вид знаний // Избранные труды по философии культуры. // М.: РОССПЭН, 2007.

Шруба, Манфред. Футуристическое подражание Горацию // Литературный факт. 2021. № 1 (19).

Штелин, Я. Подлинные анекдоты о Петре Великом. Ч. 2. // М., 1829.

Шубинский, Валерий. Дмитрий Бобышев. «Знакомства слов». // М.: НЛО, Поэзия русской диаспоры, 2003.

Шульпяков, Глеб. У. Х. Оден: Table Talk / пер. с англ. Глеба Шульпякова // Новая Юность. 2000. № 4 (43).

Якобсон, Р. Поэзия грамматики и грамматика поэзии. // Warszawa: Poetyka. Поэтика, 1961.

Янушкевич А. С. «Записки сумасшедшего» Н. В. Гоголя в контексте русской литературы 20-х годов // Поэтика русской литературы. К 70-летию профессора Ю. В. Манна: Сборник статей. М.: РИТУ, 2002.

Янгфельдт, Бендт. Язык есть Бог. Заметки о Иосифе Бродском. // М.: Corpus, 2012.

Яржембовский, Станислав. Орфей, Эвредика, Хермес. Напечатано под заголовком «О «язычестве» Бродского» // Звезда. 1998. № 11.

Яржембовский, Станислав. «Смысл гиаты». Д. Бобышев «Перо и кисть». URL: https://dbobyshev.wordpress.com//смысл-гиаты/

Яржембовский, Станислав. Андрей Платонов против Иосифа Бродского. К 50-летию публикации повести А. Платонова «Котлован» // Звезда. 2023. № 11.

Яржембовский, Станислав. Тема познания в творчестве Дмитрия Бобышева. Поэзия как перевод. URL: https://dbobyshev.wordpress.com/станислав-яржембовский/.

Ansen, Alan. The Table Talk by W. H. Auden / ed. Nicholas Jenkins, Trans. Gleb. Shulpyakov Princeton: Ontario Review Press, 1990.

Auden, Wystan. Collected Shorter Poems 1927–1957. (London, United Kingdom: Faber and Faber, 1966).

Auden, Wystan. The English Auden. Poems, Essays, and Dramatic Writings, 1927–1939 / ed. Edward Mendelson. (New York: Random House, 1977).

Bavilsky, D. Heavenly Colony // Mirror. Jerusalem, 2015. August.

Benedict, Helen. Flight from Predictability (Antioch Review. 1985). No. 1.

Berberova, Nina. The Italics are Mine / trans. by Philippe Radley. (New York: Harcourt, Brace & World, Inc, 1969.)

Birkets, Sven. Joseph Brodsky. The Art of Poetry (Paris: Paris Review. 1983. Issue 83. No. 28).

Bloom, Harold. Shakespeare's romances. (Philadelphia: Chelsea House, 2000).

Book of Beasts. Bestiary in the Medieval World / ed. Elizabeth Morrison. (Los Angeles: J. Paul Getty Museum, 2020).

Bourdieu, Pierre. The Rules of Art, Genesis and Structure of the Literary Field / trans. by Susan Emanuel. (Meridian: Crossing Aesthetics, 1996a).

Bourdieu, Pierre. Sur la television, suivi de L'Emprise du journalisme. (Liber, 1996b).

Bourdieu, Pierre. Practical Reason. (Stanford: Stanford University Press, 1998).

Brodsky, Joseph. The Selected Poetry. Penguin modern European poets / trans. George Kline. (London: Penguin Classics, 1974).

Brodsky, Joseph. Less than One. (New York: Farrar, Straus & Giroux, 1986.)

Brodsky, Joseph. Watermark. (New York: Farrar, Straus & Giroux, 1992).

Brodsky, Joseph. On Grief and Reason. (New York: Farrar, Straus and Giroux, 1997).

Bronfen, Elisabeth. Over Her Dead Body. (Manchester: Manchester University Press, 1992).

Brumm, Anne-Marie. Mosaic // A Journal for the Comparative Study of Literature and Ideas. 1974. No. VIII/1.

Bruneau, Jean. Préface, La tentation de Saint Antoine, version de 1849: genèse et structure; Author, Yong-Eun Kim. (Gangwon, Korea: Kangwon University Press, 1990).

Carroll, Lewis. The Complete Illustrated Works. (London: Chancellor Press, 1982).

Child, F.J. The English and Scotish Popular Ballads. (Boston, 1890).

Coetzee, J.M. Speaking of the Language (New York: The New York Review of Books. 1996). No. 1. February.

Commager, Steele. The Odes of Horace. Critical Study. (Bloomington: University of Indiana, 1967).

Durkheim, Emil. Sociology, its Subject, Method, Purpose / trans. A. B. Hoffman. (Moscow: Kanon, 2006).

Empson, William. Seven Types of Ambiguity. (London: Pinguin Books in Association with Chatto & Windus, 1930).

Flaubert, G. La Tentation de saint Antoine / préface et commentaires de Pierre-Louis Rey. (Paris: Pocket Classique, 1999).

Foucault, Michael. Madness and Civilization. A History of Insanity in the Classical Age. Trans. by Richard Howard. (New York: Vintage, 1988).

France, Peter. Notes on the Sonnets to Mary Queen of Scots. Brodsky's Poetics and Aesthetics. Ed. Lev Loseff, Valentina Polukhina. (London: Palgrave Macmillan, 1990).

Friedberg, Nila. English Rhymes in Russian Verse: On the Experiment of Joseph Brodsky. Trends in Linguistics. Studies and Monographs. Berlin; Boston: Walter de Gruyter, GmbH & Co., 2011.

Freud, S. Group Psychology and the Analysis of the Ego. Massenpsychologie und Ich-Analyse, 1921. (London; New York: Hogarth Press and Institute of Psycho-Analysis; Liveright, 1940).

Freud, Sigmund. The Uncanny // Collected Papers: in 5 vol. Vol. 4. (New York: Basic Books, Iic. Publishers, 1959).

Freud, Sigmund. Massenpsychologie und Ich-Analyse. Die Zukunft einer Illusion. Fischer Verlag, 1921. Freud S. Civilization, Society and Religion. Group Psychology, Analysis of the Ego. and Other Works. (England, Middlesex: Pinguin Books, LTD, 1983a).

Freud, Sigmund. Civilization, Society and Religion. Group Psychology, Analysis of the Ego. and Other Works. (England, Middlesex: Penguin Books, LTD, 1983b).

Fuller, John. A Reader's Guide to W. H. Auden. (London: Thames & Hudson, 1970).

Girard, René. Deceit, Desire and the Novel. Self and Other in Literary Structure. (Baltimore; London: John Hopkins University Press, 1976).

Glad, John. Interview with Joseph Brodsky. 1980. URL: https://drive.google.com/file/d/1a6VmKQK2ODBroFXiW-DSsHFBpL4b5vdY/view

Groys, Boris. The Total Art of Stalinism // Avant-Garde, Aesthetic Dictatorship and Beyond. (Princeton, New Jersey: Princeton University Press. 1992).

Grudzinska-Gross, Irene. Czeslaw Milosz and Joseph Brodsky. (Princeton: Princeton University. Press, 2009).

Grudzinska-Gross, Irene. Russia and America — Two Empires // Chapter from the book «Miłosz and Brodsky: Magnetic Field» / trans. Madina Alekseeva. // Moscow: Foreign Literature, 2011. No. 7.

Halsman, F. In Voluptas Mors. 1951. URL: https://www.wikiart.org/en/philippe-halsman/voluptas-mors-1951

Heidegger, M. Die Frage nach dem Ding: Zu Kants Lehre von den transzendentalen Grundsätzen. (De Gruyter; 3rd rev. edition, 1987).

Horacius. Éxegí monuméntum. Stroger than Brass / пер. на англ. A.Z. Foreman. («Odes», III, 30).

Jacquard, J.-P. Daniil Harms et la fin de l'avant–garde russe. Berlin; Frankfurt am Man; New York; Paris; (Wien: Peter Lang, 1991).

Jangfeldt. Language is God. Notes on Joseph Brodsky / trans. Anna Nesterova. // Moscow: Publishing house Corpus, 2011.

Kilborne, Benjamin. Disappearing People: Shame and Appearance. (Albany: SUNY Press, 2001).

Kojève, Alexander. The Notion of Power. Moscow: Praxis, 2007.

Kristeva, Julia. The Kristeva Reader / ed. by Tori Moi. (Oxford, UK: Basil Blackwell, Ltd, 1986).

Kundera, Milan. Introduction to a Variation / trans. by Michael Henry Heim // New York Times. 1985). No. 6 (January).

Lacan, Jacques. Seminar on The Purloined Letter, Book 2. (Paris: Écrits, 1966).

Lacan, Jacques. Le Séminaire, Livre II: Le moi dans la théorie de Freud et dans la technique de la psychanalyse. Texte établi par Jacques-Alain Miller. (Paris: Éditions du Seuil. 1978).

Lacan, Jacques. My Teaching / trans. by David Macey, with a preface of Jacques–Alain Miller. (London; New York: Verso, 2008).

Lakoff, George. The Contemporary Theory of Metaphor // Metaphor and Thought / ed. Andrew Ortony. (Cambridge: Cambridge University Press, 1992).

Le Bon, G. The Crowd: The Study of the Popular Mind. (London, 1920).

Leving, Yury. Educate with Optics. Book Graphics, Animation, Text. // Moscow: UFO, 2010.

Strauss, Levy. The Way of Masks. (Moscow; London; New York: Republic, 2000).

Lucian of Samosata. Selected Prose / trans. by K. V. Trever. Moscow: Pravda, 1991.

Mackie, Alexander. Nature Knowledge in Modern Poetry. (New York: Longmans-Green & Company, 1906).

Mandelstam, Osip. The Noise of Time. Trans Clarence Brown // Selected Prose. Evanston, (IL: Northwestern University Press, 1986).

Metz Ch. Le signifiant imaginaire. Psychanalyse et cinema. Paris: Seuil, 1975.

Modina, Galina. Мотив искушений в драме Флобера «Искушение святого Антония», Flaubert [En ligne], Mythes & Religions. URL: http://journals.openedition.org/flaubert/622; DOI: https://doi.org/10.4000/flaubert.622.

Monteiro, George. Robert Frost and the New England Renaissance. (Lexington: Kentucky University Pressy, 1988).

Montenegro, David. An Interview with Joseph Brodsky (Boston: Partisan Review, 1987), No. 54.

Morgan, Bill. The Letters of Allen Ginsberg. (Boston, Mass: Da Capo Press, 2008).

Nabokov, Vladimir. Speak Memory! An Autobiography Revised. (New York: G.P. Putnam's Sons, 1947).

Orwell, George, 1984. (New York: Signer Classics, the Imprint of New American Library, 1949).

Parsons, Talcott. The Structure of Social Action. (New York: McGraw Hill, 1937).

Polukhina, Valentina. Brodsky Through the Eyes of His Contemporaries. Studies in Russian and Slavic Literatures, vol. 2. (Cambridge: Cambridge University Press, 1989).

Reeve, F.D. Robert Frost in Russia. (Brookline, MA: Zephyr Press, 1964, 2001).

Régnier de, Henri. Divertissement Provinciale / ed. by Albin Michell. (Paris, 1925).

Reid, Ch. Great American Disaster. London: London Review of Books. 1988). Vol. 10. No. 22 (8 December).

Reik, Theodor. Ritual. Four Psychoanalytic Studies. Preface by Sigmund Freud. (New York: Grove Press, 1946).

Reik, Theodor. Of Love and Lust. On the Psychoanalysis of Romantic and Sexual Emotions. (New York: Farrar, Straus and Company, 1957).

Richards, I.A. Practical Criticism. A Study of Literary Judgment. (London: Routledge & Kegan Paul, 1929).

Ricoeur, Paul. The Rule of Metaphor: The Creation of Meaning in Language. (London: Routledge Classics, 1986).

Russell, Bertrand. In Praise of Idleness. (New York: Harper Magazine, October 1932).

Schütz, Alfred. Life Forms and Meaning Structure / trans., introduced and annotated by Helmut Wagner. (London, Boston, Melbourne and Henley: Routledge & Kegan Paul, 1982).

Smith, Gerald. Joseph Brodsky: Outlook of a Foreign Contemporary // Joseph Brodsky: Problems of Poetics; The Collection of Scientific Works and Materials. // Moscow: New Literary Observer, 2012.

Spinoza, Boruch. Theological-Political Treatise. Cambridge Texts in the History of Philosophy. 2007. 28 May.

Stoll, A. Twenty Sonnets of Mary Stewart. Attempt of a Commentary. URL: http://www.nsu.ru/community/artsp/wrote/20sonets.html.

The Autobiography of St. Teresa of Jesus Written by Herself. Tan Books and Publications. Rockford, Illinois, 1997.

The English and Scotish Popular Ballads / ed. by F. J. Child. (Boston, 1890).

Thomas D. M. Interview with Brodsky / пер. Игоря Парщикова // Quarto. 1981. December.

Turoma, Sanna. Brodsky Abroad. Exile, Tourist, Traveler. (MASS: Anchor Press, 2010).

Udall, Stewart L. Robert Frost's Last Adventure. (New York: New York Times. 1972. 11 June).

Uspensky, Pavel. Reflections on «Imitation of Horace» by K. N. Batyushkov (is the poet's poem so crazy?) // Slavica Revalensia. Vol. I. (Tallinn: Tallinn University Press, 2014).

Verheil, K. Dance Around the World. Meetings with Joseph Brodsky // St. Petersburg, 2006.

Weber, Max. The Protestant Ethics and the Spirit of Capitalism and Other Writings / edited, trans. and with an Introduction by Peter Baehr and Gordon C. Wells. (London: Penguin Classics, 2002).

Wood, Michael. What Henry Knows? Literature and the Taste of Knowledge. (Cambridge: Cambridge University Press, 2005).

Zafirovski, Milan. The Protestant Ethic and the Spirit of Authoritarianism. Puritanism versus the Free Civic Society. (Berlin: Springer Verlag GmbH, 2007).

АСЯ ПЕКУРОВСКАЯ (англ. Asya Pekurovskaya) — русский и американский прозаик, филолог, мемуарист. Окончила филологический факультет Ленинградского государственного университета, аспирантуру по литературе в Стэнфордском университете (США) и пост-докторскую программу по философии в университете Вирджинии в Шарлоттсвилле (США). В 1973 году с семьёй эмигрировала в США. Живёт в Пало-Алто и Баденвейлере (Германия).

А. Пекуровская — автор воспоминаний о Сергее Довлатове («Когда случилось петь С. Д. и мне», СПб., 2001) и Иосифе Бродском («Непредсказуемый Бродский», СПб., 2017), двух книг филологической прозы «Страсти по Достоевскому» (М., 2004) и «Герметический мир Иммануила Канта» (СПб., 2010), цикла книг для детей «Spark the Stone Man» (2011). Главы из книг и рукописей публиковались в российских журналах: «Новой Юности», «Неве», «Сибирских огнях» и др.

Отрывки из рукописи «Квест к славе и квест к слову», впоследствии названной как «Музыка славы и музыка слова», опубликованы в «Эмигрантской лире». Отдельные главы рукописи на английском языке под названием «Quest for Glory and Quest for Word» опубликованы в журнале «Modern Literature» в июне–сентябре 2024 года.

www.ingramcontent.com/pod-product-compliance
Lightning Source LLC
Chambersburg PA
CBHW071659120626
46550CB00001B/41

9781960533692